Excel财务建模系列

U0756508

Excel Financial Modeling and Application

Excel财务管理建模与应用

（第2版）

王海林　张玉祥□编著

电子工業出版社

Publishing House of Electronics Industry

北京·BEIJING

内 容 简 介

本书以财务管理业务场景为主线，在简要介绍财务管理业务知识的基础上，重点讲解利用 Excel 工具完成相关财务管理业务的建模和业务处理。我们着意于选取财会工作中常用的业务场景来讲解，不求内容包罗万象，但求重点突出且描述清晰，目的是使读者能够快速掌握利用 Excel 完成各种财务管理业务工作的技能，而不陷入 Excel 的繁杂功能漩涡之中。

本书的读者对象为具有一定 Excel 基础的财务和会计人员，以及财经专业与经济学专业的教师、学生。本书既可作为广大从事财务、会计工作人员的培训用书和自学教材，又可用于财经专业研究生、本科生、专科生的"计算机会计""计算机财务管理"和"财务管理信息化"等课程的教学用书。

图书在版编目（CIP）数据

Excel 财务管理建模与应用 / 王海林，张玉祥编著. — 2 版. — 北京：电子工业出版社，2020.6
ISBN 978-7-121-39065-4

I. ①E⋯ II. ①王⋯ ②张⋯ III. ①表处理软件—应用—财务管理 IV. ①F275-39

中国版本图书馆 CIP 数据核字（2020）第 095876 号

责任编辑：石会敏　　　　特约编辑：侯学明

印　　刷：河北虎彩印刷有限公司

装　　订：河北虎彩印刷有限公司

出版发行：电子工业出版社
　　　　　北京市海淀区万寿路 173 信箱　　邮编：100036

开　　本：787×1092　1/16　印张：17　　字数：432 千字

版　　次：2014 年 9 月第 1 版
　　　　　2020 年 6 月第 2 版

印　　次：2025 年 8 月第 7 次印刷

定　　价：49.00 元

凡所购买电子工业出版社图书有缺损问题，请向购买书店调换。若书店售缺，请与本社发行部联系，联系及邮购电话：（010）88254888，88258888。

质量投诉请发邮件至 zlts@phei.com.cn，盗版侵权举报请发邮件至 dbqq@phei.com.cn。

本书咨询联系方式：（010）88254537。

再版前言

　　《Excel 财务管理建模与应用(第 2 版)》是"Excel 财务建模系列"图书之一。本书以财务管理业务场景为主线，在简要介绍财务管理业务知识的基础上，重点讲解利用 Excel 完成相关财务管理业务的建模和业务处理。我们着重于选取财会工作中常用的业务场景来讲解，不求内容包罗万象，但求重点突出且描述清晰，目的是使读者能够快速掌握利用 Excel 完成各种财务管理业务工作的技能，而不陷入 Excel 的繁杂功能漩涡之中。

　　本书的读者对象为具有一定 Excel 基础的财务和会计人员，以及财经专业及经济学专业的教师、学生。本书既可作为广大从事财务、会计工作人员的培训用书和自学教材，又可用于财经专业研究生、本科生、专科生的"计算机会计""计算机财务管理""财务管理信息化"等课程的教学用书。

　　本书的主要特点表现在以下几个方面：(1)基于财会业务讲解实用概念；(2)基于财会业务场景描述具体的操作过程，贴近实际；(3)大量采用实际操作界面替代烦冗的文字叙述，图、表、文并茂，既便于学习模仿，又易于理解；(4)结合业务案例讲解 Excel 应用，使读者有身临其境的感觉，学以致用；(5)在业务选取上不追求"罗列式的全面"，而追求"透彻型的精炼"，突出重点。

　　本书内容按照由浅入深、由简入繁的顺序来组织，便于读者阅读。全书分为 9 章。本书的第一版于 2014 年 9 月出版发行，至今已近 6 年。

　　本版主要对以下内容进行了修订。

　　第一，第一版是以 Excel 2007 为基础讲解 Excel 下财务业务处理的。本版按照 Excel 2016 提供的功能，对原书中所有的案例、操作过程、思考题等进行了全面修改。

　　第二，将第一版书中的业务案例和思考题数据大部分替换为 2019 年数据。

　　第三，对第一版书中的错误进行了全面修正。

　　本书由首都经济贸易大学的王海林教授、张玉祥高级工程师共同编著。

　　本书再版发行之际，我们特别感谢电子工业出版社的石会敏主任为本书出版付出的努力！也希望读者不吝赐教，对书中的不足之处提出指正。

编著者

目 录

第1章
Excel 在财务管理中应用的方法

本章内容提要：

- 利用 Excel 处理财务业务的步骤
- 准备工作簿
- 数据表分析方式
- 图表分析方式
- 用 PowerPoint 展示分析结果

本章要重点掌握的 Excel 工具：

- Excel 工作簿的创建及属性的设置
- 工作表格设计
- 数据输入及格式设置
- 自动填充序列
- 使用下拉列表输入数据
- 编辑、审核修订数据
- 创建、编辑和打印图表
- 将 Excel 图表用 PowerPoint 展示

Excel 是微软公司(Microsoft)开发的用于数据表处理和图表处理的应用软件，是 Microsoft Office 的套件之一。Excel 除具有很强的制表功能、界面友好、直观方便以外，还提供了丰富的函数、卓越的图表功能、数据分析工具、辅助决策工具和通过 Web 实现协作和信息共享等功能。利用 Excel 工具可以完成财务业务管理工作，如各种业务过程处理、各种业务报表的编制、业务数据分析，以及辅助决策等工作。Excel 是当前财务管理工作人员必不可少的工具。

Excel 自发布以来得到了广大用户的普遍欢迎，至今已发布了多个版本，本书以 Excel 2016 为基础来介绍相关的内容。

Excel 在财务管理工作中的应用主要有两种方式——数据表分析方式和图表分析方式。数据表分析方式主要以表格的形式通过设计数据模型、采集数据、对模型求解形成数据报告、分析评价等过程完成业务处理；图表分析方式则以图形、图表形式把数据表示出来。两种方式相互结合就可以在完成数据处理、分析的同时以直观、清晰的形式把处理的结果表示出来。

1.1 利用 Excel 处理财务业务的步骤

利用 Excel 处理财务业务应该按照以下步骤进行。

(1)明确要处理的业务和达到的目标，也就是必须首先明确设计的 Excel 模型最终要解决哪些问题，要达到什么要求。

(2)根据相关的理论确定解决该问题应该采用的方法，以及该方法如何在 Excel 中实现，即明确模型的具体形式。

(3)利用 Excel 工具建立起已经确定的模型，这是应用能否成功的关键。一般来讲，要建立的模型包括原始数据、业务处理的数学公式、模型的约束条件等几部分。其中，原始数据是指需要进行分析和决策的数据，这些数据可以存放在同一工作簿的同一工作表内，也可以存放在同一工作簿的不同工作表内，还可以存放在不同工作簿的工作表中；这些数据可以是用户手工输入的数据，也可以是利用数据获取方法从外部数据库获得的数据。业务处理的数学公式是用数学语言表示的对问题进行定量分析的公式，模型中必须用 Excel 的工具把数学公式表示出来。模型的约束条件是指保证数学公式在财务管理业务中有效的一些前提要求。

(4)利用 Excel 工具自动完成模型求解。因为通过数学公式已经建立了数据之间的动态链接，所以只要原始数据发生改变，系统就可以自动或在用户的控制下按公式进行计算，并更新计算结果。

(5)把模型的计算结果用适当的形式表示出来，对计算结果进行分析、评价，给出业务处理结果和建议，并将业务处理结果和建议发布出来。

1.2 准备工作簿

工作簿是 Excel 的主要操作对象，它以文件的形式存储在电脑中。一个工作簿包含若干个工作表。利用 Excel 进行业务处理，如准备数据、建立数据处理模型及展示处理结果等，都需要用户通过设计相应的工作表来实现。Excel 的所有工作表都必须存放于某个工作簿中，因此首次应用 Excel 进行业务处理前必须新建一个工作簿，然后在工作簿中设计用户所需的各种工作表。准备好的工作簿需要及时地保存到电脑的硬盘等存储设备中。要编辑和修改某个工作簿中已有的工作表，也必须先从电脑的存储设备中打开相应的工作簿。

1.2.1　新建工作簿

用户可以新建一个空白的工作簿，也可以利用已有的模板创建新工作簿。Excel 提供了一些针对具体问题而设计的工作簿模板，如费用报销表模板、损益表模板等。利用已有的模板可以快速地创建所需的工作簿，而不必每次新建一个空白工作簿后再进行一系列繁杂的编辑修改，从而可以节省大量的时间。

新建工作簿的操作步骤如下。

（1）启动 Excel，电脑屏幕即显示如图 1-1 所示的用于新建工作簿的对话框。此对话框右边的区域列出了一个"空白工作簿"模板和一些业务工作簿的模板。

图 1-1　新建工作簿对话框

（2）单击"空白工作簿"模板图标，系统会自动建立一个名为"工作簿 1"的新工作簿，并显示如图 1-2 所示的工作簿窗口。新建的空白工作簿"工作簿 1"默认包含一张工作表，其默认的工作表名为"Sheet1"。

说明：如果在新建工作簿对话框中选择了其他的工作簿模板，就会按照模板的设计创建新的工作簿，而这个新的工作簿已经包含了一些由模板设计好的数据和格式。

(3)单击"Sheet1"标签右侧的"⊕"按钮,即创建另一张新工作表,其默认名为"Sheet2"。依此操作,你可以在工作簿中增加一定数量的工作表。

说明:如果用鼠标右键单击工作表标签名,如"Sheet1",从显示出来的菜单中,选择"重命名"还可以修改工作表名。如果从显示出来的菜单中选择"删除",则可将此工作表从工作簿中删除。

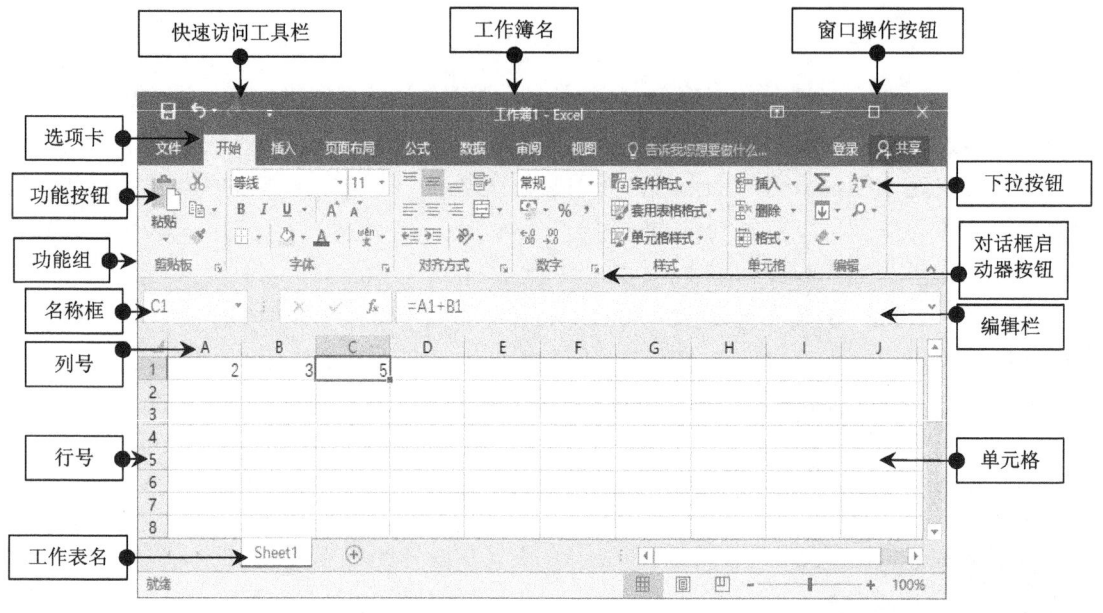

图 1-2 工作簿窗口

1.2.2 认识工作簿窗口

为了便于对 Excel 界面操作进行描述,我们在此介绍一下工作簿窗口。如图 1-2 所示,工作簿窗口的主要元素介绍如下。

- 窗口最上部的中间位置显示了工作簿的名字,如图中的"工作簿 1"。
- 窗口的左上角是快速访问工具栏。其中默认包含了一些操作按钮,如"保存""撤销"按钮,我们还可以自定义一些常用的操作按钮到快速访问工具栏中,以便快速地对工作簿进行操作。
- 窗口的右上角是对窗口进行操作的按钮,包含"最小化""还原"和"关闭"等。
- 在快速访问工具栏和工作簿名的下方是一些选项卡,如"文件""开始""插入"等。
- 每个选项卡包含一系列的功能组,如"开始"选项卡包含了"剪贴板""字体""对齐方式""数字"等功能组。
- 每个功能组包含了一些功能相互联系的按钮。在有些功能组的右下角有个朝向右下角方向的箭头按钮,称为对话框启动器。单击该箭头按钮可以打开一个对话框,对话框中将包含此功能组更完整的功能按钮。在有些功能按钮的右侧或下侧有向下的小箭头，称为下拉按钮，单击它可以打开一个菜单或功能列表。菜单或功能列表具备比功能按钮更全面的功能。

- 在功能组的下方分别是名称框和编辑栏，名称框里显示单元格或单元格区域的名称，编辑栏里显示单元格里的数据或公式。
- 在窗口的中央是工作表的各个单元格，这是工作表里数据显示的区域。工作表左边的一列数字指示了工作表单元格的行号，工作表上边的一行字母指示了工作表单元格的列号。
- 在窗口的左下角是工作簿所包含的工作表名的标签。单击某个工作表名的标签，就会在窗口中央显示该工作表里的数据。

1.2.3 保存工作簿

在对新建或已有的工作簿进行编辑设置后，需要及时保存工作簿到计算机的硬盘中。如果用户不及时保存工作簿，或者不保存工作簿而退出 Excel，则所做的工作就会丢失。新建工作簿后，保存工作簿到硬盘的步骤如下。

(1) 在如图 1-2 所示的工作簿窗口中单击"文件"选项卡，显示如图 1-3 所示的用于对工作簿文件进行处理的对话框。

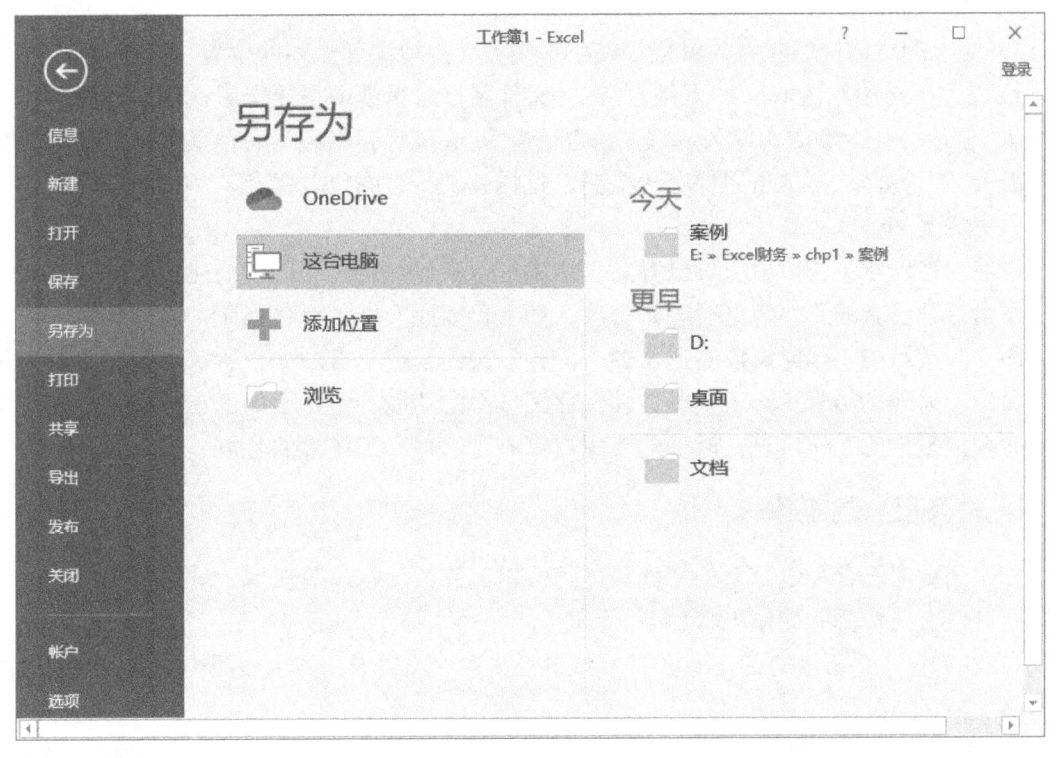

图 1-3　工作簿文件处理对话框

(2) 在左边的菜单中选择"另存为"命令，再单击"浏览"图标，即显示如图 1-4 所示的另存工作簿文件的对话框。

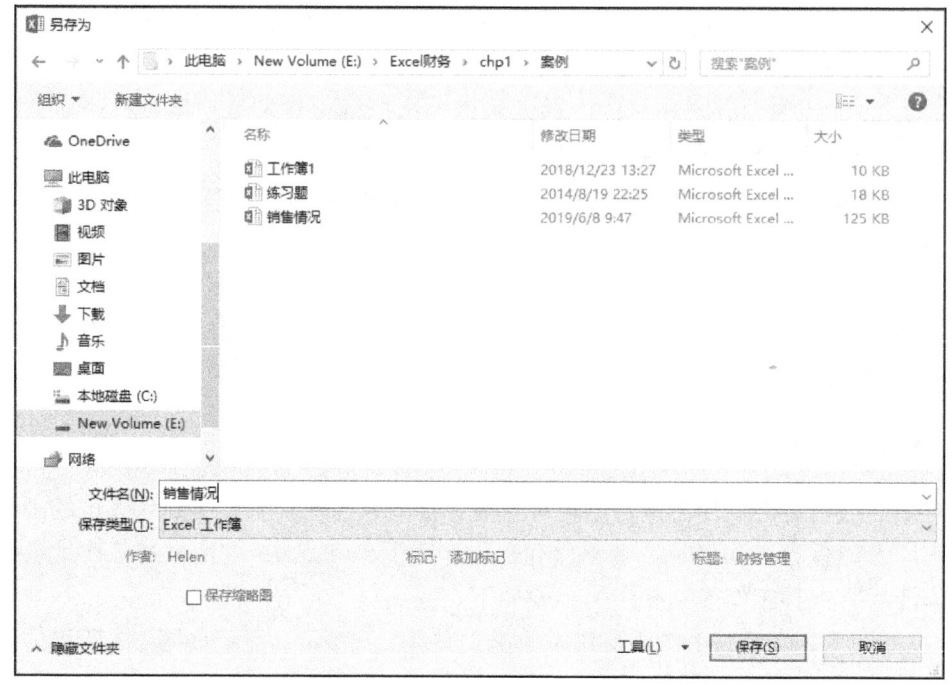

图 1-4　另存工作簿文件对话框

（3）在上面对话框的左侧的位置导航栏中浏览并选取文件保存的位置，如"此电脑>New Volume（E:）>Excel 财务>chp1>案例"。在"文件名"编辑框中将原来默认的工作簿名"工作簿 1"修改为一个新的文件名，如"销售情况"。在"保存类型"列表框中选择文件类型为"Excel 工作簿"，再单击"保存"按钮，这样就在指定的位置保存了一个工作簿文件，即"销售情况.xlsx"。

说明：在新建工作簿后或对已有的工作簿进行备份保存时，可按上述步骤操作。如果是从硬盘打开已有的工作簿进行编辑修改，然后仍以原文件名保存到原来的位置时，只需单击图 1-2 所示的工作簿窗口左上角的"保存"按钮，或单击图 1-3 所示对话框中的"保存"命令。另外，尽管 Excel 具备自动保存工作簿的功能，但并不保证在未保存文件的情况下完全恢复你的工作成果，所以建议用户养成及时保存工作簿的习惯。

1.2.4　打开已有的工作簿

如果需要对已存在电脑上的工作簿进行编辑、修改、打印等操作，就要首先打开工作簿。打开已有工作簿的操作步骤如下。

（1）在如图 1-2 所示的工作簿窗口中单击"文件"选项卡，显示如图 1-5 所示的用于对工作簿文件进行处理的对话框。

（2）单击菜单中的"打开"命令，最近编辑过的工作簿文件就会在对话框中列出，单击想要打开的工作簿文件图标，如"销售情况"，打开该文件，屏幕上就会显示该工作簿的内容。

说明：如果你想打开的工作簿不在最近的工作簿文件列表中，则需要单击"浏览"图标，在电脑的其他位置查询到工作簿后再打开。

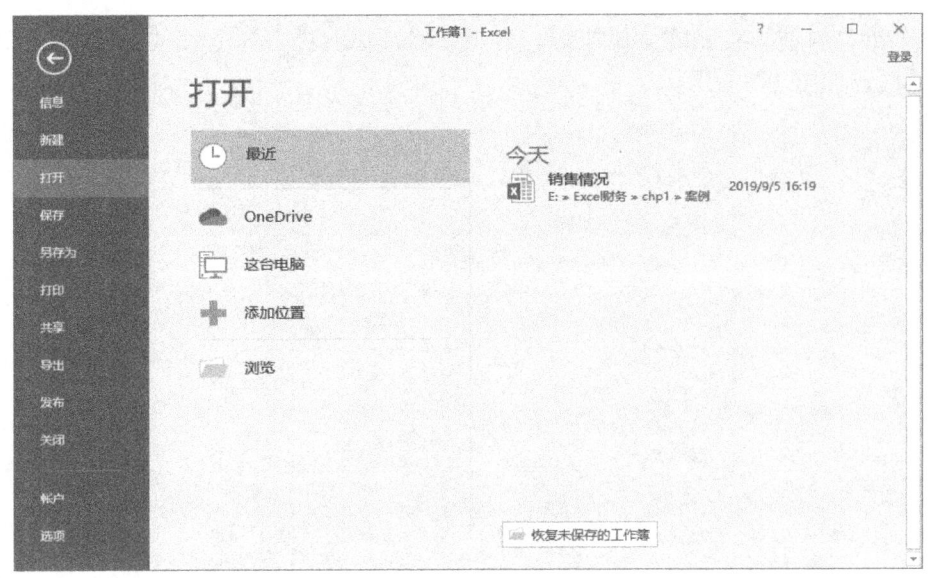

图 1-5　打开工作簿

1.2.5　为工作簿添加摘要信息

为工作簿添加标题、作者、单位等摘要信息，可以帮助用户更好地组织文件，更方便地查找文件。为工作簿添加摘要信息的步骤如下。

（1）在工作簿打开的状态下，在如图 1-2 所示的工作簿窗口中单击"文件"选项卡，显示用于对工作簿文件进行处理的对话框。单击菜单中的"信息"命令，则对话框就会显示如图 1-6 所示的信息。在对话框的右侧显示了工作簿的一些属性信息。单击对话框右下角的"显示所有属性"链接，可以显示该工作簿更全的属性信息。

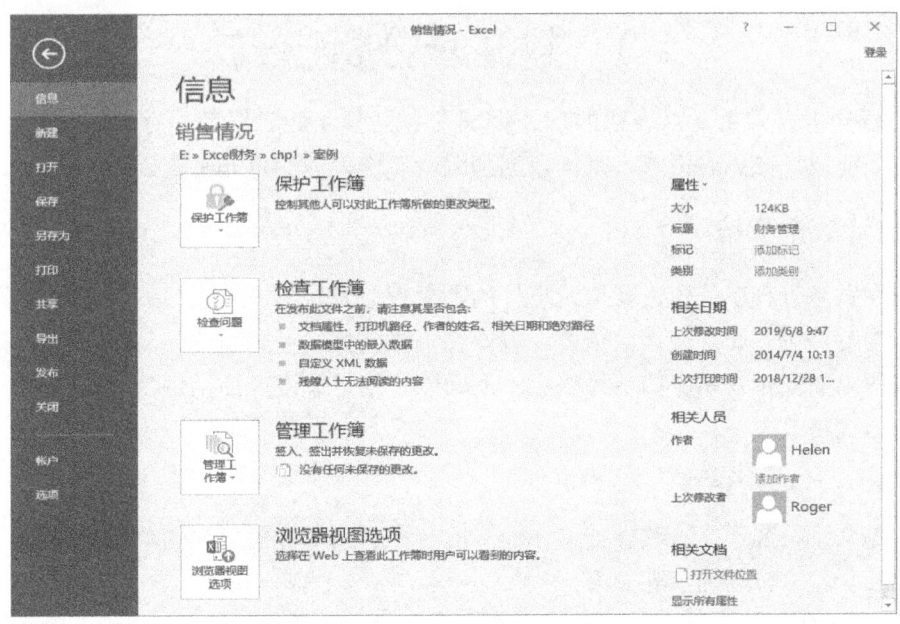

图 1-6　查看工作簿的属性信息

(2)单击"属性"右侧的下拉按钮,再单击"高级属性"命令,就会显示该工作簿的属性对话框,如图1-7所示。

图 1-7　工作簿的属性对话框

(3)在对话框中打开"摘要"选项卡。在标题、主题、作者、单位等需要说明的项上填写说明性文字,然后单击"确定"按钮完成设置。

1.3　数据表分析方式

数据表分析方式主要以表格的形式完成业务处理,而表格都是存在于某个工作表中的,因此如何设计数据表格式、采集数据和编辑工作表就变得非常重要。

1.3.1　设计数据表格式

一般在财务管理工作中进行格式设计的数据表应该包括表标题、表头、表尾和表体固定栏目等内容。用 Excel 设计数据表,就像在一张网格纸上画表格,其中标题、表头、表体等要按照需要安排在相应的单元格中。下面以"第一季度产品销售情况表"为例说明如何设计数据表格式。

1．输入并编排标题

标题是文字,属于文本数据类型,输入前首先要选择标题所在的单元格位置,然后输入标题内容。输入标题的步骤如下。

(1)打开工作簿,在选定的工作表中选择准备输入标题的单元格,如 A1 单元格。

(2)输入标题内容"第一季度产品销售情况"。

此时，输入的标题只在 A1 单元格中，为了使标题能够更加醒目、美观，应该把它放在整个表的中间，并对标题的字体、字号、字体颜色、显示效果等进行调整，于是需要对输入的标题进行编排，步骤如下。

(1)确定数据表表体所占列数，选中标题行包括标题在内的相同列数的单元格区域，如 A1:D1。

(2)单击"开始"选项卡，单击"对齐方式"功能组中的"合并后居中"按钮，即可将标题"第一季度产品销售情况"跨 A1:D1 单元格区域居中。

(3)选中 A1:D1 单元格区域，单击"字体"功能组中右下角的扩展按钮，即打开"设置单元格格式"对话框，且选择"字体"选项卡，如图 1-8 所示，可以选择标题的字体、字形、字号、下划线，本例中选择了宋体、加粗倾斜、18 号字、单下划线。

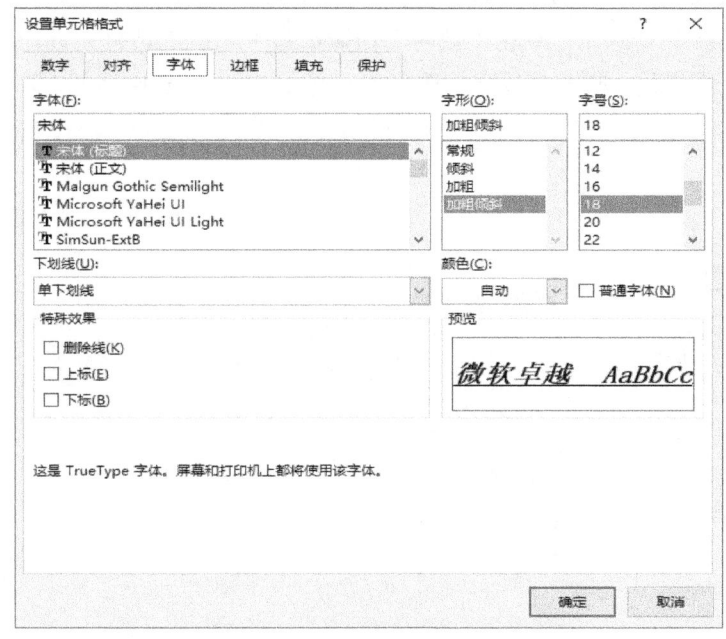

图 1-8　"设置单元格格式"对话框

(4)在"设置单元格格式"对话框中，单击"对齐"选项卡，设定单元格文本的对齐方式；单击"边框"选项卡，设定单元格边框的线条和颜色等；单击"填充"选项卡，设定单元格内填充的色彩和图案等。

(5)完成上述设置后，单击"确定"按钮，就可以得到我们希望的标题格式，如图 1-9 所示。

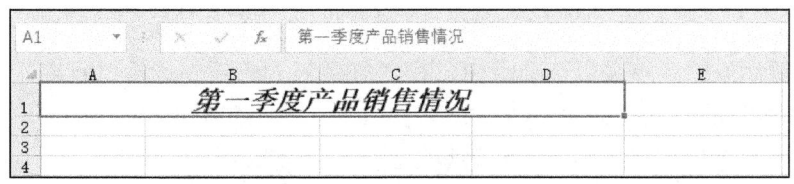

图 1-9　数据表标题样例

说明：在 Excel 工作簿窗口的"开始"选项卡中的"字体""对齐方式"等功能组中有一些按钮可以直接设置单元格格式，"样式"功能组中的按钮可以直接设置单元格的样式。使用这些按钮可以更便捷地设置单元格格式。

2. 输入并编排表头、表尾

数据表的表头一般包括报表的栏目和报表的编制日期、编制单位、使用的货币单位等，这些都是报表上边框线以上的内容。其中报表栏目的内容、编制单位、使用的货币单位等数据是文本类型，其输入方法是：在每个单元格中输入相应内容后按 Enter 键，将光标移到下一单元格，再输入下一单元格的内容。

报表的编制日期是日期类型，其输入方法是：先将需要输入日期数据的单元格定义成日期数据类型，然后按所需的日期格式输入日期数据。将单元格定义为日期类型的步骤如下。

（1）选定要定义为日期类型的单元格或单元格区域，如 B2 或 B2:B20。

（2）单击"开始"选项卡，单击"数字"功能组右下角的对话框启动器按钮，显示"设置单元格格式"对话框，单击"数字"选项卡，显示如图 1-10 所示的对话框。

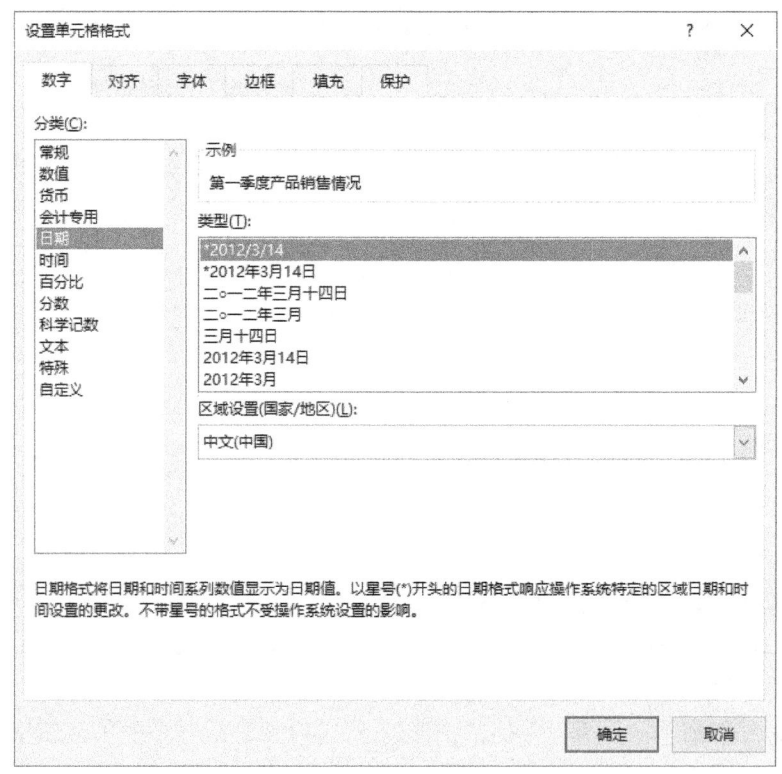

图 1-10 "设置单元格格式"对话框中的"数字"选项卡

（3）在该对话框的"数字"选项卡中，在"分类"列表框中选择"日期"，在"类型"列表框中选择所需的格式，如"*2012/3/14"。

（4）单击"确定"按钮，即将单元格数据设置为日期格式。

注意，在日期格式类型中，有些类型示例是星号"*"开头，而有些类型示例则不是以星号开头。以星号开头的日期格式响应操作系统的控制面板的"区域和语言选项"对话框中对区域日期和时间设置的更改，不带星号的日期格式不受操作系统设置的影响。

在定义单元格为日期格式后，可以直接输入日期数字，其中年月日数字之间用"-"或"/"号分隔开，系统自动将其变为定义的日期格式，如图 1-11 所示。在一个单元格中也可以直接输入函数"=NOW()"，这时单元格的数据自动显示为当前的系统日期及系统时间。在下次打开工作簿时，该单元格显示的日期和时间也是打开工作簿时的系统日期和系统时间。如果希望此单元格只是显示日期而不显示时间，则将该单元格的格式设置为日期格式即可。

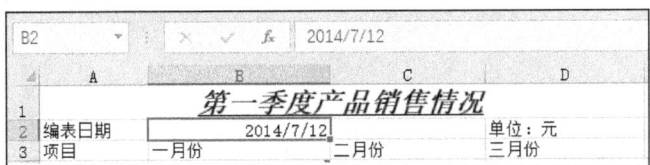

图 1-11　定义的日期格式

数据表的表尾一般指报表下边框线以下进行说明的部分，表尾部分有的有内容，有的无内容。表尾的内容一般是文本类型，其输入和编排方法与标题的处理方法相似。有时表尾的内容很长，一行无法显示，需要换行，方法是：选定单元格后，打开"设置单元格格式"对话框，单击"对齐方式"选项卡，勾选"自动换行"并单击"确定"按钮。

1.3.2　采集数据

Excel 中用于财务处理的业务数据在使用前都必须采集到某个 Excel 工作表中。因此 Excel 中处理的数据主要有两种采集渠道：一种是直接输入；另一种是从数据库、其他工作表或其他单元格获取。其中从数据库、其他工作表或其他单元格获取数据的方法不在此介绍。直接输入数据有两种方法：一种是直接往工作表中输入数据；另一种是通过公式（包括函数）生成数据。本章只介绍直接往工作表中输入数据的方法，第二章将介绍向工作表中输入公式和函数生成数据的方法。

1. 输入数据

Excel 中任何类型数据的输入都可以先按常规形式输入，然后再指定其格式，使其成为日期、时间、货币或百分比等不同类型的数据；也可以先定义数据所在单元格的格式，再输入数据。比如，按常规形式输入货币数据，然后选定相应的单元格，再设置单元格的格式为"货币"格式。

设置一个单元格格式为"货币"格式的操作步骤如下。

（1）选中要输入货币数据的单元格或单元格区域，如 B4 或 B4:D8。

（2）单击"开始"选项卡中的"数字"功能组右下角的扩展按钮，单击"设置单元格格式"对话框中的"数字"选项卡，如图 1-12 所示。在"分类"列表框中选择"货币"，指定"小数位数"为"2"，选择"货币符号"为"¥"，并选定"负数"的样式。

图 1-12　设置单元格格式为"货币"格式

(3)单击"确定"按钮，完成单元格区域的"货币"格式的设置，单元格中的数字即以货币格式显示。

由于"货币"格式的货币符号直接放在数字前面，小数点也不对齐，不便于查看或比较，因此我们使用一种特殊的"货币"格式，即"会计专用"的货币格式解决这个问题。"会计专用"格式可使货币符号和小数点对齐，从而方便用户使用数据。"会计专用"格式的设置方法与"货币"格式的设置方法类似。设置单元格区域为"会计专用"格式后的数据显示效果如图 1-13 所示。

B4		× ✓ fx	12000	
⊿	A	B	C	D
1		第一季度产品销售情况		
2	编表日期	2014/7/12		单位：元
3	项目	一月份	二月份	三月份
4	洗衣机	¥　　12,000.00	¥　　45,444.00	¥　　33,332.00
5	电冰箱	¥　　56,000.00	¥　　44,334.00	¥　　33,235.00
6	电视机	¥　140,000.00	¥　167,775.00	¥　144,569.00
7	微波炉	¥　　54,123.00	¥　　67,633.00	¥　　55,123.00
8	电动自行车	¥　　65,999.00	¥　　67,889.00	¥　　66,008.00

图 1-13　设置单元格区域为"会计专用"格式后的数据显示效果

2. 简单数据的自动填充

对于有一定规律性的数据，如一列或一行连续的单元格要填入相同的数据，又比如从 1 到 10 的自然数序列，可以使用简单数据的自动填充功能。

填充自然数序列的操作步骤如下。

(1)选中需要填充序列的第一个单元格，如 B11，输入序列的第一个数据，如 1。

(2)选中需要填充序列的第二个单元格，如 B12，输入序列的第二个数据，如 2。

(3)选中 B11:B12 区域，将鼠标指针移到该区域的右下角的填充柄，按住填充柄向下拉到 B20 的位置，即完成了在 B11:B20 区域中填充 1 到 10 的自然数序列。

要在单元格区域中填充相同的数据，只需在第一个单元格中输入数据，选中该单元格，拉动该单元格右下角的填充柄到整个单元格区域即可。该方法适用于各种类型的数据。当然使用自动填充相同数据时，包含要填充数据的单元格一定要位于区域的顶行、底行、最左边或最右边。

3. 复杂数据的自动填充

对于一些复杂的数据需要利用 Excel 提供的填充序列命令来自动填充。比如，填充从 2014 年 7 月 1 日开始的 12 个工作日的日期，其操作步骤如下。

(1)选定第一个单元格，如 B11，输入第一个数据，如日期 2014-7-1。

(2)选定要填充的单元格区域，如 B11:B22。

(3)单击"开始"选项卡，单击"编辑"功能组中"填充"按钮右侧的小箭头，并从显示的列表框中选择"序列"命令，弹出"序列"对话框，如图 1-14 所示。

(4)在"序列"对话框中，选择"序列产生在"下的"列"，选择"类型"下的"日期"，选择"日期单位"下的"工作日"，将"步长值"设为 1。

(5)单击"确定"按钮，即可在 B11:B22 区域中自动填充 12 个工作日的序列，而 2014-7-5 和 2014-7-6 分别是周六和周日，不是工作日，因此不会出现在序列中。

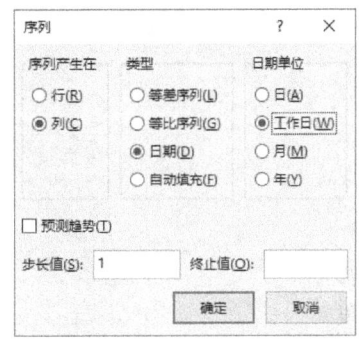

图 1-14 "序列"对话框

4. 自定义序列的自动填充

在实际工作中，有时需要一些特殊的序列，如星期几的序列、月份的序列和季度的序列等，这些序列并不按数字大小排列，也不按字符的 ASCII 顺序排列，这时就可以利用 Excel 的自定义序列功能来实现自动填充。这些序列需要事先定义好，然后再使用。比如，要定义一个公司各部门名称的序列，其方法如下。

(1)单击"文件"选项卡，选择"选项"命令，打开"Excel 选项"对话框，如图 1-15 所示。

(2)单击该对话框左侧的"高级"选项，按住对话框右侧的滑块往下拉，直到出现"常规"列表框，单击"编辑自定义列表"按钮，打开如图 1-16 所示的"自定义序列"对话框。

(3)在"自定义序列"列表框中选择"新序列"，在"输入序列"列表框中输入自定义序列，如图 1-16 所示，每输入完一项，按 Enter 键。

(4)当所有序列项都输入后，单击"添加"按钮，则输入的序列出现在左侧的"自定义序列"列表框中，然后再单击"确定"按钮。

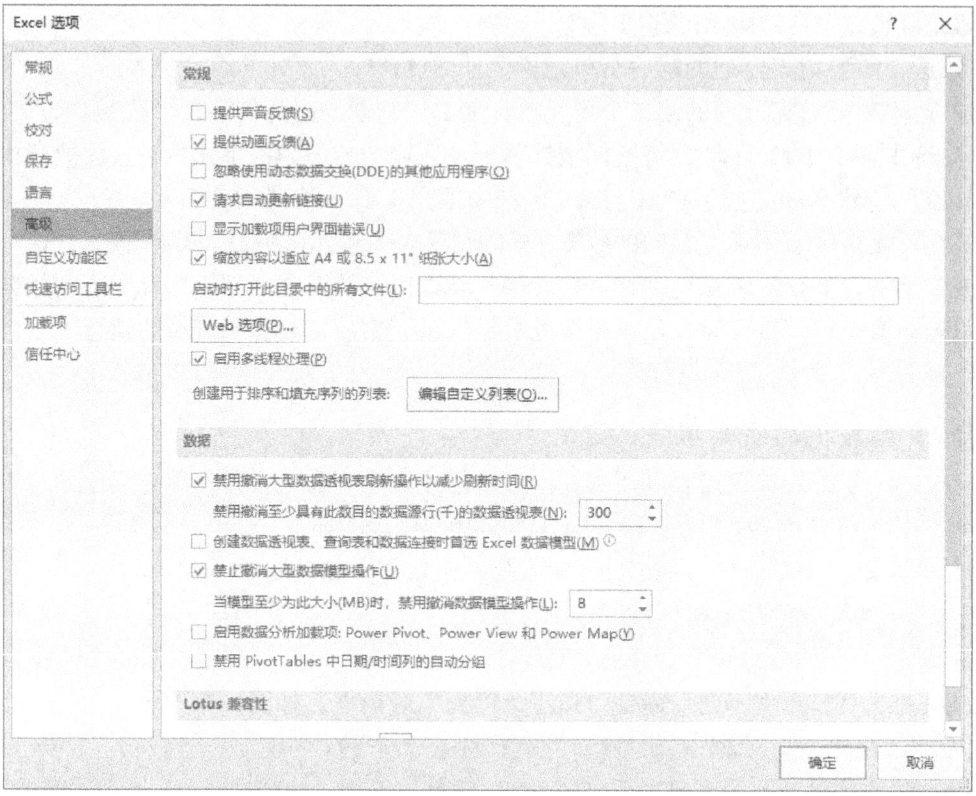

图 1-15 "Excel 选项"对话框

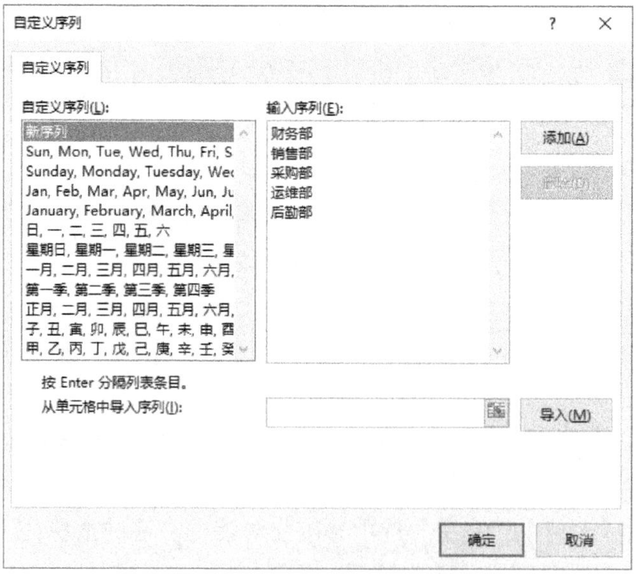

图 1-16 "自定义序列"对话框

通过以上操作输入的特殊序列就被添加到 Excel 的自定义序列中了。如果自定义的序列数据已在工作表中,那么在自定义序列时不必重新输入,只需将相应的单元格区域的内容导入到自定义序列中即可。具体的导入方法如下。

(1)单击"文件"选项卡,选择"选项"命令,打开"Excel 选项"对话框。

(2)单击该对话框左侧的"高级"选项,按住对话框右侧的滑块往下拉,直到出现"常规"列表框,单击"编辑自定义列表"按钮,打开如图 1-16 所示的"自定义序列"对话框。

(3)在"从单元格中导入序列"的编辑框中输入序列所在单元格区域的引用,如B11:B12,或使用鼠标选中序列所在的单元格区域。

(4)单击"导入"按钮后,再单击"确定"按钮即可。

在定义好自定义序列后,在工作表中输入自定义序列的方法如下。

(1)选中自定义序列的起始单元格,输入自定义序列中的一个值。

(2)按住该单元格右下角的小黑方块,沿垂直方向或水平方向拖动,则该序列即被填充到了鼠标所拖动的区域。

此外,在"Excel 选项"对话框中还可以使用"常规""公式""校对""保存""语言""高级"选项卡里的多种设置,这些设置都会影响工作表数据的输入,在此不一一详述,有兴趣的读者可参考 Excel 的帮助文件。

5. 用下拉列表快速输入数据

如果某些单元格区域中要输入的数据就是一些枚举类型的项,如企业的几个部门——财务部、销售部、采购部、运维部、后勤部等,在工作表的部门列里只能输入这些部门名,而这些部门名不按顺序出现,这时我们就可以设置下拉列表实现选择输入。其操作步骤如下。

(1)在工作表的某个单元格区域(如 A4:A8)里的每个单元格里输入一个部门名,如"财务部""销售部""采购部""运维部""后勤部"。

(2)选取需要设置下拉列表的单元格区域,如 B1:B20。

(3)单击"数据"选项卡,单击"数据工具"功能组中"数据验证"右侧的下拉按钮,从显示的菜单中单击"数据验证"按钮,打开"数据验证"对话框,如图 1-17 所示。

图 1-17　"数据验证"对话框

（4）单击"设置"选项卡，在"允许"下拉列表中选择"序列"。

（5）在"来源"编辑框中输入数据来源区域，此例中为$A$4:$A$8。此操作也可通过单击"来源"编辑框右侧的按钮从工作表中选择区域$A$4:$A$8来完成。

（6）单击"确定"按钮，完成下拉列表序列的设置。

在完成下拉列表序列的设置后，在单元格区域 B1:B20 中输入数据的时候，用鼠标选中其中的一个单元格，单击单元格右侧的下拉箭头就可从下拉列表序列中选择需要输入的数据，从而加快输入速度。

1.3.3　编辑工作表

一张工作表建立起来以后可能并不令人满意，此时就需要对其进行适当的编辑，以达到最佳的效果。对工作表的编辑主要包括编辑和审核数据、设置单元格格式、调整行高与列宽、向工作表中添加其他内容等。

1.　选定编辑对象，选择定位条件

要对工作表进行编辑，必须首先选定要编辑的工作表对象。这个对象可以是单元格、单元格区域、整行、整列或整个工作表。一般选定编辑对象的方法很简单，在此不再详述。在财务、会计、审计业务处理中，常常需要从大量的数据中，找到需要处理的数据。由于数据量大，如果按照常规方法寻找会花费大量时间，在此我们可以利用 Excel 的定位功能，根据批注、公式或有效数据等已知条件实现快速定位。例如，要定位工作表中的使用公式的单元格，其操作步骤如下。

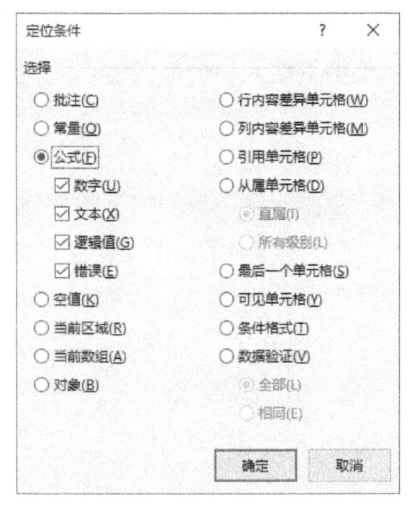

图 1-18　"定位条件"对话框

（1）单击"开始"选项卡"编辑"功能组中的"选择和查找"按钮下的小箭头，从出现的命令列表中选择"定位条件"命令，出现如图 1-18 所示的"定位条件"对话框。

（2）选择适当的定位条件，如选中"公式"，单击"确定"按钮，系统便按照设置的条件定位到要找的单元格区域，此时工作表会将有公式的单元格以灰色底色显示，如图 1-19 所示。后续可对这些选定的单元格进行编辑，如加粗或设置颜色。

	A	B	C	D	E
1			第一季度产品销售情况		
2	编表日期	2014/7/12		单位：元	
3	项目	一月份	二月份	三月份	季度合计
4	洗衣机	¥　　12,000.00	¥　　45,444.00	¥　　33,332.00	¥　　90,776.00
5	电冰箱	¥　　56,000.00	¥　　44,334.00	¥　　33,235.00	¥　　133,569.00
6	电视机	¥　　140,000.00	¥　　167,775.00	¥　　144,569.00	¥　　452,344.00
7	微波炉	¥　　54,123.00	¥　　67,633.00	¥　　55,123.00	¥　　176,879.00
8	电动自行车	¥　　65,999.00	¥　　67,889.00	¥　　66,008.00	¥　　199,896.00
9	月份合计	¥　　328,122.00	¥　　393,075.00	¥　　332,267.00	¥　　1,053,464.00

图 1-19　根据条件选定单元格

2. 设置单元格格式

设置单元格格式包括设置单元格中的数据类型、文本的对齐方式、字体、字号、单元格的边框和图案等。这可以通过"设置单元格格式"对话框中的各种格式选项来实现，或通过"样式"功能组中的样式选项来实现，采用样式设置格式的效率更高一些。

在财务、会计、审计业务处理中，常常需要对一些特殊数据做出特殊标示，使其更加醒目，以便引起业务人员的注意。在 Excel 中可以利用条件格式功能达到这一目的。例如，想看看一季度的销售数据中每类产品的月度销售额在 50 000～60 000 元之间的数据有哪些，让其以粗体显示，其操作步骤如下。

(1) 选择单元格区域 B4:D8。

(2) 单击"开始"选项卡，单击"样式"功能组中的"条件格式"下侧的小箭头，依次选择"突出显示单元格规则"→"介于"命令，出现如图 1-20 所示的对话框。

图 1-20　条件格式设置对话框

(3) 根据需要设定条件。要找出销售额在 50 000～60 000 元之间的数据，则在左侧的数据框中输入"50 000"，在右侧的数据框中输入"60 000"，也可以直接选择工作表中的某个单元格。要设置显示的样式可在"设置为"列表框中选择相应的样式。

(4) 单击"确定"按钮后，完成设置，于是出现如图 1-21 所示的结果。

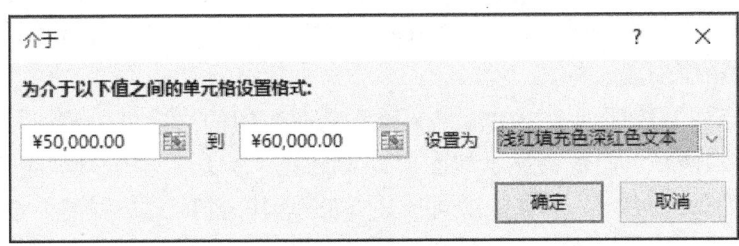

图 1-21　条件格式设置结果样例

在"条件格式"中还可以选择其他的选取规则，如大于、小于、等于、重复值、前 10%、后 10% 等，也可以设置其他的显示样式，如"数据条""色阶""图标集"等。如果对工作表设置多条格式规则，还可以对这些规则进行管理，这里不做详述。

3. 调整行高与列宽

在工作表编辑过程中，有时在单元格中显示数据不全或出现"##########"的情况，说明单元格的高度或宽度不够，应调整行高或列宽。调整的简单方法是：将鼠标指向调整行高的行或列宽的列与其下面相邻行或相邻列的分界线上，鼠标指针变为垂直双向箭头，表明该行或列可用拖拽方式自由调整；按住鼠标左键进行上下或左右拖拽，直到调到合适的高度或宽度，释放鼠标左键，完成调整。

上述方法不能精确地定义行高和列宽，要精确地设置行高和列宽，可以单击"单元格"功能组中"格式"下侧的小箭头，选择"行高"和"列宽"等命令来设置精确的行高和列宽。

4. 编辑和审核修订数据

编辑数据是指对数据进行修改、移动、复制、插入（包括插入行、列或单元格）、删除或清除、查找替换等处理过程。

在启用跟踪修订信息的功能后，如果一个用户对工作簿中的数据进行修改或者不同的用户对同一工作表中的数据进行修改，Excel 会对数据的编辑修改进行记录。启用跟踪修订信息的功能的操作步骤如下。

（1）单击"审阅"选项卡，再单击"更改"功能组中的"修订"按钮，从显示的菜单中选择"突出显示修订"命令，显示如图 1-22 所示的"突出显示修订"对话框。

（2）选中"编辑时跟踪修订信息，同时共享工作簿"选项，根据需要选择"突出显示的修订选项"，如选择时间、修订人和位置等信息，同时选中"在屏幕上突出显示修订"选项，单击"确定"按钮。

说明：选中"编辑时跟踪修订信息，同时共享工作簿"选项后，工作簿将处于"共享"状态，其他人员也可能对此工作簿进行修改，"插入"选项卡里的功能按钮会失效。

完成上面的设置后，如果用户对工作表中的数据进行修改，修改后的单元格上将会突出显示，以区别未修改过的单元格。修订后的单元格默认突出显示为蓝色的边框，且左上角有蓝色的三角形标识。

用户或者其他审核人员可以对这些数据的修改进行审核，以确定是否接受修订。审核修订的操作步骤如下。

（1）单击"审阅"选项卡，再单击"更改"功能组中的"修订"按钮，从显示的菜单中选择"接受或拒绝修订"命令，显示如图 1-23 所示的"接受或拒绝修订"对话框。

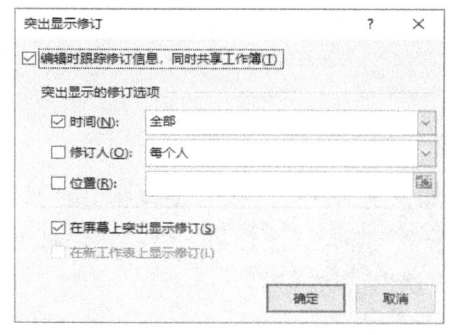

图 1-22 "突出显示修订"对话框

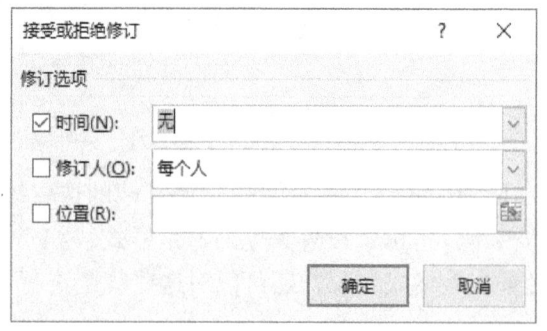

图 1-23 "接受或拒绝修订"对话框

(2)选择修订选项后，单击"确定"按钮，Excel 将定位到文档的第一个被修订的单元格，并显示如图 1-24 所示的对话框。

(3)在该对话框中显示修订人、修订时间，以及对单元格所做的修改，如果确认该修改无误，则单击"接受"按钮，如果认为修改不正确，则单击"拒绝"按钮。接受或拒绝该修订后，Excel 将自动定位到下一个被修订的单元格。

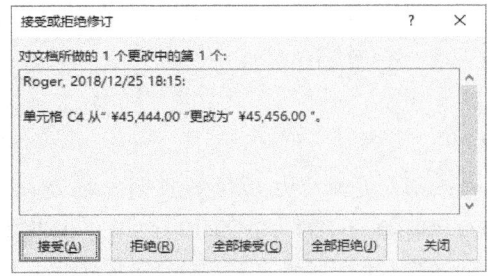

(4)依次确认所有单元格的修订后，完成对工作簿的修订的审核。

图 1-24 "接受或拒绝修订"对话框

说明：除非确认所有的修订均可接受或均需拒绝，否则，不宜使用"全部接受"或"全部拒绝"功能按钮。

5. 向工作表中添加其他内容

为了使工作表的内容更丰富、形象、生动，便于读者理解，从而满足不同使用者的不同需求，可以向工作表中添加图片、特殊文本、批注等内容。

在工作表上添加图片、剪贴画、形状和 SmartArt 图形等可以通过单击"插入"选项卡中的"插图"功能组中的命令来实现。在工作表上添加文本框、页脚页眉、艺术字、特殊符号、签名行、对象等可以通过单击"插入"选项卡中的"文本"功能组中的命令来实现。

说明：为了使工作簿的"插入"选项卡里的功能按钮有效，需要保证工作簿不是处于"共享"状态。

在工作表上添加批注，可以对重要数据进行说明，添加批注的操作步骤如下。

(1)选中要说明的单元格或单元格区域。

(2)单击"审阅"选项卡中的"批注"功能组中的"新建批注"按钮，弹出批注框，如图 1-25 所示。

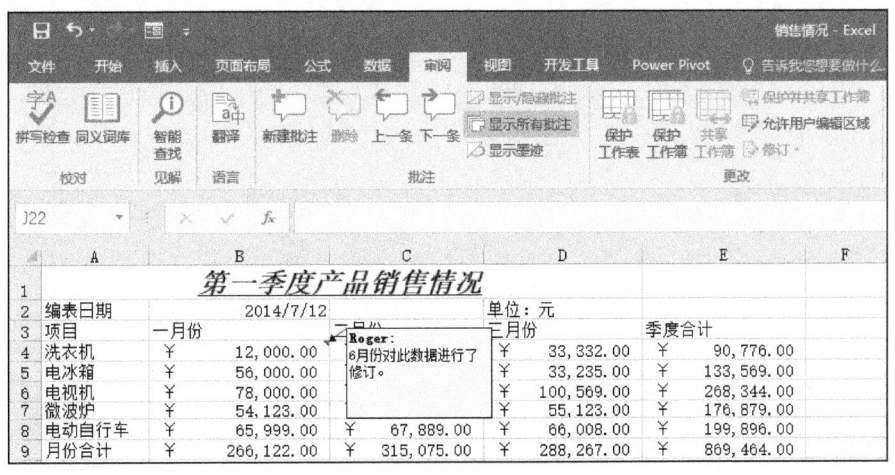

图 1-25 给单元格添加批注

(3)在批注框中输入说明性的文字。

(4)单击批注外的区域，完成批注设置。

1.4 图表分析方式

在数据表分析方式中数据处理的结果可以以数据的形式呈现出来，这种形式虽然精确，却很难有直观和全面的效果。因此可以把数据在各类图表上描述出来，使用户不必花费太多时间去思索和比较就能够对数据的变化、发展趋势、变化周期、变化速度和变化幅度有一个形象、直观的把握。

Excel 提供了丰富的图表类型，以方便用户创建满足各种需要的图表，从而使图表分析方式成为数据表分析方式的一个很好的补充。

1.4.1 图表类型

Excel 共提供了 15 种标准的图表类型，而每一种图表类型中还有多种不同的子图表类型，如图 1-26 所示。同时用户也可以自定义图表类型。下面介绍其中常用的图表类型。

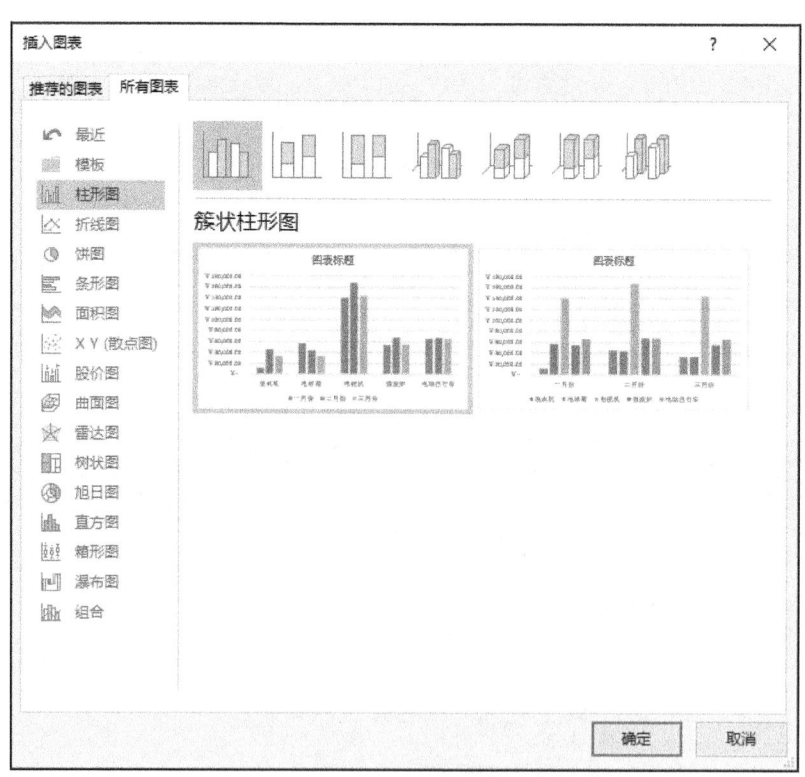

图 1-26 Excel 提供的标准图表类型

1. 柱形图

柱形图是 Excel 默认的图表类型，也是我们经常使用的一种图表类型。柱形图可以描述不同时期数据的变化或描述各分类项之间的差异。一般把分类项在水平轴上标出，而把数据的大小在垂直轴上标出，这样可以强调数据是随分类项(如时间)变化的。

柱形图的类型包括：簇状柱形图、堆积柱形图、百分比堆积柱形图、三维簇状柱形图、三维堆积柱形图和三维百分比堆积柱形图。

2. 折线图

折线图按等间隔显示数据的变化趋势，是用直线段将各数据点连接起来而组成的图形。一般分类轴(X轴)用来代表时间的变化，并且间隔相同，而数值轴(Y轴)代表各时刻数据的大小。

折线图包含 7 个子类型，分别为：折线图、堆积折线图、百分比堆积折线图、带数据标记的折线图、带数据标记的堆积折线图、带数据标记的百分比堆积折线图和三维折线图。三维折线图是用矩形的面将各数据点、线连接起来而组成的。

3. 饼图

饼图是把一个圆面划分为若干个扇形面，每个扇面代表一项数据值，一般只显示一组数据系列，用于表示数据系列中的每一项占该数据系列的总和的比例。例如，用饼图描述企业利润总额中主营业务利润的比重，应收账款中处于不同阶段的数额构成，等等。

饼图包含 5 个子类型，分别为：饼图、三维饼图、复合饼图、复合条饼图、圆环图。复合饼图和复合条饼图是在主饼图的一侧生成一个较小的饼图或条形图，以放大一个较小的扇形。

4. 条形图

条形图用水平的横条或立体的水平横条的长度来表示数据值的大小。条形图强调各个数据项之间的差别情况。一般分类项在垂直轴上标出，而数据的大小在水平轴上标出，这样可以突出数据的比较，而淡化时间的变化。例如，用条形图描述某公司在不同地区的销售情况时，在分类轴上标出地区名称，而在水平轴上标出销售额。

条形图包含 6 个子类型，分别为：簇状条形图、堆积条形图、百分比堆积条形图、三维簇状条形图、三维堆积条形图和三维百分比堆积条形图。

5. 面积图

面积图用折线和分类轴(X轴)组成的面积，以及两条折线之间的面积来显示数据系列的值。面积图强调幅度随时间的变化，通过显示绘制值的总和还可以显示部分与整体的关系。例如，用面积图描述若干年度内不同产品的销售收入，或若干年度内不同销售部门的销售业绩数据。

面积图包含 6 个子类型，分别为：面积图、堆积面积图、百分比堆积面积图、三维面积图、三维堆积面积图和三维百分比堆积面积图。

6. XY(散点图)

XY(散点图)与折线图类似，也是由一系列的点或线组成，在组织数据时，一般将 X 值置于一行或一列中，而将 Y 值置于相邻的行或列中。XY(散点图)可以用来比较若干个数据系列中的数值，可以把两组数值显示为 XY 坐标中的一个系列，可以按不同的间隔表示出数据。XY(散点图)包含 6 个子类型，分别为：散点图、带平滑线和数据标记的散点图、带平滑线的散点图、带直线的散点图、气泡图和三维气泡图。

7. 股价图

股价图一般用来描述一段时间内股票价格的变化情况。股价图包含 4 个子类型，分别为：盘高-盘低-收盘图、开盘-盘高-盘低-收盘图、成交量-盘高-盘低-收盘图和成交量-开盘-盘高-盘低-收盘图。

8. 曲面图

当需要寻找两组数据之间的最佳组合时，曲面图是很有用的。类似于拓扑图形，曲面图中的颜色和图案用来指示出在同一取值范围内的区域。曲面图包含 4 个子类型，分别为：曲面图、三维曲面图、三维曲面图(框架图)和曲面图(俯视框架图)。

9. 雷达图

雷达图是由一个中心向四周辐射出多条数值坐标轴，每个分类都拥有自己的数值坐标轴，把同一数据系列的值用折线连接起来而形成的图形。雷达图用来比较若干数据系列的总体水平值。例如，诊断企业的经营情况通常使用雷达经营图。将该企业的各项经营指标如资金增长率、销售收入增长率、总利润增长率、固定资产比率、固定资产周转率、流动资金周转率、销售利润率等指标与同行业的平均标准值进行比较，可以判断企业的经营状况。雷达图包含 3 个子类型，分别为：雷达图、带数据标记的雷达图和填充雷达图。

10. 树状图

树状图用于直观地展示层次结构的数据，以比较不同系列数据的各子类所占比例。树状图以颜色区分系列数据，以方块的大小表示子类数据所占的比例。

11. 旭日图

旭日图用于直观地展示多层次的结构数据。它是一种多层的圆环图，最内层圆环为顶级的数据视图，按比例展示各部分所占的比例，往外一层的圆环则展示下一级别的数据所占的比例。

12. 组合图

组合图将两种或更多图表类型组合在一起，以使数据的展示更容易被用户理解。例如，将柱形图和折线图组合在一起，用柱形图展示一季度产品的销售额，用折线图展示产品的销售价格。

1.4.2 建立图表

在 Excel 中可以建立嵌入式图表和图表工作表两种图表。嵌入式图表是把图表直接绘制在原始数据所在的工作表中，而图表工作表则是把图表绘制在一个独立的工作表中。无论哪种图表，其和原始数据是紧密相关的，原始数据的变化都可以立即反映到图表上。

1. 建立嵌入式图表

嵌入式图表是指将图表和数据表保存在一个工作表中，通过"插入"选项卡中的"图表"功能组中的各图表类型按钮来创建嵌入式图表。下面以建立柱形图为例，说明建立图表的操作步骤。

【例1-1】 恒昌公司第一季度产品销售情况如图 1-27 所示，现根据各产品的销售额数据建立柱形图。

	A	B	C	D	E
1	第一季度产品销售情况				
2	编表日期	2014/7/12		单位：元	
3	项目	一月份	二月份	三月份	季度合计
4	洗衣机	¥ 12,000.00	¥ 45,444.00	¥ 33,332.00	¥ 90,776.00
5	电冰箱	¥ 56,000.00	¥ 44,334.00	¥ 33,235.00	¥ 133,569.00
6	电视机	¥ 78,000.00	¥ 89,775.00	¥ 100,569.00	¥ 268,344.00
7	微波炉	¥ 54,123.00	¥ 67,633.00	¥ 55,123.00	¥ 176,879.00
8	电动自行车	¥ 65,999.00	¥ 67,889.00	¥ 66,008.00	¥ 199,896.00
9	月份合计	¥ 266,122.00	¥ 315,075.00	¥ 288,267.00	¥ 869,464.00

图 1-27　恒昌公司第一季度产品销售情况

操作步骤如下。

(1) 定义原始数据的单元格区域。这里选择 A3:D8 单元格区域，注意要包含表格的标题行，即项目、一月份、二月份和三月份的数据，这样建立的图表将会自动建立相应的坐标、图例等信息。为了便于区分各产品各月份的销售额数据，这里没有包含合计数据。

(2) 选择图表类型。单击"插入"选项卡，单击"图表"功能组右下角的对话框启动器，打开"插入图表"对话框，如图 1-28 所示。

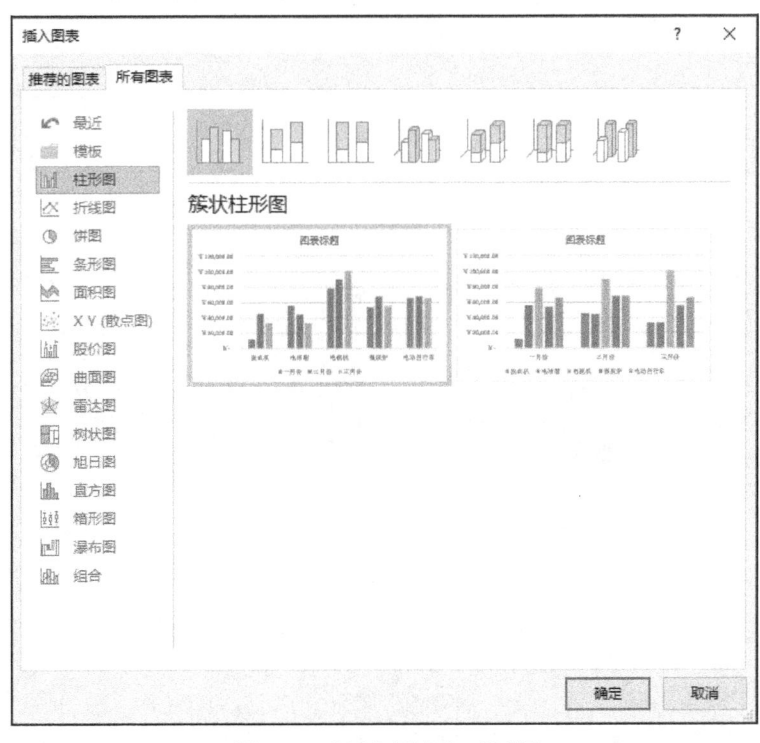

图 1-28　"插入图表"对话框

(3) 插入图表。打开"所有图表"选项卡,在左侧的图表列表中选择柱形图,再从上面的柱形图子类列表中选中"簇状柱形图",单击"确定"按钮,即在本工作表中生成一个柱形图,如图 1-29 所示。

(4) 修改图表的标题。该图表的上部显示图表的标题为"图表标题",单击"图表标题"并修改为"第一季度产品销售情况",如图 1-30 所示。

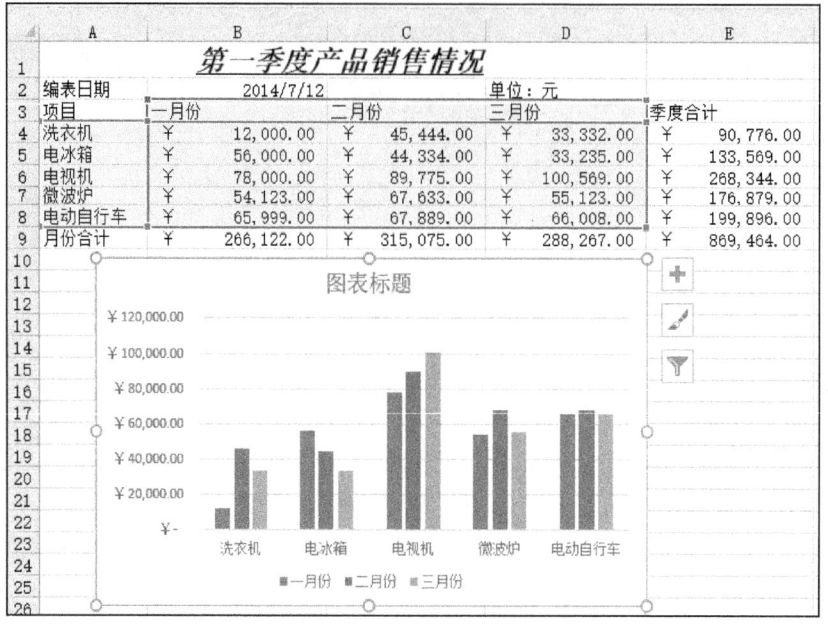

图 1-29　插入柱形图

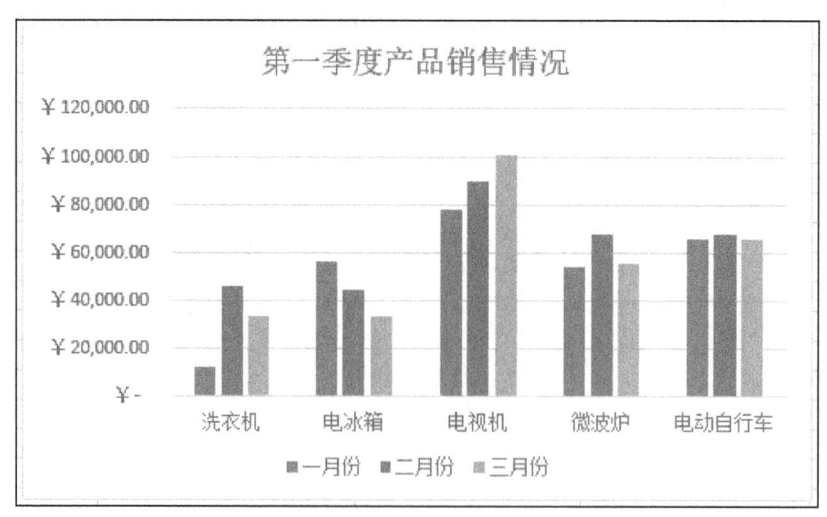

图 1-30　修改图表的标题

2. 建立图表工作表

图表工作表和嵌入式图表的主要区别是:图表工作表存在于一个单独的工作表中,而嵌入式图表与原始数据存在于同一工作表中。在建立了嵌入式图表后，将该图表移到一个新的工作表中即完成图表工作表的创建。具体操作步骤如下。

(1)单击需要移动的图表。

(2)单击"设计"选项卡右侧的"移动图表"按钮，显示如图 1-31 所示的对话框。

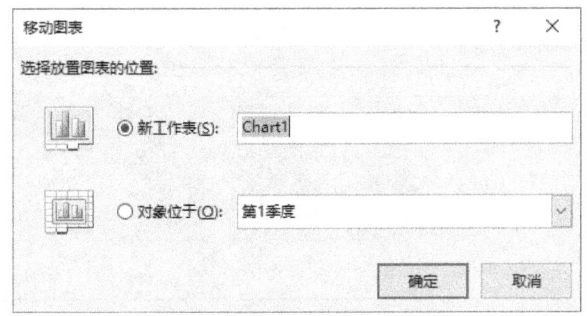

图 1-31 "移动图表"对话框

(3)选择新工作表，默认的图表工作表名为"Chart1"，修改新工作表的名字，如改为"第一季度产品销售情况"，以更易于查找和识别。

(4)单击"确认"按钮，图表就出现在了名为"第一季度产品销售情况"的工作表中。

说明，也可以将图表移到已有的工作表中，这需要从"对象位于"右侧的列表清单中选择图表的目标位置。

1.4.3 编辑图表

刚建立的图表可能并不令人满意，或者显示的效果不理想，此时就需要对图表进行适当的编辑，以达到最佳的效果。对图表进行编辑就是对图表的各个对象进行一些必要的修饰。

1. 图表及其对象

一个图表是由多个部件组成的，一个部件就是图表的一个对象。图 1-32 是一个标准的簇状柱形图，该图表包含了多个对象，如图表区域、图表标题、绘图区、垂直(值)轴、水平(类别)轴、网格线和图例。

2. 图表对象的选定

对图表进行编辑时，必须有一定的针对性，也就是要先选定图表或它的某个对象。

对于图表工作表，只要单击该工作表标签使其变成当前工作表就选定了其中的图表。此时单击图表中的某个对象即可以选定该对象，并可对其进行编辑操作，但是不能对这个图表进行移动和删除等操作。

对于嵌入式图表，只需单击图表区域就可选定它，这时该图表区域的周围出现一黑色的细线矩形框，有些区域的 4 个角上和每条边的中间出现黑色小方块的控制柄，此时可以对图表进行移动、放大、缩小、复制和删除等操作，也可以修饰图表区域。单击图表的某个对象可以对其进行编辑。

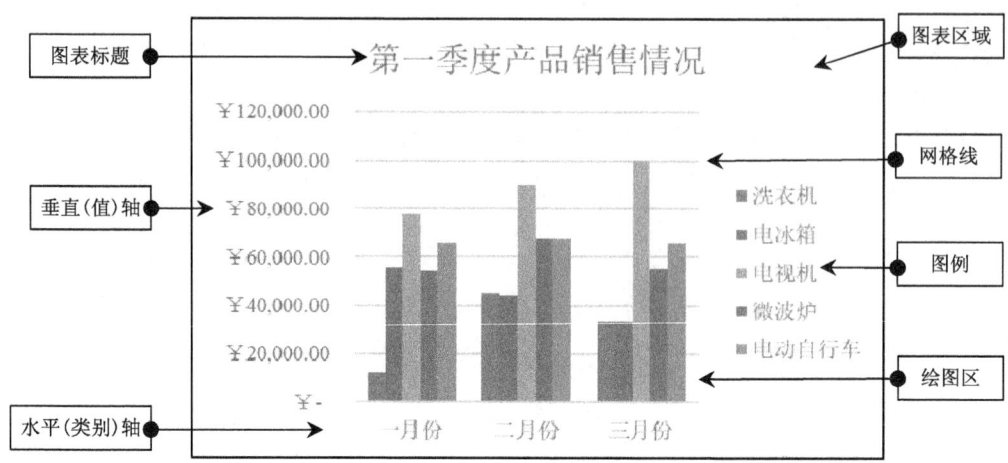

图 1-32　图表及其对象

3. 图表区域的编辑

对于嵌入式图表，在单击图表区域选定图表后，就可以对该图表进行各种编辑操作。此时单击鼠标右键，可以弹出快捷菜单，如图 1-33 所示。利用菜单中的子菜单项就可以对图表区域进行编辑操作。

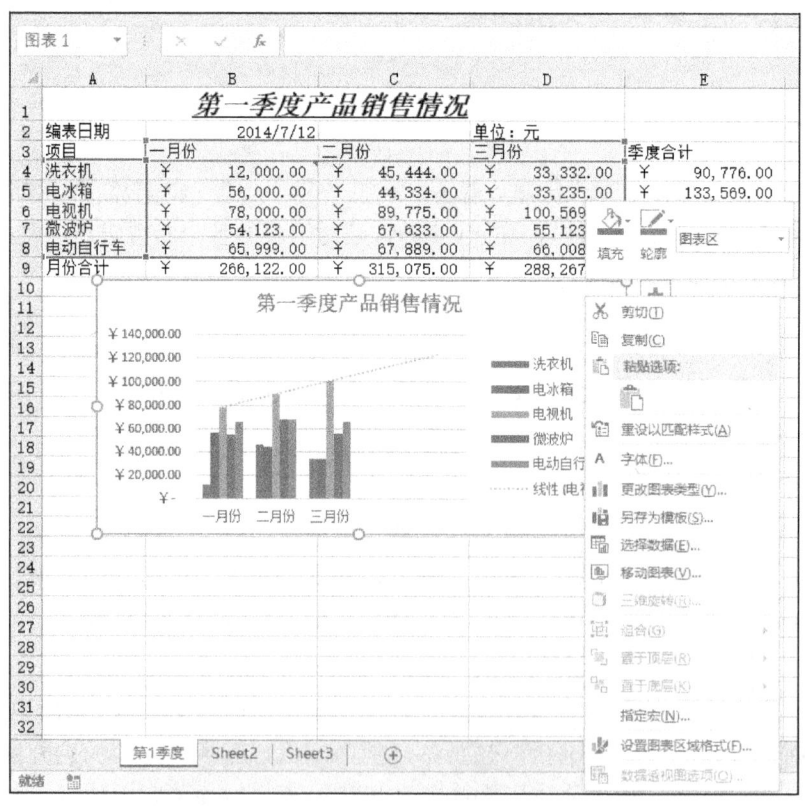

图 1-33　编辑图表区域的快捷菜单

- 图表的"剪切""复制""粘贴选项"命令可以移动图表到工作表的指定位置。如果要将图表移到独立的图表工作表中，则需要使用"移动图表"命令。
- "更改图表类型"命令可以依据原图表所关联的数据更改图表的类型。
- "设置图表区域格式"命令可以更改图表区域的背景图案及填充效果，图表的字体、字形、字号和图表的属性，如图表对象的位置属性、是否打印对象，以及在保护工作表时是否锁定单元格等。

要修改图表的布局样式，则需要在选中图表后，单击"设计"选项卡，在"图表样式"功能组中选择合适的样式。单击"更改颜色"按钮可以更改柱状图系列的颜色。

4. 图表对象的编辑

单击图表中的某个对象就选定了该对象，此时可以对该对象进行一些编辑，如对其进行缩放、移动和清除，对各图表对象进行改变字体及其颜色、填充的颜色和模式等操作。

有时在图表中的某些区域手工输入的文字可能和工作表中的文字不一致，如前面用手工输入了图表标题"第 1 季度产品销售情况"，但该标题与工作表的标题"第一季度产品销售情况"不一致。为了避免这种情况，可以将图表标题或文字框与工作表中的单元格链接起来，以保持数据的一致。具体操作步骤如下。

(1)单击图表中要链接的标题，或已创建的文本框。

(2)在编辑栏中输入"="。

(3)用鼠标选择要在图表中显示的数据或文字的单元格，如 A1 单元格，再单击"输入"按钮(就是编辑栏左边的那个勾号"✓")，工作表单元格的内容就出现在图表标题或文字框中了。或者直接在编辑栏中输入对工作表单元格的引用，形式为工作表名称后接感叹号，如输入"=Sheet1!A1"，按 Enter 键，工作表单元格的内容就会出现在图表标题或文字框中。

说明：将图表标题链接到单元格中的文字后，图表标题中显示的字符将无法直接修改，此时如果要修改图表标题的内容，就需要去修改单元格中的内容。

5. 在图表中增加趋势线

趋势线应用于预测分析，也称回归分析，它根据实际数据向前或向后模拟数据的走势。趋势线可以生成移动平均，消除数据的波动，更清晰地显示图案和趋势；可以在非堆积型二维面积图、柱形图、折线图、股价图和 XY(散点图)中为数据系列添加趋势线；但不可以在三维图表、堆积型图表、雷达图、饼图或圆环图中添加趋势线。对于那些包含与数据系列相关的趋势线的图表，一旦图表类型被修改为上述几种，如图表类型被修改为三维图表，则原有的趋势线将丢失。

例如，在图表中增加电视机销售的趋势线。由于前面绘制的图表以产品作为水平轴，增加趋势线没有意义，因此需要将图表切换为以月份作为水平轴的图表。具体操作步骤如下。

(1)选择图表，单击"设计"选项卡，再单击"数据"功能组中的"切换行/列"按钮，即完成切换，如图 1-34 所示。

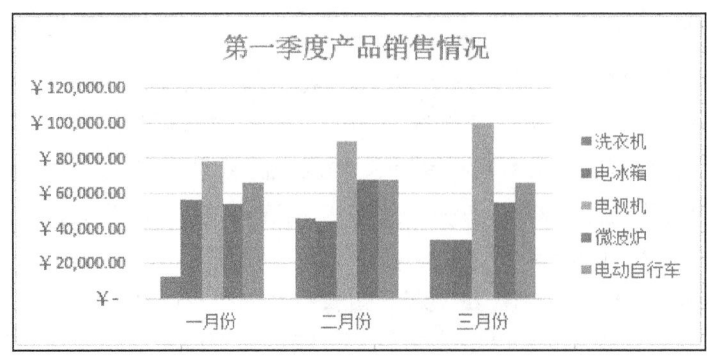

图 1-34　切换行/列

(2)单击图表中的某个数据系列,如"电视机"。

(3)单击"设计"选项卡,再单击"添加图表元素"按钮,移动鼠标指针到"趋势线",从显示的趋势线列表中选择"线性预测",就会出现如图 1-35 所示的虚线。

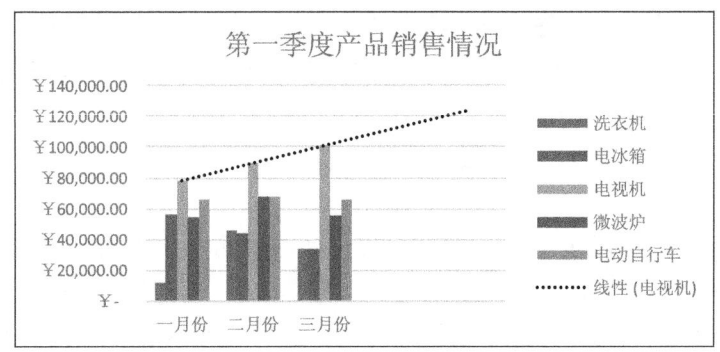

图 1-35　线性类型趋势线

从图表中的趋势线可看出,电视机的销量处于平稳增长的态势,并可据此预估未来一个月的销售额。

除了线性预测线,在"趋势线"列表中还可以采用指数趋势线、线性趋势线、移动平均趋势线等。如果选择"无"则删除选定的趋势线或所有的趋势线。如果选择"其他趋势线选项",则在窗口的右侧显示"设置趋势线格式"对话框,如图 1-36 所示。

在此对话框中,可以选择趋势预测/回归分析的类型:指数、线性、对数、多项式、幂和移动平均,可以指定趋势线的名称,可以选择趋势预测的向前和向后的周期,还可以"设置截距""显示公式"或"显示 R 平方值"。

1.4.4　打印图表

图表绘制完成后,把分析数据表、文字、图表有机地结合起来,就可以编制出一份图文并茂、形象易懂的报告

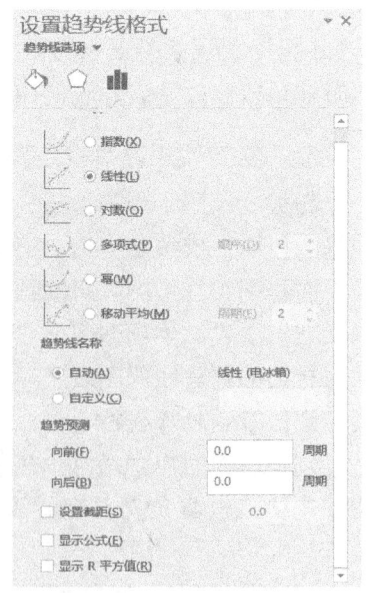

图 1-36　"设置趋势线格式"对话框

了。一般情况下，可以通过网络把它们传递给相关的部门、人员，并通过屏幕显示查看这些报告，但有时也需要把它打印到纸上供领导者、投资人或部门主管等查看和使用，因此打印图表也是图表分析的重要一环。

有时需要打印整个工作表，有时只需要打印工作表的一部分，如只打印图表，则需要先设定打印区域。具体操作步骤如下。

(1)准备好打印机，使其和电脑处于联机就绪状态。

(2)打开一个工作表，单击"文件"选项卡，再单击"打印"选项，出现如图 1-37 所示的"打印"对话框。

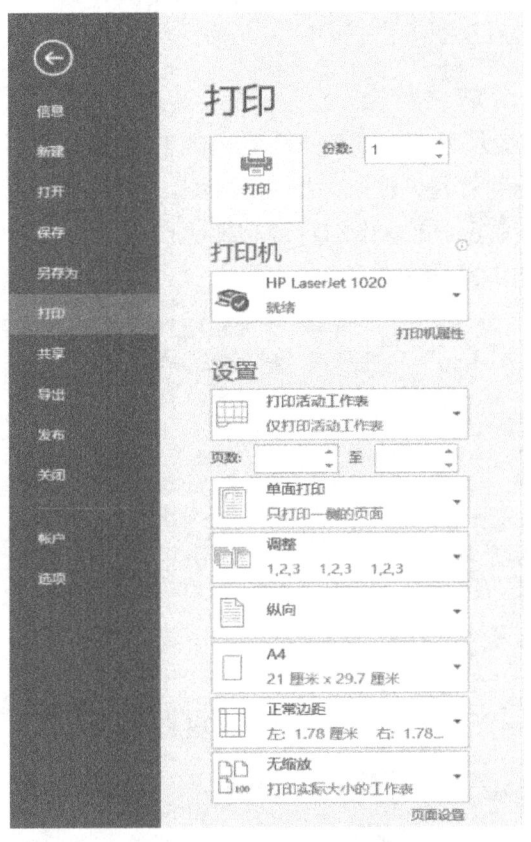

图 1-37　"打印"对话框

(3)选定待打印的工作表区域。如果打印当前工作表，则从"设置"下面的打印范围中选择"打印活动工作表"；如果要打印整个工作簿中的所有工作表，则选择"打印整个工作簿"；如果只打印某个区域，如只打印图表，而且在打开工作表后已经选定了该区域，则选择"打印选定区域"。

(4)选定页码范围、单双面打印选项、调整选项，以及其他页面设置选项。设置各打印选项后，在窗口右侧会显示预览的打印效果。如果对预览的打印效果不满意，可以继续修改打印设置，也可返回去修改工作表。

(5)如果确认是自己想要的内容和效果，则直接单击窗口上部的"打印"按钮即可打印。

1.5　用 PowerPoint 展示分析结果

利用 Excel 编制的分析数据、分析图表、分析报告等，还可以通过 PowerPoint 进行展示。

1.5.1　展示分析数据

把需要通过幻灯片展示的分析数据复制到 PowerPoint 中的过程是：首先进入 PowerPoint 编辑状态，然后复制工作表中的单元格区域，最后生成展示幻灯片。

1.　进入 PowerPoint 编辑状态

(1) 打开 PowerPoint 应用程序，创建一个空白的 PPT 文件，文件名默认为"演示文稿 1"，并显示第 1 页的空白幻灯片，输入标题和副标题。

(2) 单击"开始"选项卡，再单击幻灯片功能组中的"新建幻灯片"按钮，出现幻灯片的所有版式列表，如图 1-38 所示。

图 1-38　选择幻灯片版式

(3) 单击"空白"版式，即新建一页幻灯片，其版式为空白版式。

说明：因为要粘贴数据表格，所以设置为空白版式，也可以根据用户的需要选择自己所需的其他版式。

2. 复制工作表中的单元格区域

(1)打开 Excel 应用程序，再打开存放展示数据的 Excel 工作簿，如"销售情况.xlsx"，选中被展示的数据所在的工作表，如"第 1 季度"。

(2)选定需要展示的工作表的单元格区域，如 A1:E9。

(3)单击"开始"选项卡，再单击"剪贴板"功能组中的"复制"按钮，或者用鼠标右键单击选定的单元格区域，从显示的菜单中单击"复制"按钮，把选定的单元格区域复制到剪贴板上。

3. 生成展示幻灯片

(1)单击状态栏中的 PowerPoint，进入 PowerPoint 的编辑状态，单击要粘贴数据的空白幻灯片，如第 2 张幻灯片。

(2)单击"开始"选项卡，再单击"剪贴板"功能组中的"粘贴"按钮，于是数据表格便被复制到了该幻灯片上。

(3)如果粘贴到该幻灯片上的 Excel 工作表格所处的位置不合适，就需要对其进行编辑：首先单击工作表格并按住鼠标左键移动鼠标的光标，将表格移动到指定位置；将鼠标光标置于表格的黑边框的边上或角上的小圆圈上，待光标变成双箭头光标时，按住鼠标左键移动光标缩放表格到指定的大小；选中该工作表格后，在 PowerPoint 窗口上会出现"设计"和"布局"两个"表格工具"选项卡，利用这两个工具可以继续对该表格进行编辑。

(4)利用 PowerPoint 的版式、主题设计、表格效果等功能，添加标题或说明后，可将数据表变成一张漂亮的幻灯片，如图 1-39 所示。

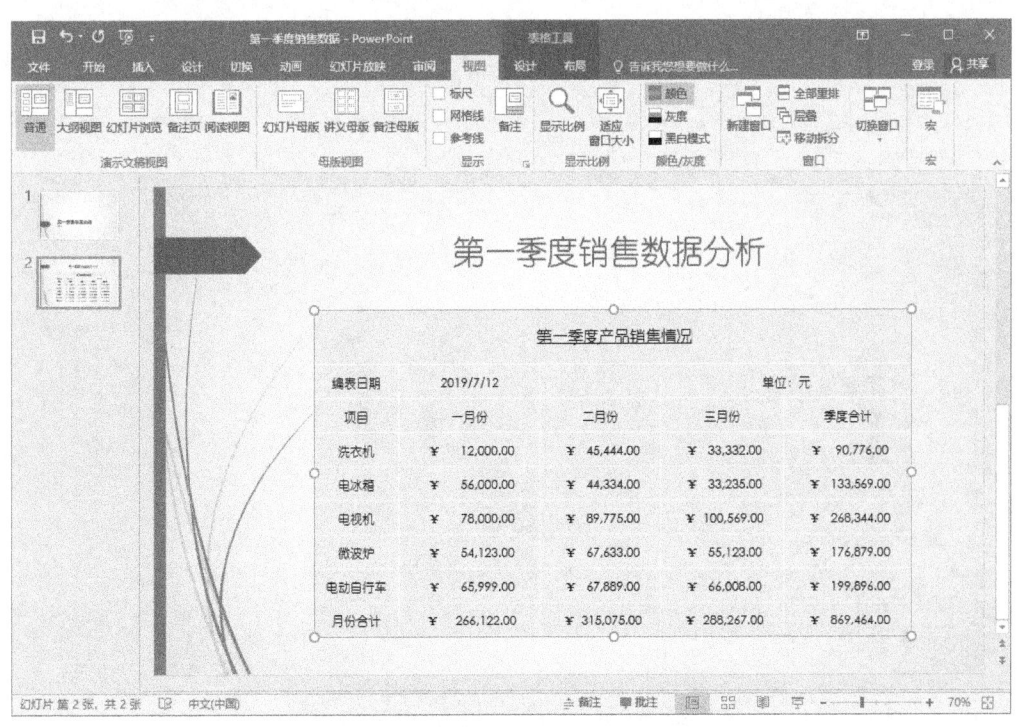

图 1-39 将数据表展示到幻灯片中

1.5.2 展示分析图表

将工作表中的图表复制到幻灯片中的过程与单元格的复制过程类似。具体操作步骤如下。

(1)在 PowerPoint 中打开上一节的演示文稿,右键单击第 2 页幻灯片,从显示的菜单中选择"新建幻灯片"命令,则增加一张空白幻灯片。

(2)右键单击该空白幻灯片,在出现的菜单中选择"版式",出现该演示文稿的所有版式的列表,再选择"仅标题"版式,并输入该幻灯片的标题。

(3)打开 Excel 应用程序,再打开存放展示数据的 Excel 工作簿,如"销售情况.xlsx",并选中数据所在的工作表,如"第 1 季度"。选定需要展示的图表,即前面创建的嵌入式图表。

(4)单击"开始"选项卡,再单击"剪贴板"功能组中的"复制"按钮,或者右键单击选定的图表,从显示的菜单中单击"复制"按钮,把选定的图表复制到剪贴板上。

(5)切换到 PowerPoint 窗口,选择第 3 张空白幻灯片。

(6)单击"开始"选项卡,再单击"剪贴板"功能组中的"粘贴"按钮,将前面在 Excel 应用程序中复制的图表粘贴到这张空白幻灯片上。

在 PowerPoint 中对含图表的幻灯片的编辑如下。

(1)单击图表区域并按住鼠标左键移动光标将图表移动到指定位置。

(2)将光标置于图表的黑边框的边上或角上的小圆圈上,待光标变成双箭头光标时按住鼠标左键移动光标缩放图表到指定的大小。

(3)单击"插入"选项卡,再单击"插图"功能组中"形状"下侧的小箭头,显示所有形状的样式,如图 1-40 所示。

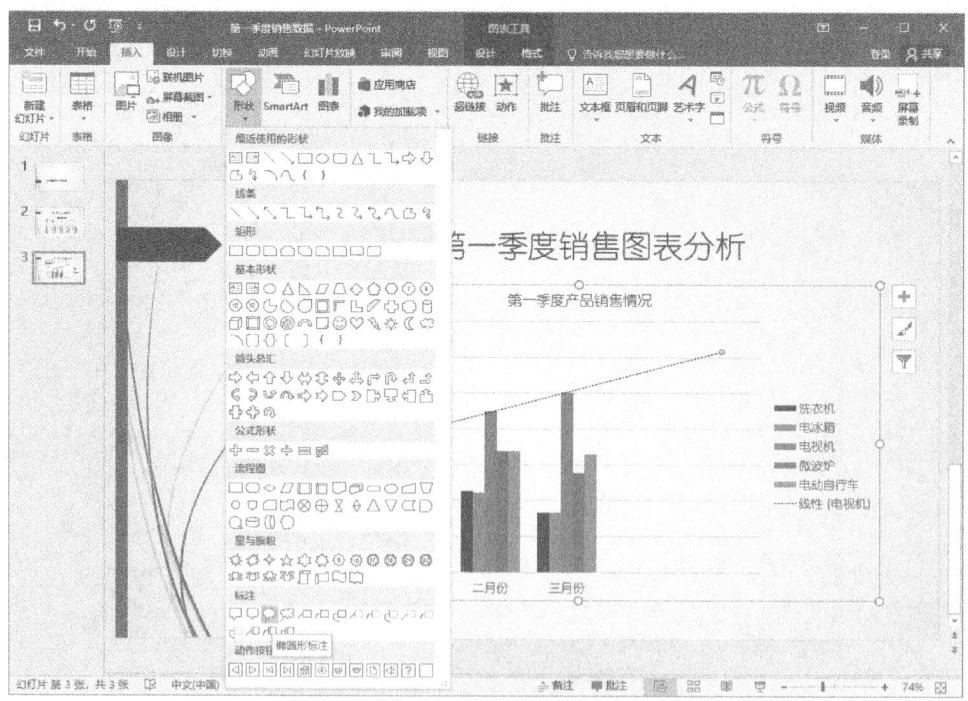

图 1-40　选择标注菜单的样式

(4)选择"标注"列表中标注的样式，如椭圆形标注。在幻灯片适当的位置画出标注，并指向趋势线，在标注中输入文字"线性预测趋势"，如图1-41所示。

说明：还可以给幻灯片加上动作按钮、图表说明，设置放映的动画效果，以及添加对图表解释的语音提示等，使原来静态的 Excel 图表、数据变成动态的、有声有色的画面，使观看者在视觉享受的同时，能够更加直观、深入地理解数据和图表的含义，为其决策提供更好的帮助。本教材不对演示文稿的这些编辑操作进行详细描述。

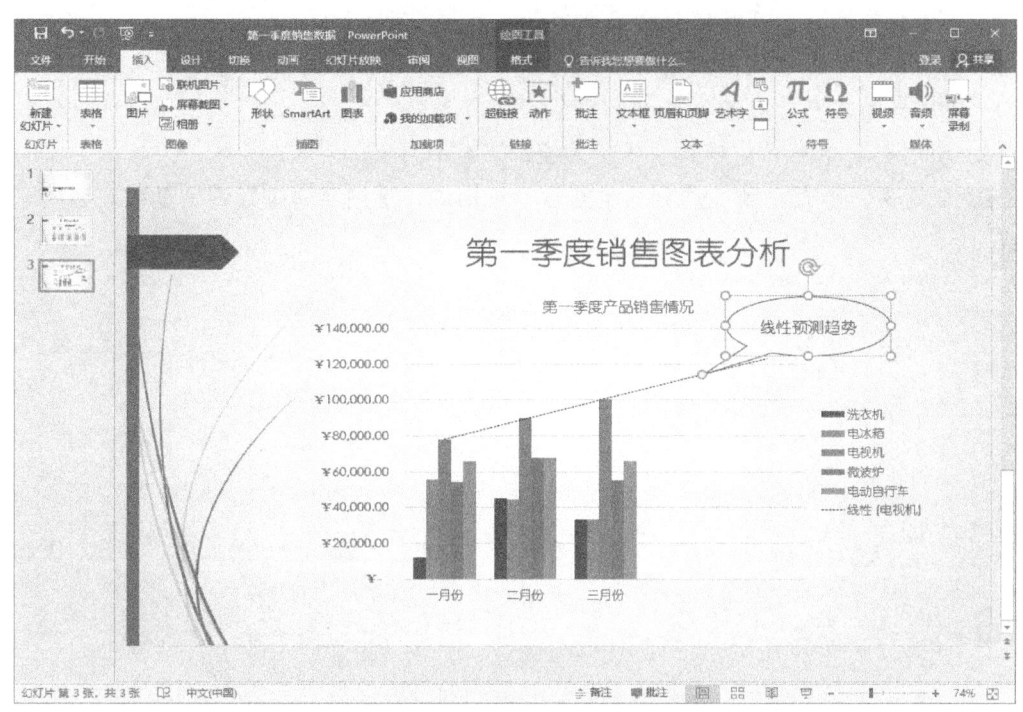

图1-41　给趋势线加标注

(5)在完成对演示文稿和工作簿的编辑后，应及时将其保存到电脑硬盘上。

实践练习题

本实践练习题的1-8题均以第1题创建的工作表为基础，依次完成。

1. 创建一个工作簿"第二季度销售数据表"并将其保存到指定的目录下，按下图所示输入数据，并设置单元格的格式。尝试设置合并单元格、设置日期格式、设置货币格式、对字体加粗或使其倾斜等。

	A	B	C	D	E
1	第二季度销售数据表				
2	编表日期	2018/7/10			单位：元
3	项目	四月份	五月份	六月份	季度合计
4	洗衣机	¥ 39,880.00	¥ 45,490.00	¥ 57,990.00	¥ 143,360.00
5	电冰箱	¥ 56,000.00	¥ 57,000.00	¥ 60,000.00	¥ 173,000.00
6	电视机	¥ 64,000.00	¥ 67,770.00	¥ 77,560.00	¥ 209,330.00
7	微波炉	¥ 54,000.00	¥ 57,600.00	¥ 61,000.00	¥ 172,600.00
8	电动自行车	¥ 66,900.00	¥ 67,800.00	¥ 66,000.00	¥ 200,700.00
9	月份合计	¥ 280,780.00	¥ 295,660.00	¥ 322,550.00	¥ 898,990.00
10					

2. 用条件格式设置方法，将第二季度各产品的月度销售额小于 55 000 元的项设置为灰色底纹，将数字设置为红色。注意不要将合计数据纳入设置范围中。

3. 启用审核修订功能，对工作表进行编辑，并对工作表所做的修订进行审核。

4. 在工作表中加入批注，并对批注进行编辑、修改和删除等操作。

5. 设置工作簿的文档属性，如添加作者、主题、标题、单位、关键字等。

6. 以工作表中 A3:A8 区域的数据为基础，创建一个下拉列表序列。

7. 以第二季度的各产品销售数据的合计创建一个面积图。

8. 以第二季度的电视机的销售数据创建一个直方图，并添加线性趋势线。

9. 使用自动填充功能输入 9 月份的全部日期值。

10. 使用自动填充功能输入 9 月份的全部工作日序列。

11. 自定义一个自动填充序列：星期一、星期二、星期三、星期四、星期五、星期六、星期日。

第2章
函数、公式与宏的使用

本章内容提要：

- 函数的基本结构及函数的类型
- 如何使用函数
- 公式的组成
- 公式的输入方法
- 单元格的引用
- 录制、运行和编辑宏
- VBA 开发环境简介

本章要重点掌握的 Excel 工具：

- 定义名称
- 使用函数
- 使用"输入函数"按钮功能
- 输入公式
- 单元格的绝对引用和相对引用
- 复制、粘贴、选择性粘贴单元格公式
- 录制、编辑、运行宏
- VBA 开发环境
- VBA 的常用语句

本章有选择地介绍 Excel 的基础知识，以及在财务管理中常用的 Excel 工具，作为本书其他章节的基础。本章没有介绍 Excel 最基本的操作内容，如 Excel 的安装和启动、工作表的概念、单元格和单元格区域的概念，以及窗口菜单和按钮的操作等。如果读者不熟悉 Excel 最基本的操作内容，请参考有关 Excel 基础操作的书籍和软件。如果读者已经掌握了本章所介绍的 Excel 的基础知识，可以直接跳过这一章，转到第 3 章进行学习。

2.1 函 数

在使用 Excel 处理财务管理事务时，函数得到了广泛的运用。在 Excel 中，函数的概念和数学中函数的概念类似，它是一些预定义的公式，这些公式使用一些称为参数的特定数值按特定的顺序或结构进行计算。在定义函数时，需要指定函数名，并且指定一些参数名（或变量）和参数之间的运算规则。给这些参数赋一定的值并且按照确定的规则进行计算就可以得到一个值，这个值即是函数的当前值。参数变化，函数的当前值也会随之变化。

事实上，Excel 已经提供了大量已经定义好的基本运算函数、统计函数和财务函数，我们可以直接使用。例如，函数 SUM() 可以对各参数（单元格、单元格区域或常数）的值进行汇总求和，函数 AVERAGE() 可以对各参数（单元格、单元格区域或常数）的值求平均值，函数 FV() 可以基于固定利率及等额分期付款方式求某项投资的未来值。

Excel 提供的函数能够满足大部分财务管理的需求。在一些有特殊需求的情况下，我们还可以针对具体的业务自定义一些函数。

2.1.1 函数的基本结构

Excel 函数一般由函数名称、参数和括号组成。

函数的基本结构：函数名称（参数 1，参数 2，...，参数 n）

其中，函数名称指出函数的含义，用一个字符串来表示，每个函数都有一个唯一的函数名称；函数名称后面是把参数括起来的圆括号，在有多个参数的情况下，参数之间需要用半角的逗号分隔开；参数是一些可以变化的量，参数的多少由函数的定义来确定。图 2-1 所示的是求和函数 SUM()。在单元格中输入函数时，需要在函数名前输入等号"="。

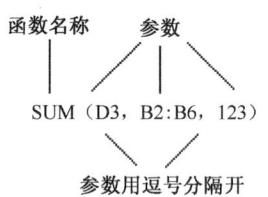

图 2-1 函数的构成

【例 2-1】求一列数 B2 到 B10 之间所有数据的总和，可以使用如下函数：

=SUM(B2:B10)

【例 2-2】求一行数 B2 和 G2 之间所有有数据的单元格数据的平均值，可以使用如下函数：

=AVERAGE(B2:G2)

【例 2-3】求一个单元格区域 B2 和 G10 之间，以及 B12 和 G12 之间所有有数据的单元格数据的平均值，可以使用如下函数：

=AVERAGE(B2:G10,B12:G12)

2.1.2 参数和函数值的类型

Excel 函数中的参数可以是数字、文本、逻辑值、单元格引用、名称、错误值、数组，也可以是公式或其他函数。给定的参数必须能产生有效的值。函数是参数按照计算规则计算所得的结果，也有一定的数值类型。

1. 数字

数字可以是正数或负数、整数或小数。数字可以进行算术运算，也可以进行比较。

【例 2-4】计算数据 20、20.8、40、50 这几个数的平均值，可以使用如下函数：

=AVERAGE(20,20.8,40,50)

此例中的参数和函数值均是数字。

【例 2-5】计算单元格区域 B2:G10 中有数字的单元格的个数，可以使用如下函数：

=COUNT(B2:G10)

该函数的返回值是整数。在使用函数 COUNT() 时，只有数字类型的数据才被计数，即只把数字、逻辑值、日期或以文字代表的数计算进去，但是错误值或其他无法转化成数字的文字则被忽略。

2. 文本

文本是一个字符串，需要用引号 " " 括起来。

【例 2-6】清除语句 "Sales volume is" 中单词之间的多余的空格，可以使用如下函数：

=TRIM("Sales volume is")

该函数的参数和函数值都是文本类型的数据，其返回结果是：Sales volume is。它去掉了单词之间多余的空格。

3. 逻辑值

逻辑值只有 2 个值，即 TRUE 和 FALSE，分别代表真和假。

逻辑值可以由逻辑运算或逻辑函数获得，如函数 TRUE() 返回逻辑值"真"，函数 FALSE() 返回逻辑值"假"。

使用函数 IF() 可以确定条件为真还是假，并由此返回不同的数值。

4. 单元格引用

单元格引用是将单元格或单元格区域作为函数的参数，在前面的例子中已有描述。

5. 名称

名称是为了方便使用或引用而创建的代表单元格、单元格区域、公式或常量的字符串。名称只有被定义后才能被使用。

【例 2-7】在工作表"第一季度"中，区域 D4:D8 为三月份恒昌公司 5 种商品的销售额，需要将此区域定义为名称：三月份的销售额。具体操作如下。

打开工作表"第一季度"，用鼠标选取区域 D4:D8，单击"公式"选项卡，再单击"定义名称"功能组中"定义名称"按钮，出现"新建名称"对话框，在"名称"编辑框中输入"三月份的销售额"，然后单击"确定"按钮即可，如图 2-2 所示。

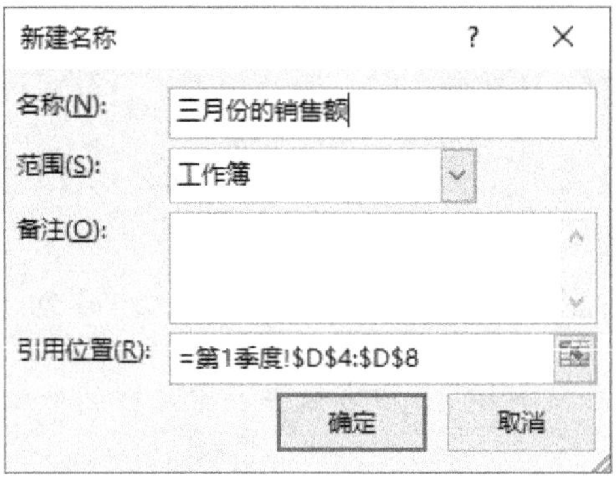

图 2-2　定义名称

另一种定义名称的方法是：选定单元格或单元格区域后，直接在名称框(在第 1 章的图 1-2 中指示了工作簿窗口中名称框的位置)中输入需要定义的名称即可。

在以后需要引用区域 D4:D8 时，可以直接用名称("三月份的销售额")代替。例如，要计算三月份这 5 种商品的总销售额，可以在单元格中输入：=SUM(三月份的销售额)，即可得计算结果。

6. 错误值

错误值是由公式不能正确计算出结果或公式引用的单元格含有错误导致的，这时在工作表单元格中将显示错误值。例如，在需要数字的公式中使用了文本、删除了被公式引用的单元格，或者使用了其宽度不足以显示结果的单元格时，将产生错误值。

可能的错误值有：#####错误、#VALUE!错误、#DIV/0!错误、#NAME?错误、#N/A 错误、#REF!错误、#NUM!错误、#NULL!错误。

- 如果单元格的数字比单元格宽或者将一个负数变成日期格式显示时，会产生#####错误并显示在单元格中。
- 当使用错误的参数或运算对象类型时，就会产生#VALUE!错误。例如，输入公式=5+"abc"，就会出现#VALUE!错误。
- 如果一个数值被 0 除，则会产生#DIV/0!错误。
- 如果在公式中使用了不存在的名称，将产生#NAME?错误。

- 当函数或公式中没有可用数值时，将产生#N/A 错误。
- 当单元格引用无效（如单元格被删除）时，将产生#REF!错误。
- 当公式或函数中某个数字有问题时，将产生#NUM!错误。例如，函数 DATE(year, month,day) 中 year 为负数时，就会在单元格中显示#NUM!错误。
- 当为两个不相交的区域指定交集时，将产生#NULL!错误。例如，函数 SUM(A1:A5, C1:C5) 的功能是对 2 个区域求和，而函数 SUM(A1:A5 C1:C5) 的功能是对 2 个区域交集中的单元格求和，但这 2 个区域没有交集，因此会产生#NULL!错误。

7. 数组

数组是一列或若干列数，在工作表中数组就是一个矩形区域。数组也可以是用"{}"括起来的常量。数组参数用在数组公式中。例如，利用函数 TREND() 对企业销售量进行直线拟合时就会用到数组参数。

2.1.3 函数的嵌套

函数的嵌套是指在一个函数中用另一函数的值作为参数。

【例 2-8】一个集团公司的 3 个子公司一季度的销售额数据保存在区域 A1:C3 中，一行代表一个月的数据，要计算集团公司一季度每月的平均销售额，可以使用如下函数：
=AVERAGE(SUM(A1:C1),SUM(A2:C2),SUM(A3:C3))

公式中最多可以包含 64 级嵌套函数。当函数 B 作为函数 A 的参数时，函数 B 称为第二级函数。如果函数 C 又是函数 B 的参数，则函数 C 称为第三级函数，依次类推。在本例中，SUM 函数就是第二级函数。

2.1.4 函数的类型

为了方便用户使用，Excel 提供了大量函数。根据函数的功能，可以将函数分为以下几类：日期与时间函数、文本函数、逻辑函数、财务函数、查询和引用函数、统计函数；信息函数、数据库函数、工程函数、数学和三角函数、多维数据集函数等。如果系统提供的函数还不能满足用户特殊的需要，用户还可以自定义函数。

1. 日期与时间函数

通过日期与时间函数，可以在公式中分析和处理日期值和时间值。例如，如果公式中需要使用当前的日期，则可以使用工作表函数 TODAY() 返回基于计算机系统时钟的当前日期；如果公式中需要使用当前的日期和当前的时间，则可以使用工作表函数 NOW() 返回当前的计算机系统时钟。

【例 2-9】在单元格中输入一个时间函数 TODAY()，则当前的日期会显示在单元格中。
=TODAY()

Excel 有两种日期系统：1900 日期系统和 1904 日期系统。在使用 1900 日期系统的工作簿中，1900 年 1 月 1 日的系列数是 1，2014 年 7 月 20 日的系列数是 41840。而在使用 1904 日期系统的工作簿中，1904 年 1 月 1 日的系列数是 0，2014 年 7 月 20 日的系列数是 40347。在日期函数中对年份的处理随计算机系统所采用的日期系统的不同而有所差异。在默认情况下，Microsoft Excel for Windows 使用 1900 日期系统。

在计算机采用 1900 日期系统时，应输入当前年份的四位数字，如 2014。如果仅输入两位数字，如 14，则系统认为的年份是 1914(1900+14)。本书采用 1900 日期系统。

日期和时间其实是数字类型的数据。可以将一个日期或时间显示为数字，也可以将一个数字显示为日期或时间。

【例 2-10】在单元格中输入数字 41832，用鼠标选中单元格，单击"开始"选项卡中"数字"功能组右下角的小箭头，显示如图 2-3 所示的"设置单元格格式"对话框，单击"数字"选项卡，从"分类"列表框中选择"日期"，在"类型"列表框中选择"*2012/3/14"，在"区域设置"中选择"中文(中国)"，再单击"确定"按钮，则单元格的数据变成 2014/7/12。

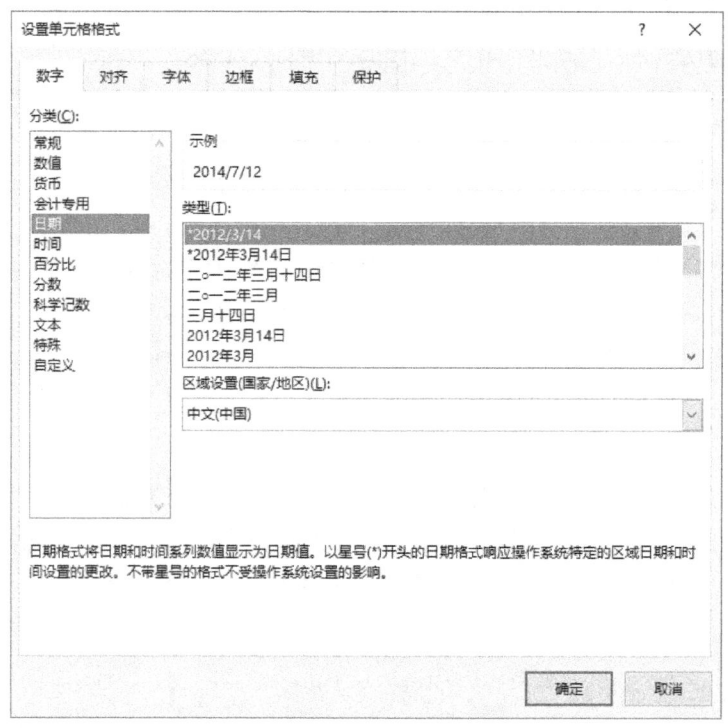

图 2-3 "设置单元格格式"对话框

注意，在选择日期格式时，以星号"*"开头的日期格式响应操作系统特定的区域日期和时间设置的更改。不带星号的格式不受操作系统区域日期和时间设置的影响。

Excel 按顺序的系列数保存日期，尽管在显示的格式上我们看到的是一个日期，但在系统内部，系统的日期是以一个个系列数来保存的。

将日期保存为系列数可以对其进行计算，如计算 2 个日期之间所差的天数。在财务数据的处理中经常会用到日期函数。

【例2-11】一笔存款从2014年1月1日起存，计算到今天为止所存的天数。可以在单元格中输入如下公式：

=TODAY()-DATE(2014,1,1)

2. 文本函数

通过文本函数，可以在公式中处理文字串。例如，可以改变大小写或确定文字串的长度，可以将日期插入文字串或连接在文字串上。

【例2-12】要在工作表的一个单元格中显示"截至今日：????年??月??日的销售数据"，可以用函数TEXT()将日期值转换成文本，并与其他的字符串拼接起来。

="截至今日："&TEXT(TODAY(),"yyyy年mm月dd日")&"的销售数据"

3. 逻辑函数

使用逻辑函数可以根据一定的条件对事件的状态进行判断，从而确定事实的真和假，并据此返回一定的值。逻辑函数也能进行逻辑运算。

- 函数TRUE()返回逻辑值"真"，函数FALSE()返回逻辑值"假"。
- 函数AND()对逻辑参数进行逻辑"与"操作，函数OR()对逻辑参数进行逻辑"或"操作，函数NOT()对逻辑参数进行逻辑"反"操作，这3个函数均返回逻辑值。有的逻辑函数不一定返回逻辑值。

【例2-13】根据企业的经营业绩判断企业是盈利还是非盈利，可以使用如下函数：

=IF(B2>0,"盈利","非盈利")

其中B2单元格保存的数据是企业的经营业绩，B2>0的结果是一个逻辑值，即TRUE或FALSE。如果B2大于0(B2>0的值为TRUE)则函数返回"盈利"；如果B2等于0或小于0则(B2>0的值为FALSE)则返回"非盈利"。

4. 财务函数

使用财务函数可以进行一般的财务计算，如确定贷款的支付额、投资的未来值或净现值，以及债券或息票的价值。

财务函数中常见的参数如下。

- 未来值(fv)：所有付款发生后的投资或贷款的价值。
- 期间数(nper)：投资的总支付期间数。
- 付款(pmt)：对于一项投资或贷款的定期支付数额。
- 现值(pv)：在投资期初的投资或贷款的价值，如贷款的现值为所借入的本金数额。
- 利率(rate)：投资或贷款的利率或贴现率。
- 类型(type)：付款期间进行支付的间隔，如月初或月末。

5. 查询和引用函数

当需要在数据清单或表格中查找特定数值，或者需要查找某一单元格的引用时，可以使用查询和引用函数。

例如，如果需要在表格中查找与第一列中的值相匹配的数值，可以使用函数 VLOOKUP()。如果需要确定数据清单中数值的位置，可以使用函数 MATCH()。

6. 统计函数

统计函数用于对数据区域进行统计分析。例如，计算工作表中一组数据的总和可使用函数 SUM()，求一组数据的平均值可以使用函数 AVERAGE()，计算两组数据的相关系数可以使用函数 CORREL()，求一组数据的最大值可以使用函数 MAX()，求一组数据的最小值可以使用函数 MIN()。

7. 信息函数

信息函数用于确定存储在单元格中的数据的类型、单元格中数据的属性或操作环境信息。信息函数包含函数 CELL()、函数 INFO()、函数 TYPE()、一组 IS 函数及其他的一些函数。

例如，如果单元格包含一个偶数值，则函数 ISEVEN()返回 TRUE。可以使用函数 ISBLANK()确定区域中的某个单元格是否为空。如果需要确定某个单元格区域中是否存在空白单元格，可以使用函数 COUNTBLANK()对单元格区域中的空白单元格进行计数。

【例 2-14】计算单元格 E2 所在的列宽占用的字符数，可以使用如下函数：

=CELL("width",E2)

8. 数据库函数

在对数据清单中的数值进行分析时，可以使用数据库函数。数据库函数的名称以字母 D 开头。这些函数均有 3 个相同的参数：database、field 和 criteria。

- database：工作表上包含数据清单的区域。在给定该参数时必须包含区域中作为列标志的行。
- field：需要汇总的列的标志。
- criteria：工作表上包含指定条件的区域。

【例 2-15】有一个数据清单如图 2-4 所示，它记录了公司一季度各商品的销售额。现在要计算一月份销售收入超过40 000元的商品的种类，可以在B14单元格中输入如下函数：

=DCOUNT(A3:D8,"一月份",A11:B12)

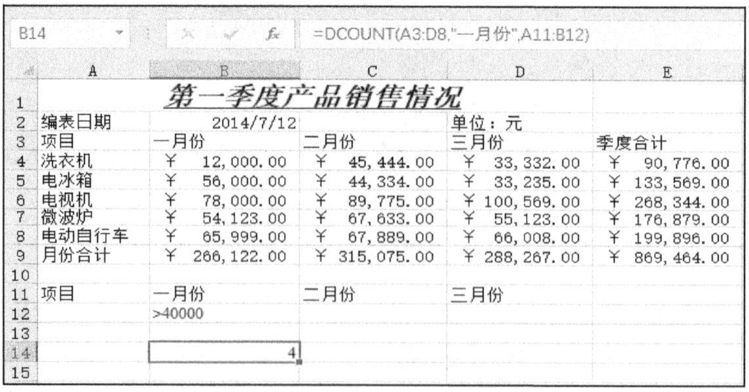

B14 =DCOUNT(A3:D8,"一月份",A11:B12)

	A	B	C	D	E
1		第一季度产品销售情况			
2	编表日期	2014/7/12		单位：元	
3	项目	一月份	二月份	三月份	季度合计
4	洗衣机	￥ 12,000.00	￥ 45,444.00	￥ 33,332.00	￥ 90,776.00
5	电冰箱	￥ 56,000.00	￥ 44,334.00	￥ 33,235.00	￥ 133,569.00
6	电视机	￥ 78,000.00	￥ 89,775.00	￥ 100,569.00	￥ 268,344.00
7	微波炉	￥ 54,123.00	￥ 67,633.00	￥ 55,123.00	￥ 176,879.00
8	电动自行车	￥ 65,999.00	￥ 67,889.00	￥ 66,008.00	￥ 199,896.00
9	月份合计	￥ 266,122.00	￥ 315,075.00	￥ 288,267.00	￥ 869,464.00
10					
11	项目	一月份	二月份	三月份	
12		>40000			
13					
14		4			
15					

图 2-4　使用数据库工作表函数

参数 A3:D8 是数据清单的区域，"一月份"表示使用的数据列，A11:B12 是条件区域，设置销售额超过 40 000 元的条件。

9. 工程函数

工程函数用于工程分析。这类函数可分为 3 种类型：对复数进行处理的函数、在不同的数字系统之间进行数值转换的函数和在不同的度量系统之间进行数值转换的函数。工程函数在财务管理中较少使用。

10. 数学和三角函数

利用数学和三角函数可以处理简单的计算，如对数字取整、计算单元格区域中的数值总和，也可以处理一些较复杂的计算，如求满足另一个单元格区域中给定条件的单元格区域中的数值总和。

11. 多维数据集函数

多维数据集函数是一组对多维数据集进行操作的函数，如统计数据集合中项目数、返回成员的属性、汇总值、重要 KPI 属性等。

2.1.5　如何使用函数

如果对要使用的函数非常熟悉，我们可以在单元格中直接输入函数公式，然后单击编辑栏中"="按钮，系统将根据你输入的函数公式自动进行计算，并把计算结果显示在该单元格中。除了直接输入函数公式，还可以使用 Excel 提供的"插入函数"的工具完成函数的输入和使用。下面我们以函数 COUNTIF() 为例说明利用"插入函数"工具使用函数的方法，具体操作步骤如下。

(1)单击需要输入函数的单元格，如单元格 B11。

(2)单击单元格编辑栏左侧的"插入函数"按钮 f_x，显示如图 2-5 所示的"插入函数"对话框。根据要求选择函数类别为"统计"，选择要使用的函数 COUNTIF。如果事先不知道应该使用什么函数，可以按照我们要完成的业务和"插入函数"对话框下方给出的每一函数的简单说明进行选择。

(3)单击"确定"按钮，显示如图 2-6 所示的"函数参数"对话框，此时可以编辑函数的各参数。

(4)在各参数编辑框中直接输入参数值，或者单击参数编辑框右端的 ▇ 按钮，选择输入参数值。在此例中，要统计第一季度各月份销售额超过 50 000 元的次数。单击参数 Range 编辑框右侧的 ▇ 按钮后，显示如图 2-7 所示的工作表，重新选择单元格区域 B4:D8，然后单击编辑框右侧的 ▇ 按钮返回"函数参考"对话框。在另一参数 Criteria 编辑框处直接输入参数""">50000""后，单击"确定"按钮即可完成函数的输入。

(5)系统计算后把计算结果显示在单元格 B11 中，如图 2-8 所示。从结果可以看到，一季度的每个月商品销售额超过 50 000 元的次数有 10 次。

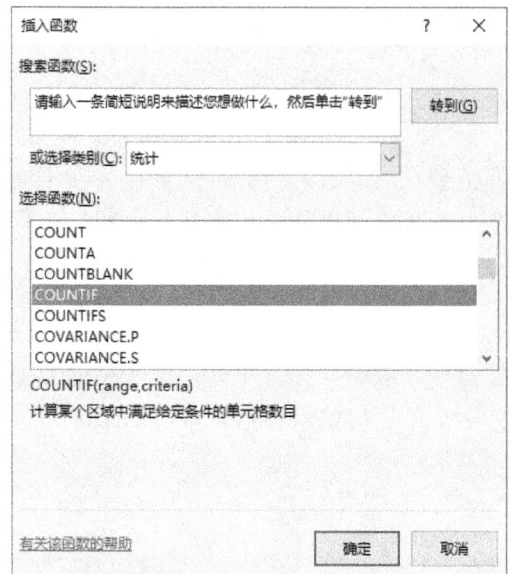
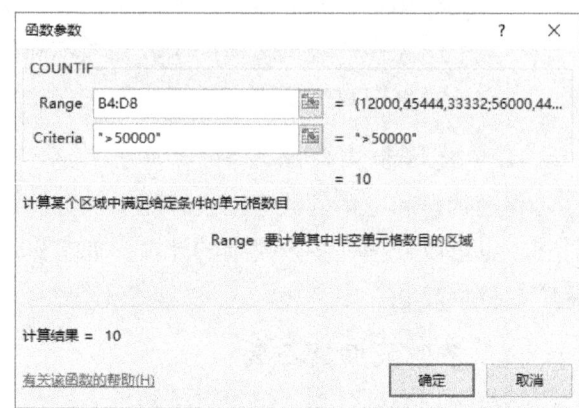

图 2-5 "插入函数"对话框   图 2-6 "函数参数"对话框

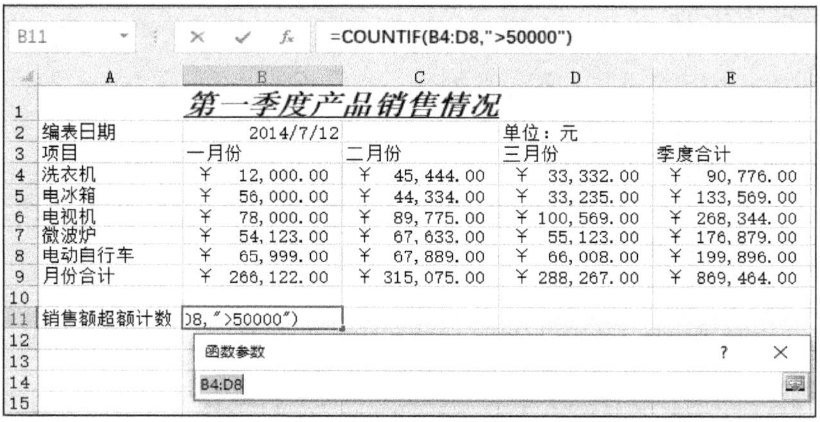

图 2-7 选取单元格区域作为参数

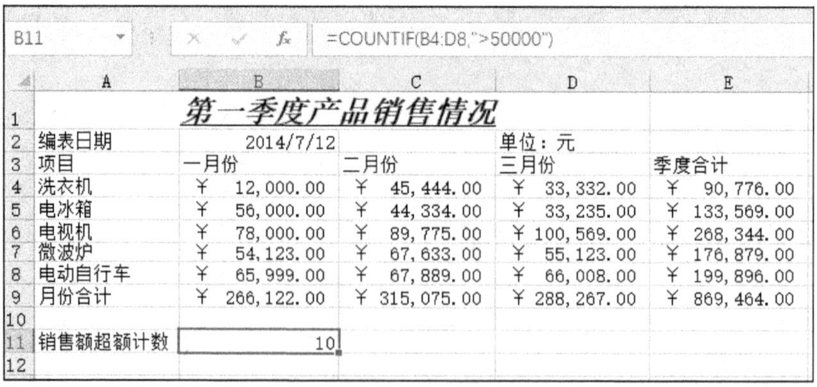

图 2-8 完成函数的输入后显示的结果

2.2 公式

公式是对工作表数据进行运算的方程式。公式可以进行数学运算，如加法和乘法，还可以比较工作表数据或合并文本。公式可以引用同一工作表中的其他单元格、同一工作簿不同工作表中的单元格，或者其他工作簿的工作表中的单元格。

2.2.1 公式的组成

公式中元素的结构或次序决定了最终的计算结果。Excel 中的公式遵循一个特定的语法或次序：最前面是等号"="，紧随等号的是参与计算的元素（运算数）。这些参与计算的元素又是通过运算符隔开的。每个运算数可以是不变的数值（常量数值）、单元格或引用单元格区域、标志、名称或工作表函数。

Excel 从等号"="开始，根据运算符优先次序执行计算，运算符优先次序相同时从左到右执行计算。可以使用括号组合运算来控制计算的顺序，用括号括起来的部分将先执行计算。

1. 公式中的运算符

运算符将对公式中的元素进行特定类型的运算。Excel 包含 4 种类型的运算符：算术运算符、比较运算符、文本运算符和引用运算符。

- **算术运算符**：算术运算符可用于完成基本的数学运算，如加法、减法和乘法，连接数字和产生数字结果等。算术运算符如表 2-1 所示。

表 2-1　算术运算符

算术运算符	含义	示例
+（加号）	加	4+5
−（减号）	减	4-5
*（星号）	乘	4*5
/（正斜杠）	除	4/5
%（百分号）	百分比	60%
^（脱字号）	乘方	4^2

- **比较运算符**：比较运算符可用于比较两个值，其结果是一个逻辑值：TRUE 或 FALSE。比较运算符如表 2-2 所示。

表 2-2　比较运算符

比较运算符	含义	示例
=（等号）	等于	B1=D3
>（大于号）	大于	B1>D3
<（小于号）	小于	B1<D3
>=（大于等于号）	大于等于	B1>=D3
<=（小于等于号）	小于等于	B1<=D3
<>（不等于号）	不等于	B1<>D3

- **文本运算符**：使用文本运算符"&"可连接多个字符串以产生一长串文本，如"恒昌公司"&"销售数据"。
- **引用运算符**：引用运算符可将单元格区域合并计算。引用运算符如表 2-3 所示。

表 2-3　引用运算符

引用运算符	含义	示例
:(冒号)	区域运算符，对两个引用之间，包括两个引用在内的所有单元格进行引用	A1:B5
,(逗号)	联合运算符，将多个引用合并为一个引用	A1:B5,D1:D5
(空格)	交叉运算符，生成对两个引用共同的单元格的引用	A1:F5 D1:D5

2．公式中的运算次序

如果公式中同时用到了多个运算符，Excel 将按表 2-4 所示的顺序进行运算。如果公式中包含了相同优先级的运算符，如公式中同时包含了乘法和除法运算符，Excel 将从左到右进行计算。如果要修改计算的顺序，可把需要先计算的部分括在圆括号内。

表 2-4　运算次序

运算符	说明
:(冒号) (空格) ,(逗号)	引用运算符
–(负号)	负数
%	百分比
^	乘幂
*和/	乘和除
+和–	加和减
&(连接符)	连接两串文本
= < > <= >= <>	比较运算符

3．公式中的数值转换

在公式中，每个运算符都需要特定类型的数值与之对应。如果输入数值的类型与所需的不同，Excel 有时可以对这个数值进行转换。公式中的数值转换的说明如表 2-5 所示。

表 2-5　公式中的数值转换

公式	产生结果	说明
="1"+"2"	3	当使用加号"+"时，Excel 会认为公式中的运算项为数字。虽然公式中的引号说明 1 和 2 是文本型数值，但是 Excel 会自动将文本型数值转换成数字
=1+"$4.00"	5	当公式中只包含数字和数字类型的文本时，Excel 会将后续的文本项转换成数字
="2019/3/1"-"2019/2/1"	28	Excel 将具有 yyyy/mm/dd 格式的文本看作日期，将日期转换成序列号之后，再计算它们的差
=SQRT("8+1")	#VALUE!	在此公式中 Excel 不能将文本转换成数字，因为文本"8+1"不能被转换成数字。如果使用"9"或"8"+"1"代替"8+1"，则公式将把文本转换成数字并返回 3
="A"&TRUE	ATRUE	当公式中第一项是文本时，Excel 将公式中的数字和逻辑型数值转换成文本

4．在工作表中显示公式或数值

要使工作表上所有公式在显示公式内容与显示公式结果之间切换，可以按"Ctrl+`"键。"`"键位于键盘左上角，与"～"为同一键。

单击"公式"选项卡，单击"公式审核"功能组中的"显示公式"按钮也可以使工作表中的公式在公式和公式结果之间进行切换。

2.2.2 公式的输入

1. 输入公式

输入公式可以采用如下步骤。

(1)单击将要在其中输入公式的单元格。

(2)输入"="（等号）。

(3)输入公式内容。

(4)按 Enter 键或单击编辑框左侧的输入按钮（勾号按钮）。

如果输入含有函数的公式，在输入公式的过程中，可以使用"插入函数"工具对函数进行编辑。输入函数的操作方法可参考 2.1.5 节的内容。

2. 编辑公式

如果需要对单元格中的公式进行修改，就要对公式进行编辑，编辑公式的步骤如下。

(1)单击需要编辑的单元格。

(2)在编辑栏中，对公式进行修改。

(3)如果需要编辑公式中的函数，可使用"插入函数"工具来编辑。

(4)按 Enter 键或单击编辑框左侧的输入按钮。

3. 移动公式

移动公式时，公式中对单元格的引用并不改变。例如，C1 单元格中有公式：=A1+B1，将该公式移动到 D2 单元格，D2 单元格中的公式依然是：=A1+B1。移动公式有两种操作方法。

方法一：

(1)选中含有公式的单元格或单元格区域。

(2)将鼠标移到单元格或单元格区域四周的黑色加粗的边框上。注意不要移到边框的右下角的黑色小方块上。

(3)在鼠标的指针上出现细十字形箭头时，按住鼠标左键拖动公式到目标单元格或单元格区域的左上角单元格，随后松开鼠标键。

方法二：

(1)选中含有公式的单元格或单元格区域。

(2)单击"开始"选项卡，再单击"剪贴板"功能组中的"剪切"按钮 。

(3)移动鼠标到选定的目标单元格或单元格区域，再单击"剪贴板"功能组中的"粘贴"按钮 。

4. 复制公式

复制公式时，公式中对单元格的绝对引用不改变。单元格的绝对引用是在字母和数字前加符号$的引用，如$A$1。

【例2-16】C1单元格中有公式：=$A$1+$B$1，将该公式复制到D2单元格，则D2单元格的公式也是：=$A$1+$B$1。

当复制公式时，公式中对单元格的相对引用会相对原单元格的位置而改变。单元格相对引用是在字母和数字前没有符号$的引用，如A1。

【例2-17】C1单元格中有公式：=A1+B1，将该公式复制到C2单元格，则C2单元格的公式变成：=A2+B2。这是由于C2单元格比C1单元格下移了一行，因此，公式中的每个参数都要下移一行，即A1变成A2，B1变成B2。

【例2-18】C1单元格中有公式：=A1+B1，将该公式复制到D2单元格，则D2单元格的公式变成：=B2+C2。这是由于D2单元格比C1单元格右移一列且下移一行，因此，公式中的每个参数都要右移一列且下移一行，即A1变成B2，B1变成C2。

复制公式的操作步骤如下。
(1)选中含有公式的单元格。
(2)单击"开始"选项卡，再单击"剪贴板"功能组中的"复制"按钮。
(3)移动鼠标选定复制公式的目标区域，单击"剪贴板"功能组中的"粘贴"按钮。

5. 用计算结果替换公式
如果要用计算结果替换公式，可以在复制公式后，使用"选择性粘贴"功能。操作步骤如下。
(1)选中含有公式的单元格或复制公式的单元格。
(2)单击"开始"选项卡，再单击"剪贴板"功能组中的"复制"按钮 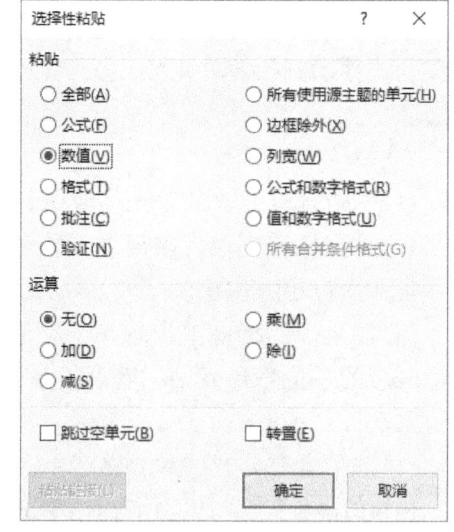。
(3)移动鼠标选定复制公式的目标区域。
(4)单击"剪贴板"功能组中的"粘贴"按钮下侧的小箭头，从显示出来的菜单中单击"选择性粘贴"命令，显示如图2-9所示的对话框。从"粘贴"选项中，选择"数值"项，单击"确定"按钮，则目标单元格中保存的是原单元格公式的计算结果，而不是公式本身。

图2-9 "选择性粘贴"对话框

2.2.3 单元格的引用

引用的作用在于标识工作表上的单元格或单元格区域，并指明公式中所使用数据的位置。通过引用，可以在公式中使用工作表不同部分的数据，或者在多个公式中使用同一单元格的数值；还可以引用同一工作簿不同工作表的单元格、不同工作簿的单元格，甚至其他应用程序中的数据。引用不同工作簿中的单元格称为外部引用，引用其他程序中的数据称为远程引用。

1. A1 和 R1C1 引用样式

有两种引用样式：A1 和 R1C1 引用样式。

引用样式 A1 用字母标识列，用数字标识行。一个工作表共有 16 384 列、1 048 576 行。单元格引用中的字母和数字分别被称为列标题和行标题。如果引用单元格，请顺序输入列字母和行数字。例如，D2 引用了列 D 和行 2 交叉处的单元格。

如果引用单元格区域，则需要输入单元格区域左上角的单元格引用、冒号(:)和单元格区域右下角的单元格引用。例如，A1:B3 表示引用以 A1 和 B3 为对角点的矩形区域，包括 A1、A2、A3、B1、B2、B3 共 6 个单元格。

引用样式 R1C1 用 R 后的数字标识单元格的行号，用 C 后的数字标识单元格的列号，有了行号和列号就确定了单元格的位置。例如，R2C2 表示第 2 行与第 2 列交叉点的单元格，它对应于引用样式 A1 中的 B2 单元格。

本书使用 A1 引用样式。

2. 绝对引用与相对引用的区别

- 绝对引用：如果在复制公式时希望目标单元格的公式依然引用原公式中的单元格，就需要使用绝对引用。绝对引用需要在行号和列号前加符号 "$"。例如，要根据年利率计算每笔存款的利息，假设利率存放在单元格 A1 中，B 列存放了若干存款额的数据，C 列中准备存放年利息，B 列的存款额和 C 列的年利息相对应。在计算利息时可以使用绝对引用方式引用单元格 A1 中的利率。具体操作是：先在 C1 单元格输入公式 "=B1*$A$1"，然后将该公式复制到 C 列的其他各单元格，即可计算出对应存款的年利息。

- 相对引用：在创建公式时，单元格或单元格区域的引用相对于包含公式的单元格的相对位置即为相对引用。例如，单元格 B1 包含公式 "=A1+5"；Excel 利用 A1 单元格中的数据加上 5 得到 B1 单元格的值，单元格 B1 其实保存的是一个公式 "=A1+5"。如果修改 A1 单元格的值，则 B1 单元格的值会随之改变。在复制包含相对引用的公式时，Excel 将自动调整复制公式中的引用，以便引用相对于当前公式位置的其他单元格。前面已有例子说明。

3. 使用三维引用来引用多个工作表上的同一单元格或单元格区域

三维引用是指对同一工作簿中多个工作表上的相同单元格或单元格区域中的数据进行计算或分析，从而指定单元格所在工作表的引用。三维引用是对单元格或单元格区域的引用，引用时前面加上工作表的范围。

例如，"=SUM(Sheet1:Sheet3!B1)" 就是一个三维引用，表示计算从工作表 1 到工作表 3 中 B1 单元格内所有值的和。

创建三维引用的操作步骤如下。

(1)单击需要输入公式的单元格。

(2)输入等号 "="，再输入函数名称，接着再输入左圆括号。

(3)单击需要引用的第一个工作表标签。

(4)按住 Shift 键，单击需要引用的最后一个工作表标签。

(5)选定需要引用的单元格或单元格区域。

2.3 宏与 VBA

宏是一系列可以重复执行的操作。在处理工作表的过程中，如果要重复执行一系列相同的操作，可以将这些操作过程录制成宏。以后如果要执行这些操作，只需运行宏，从而大大简化了操作。

Excel 提供了录制宏的功能，为了优化宏的功能，还可以利用 Visual Basic 对录制的宏进行编辑。为了使宏更容易运行，可以将宏与快捷键、工具栏的按钮或菜单项建立关联，一旦按下快捷键、单击按钮或执行菜单项就可以运行宏。此外，为了更有效地利用宏，还可以在模块间、不同工作簿之间进行宏复制。

2.3.1 录制宏

录制宏的步骤如下。

(1)单击"视图"选项卡，再单击"宏"功能组中"宏"的下拉按钮，从显示的菜单中选择"录制宏"，弹出如图 2-10 所示的"录制宏"对话框。

(2)在对话框的"宏名"处输入一个新的宏名，然后指定快捷键,选择宏保存的位置,最后单击"确定"按钮便开始录制宏。

(3)在工作表中执行一遍需要录制的操作。

(4)单击"视图"选项卡，再单击"宏"的下拉按钮，从显示的菜单中选择"停止录制"。

于是步骤(3)在工作表上所做的操作被指定到一个宏中，完成宏的录制。

需要说明的是,宏名必须是首字符为字母的字母数字串，名称中不允许出现空格。如果在"快捷键"编辑框中指定了快捷键(在 Ctrl+后的编辑框中输入一个字母)，以后可以用 Ctrl+字母(小写字母)或 Ctrl+Shift+字母(大写字母)的方式来运行宏。

图 2-10 "录制宏"对话框

【例 2-19】录制一个宏用于设置表头的样式，要求给单元格区域设置粗边框、浅蓝色底纹，设置文字颜色为暗红色，宏名为"Frame"，指定运行宏的快捷键为 Ctrl+a。

具体操作过程如下。

(1)在工作表中选择单元格区域 A1:E1。

说明：此操作是开始录制宏之前的操作，并不会录到宏里。如果将此操作也录到宏里，运行此宏时将只对区域 A1:E1 设置表头样式。

（2）单击"视图"选项卡，再单击"宏"的下拉按钮，从显示的菜单中选择"录制宏"，弹出如图 2-10 所示的"录制宏"对话框。

（3）在对话框的"宏名"处输入"Frame"，在快捷键处输入字母"a"，选择宏保存的位置为当前工作簿，如图 2-11 所示。

（4）单击"确定"按钮开始录制宏。

（5）单击"开始"选项卡，再单击"字体"功能组右下角的扩展按钮，出现如图 2-12 所示的"设置单元格格式"对话框。单击"边框"选项卡，选择边框的线条样式和颜色，选择"预置"下的外边框选项。

（6）继续上一步，在该对话框的"字体"选项卡中设置字体的颜色为红色，并加粗。在"填充"选项卡中选择填充的颜色为浅蓝色。最后单击"确定"按钮，返回工作表。

图 2-11　定义要录制的新宏

（7）单击"视图"选项卡，再单击"宏"按钮的下拉按钮，从显示的菜单中选择"停止录制"按钮，完成宏的录制。

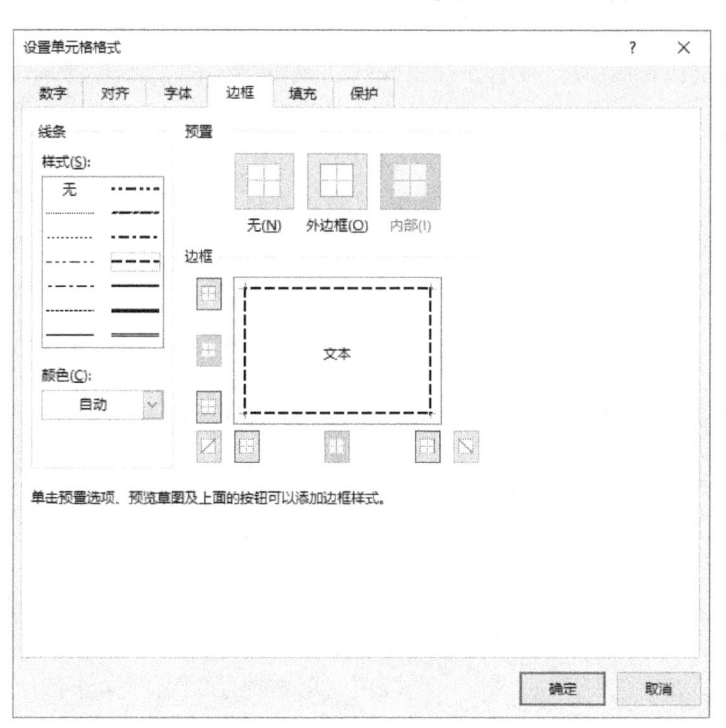

图 2-12　"设置单元格格式"对话框

（8）单击"文件"选项卡，选择"另存为"命令，选择存储位置，出现"另存为"对话框，如图 2-13 所示。在"保存类型"列表中选择"Excel 启用宏的工作簿"，修改文件名为"销售情况 2"，单击"确定"按钮，将以新文件名、以.xlsm 为扩展名保存工作簿。

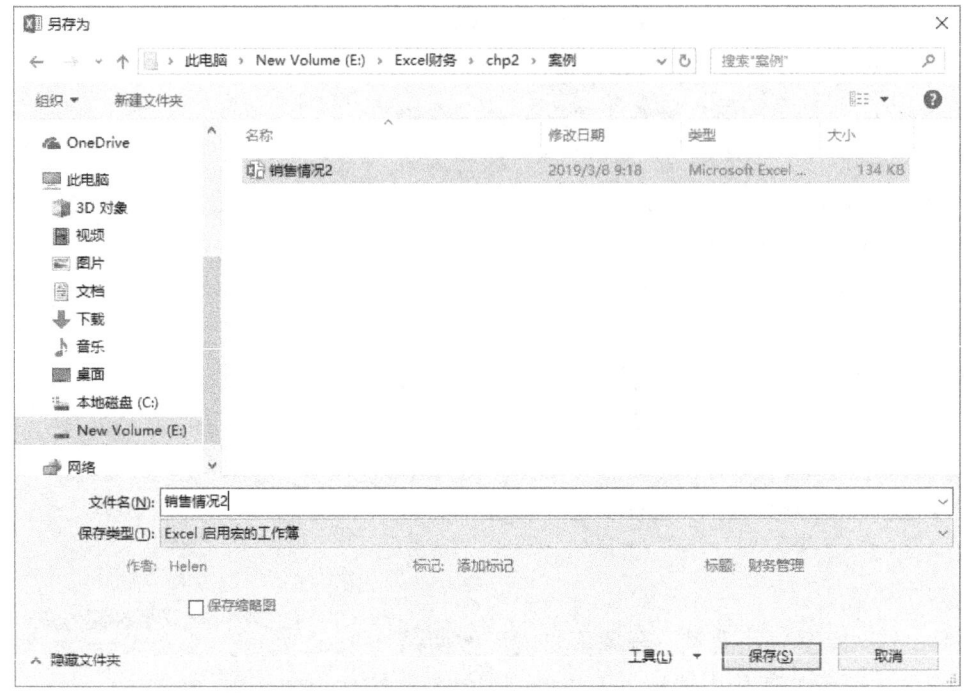

图 2-13 "另存为"对话框

说明：如果仍以.xlsx 为扩展名保存工作簿，则刚录制的宏将不能保存。

2.3.2 运行宏

宏录制好后，每次运行保存好的宏就可以重复前面录制的操作。我们仍然以【例 2-19】为例说明运行宏的方法。

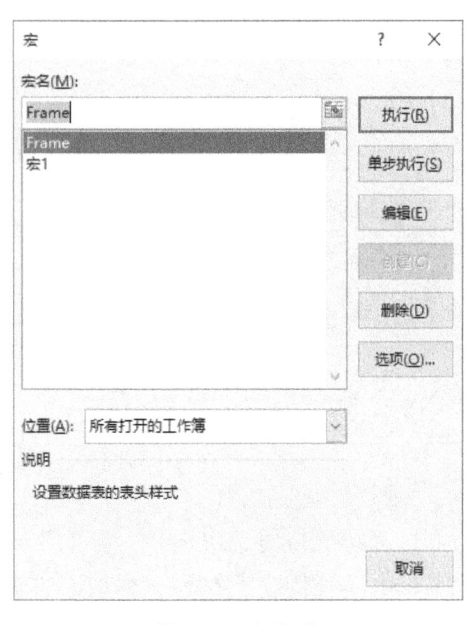

图 2-14 运行宏

（1）打开上面同一个工作簿中的另一个新工作表，如 Sheet2，选中需要设置表头的单元格区域，如 C2:F2。

（2）单击"视图"选项卡，再单击"宏"按钮的下拉按钮，从显示的菜单中选择"查看宏"按钮，于是弹出如图 2-14 所示的对话框。

（3）在对话框中的"位置"下拉式列表框中选择"所有打开的工作簿"，并在"宏名"列表框中选择要运行的宏"Frame"，再单击"执行"按钮，即按照录制宏的操作将所选的单元格区域加上粗边框、设置底纹和字体颜色，也就设置了表头。

另外，因为已经定义了宏运行的快捷键，因此运行时也可以在选中要设置表头的单元格区域后，直接按"Ctrl+a"也可以获得同样的效果。

2.3.3 编辑宏

宏其实就是一段 Visual Basic 程序，如果你已经掌握了 Visual Basic 程序，就可以查看或编辑宏，从而获得更精确的自定义的功能。编辑宏的操作步骤如下。

(1)在如图 2-14 所示的对话框中，选择要编辑的宏，再单击"编辑"按钮，于是启动 Visual Basic 编辑器，并显示该宏的程序，如图 2-15 所示。

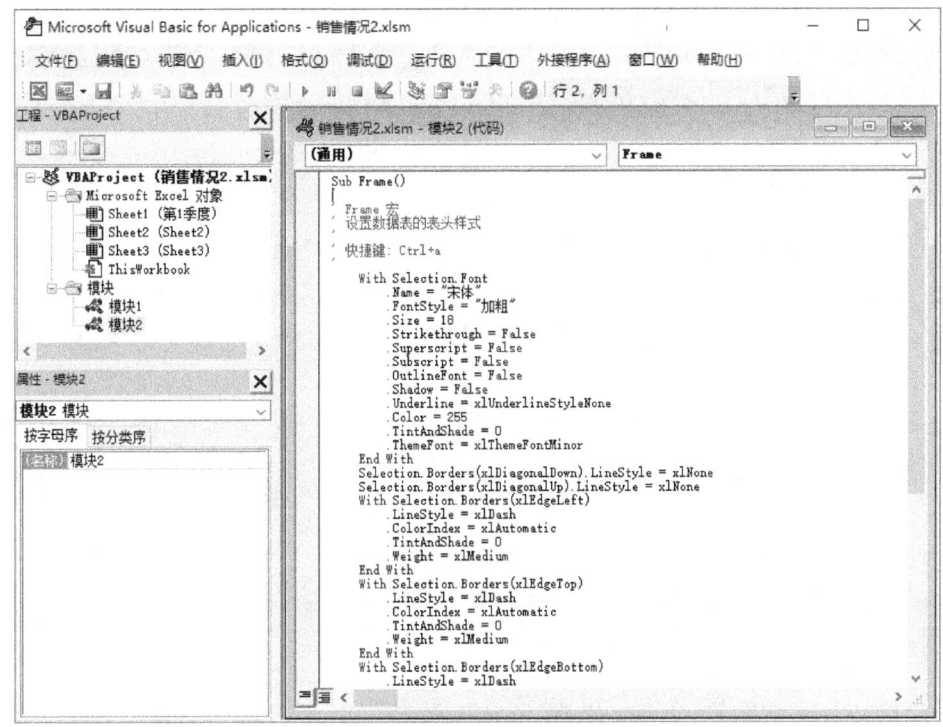

图 2-15　编辑宏

(2)在 Visual Basic 的窗口中依据 Visual Basic 语法规则，对程序语句进行修改。

(3)编辑完成后，单击保存按钮，并关闭 Visual Basic 窗口。

2.3.4　认识 VBA

前面所介绍的宏可以完成一些简单的重复操作，从而极大地方便用户对财务数据工作表的处理。但是使用录制的宏有一些局限性，例如，要创建用户自己定义的特殊用途的函数，或者创建特殊的对象或对对象进行特殊的操作，仅仅靠使用宏就无法完成了。通过 Excel 提供的 Visual Basic for Applications(VBA)，即 VBA 可以对宏进行优化，或者编制用户定义的过程和函数，以满足用户特定的数据处理需求。

1.　VBA(Visual Basic for Applications)

Basic 是 Beginners All-Purpose Symbolic Instruction Code 的缩写，是一种广泛使用的计算机语言。

Visual Basic 是 Microsoft 针对 Windows 应用，在 Basic 语言的基础上发展起来的可视的应用程序开发工具。所谓可视（Visual）是指一种利用图形用户界面（GUI）开发程序的方法。在可视的编程系统中已经定义了大量的对象，编程人员只需将这些对象放到一个界面上，指定对象的属性，并建立用户操作（事件）、对象、方法之间的关系，就可以完成应用程序的编制。应用程序的开发过程对开发者来说是可见的。Visual Basic 是独立的开发工具，是 Visual Studio 的组件之一，可以单独运行。

VBA 同样使用了 Visual Basic 的通用的编程功能，具有 Visual Basic 可视编程的强大功能。同时，VBA 又针对应用提供有针对性的对象、属性和方法等。VBA 不能单独运行，需随应用软件提供给用户。例如，随 Microsoft Office 提供的 VBA，其中包含 Excel 的 VBA、Word 的 VBA、Access 的 VBA 等，它们既有通用的功能，又各自具有特定的功能，如 Excel 的 VBA 会提供工作簿、工作表、区域等对象。

2．使用 Visual Basic 编辑器

要在 Excel 中使用 VBA，需要借助 Visual Basic 编辑器（VBE）。VBE 是 VBA 的开发环境，VBE 的功能包括"工程资源管理器""属性窗口""对象浏览器""代码窗口"和"监视窗口"等。这些窗口是开发 VBA 的主要环境。

在 Excel 窗口中，单击"开发工具"选项卡，再单击"代码"功能组中的"Visual Basic"按钮，即启动了 Visual Basic 编辑器。通过前面介绍的编辑宏的方法也可以启动 Visual Basic 编辑器。

在 Visual Basic 编辑器窗口中，单击"视图"选项卡，就会显示各窗口命令的菜单，如图 2-16 所示。单击其中的菜单项，便可以打开相应的 VBE 开发工具。

图 2-16　Visual Basic 编辑器窗口

例如，单击"视图"菜单中的"工程资源管理器"命令，再单击"视图"菜单中的"属性窗口"，即弹出如图 2-17 所示的界面。从图 2-17 中可以看出，Excel 的工程资源包含一些系统内部的工程和用户定义的工程。一个用户定义的工程对应一个打开的工作表，如图中的"销售情况 2.xlsm"对应一个用户定义的工程。"属性"窗口列出了 Sheet1 的各种属性。

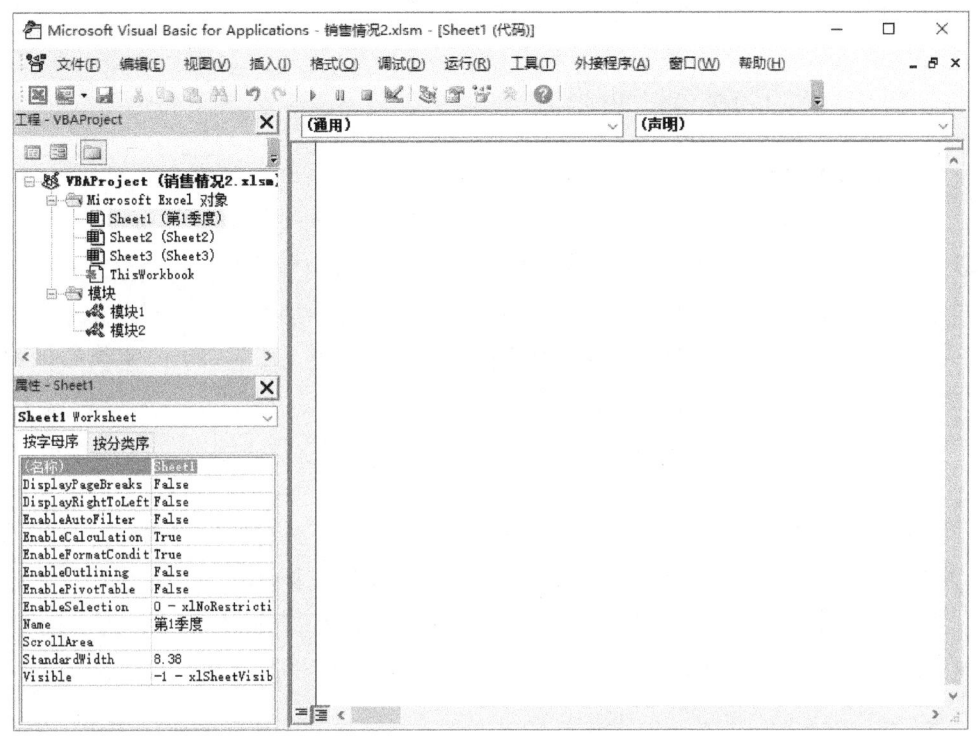

图 2-17　工程资源管理器

在"工程资源管理器"窗口中，打开一个用户定义的工程，可以看到一个工程由 Microsoft Excel 对象、窗体、模块和类模块组成。其中，Excel 对象包含本工作簿和工作表；窗体由用户创建，在一个应用中可以作为用户与应用程序交互的界面；模块也由用户创建，一个模块包含若干过程，双击其中的一个模块，如模块 2，可以在"代码"窗口中看到用户录制的宏所对应的过程，参考图 2-15 所示的内容。

3．理解对象、属性、事件和方法

VBA 是面向对象的开发工具，在介绍后面的内容之前，理解对象、属性、事件和方法的概念对读者使用 VBA 是很有帮助的。

- 对象代表应用程序中的元素，如工作表、单元格、图表、按钮、窗体等。只有在确定了对象之后，才能对它进行操作。通常将具有相同类型的对象集合起来，形成对象集合。例如，在 Excel 中的 Worksheets 对象包含了工作簿中所有的 Worksheets 对象。

对象需要用名字来标识。例如，在下面的过程中使用 sheet1 来识别第一个工作表。

```
Sub Hidesheet1 ()
    sheet1.Visible = False
End Sub
```

如果一个对象在对象集合中，还可以用它在集合中的索引号来确定。例如，在下面的过程中第一个工作表使用 Worksheets(1) 来识别。

```
Sub Hidesheet1 ()
    Worksheets(1).Visible = False
End Sub
```

- 属性是一个对象的属性。它定义了对象的特征，如大小、颜色、屏幕位置，或某一方面的行为，如对象是否被激活或可见等。修改对象的属性值可以改变对象的特征。有些属性可以被用户设置属性值，有些属性不能被用户设置。若要设置属性值，就要在对象的引用后面加上一个复合句。它是由属性名加上等号 "="，及新的属性值组成的。例如，下面的过程通过设置窗体中的 Caption 属性来更改窗体的标题。

```
Sub ChangeName (newTitle)
    myForm.Caption = newTitle
End Sub
```

- 事件是一个对象可以辨认的动作，如单击鼠标或按下某键等。可以通过写代码针对这些动作做出响应。事件的发生可以由用户的动作或程序代码的结果引起，也可以由系统引发。例如，下面的过程实现了"单击用户定义的命令按钮，将一个隐藏的工作表显示出来"的功能。

```
Private Sub CommandButton1_Click ()
    Sheet1.Visible = True
End Sub
```

- 方法指的是对象能执行的动作。例如，Add 是属于 ComboBox 对象的一个方法，它会增加一个新项到下拉式列表框中。下面的过程通过使用 Add 方法增加一个新项到 ComboBox 中。

```
Sub AddEntry (newEntry as String)
    Combo1.Add newEntry
End Sub
```

2.3.5 了解 VBA 命令结构

要利用 VBA，必须首先明确 VBA 的命令结构。

1. 定义过程

VBA 程序包含一系列的过程（程序），如用户创建的宏就对应着相应的过程。过程可以分为 Sub 过程、Function 过程和 Property 过程。在财务处理中，常常用到 Sub 过程和 Function 过程。Property 过程允许用户创建自定义的属性，较少使用。

- Sub 过程是由 Sub 和 End Sub 语句包含起来的一系列 Visual Basic 语句，用于实现特定的功能。可以为 Sub 过程定义参数变量，并在调用 Sub 过程时为这些参数变量指定相应的值，但是 Sub 过程不能返回一个值。Sub 过程也可以没有参数，但即使没有参数，定义 Sub 过程时也必须在过程名后带一个空的圆括号。例如，下面的 Sub 过程是在屏幕上显示一个如图 2-18 所示的消息框。

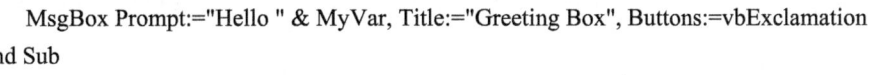

图 2-18　消息框

```
Sub DemoBox()
    '声明一个字符串变量。
    Dim MyVar As String
    '给字符串变量赋值。
        MyVar = "John"
    '调用内部预定义函数 MsgBox，在对话框中显示消息。
    MsgBox Prompt:="Hello " & MyVar, Title:="Greeting Box", Buttons:=vbExclamation
End Sub
```

- Function 过程是由 Function 和 End Function 语句包含起来的一系列 Visual Basic 语句。Function 过程和 Sub 过程很类似，但函数会在过程的一个或多个语句中指定一个值给函数名称，从而返回一个值。

  在下面的示例中，Interest 函数会根据输入的贷款数量和年利率两个参数计算年利息。当 Main 过程调用 Interest 函数时，将贷款数量和年利率两个参数变量传递给此函数。而计算的结果会返回到调用的过程，并且显示在一个消息框中。

```
Sub Main()
    Dim rate As Variant
    rate = Application.InputBox(Prompt:="请输入贷款年利率", Type:=1)
    money = Application.InputBox(Prompt:="请输入贷款数量", Type:=1)
    MsgBox "每年的年利息为 " & Interest(rate,money)
End Sub
Function Interest(rate,money)
    Interest = money * rate
End Function
```

运行该过程，则首先出现如图 2-19 所示的对话框，提示输入第一个参数：贷款年利率，在此我们假设贷款年利率为 10%；输入后，单击"确定"按钮，则出现如图 2-20 所示的对话框，提示输入第二个参数：贷款数量，在此我们假设贷款数量为 10 000；输入后，单击"确定"按钮，则出现如图 2-21 所示的消息框，即每年的年利息为 1000。

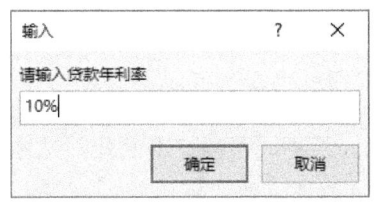　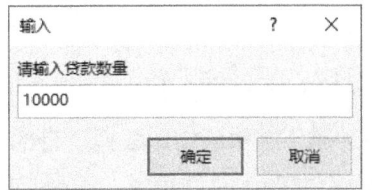　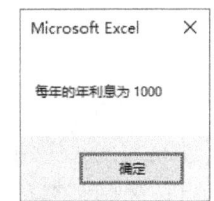

图 2-19　输入第一个参数：贷款年利率　　图 2-20　输入第二个参数：贷款数量　　图 2-21　计算结果

2. 声明语句

可以使用声明语句去命名和定义过程、变量、数组及常数。当声明一个过程、变量或常数时，也同时定义了它的范围，而此范围取决于声明位置及用什么关键字来声明它。

下面的示例包含两个声明：

```
Sub ApplyFormat()
    '声明常数 number 为 10。在常数声明完之后，将不能更改或赋新值。
    Const number As Integer = 10
    '声明变量，数据类型是 Range。
    Dim myCell As Range
End Sub
```

3. 赋值语句

赋值语句可以给一个变量指定一个值或表达式，也可以给变量指定一个对象。

```
Sub ApplyFormat()
    Dim myCell As Range
    'Set 语句可被用来指定一个对象给已声明成对象的变量。
    Set myCell = Worksheets("Sheet1").Range("A1")
    '给逻辑变量赋值。
    myCell.Font.Bold = True
    myCell.Font.Italic = True
End Sub
```

4. With 语句

在一段程序中，如果多个变量具有相同的限定，就可以使用 With 语句以节省输入的字符，并避免错误。例如，在上一个例子中给单元格的字体赋值的语句可以改写为：

```
Sub ApplyFormat()
    Dim myCell As Range
    'Set 语句可被用来指定一个对象给已声明成对象的变量。
    Set myCell = Worksheets("Sheet1").Range("A1")
    '使用 with 语句。
    With myCell.Font
        '给逻辑变量赋值。
        myCell.Font.Bold = True
        myCell.Font.Italic = True
    '使用 End With 语句结束。
    End With
End Sub
```

5. 使用 Do…Loop 语句

Do…Loop 语句是一种循环结构语句，根据所带的条件语句的不同可以有下面几种结构。

(1)先判断条件，条件为 True 时就重复，其结构如下。

```
Do While 条件
    语句
    …
Loop
```

下面例子的过程即利用了该结构：

```
Sub ChkFirstWhile()
    counter = 0
    myNum = 20
    Do While myNum > 10
        myNum = myNum−1
        counter = counter + 1
    Loop
    MsgBox "The loop made " & counter & " repetitions."
End Sub
```

(2) 先执行一次，再判断条件，条件为 True 时就重复，其结构如下。

```
Do
    语句
    …
Loop While 条件
```

下面例子的过程即利用了该结构：

```
Sub ChkLastWhile()
    counter = 0
    myNum = 9
    Do
        myNum = myNum−1
        counter = counter + 1
    Loop While myNum > 10
    MsgBox "The loop made " & counter & " repetitions."
End Sub
```

(3) 先判断条件，如条件为 False 就重复，直到条件变成 True 时才停止，其结构如下。

```
Do Until 条件
    语句
    …
Loop
```

下面例子的过程即利用了该结构：

```
Sub ChkFirstUntil()
    counter = 0
    myNum = 20
```

```
    Do Until myNum = 10
        myNum = myNum–1
        counter = counter + 1
    Loop
    MsgBox "The loop made " & counter & " repetitions."
End Sub
```

(4)先执行一次，再判断条件，如条件为 False 就重复，直到条件变成 True 时才停止，其结构如下。

```
Do
    语句
    …
Loop Until  条件
```

下面例子的过程即利用了该结构：

```
Sub ChkLastUntil ()
    counter = 0
    myNum = 1
    Do
        myNum = myNum + 1
        counter = counter + 1
    Loop Until myNum = 10
    MsgBox "The loop made " & counter & " repetitions."
End Sub
```

6. 使用 For Each…Next 语句

For Each…Next 语句是另一种循环结构语句，作用于集合中的每个对象或是数组中的每个元素。循环执行一次，Visual Basic 就会自动设置一个变量。例如，下面的过程将对指定范围的单元格做循环，并将任何绝对值小于 0.01 的号码设为 0。

```
Sub RoundToZero ()
    For Each myObject in myCollection
        If Abs (myObject.Value) < 0.01 Then myObject.Value = 0
    Next
End Sub
```

7. 使用 For…Next 语句

For…Next 语句也是一种循环结构语句，它的循环次数是确定的。

在下面的示例中，计数变量 j 会在每次循环重复时加上 2。当循环完成时，total 的值为 2、4、6、8 和 10 的总和。

```
Sub TwosTotal ()
    For j = 2 To 10 Step 2
```

```
        total = total + j
    Next j
    MsgBox "The total is " & total
End Sub
```

8. 使用 If…Then…Else 语句

If…Then…Else 语句是一种条件结构语句，根据条件产生分支，从而执行一些语句而跳过另一些语句。

根据实际需要可以从下面几种结构中选择需要的结构。

(1) 如果条件为 True 则运行语句。

```
Sub FixDate()
    myDate = #2/13/95#
    If myDate < Now Then myDate = Now
End Sub
```

(2) 如果条件为 True，则运行某些语句；如果条件为 False，则运行其他语句。

```
Sub AlertUser(value as Long)
    If value = 0 Then
        AlertLabel.ForeColor = vbRed
        AlertLabel.Font.Bold = True
        AlertLabel.Font.Italic = True
    Else
        AlertLabel.Forecolor = vbBlack
        AlertLabel.Font.Bold = False
        AlertLabel.Font.Italic = False
    End If
End Sub
```

(3) 如果第 1 个条件为 False，则测试第 2 个条件，如果第 2 个条件也为 False，则测试第 3 个条件，以此类推……。

```
Function Bonus(performance, salary)
    If performance = 1 Then
        Bonus = salary * 0.1
    ElseIf performance = 2 Then
        Bonus = salary * 0.09
    ElseIf performance = 3 Then
        Bonus = salary * 0.07
    Else
        Bonus = 0
    End If
End Function
```

9. 使用 Select Case 语句

当一个表达式与几个不同的值比较时，可以使用 Select Case 语句。Select Case 语句从多个条件中选择第一个符合条件的情况执行，其结构如下。

```
Function Bonus (performance, salary)
    Select Case performance
        Case 1
            Bonus = salary * 0.1
        Case 2, 3
            Bonus = salary * 0.09
        Case 4 To 6
            Bonus = salary * 0.07
        Case Is > 8
            Bonus = 100
        Case Else
            Bonus = 0
    End Select
End Function
```

如果我们能熟练掌握宏的操作方法及 VBA 的基本语法，将有利于对录制的宏进行优化，从而实现对工作表的某些特别操作。

实践练习题

1. 单元格区域 B3:F3 为三月份某集团公司 5 个子公司的利润，需要将此区域的名称定义为"三月份的利润"。

2. 计算单元格区域 B3:F3 中有数字的项的个数。

3. 如果 A6 单元格为 TRUE，则对 A1 到 A4 单元格求和；如果 A6 单元格为 FALSE，则对 A1 到 A4 单元格求平均。

4. 在 Excel 工作表中进行操作，了解在何种情况下会出现以下错误值: #####错误、#VALUE!错误、#DIV/0!错误、#NAME?错误、#N/A 错误、#REF!错误、#NUM!错误、#NULL!错误。

5. 一个集团公司的 3 个子公司一季度的销售额数据保存在单元格区域 A1:C3 中，一行代表一个月的数据，求公司一季度每月的平均销售额。

6. 一笔存款从 2013 年 1 月 1 日起存，计算到今天为止所存的天数。

7. 在工作表的一个单元格中显示"截至今日: ????年??月??日的销售数据"。

8. 有一个数据清单如下图所示，分别记录了 3 个月各项目的销售收入，现在要计算一月份销售收入超过 40 000 元的项目数量。

	A	B	C	D	E
1	项目	一月份	二月份	三月份	
2	打印机	36650	40202	46728	
3	复印机	41234	56221	70182	
4	投影仪	72223	87221	69000	
5	照相机	67737	76272	80123	
6					
7					

9. 有一个数据清单如下图所示，分别记录了 3 个月各项目的销售收入，现在要用函数计算出这三个月中各月销售收入超过 70 000 元的项目数量。

	A	B	C	D	E
1	项目	一月份	二月份	三月份	
2	笔记本电脑	136500	125420	139000	
3	智能手机	64134	56220	82300	
4	移动电源	72220	87220	69000	
5	家用路由器	67637	76270	80120	
6					
7					

10. 已知 2011 年至 2018 年的营业收入如下表所示，用函数计算超过 300 万元的年份数，并求这些年收入占全部收入的比重。

year	2011	2012	2013	2014	2015	2016	2017	2018
Income	2 100 000	3 040 000	2 670 000	2 780 000	3 100 000	3 230 000	3 140 000	3 150 000

11. 写一个 sub 过程，要求能够在屏幕上显示一个消息框，消息框上显示"存货不足，请进货：芯片"，消息框的名字叫"提示"。

第 3 章
资金时间价值

本章内容提要:

- 如何使用资金时间价值函数
- 构建分期等额还款模型
- 构建分期等本金还款模型

本章要重点掌握的 Excel 工具:

- 年金终值函数 FV()
- 年金现值函数 PV()
- 等额还款额函数 PMT()
- 年金中的本金函数 PPMT()
- 年金中的利息函数 IPMT()
- 利率函数 RATE()
- 计息期函数 NPER()
- "组合框"控件
- "数值调节钮"控件
- "滚动条"控件

本章介绍资金的时间价值的计算方法。资金的时间价值是指资金经历一定时间的投资和再投资所增加的价值，也称为货币的时间价值。在财务管理中，财务人员必须充分理解资金的时间价值，以便进行恰当的筹资决策。

3.1 使用资金时间价值函数

Excel 提供了年金、利率、年金现值、年金终值等资金时间价值函数，利用这些函数可以将复杂的计算变得简单。而复利现值、复利终值、永续年金等计算较简单，Excel 没有提供相应的函数，可以通过直接在单元格中输入公式来进行计算。

首先，说明以上提及的相关函数中的参数的意义。

- rate：各期利率。
- per：计算利息或本金期次。它必须介于 1 和总期数 nper 之间。
- nper：年金收付的总期数。
- pmt：年金，指等额、定期的系列收支。
- pv：即现值，如果省略，则默认值为 0。
- fv：即终值，如果省略，则默认值为 0。
- type：年金类型，其值可以是 0 或 1，如省略，则默认值为 0。若为 0，则表示普通年金或后付年金，是指付款时间在各期的期末；若为 1，则表示预付年金，是指付款时间在每期的期初。
- guess：对利率的猜测值，如果省略，则假设为 10%。

需要说明：在所有参数中，若为现金流入，则用正数表示；若为现金流出，则用负数表示。

3.1.1 使用年金终值函数 FV()

语法：FV(rate,nper,pmt,pv,type)

功能：基于固定利率及等额分期付款方式，返回某项投资的未来值。

1. 普通年金终值

【例 3-1】假设从 2014 年开始，恒昌公司在每年年末到某银行存款 12 000 元，年利率均为 5%，到 2019 年年末时，此存款的本利和为多少？

本例采用直接在单元格中输入公式的方法，操作步骤如下。

(1) 选定计算此存款的本利和所使用的单元格，如 A1。

(2) 在"公式"选项卡的"函数库"功能组中，单击"财务"按钮，将列出所有的财务函数，如图 3-1 所示。

(3) 从列表中选择"FV"函数，弹出如图 3-2 所示的对话框。在对话框中输入年利率

（Rate）、付款期数（Nper）和每年分期付款额（Pmt），不输入现值（Pv）即表示现值为 0，不输入年金类型（Type）即表示为期末（即年末）存款。对话框中即显示计算结果 66 307.575。

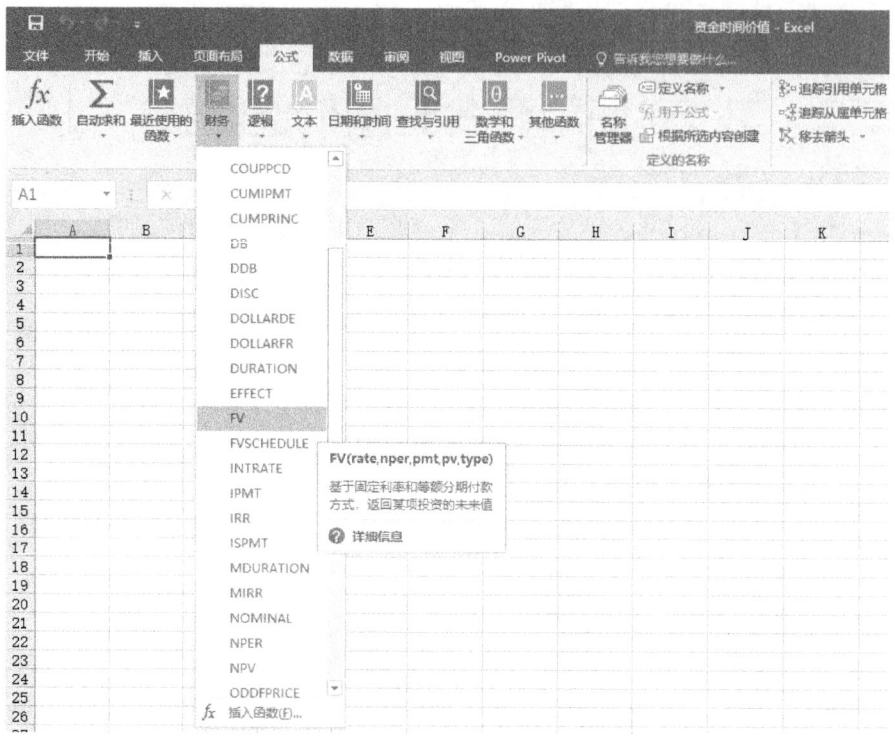

图 3-1　从财务函数列表中选择"FV"

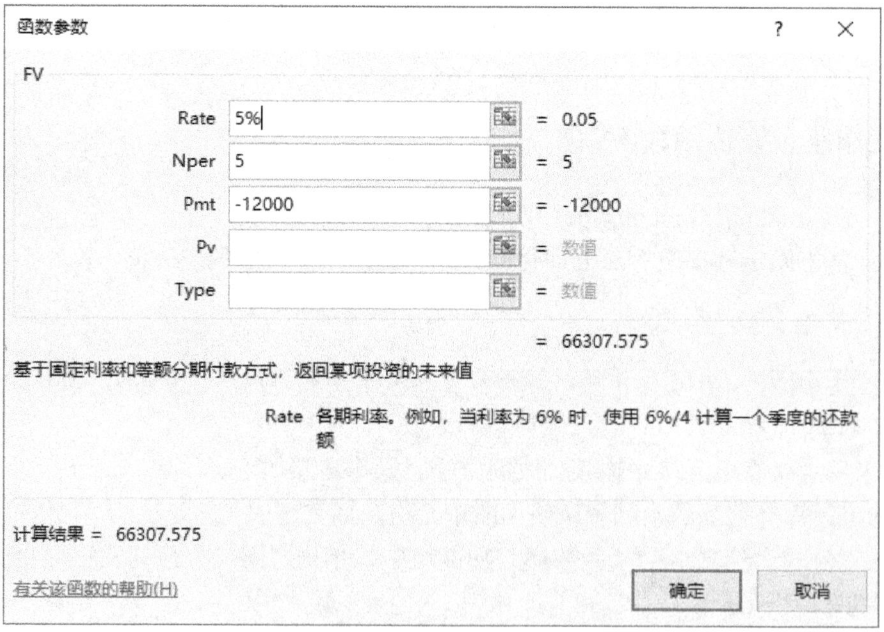

图 3-2　年金终值函数

(4)单击"确定"按钮,在单元格 A1 中显示该项存款 5 年后的本利和为 66 307.58 元。这是计算得到的 66 307.575 在单元格中四舍五入保留两位小数的结果。单击单元格 A1,可在编辑栏上显示公式"=FV(5%,5,-12 000)"。

【例 3-2】假设从 2014 年 12 月开始,恒昌公司在每月月末到某银行存款 1 000 元,存款的年利率均为 5%,到 2019 年 12 月月末时,此存款的本利和为多少?

本例采用直接在单元格中输入公式的方法,操作步骤如下。

(1)选定计算此存款的本利和所使用的单元格,如 B1。

(2)在"公式"选项卡的"函数库"功能组中,单击"财务"按钮,将列出所有的财务函数。从列表中选择"FV"函数,弹出如图 3-3 所示的对话框。在对话框中输入年利率(Rate)、付款期数(Nper)和每年分期付款额(Pmt),不输入现值(Pv)即表示现值为 0,不输入年金类型(Type)即表示为期末(即每月月末)存款。由于是每月月末存款,因此应将年利率转换成月利率,即 5%/12,付款期数也应按月计算,即 5*12。对话框中即显示计算结果68 006.08284。

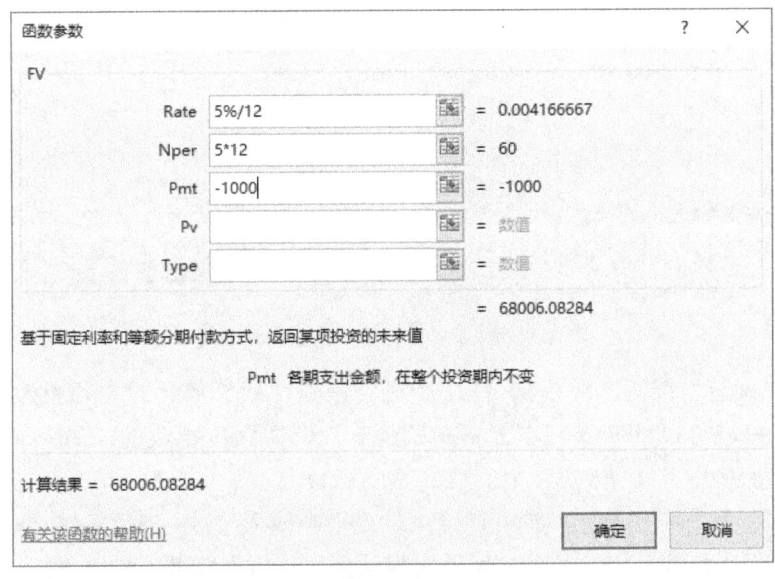

图 3-3 年金终值函数——普通年金

(3)单击"确定"按钮,在单元格 B1 中显示该项存款 5 年后的本利和为 68 006.08 元。这是计算得到的 68 006.082 84 在单元格中四舍五入保留两位小数的结果。单击单元格 B1,可在编辑栏上显示公式"=FV(5%/12,5*12,-1000)"。

在上述例子中,由于该项投资的初始投资额和年金类型两项均未输入,所以系统默认为初始投资为零,年金类型为普通年金。

2. 即付年金终值

【例 3-3】假设从 2014 年 12 月开始,恒昌公司在每月月初到某银行存款 1 000 元,存款的年利率均为 5%,到 2019 年 12 月月初时,此存款的本利和为多少?

本例采用直接在单元格中输入公式的方法，操作步骤如下。

(1)选定计算此存款的本利和所使用的单元格，如 C1。

(2)在"公式"选项卡的"函数库"功能组中，单击"财务"按钮，将列出所有的财务函数。从列表中选择"FV"函数，弹出如图 3-4 所示的对话框。在对话框中输入年利率(Rate)、付款期数(Nper)和每年分期付款额(Pmt)，不输入现值(Pv)表示现值为 0，输入年金类型(Type)为 1，表示为期初(即每月月初)存款。由于是每月月初存款，因此应将年利率转换成月利率，即 5%/12，付款期数也应按月计算，即 5*12。对话框中即显示计算结果 68 289.44152。

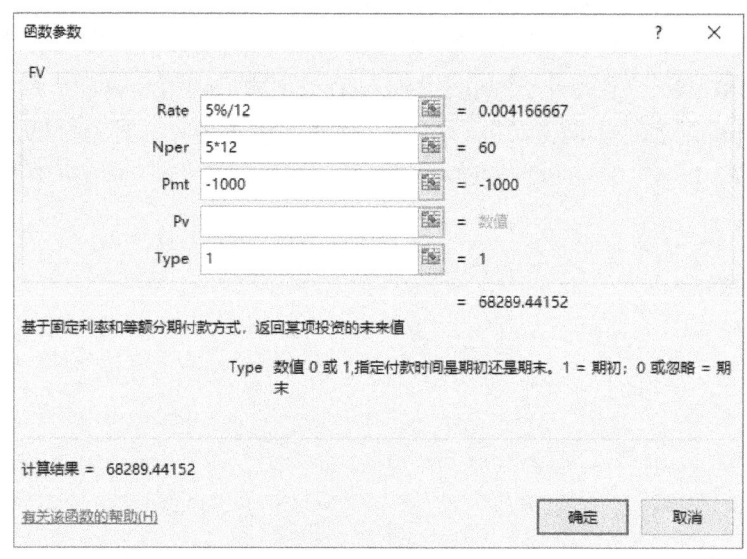

图 3-4 年金终值函数——即付年金 1

(3)单击"确定"按钮，在单元格 C1 中显示该项存款 5 年后的本利和为 68 289.44 元。这是计算得到的 68 289.441 52 在单元格中四舍五入保留两位小数的结果。单击单元格 C1，可在编辑栏上显示公式"=FV(5%/12,5*12,−1000, ,1)"。

说明：在计算普通年金时，如果直接在单元格中输入公式，则可以在公式中省略现值和年金类型这两个参数，Excel 将自动采用默认值。而在计算即付年金时，如果直接在单元格中输入公式，则在公式中不能省略现值和年金类型这两个参数。如果第 4 个参数(即现值)为零，在单元格中输入公式时要在第 4 个参数处输入 0，即输入公式"=FV(5%/12,5*12,−1000,0,1)"，或者使用逗号区分出第 4 个参数，即输入"=FV(5%/12,5*12,−1000,,1)"。如果在公式中没有区分第 4 和第 5 个参数，如公式变成了"=FV(5%/12,5*12,−1000,1)"，则 Excel 会认为现值为 1，而认为年金类型为普通年金，由此会造成计算错误。

【例 3-4】假设从 2014 年 12 月恒昌公司已有一笔存款余额为 10 000 元，现在开始在每月月初到某银行存款 1 000 元，存款的年利率均为 5%，到 2019 年 12 月月初时，此存款的本利和为多少？

本例采用直接在单元格中输入公式的方法，操作步骤如下。

（1）选定计算此存款的本利和所使用的单元格，如 D1。

（2）在"公式"选项卡的"函数库"功能组中，单击"财务"按钮，将列出所有的财务函数。从列表中选择"FV"函数，弹出如图 3-5 所示的对话框。在对话框中输入年利率（Rate）、付款期数（Nper）和每年分期付款额（Pmt），输入现值（Pv）为–10 000，该值为初始存款数，输入年金类型（Type）为 1，表示为期初（即每月月初）存款。由于是每月月初存款，因此应将年利率转换成月利率，即 5%/12，付款期数也应按月计算，即 5*12。对话框中即显示计算结果 81 123.0283。

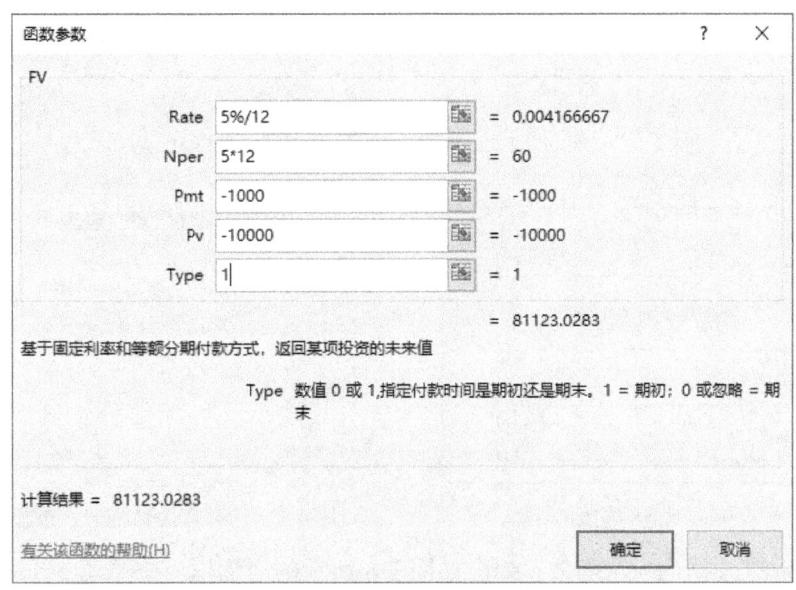

图 3-5　年金终值函数——即付年金 2

（3）单击"确定"按钮，在单元格 D1 中显示该项存款 5 年后的本利和为 81 123.03 元。这是计算得到的 81 123.028 3 在单元格中四舍五入保留两位小数的结果。单击单元格 D1，可在编辑栏上显示公式"=FV（5%/12,5*12,–1000,–10000,1）"。

3.1.2　使用年金现值函数 PV（）

语法：PV（rate,nper,pmt,fv,type）
功能：返回某项投资的一系列等额分期偿还额当前值之和（或一次性偿还额的现值）。

【例 3-5】恒昌公司准备从银行借一笔钱，分 10 年偿还，每年年末公司可偿还借款 12 000 元，银行借款年利率为 8%，则该公司目前从银行借款的现值是多少？

在上一节计算年金终值的过程中都采用了直接在单元格中输入公式的方法。这种方法比较麻烦，如果要修改其中的某个参数，如修改利率或年金期限等，都需要重新完成上述例子中的所有步骤。为了避免上述的繁杂，我们可以在输入公式中采用单元格引用的方法，即公式中的参数变为单元格引用。以后要计算函数值，只需修改被引用单元格里的值即可。

本例就采用在公式中使用单元格引用的方法，其操作步骤如下。

(1)按照图 3-6 所示，分别输入各单元格里的初始数据。每月偿还额以负数输入表示偿还的数，年金类型为 0 表示期末偿还。设置好各单元格的格式，如将 C4 设置为百分比且小数位数为 2，将 C6 和 C7 设置为货币格式。

(2)选定计算此银行借款的现值所使用的单元格，如 C9。

(3)单击编辑框左侧的"插入函数"按钮，显示如图 3-7 所示的对话框。在"或选择类别"中选择"财务"，在"选择函数"列表框中将列出所有的财务函数。

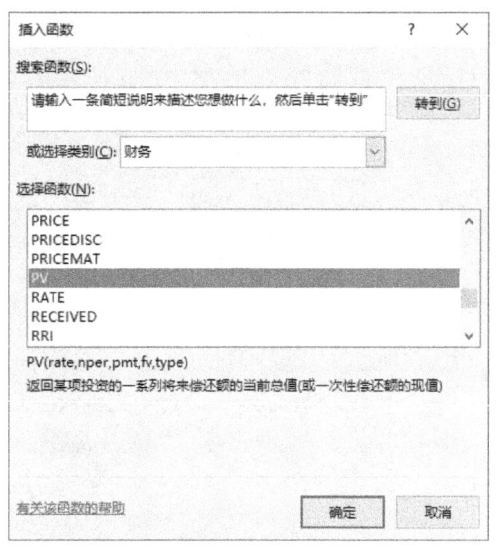

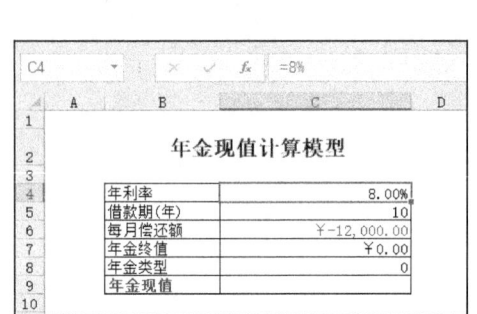

图 3-6　计算年金现值的初始数据　　　　图 3-7　从财务函数列表中选择"PV"

(4)从列表中选择"PV"函数，弹出如图 3-8 所示的对话框。按照图 3-8 的示意在年利率(Rate)编辑框里输入"C4"，在付款期数(Nper)编辑框里输入"C5"，在每年分期付款额(Pmt)编辑框里输入"C6"，在终值(Fv)编辑框里输入"C7"，在年金类型(Type)编辑框里输入"C8"。

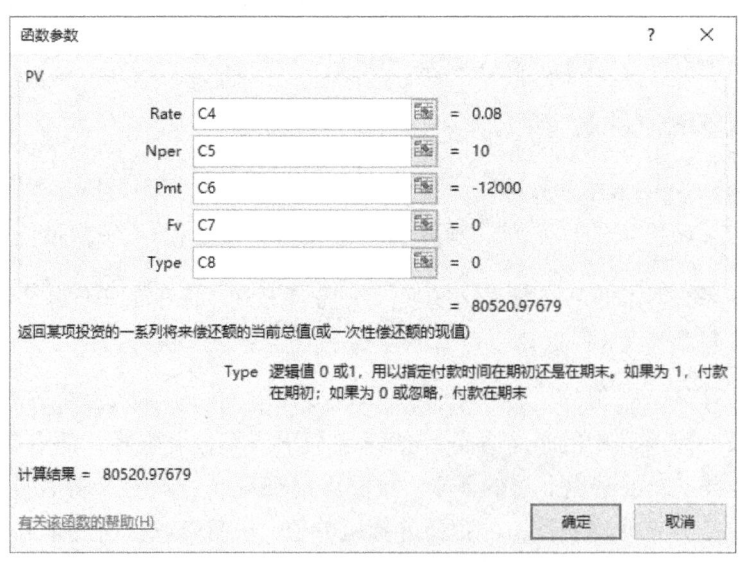

图 3-8　年金现值函数

(5)单击"确定"命令,即可得出计算结果 80 520.97679。为偿还该项借款公司目前银行存款至少为 80 520.97679 元。此时在单元格 C9 中显示该项投资的现值为 80 520.98 元。单击单元格 C9,可在编辑栏上显示公式"=PV(C4,C5,C6,C7,C8)"。

到此年金现值的计算模型构建完成。如果要查看各参数变化后的计算结果,只需在相应的单元格中修改其参数值即可。例如,想确认年利率为 7.5% 而其他参数不变时的现值,只需修改 C4 为 7.5%,则在 C9 单元格中立即计算出年金现值结果 82 368.97,如图 3-9 所示。

从此例可看出,将函数中的参数采用单元格引用的方法可以较方便地计算出函数的结果,而不用在每次计算函数值时都要在单元格中输入函数,且参数修改后立即得出计算结果。

【例 3-6】若还款条件为每月月初还款 1000 元,其他条件与上例相同,则公司从银行借款的现值为多少元?

可以采用直接在单元格中输入公式的方法,输入公式"=PV(8%/12,10*12,-1000,,1)"。说明:由于此例要求按月还款,所以应将年利率转换成月利率,即 8%/12;付款期数也应按月计算,即 10*12;又有要求月初还款,所以输入年金类型(Type)为 1。

也可以借助上例建立的计算模型,修改 B 列的说明,在 C4 中输入"=8%/12",在 C5 中输入"12*10",在 C6 中输入"-1000",在 C8 中输入"1",即得出年金现值 82 970.96 元,如图 3-10 所示。

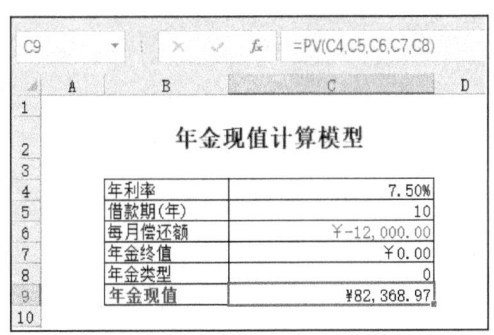
图 3-9　修改参数立即得出年金现值

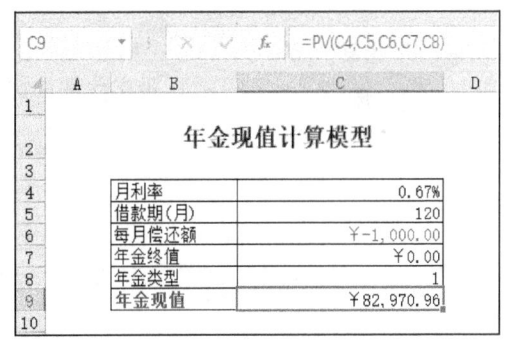
图 3-10　修改参数立即得出年金现值

3.1.3 使用等额还款额函数 PMT()

语法:PMT(rate,nper,pv,fv,type)
功能:返回在固定利率下,投资或贷款的等额分期偿还额。

【例 3-7】恒昌公司从银行贷款 60 000 元,年利率为 8%,借款期为 5 年,偿还条件为每年年末等额偿还,则公司每年还款额为多少?

(1)按照图 3-11 所示输入各单元格初始数据,并设定好单元格的格式。注意:保持 C8 单元格暂时为空。说明:在 B11 和 B12 里输入的"普通年金"和"预付年金"两个文本值是为了后面制作下拉组合框窗体做准备的。将其放在此处只是为了讲解的便利，在实际应用中可以将其放到其他距离较远的位置或隐藏起来，以便得到较好的视觉效果。

（2）单击"开发工具"选项卡，再单击"控件"功能组中的"插入"按钮，从显示出来的表单控件列表中选定"组合框（窗体控件）"，如图 3-12 所示。说明：如果"开发工具"选项卡没有出现在 Excel 主界面上，可单击"开始"选项卡，选择"选项"。在出现的"Excel 选项"对话框中单击左侧的"自定义功能区"。在右侧的"自定义功能区"列表框中选择"主选项卡"。在"主选项卡"中勾选"开发工具"，再单击右下角的"确定"按钮，"开发工具"选项卡将出现在 Excel 主界面上。

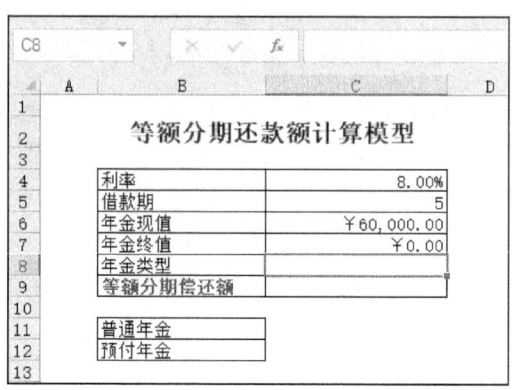

图 3-11　输入初始数据

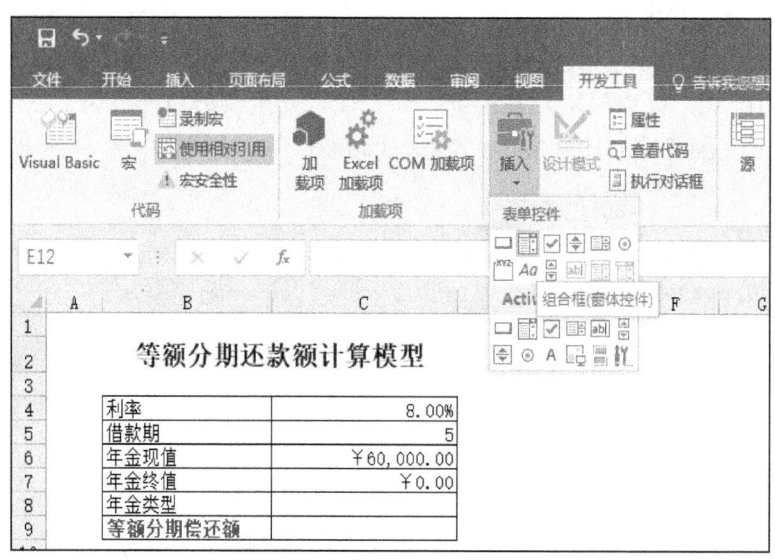

图 3-12　插入窗体控件

（3）移动小十字型的鼠标光标到 C8 单元格的左上角，按住鼠标键拖动到 C8 单元格的右下角，一个组合框窗体即出现在 C8 单元格所在的位置。右键单击组合框窗体，从显示的菜单中选择"设置控件格式"，显示"设置控件格式"对话框，如图 3-13 所示。

（4）在"设置控件格式"对话框中，单击"控制"选项卡，选择数据源区域为$B$11:$B$12，在单元格链接处输入"$C$8"，单击"确定"按钮。说明：在本例中，数据源区域$B$11:$B$12中的数据分别为"普通年金"和"预付年金"，这些数据会出现在组合框窗体的下拉列表中。用户选择组合框窗体列表中的某一项后，将返回其序号值给链接的单元格，即在用户选择第 1 项（即"普通年金"）时，将返回值 1 给单元格$C$8，在用户选择第 2 项（即"预付年金"）时，将返回值 2 给单元格$C$8。

图 3-13 "设置控件格式"对话框

(5)在 C9 单元格中输入函数 "=PMT(C4,C5,C6,C7,IF(C8=1,0,IF(C8=2,1,"")))"。此时单击 C8 单元格上的窗体右侧的下拉按钮,选择"普通年金",即在 C9 单元格计算出等额分期偿还额为–15 027.39,如选择"预付年金",则得到等额分期偿还额为–13 914.25,如图 3-14 所示。说明:本例用了一个嵌套的 IF 函数,目的是将 C8 单元格的值 1 对应到 0,将 C8 单元格的值 2 对应到 1,以适应函数 PMT()的要求。

C9	▾	:	✕ ✓ fx	=PMT(C4,C5,C6,C7,IF(C8=1,0,IF(C8=2,1,"")))	
⊿	A	B	C	D	E
1		等额分期还款额计算模型			
2					
3					
4		利率	8.00%		
5		借款期	5		
6		年金现值	¥60,000.00		
7		年金终值	¥0.00		
8		年金类型	预付年金 ▾		
9		等额分期偿还额	¥-13,914.25		
10					
11		普通年金			
12		预付年金			

图 3-14 选择窗体列表项计算 PMT 函数值

【例 3-8】恒昌公司从银行贷款 60 000 元,年利率为 6%,借款期为 5 年,偿还条件为每月月初等额偿还,则公司每月还款额为多少?

(1)选定计算此公司每月还款所使用的单元格，如 B1。

(2)在"公式"选项卡的"函数库"功能组中，单击"财务"按钮，将列出所有的财务函数。从列表中选择"PMT"函数，弹出如图 3-15 所示的对话框。在对话框中输入月利率(Rate)、付款期数(Nper)和年金现值(Pv)，不输入终值(Fv)表示终值为 0，输入年金类型(Type)为 1 表示为期初(即每月月初)还款。由于是每月月初还款，因此应将年利率转换成月利率，即 6%/12，付款期数也应按月计算，即 5*12。对话框中即显示计算结果–1 154.197 106。

(3)单击"确定"按钮，在单元格 B1 中显示等额分期还款额为 1 154.20。单击单元格 B1，可在编辑栏上显示公式"=PMT(6%/12,5*12,60000,,1)"。

另外，在熟悉该函数的计算格式后，可直接在单元格中输入该公式，按 Enter 键后，即可得出计算结果，即偿还该项借款公司每月需偿还 1154.20 元。

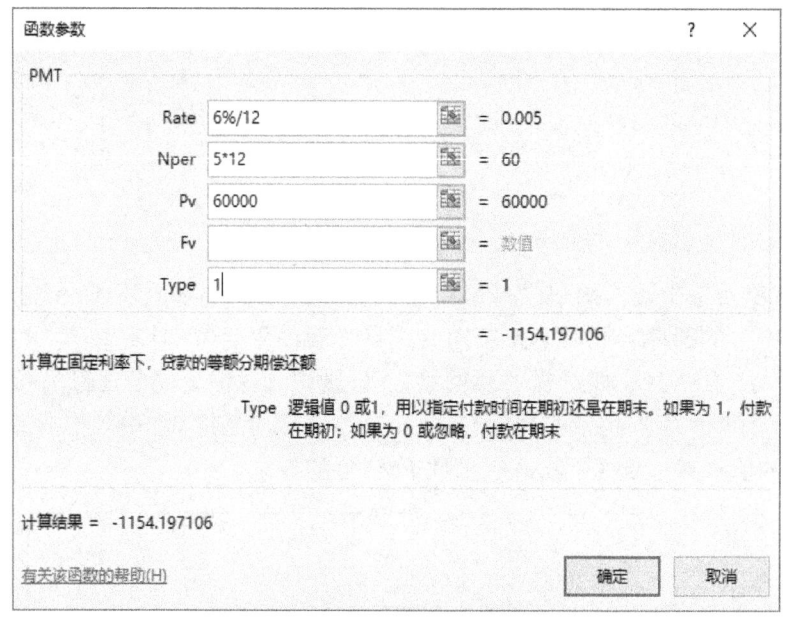

图 3-15　利用函数库计算 PMT 函数值 1

【例 3-9】如果恒昌公司需要为某项目准备资金，该项目在 11 个月后预计需要 200 000 元，假设银行存款年利率为 6%，则从现在起公司应当每月月初存入的金额为多少？

(1)选定计算此公司每月还款所使用的单元格，如 C1。

(2)在"公式"选项卡的"函数库"功能组中，单击"财务"按钮，将列出所有的财务函数。从列表中选择"PMT"函数，弹出如图 3-16 所示的对话框。在对话框中输入利率(Rate)、付款期数(Nper)、年金现值(Pv)为 0，输入年金终值(Fv)，输入年金类型(Type)为 1 表示为期初(即每月月初)存款。

(3)单击"确定"按钮，在单元格 C1 中显示等额分期还款额为 17 643.59。单击单元格 C1，可在编辑栏上显示公式"=PMT(6%/12,11,0,200000,1)"。

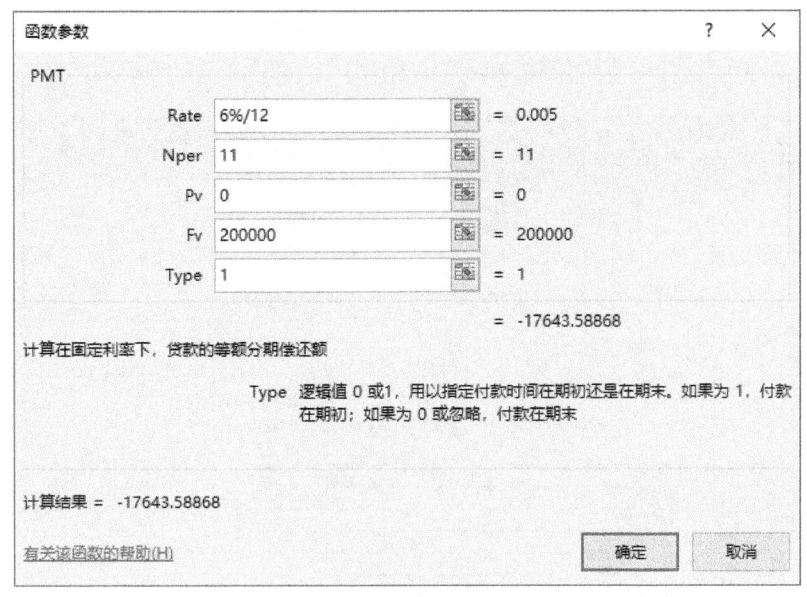

图 3-16 利用函数库计算 PMT 函数值 2

由于在本例中，要计算的是每期分期付款额 Pv，因此应在该项下输入 0，不应忽略，而年金的终值 Fv 为已知条件，也应输入相应的数据。

另外，还可以在单元格中直接输入公式"=PMT（6%/12,11,0,200000,1）"，按 Enter 键即可得出结果，该结果在单元格中显示为–17 643.59。

3.1.4 使用年金中的本金函数 PPMT（）

语法：PPMT（rate,per,nper,pv,fv,type）
功能：返回在给定期次内某项投资回报（或贷款偿还）的本金部分。

【例 3-10】恒昌公司从银行贷款 60 000 元，年利率为 6%，还款期为 5 年，偿还条件为每月月初等额偿还，则第 8 个月的本金支付额为多少？

（1）按照图 3-17 所示输入各单元格初始数据，并设定好单元格的格式。注意：保持 C9 单元格暂时为空。

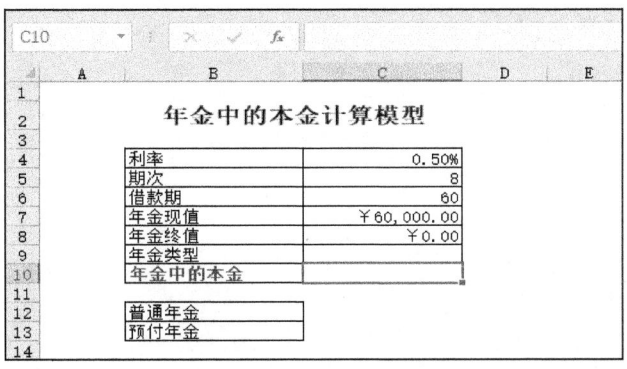

图 3-17 输入初始数据

(2)单击"开发工具"选项卡，再单击"控件"功能组中的"插入"按钮，从显示出来的表单控件列表中选定"数值调节钮(窗体控件)"，如图 3-18 所示。

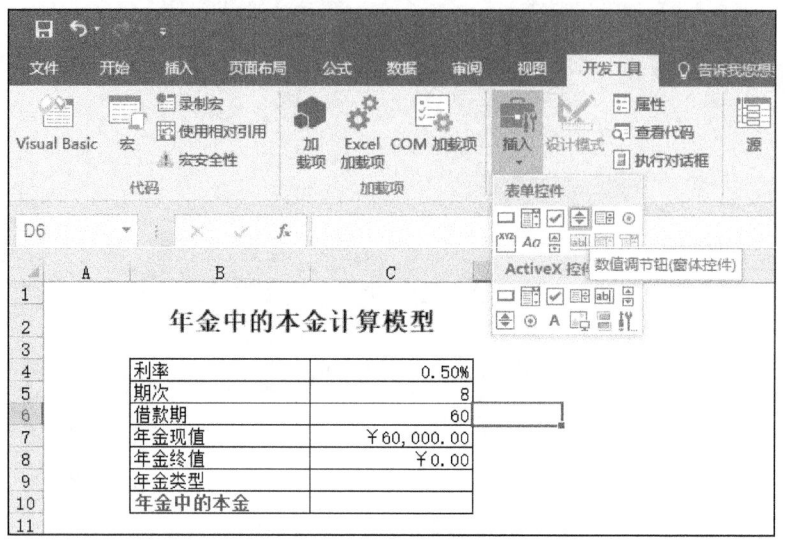

图 3-18　插入数值调节钮

(3)移动小十字型的鼠标光标到 D6 单元格的左上角，按住鼠标左键拖动到 D6 单元格的右下角，一个数值调节钮窗体即出现在 D6 单元格所在的位置。右键单击该数值调节钮，从显示的菜单中选择"设置控件格式"，显示"设置控件格式"对话框，如图 3-19 所示。

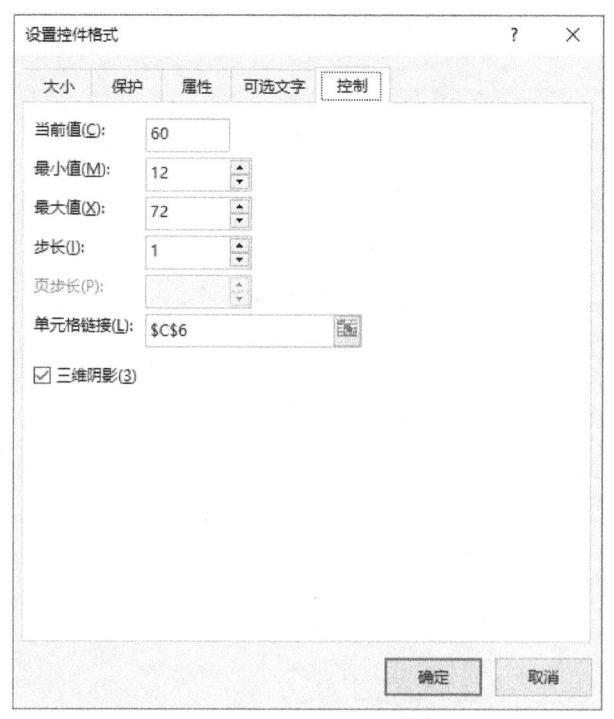

图 3-19　设置数值调节钮控件的格式

(4)在"设置对象格式"对话框中，指定最小值为 12、最大值为 72、步长为 1，选择单元格链接为$C$6，单击"确定"按钮。

(5)按照【例 3-7】中介绍的方法插入年金类型的组合框控件。

(6)在 C10 单元格中输入公式"=PPMT（C4,C5,C6,C7,C8,IF（C9=1,0,IF（C9=2,1,""））)"。此时单击 C9 单元格上的窗体右侧的下拉按钮，选择"预付年金"，即在 C10 单元格计算出第 8 个月的本金支付额为–866.09，如图 3-20 所示。如果按 D6 单元格处的数值调节钮的向上或向下的箭头，可以看到 C10 单元格中的值也会随之变化。

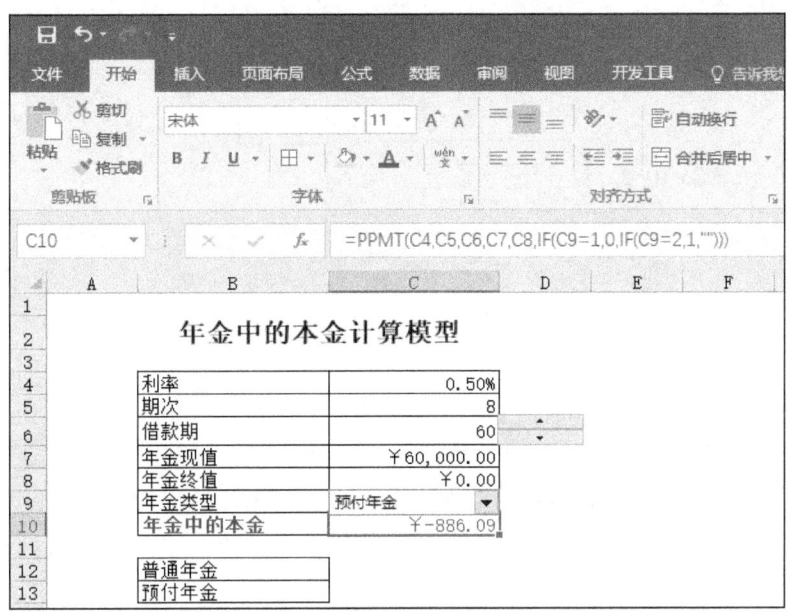

图 3-20　计算年金中的本金

说明：用此例中的方法，也可创建调节期的数值调节钮。

3.1.5　使用年金中的利息函数 IPMT（）

语法：IPMT（rate,per,nper,pv,fv,type）

功能：返回在给定期次内某项投资回报（或贷款偿还）的利息部分。

【例 3-11】恒昌公司有银行贷款 60 000 元，年利率为 6%，还款期为 5 年，偿还条件为每月月初等额偿还，则第 8 个月的利息支付额为多少？

(1)按照图 3-21 所示输入各单元格的初始数据，并设定好单元格的格式。为了便于调节年利率，C4 单元格里准备存放年利率数据，D4 单元格里准备存放年利率的 10 000 倍的值。在 C4 单元格里输入公式"=D4/10 000"。

(2)按照前面介绍的方法，分别设置好借款期的数值调节按钮和年金类型的组合框。

(3)单击"开发工具"选项卡，再单击"控件"功能组中的"插入"按钮，从显示出来的表单控件列表中选定"滚动条（窗体控件）"，如图 3-21 所示。

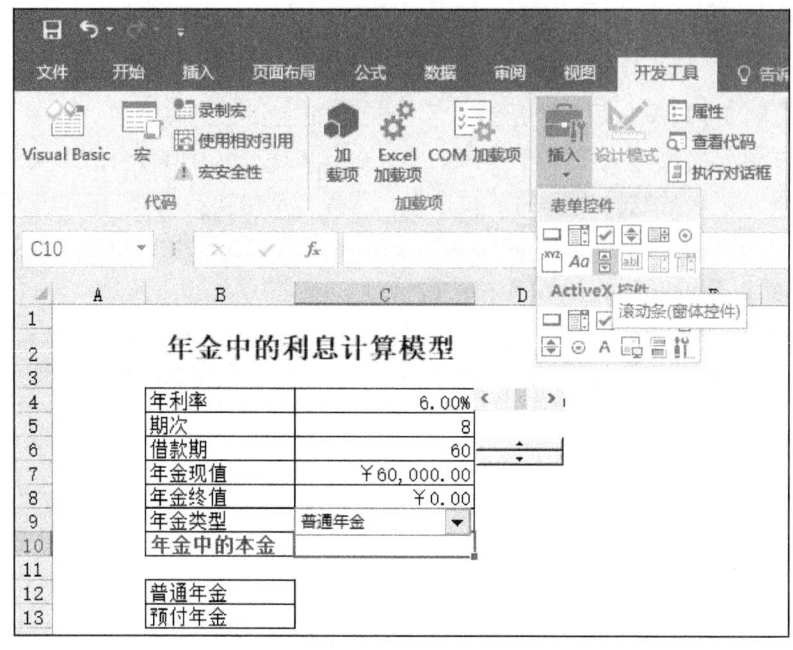

图 3-21　插入滚动条控件

（4）移动小十字型的鼠标光标到 D4 单元格的左上角，按住鼠标键拖动到 D4 单元格的右下角，选定 D4 单元格所在的位置为滚动条所在的位置。右键单击滚动条，从显示的菜单中选择"设置控件格式"，显示"设置控件格式"对话框，如图 3-22 所示。

图 3-22　设置滚动条控件格式

(5)在"设置控件格式"对话框中，指定最小值为 300、最大值为 800、步长为 25，选择单元格链接为$D$4，单击"确定"按钮。

(6)在 C10 单元格中输入公式"=IPMT(C4/12,C5,C6,C7,C8,IF(C9=1,0,IF(C9=2,1,"")))"。此时，单击 C9 单元格上的窗体右侧的下拉按钮，选择"预付年金"，调整借款期为 60 个月(即 5 年)，调整年利率为 6%，则在 C10 单元格计算出第 8 个月的利息支付额为-268.11。IPMT 函数中第一个参数为 C4/12，表示公式中要使用月利率。

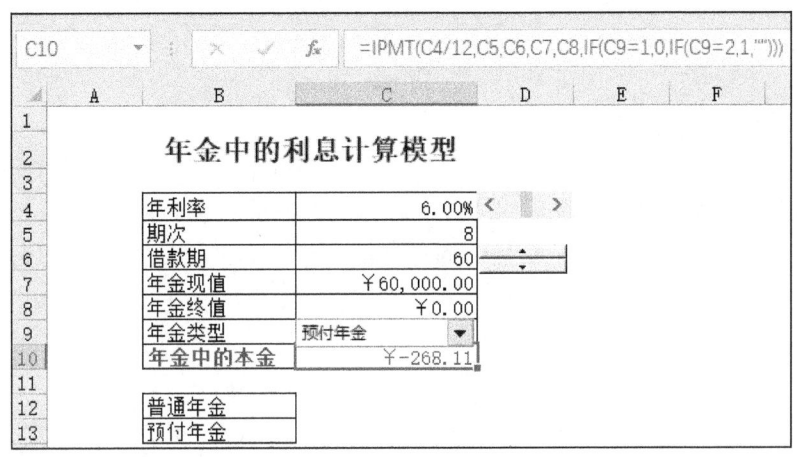

图 3-23　年金中的本金函数 IPMT

注意：结合例 3-8、例 3-10、例 3-11 可以看出：PMT()=PPMT()+IPMT()

3.1.6　使用利率函数 RATE()

语法：RATE(nper,pmt,pv,fv,type,guess)

功能：基于等额分期付款(或一次性付款)方式，返回投资或付款的实际利率。

【例 3-12】恒昌公司取得 5 年期贷款 60 000 元，每月月初还款 850 元，则该笔贷款的实际利率为多少？

(1)选定计算此还款额所使用的单元格，如 A1。

(2)在"公式"选项卡的"函数库"功能组中单击"财务"按钮，将列出所有的财务函数。

(3)从列表中选择"RATE"函数，弹出如图 3-24 所示的对话框。按照图中所示在对话框中输入付款期数(Nper)、每期还款额(Pmt)、年金现值(Pv)，不输入年金终值(Fv)表示终值为 0，输入年金类型(Type)为 1 表示为期初(即每月月初)还款。由于是每月月初还款，因此付款期数应按月计算，为 5*12。对话框中即显示计算结果为-0.005 348 679。此为每月的利率。

(4)单击"确定"按钮，在单元格 A1 中显示-1%。单击单元格 A1，可在编辑栏上显示公式"=RATE(5*12,-850,60000,0,1)"，说明此处显示的 1%为四舍五入之后显示的利率值。

如果要更精确地显示利率值，可设置单元格 A1 的格式中数值百分比的小数位数，如将其小数位数设置为 4，则单元格 A1 上显示为–0.5349%。

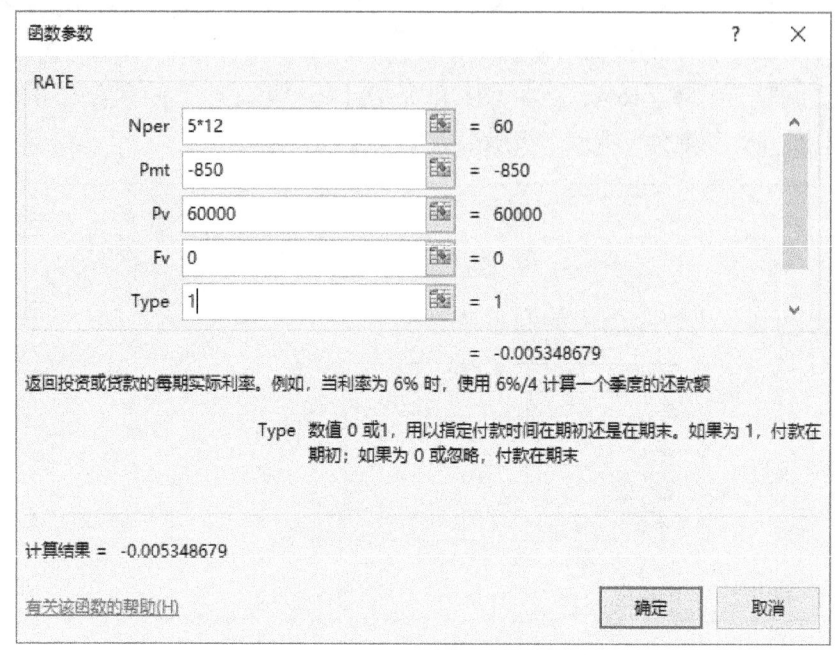

图 3-24　利率函数 RATE

按照利率函数得出该笔贷款的实际月利率为 0.5349%；计算该笔贷款的年利率为 0.5349%*12=6.4184%。

3.1.7　使用计息期函数 NPER()

语法：NPER(rate,pmt,pv,fv,type)

功能：基于固定利率和等额分期付款方式，返回一项投资或贷款的期数。

【例 3-13】恒昌公司从银行贷款 60 000 元，年利率为 6%，每年年末支付 8 000 元，则需要还款的年数为多少？

(1)选定计算此还款期限所使用的单元格，如 A1。

(2)在"公式"选项卡的"函数库"组中单击"财务"，将列出所有的财务函数。

(3)从列表中选择"NPER"函数，弹出如图 3-25 所示的对话框。按照图中所示，在对话框中输入利率(Rate)、每期还款额(Pmt)、年金现值(Pv)，不输入年金终值(Fv)表示终值为 0，不输入年金类型(Type)表示为期末(即每年年末)还款。对话框中即显示计算结果为 10.259 965 73。

(4)单击"确定"按钮，在单元格 A1 中显示 10.26，即需要还款的年数为 10.26 年。单击单元格 A1，可在编辑栏上显示公式"=NPER(6%,–8000,60000)"。

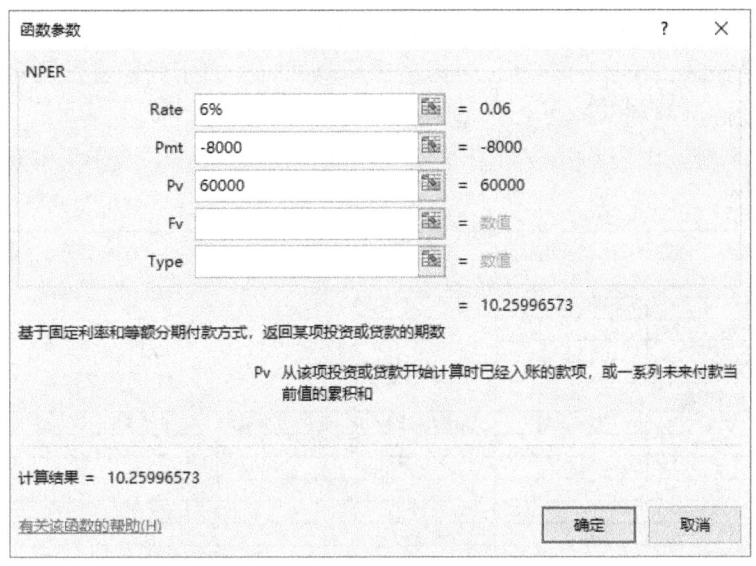

图 3-25　计息期函数 NPER

3.2　Excel 资金时间价值模型分析

3.2.1　资金时间价值案例

恒昌集团下属公司从银行借款 500 000 元用于购买设备，还款期限为 5 年，目前贷款利率为 9%。试根据以下两种分期还款方式编制相应的分期还款时间表，样式如表 3-1 所示。

(1)分期等额(等本息)方式偿还贷款，每期还款额度相同，分 5 期还完。

(2)分期等本金方式偿还贷款，每期偿付本金相同，分 5 期还完。

表 3-1　分期还款时间表

年份	期初余额	本期还款额	支付的利息	偿还的本金	期末余额
1					
2					
3					
4					
5					
合计					

要求：就上述两种方式分别编制分期还款时间表；还款时间要为每期期末；考虑利率以 0.25% 的幅度调整时的分期偿还的情况。

3.2.2　Excel 资金时间价值模型

1.　分期等额方式偿还贷款

对于分期等额方式偿还贷款的情况，每期的还款额使用函数 PMT() 计算，每期还款额相同，每期偿还的本金使用函数 PPMT()计算，每期偿还的利息使用函数 IPMT()计算，期末余额由期初余额减去偿还的本金。在构建计算模型时，由于其他参数固定，因而只需考虑采用滚动条控件调整利率即可。具体的操作步骤如下。

(1)创建一个新工作表，并按照图 3-26 所示输入初始数据。在 B3 单元格里输入公式“=C3/10000”。

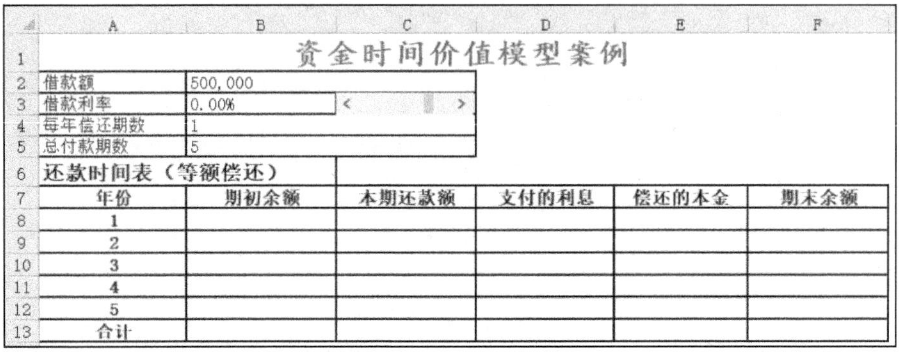

	A	B	C	D	E	F
1	资金时间价值模型案例					
2	借款额	500,000				
3	借款利率	0.00%				
4	每年偿还期数	1				
5	总付款期数	5				
6	还款时间表（等额偿还）					
7	年份	期初余额	本期还款额	支付的利息	偿还的本金	期末余额
8	1					
9	2					
10	3					
11	4					
12	5					
13	合计					

图 3-26　为资金时间价值模型输入初始数据

(2)在 C3 单元格插入一个滚动条控件，并按照图 3-27 所示填写各参数。单元格链接处填写$C$3；设置最小值为 500，即最低的年利率为 5%；设置最大值为 1 000，即最高的年利率为 10%；设置步长为 25，即每次使用滚动条两边的箭头调整利率的幅度为 0.25%；设置页步长为 100，即每次使用滚动条中滑块两侧的空白调整利率的幅度为 1%。需要注意的是：页步长最好为步长的整数倍，否则步长的调整可能与页步长的调整不同步。

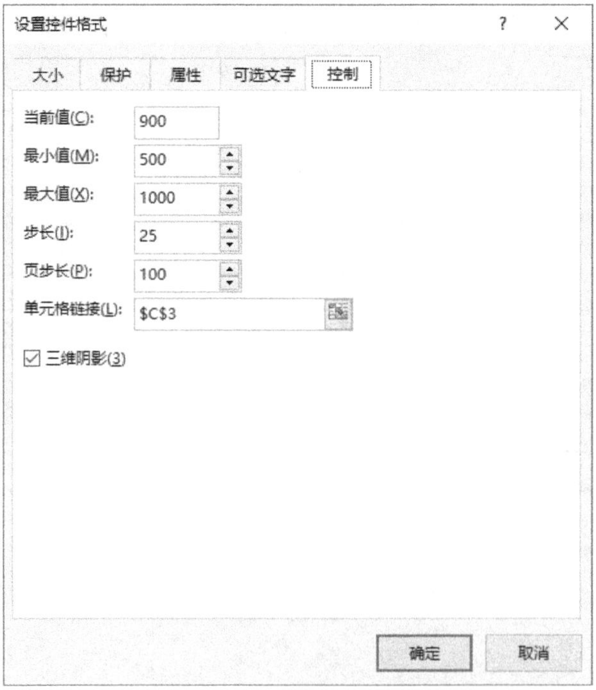

图 3-27　设置控件格式

(3)在第 1 年的期初余额处(B8)输入公式 "=B2";在第 1 年的本期还款额处(C8)输入公式 "=ABS(PMT($B$3,$B$5,$B$2))",PMT 中未指定年金类型即默认为期末还款;在第 1 年的支付的利息处(D8)输入公式 "=IPMT($B$3,$A8,$B$5,-$B$2)",期次参数$A8 的列号采用相对编号,是为了便于向 D8 单元格下面的 4 个单元格复制公式;在第 1 年的偿还的本金处(E8)输入公式 "=PPMT($B$3,$A8,$B$5,-$B$2)",在第 1 年的期末余额处(F8)输入公式 "=B8−E8"。

(4)在第 2 年的期初余额处(B9)输入公式 "=F8";将 B9 单元格的公式复制到 B10:B12 单元格区域,将 C8、D8、E8 和 F8 单元格的公式分别复制到 C9:C12、D9:D12、E9:E12、F9:F12 单元格区域。

(5)在 C13 单元格处输入公式 "=SUM(C8:C12)",并将公式复制到 D13:E13 单元格区域,B13 单元格和 F13 单元格里的数据没有意义,因此不用填写。

完成后的工作表数据如图 3-28 所示,操作 C3 单元格处的滚动条,查看利率变化后各阶段偿还额度的变化情况。

图 3-28　分期等额还款模型分析

2. 分期等本金方式偿还贷款

对于分期等本金方式偿还贷款的情况,由于每期要偿还的本金是固定的,所以每期支付的利息由期初余额乘以利率得到,本期付款额由本期偿还的本金和本期偿还的利息相加得到。等本金还款方式不需要使用复杂的资金时间价值函数,因而构建计算模型比较简单。具体的操作步骤如下。

(1)创建一个新工作表,并按照图 3-29 所示输入初始数据。在 B3 单元格里输入公式 "=C3/10000"。说明,先不要往单元格区域 B8:F13 里输入数据。

(2)参考前面 "分期等额方式偿还贷款" 里的操作方法,在 C3 单元格的位置插入一个滚动条控件,并设置好控件的格式。

(3)在第 1 年的单元格里输入如下公式。

- B8:=B2
- C8:=D8+E8
- D8:=B8*$B$3
- E8:=$B$2/$B$5
- F8:=B8−E8

(4)在 B9 单元格里输入公式"=F8"。将 B9 单元格的公式复制到 B10:B12 单元格区域，将 C8、D8、E8 和 F8 单元格的公式分别复制到 C9:C12、D9:D12、E9:E12、F9:F12 单元格区域。

(5)在 C13 单元格输入公式"=SUM（C8:C12）"，并将公式复制到 D13:E13 单元格区域，B13 和 F13 单元格里的数据没有意义，因此不用填写。

完成后的工作表数据如图 3-29 所示，操作 C3 单元格处的滚动条，查看利率变化后各阶段偿还额度的变化情况。

	A	B	C	D	E	F
1			资金时间价值模型案例			
2	借款额	500,000				
3	借款利率	9.00%	<		>	
4	每年偿还期数	1				
5	总付款期数	5				
6	还款时间表（等本金偿还）					
7	年份	起初余额	本期还款额	支付的利息	偿还的本金	期末余额
8	1	¥500,000.00	¥145,000.00	¥45,000.00	¥100,000.00	¥400,000.00
9	2	¥400,000.00	¥136,000.00	¥36,000.00	¥100,000.00	¥300,000.00
10	3	¥300,000.00	¥127,000.00	¥27,000.00	¥100,000.00	¥200,000.00
11	4	¥200,000.00	¥118,000.00	¥18,000.00	¥100,000.00	¥100,000.00
12	5	¥100,000.00	¥109,000.00	¥9,000.00	¥100,000.00	¥0.00
13	合计	-	¥635,000.00	¥135,000.00	¥500,000.00	-

图 3-29 分期等本金还款模型分析

实践练习题

1. 某人出国 3 年，请你代付房租，每年租金为 10 000 元，假设银行存款利率为 10%，现在他应该为你在银行存入多少钱？

2. 某人在银行存入 50 000 元，按年利率 10%计息，若每年年末从银行取出 12 500 元，求最后一次取款的时间。

3. 你现在有 5 万元钱，打算 2 年后买一辆 6.85 万元的车，如果你每年储蓄都能赚得 9%的收益，并且汽车价格不变的话，你的钱够不够？如果不够差多少？几年后可以够？

4. 有一项年金，前 3 年无流入，后 5 年每年年初流入 500 万元，假设年利率为 10%，计算其现值。

5. 某公司拟购置一处房产，房主提出两种付款方案：

(1)从现在起，每年年初支付 20 万元，连续支付 10 次，共 200 万元；

(2)从第 5 年开始，每年年初支付 25 万元，连续支付 10 次，共 250 万元。

假设该公司的资金成本率（即最低报酬率）为 10%，你认为该公司应选择哪个方案。

6. 你从银行借款 100 000 元用于购买汽车，期限 5 年，利率 9%，如果合同中约定借款人采用等本金方式偿还贷款，即每期偿付本金相同，试编一张分期还款时间表。如果合同中约定借款人采用等额（等本息）方式偿还贷款，试编一张分期还款时间表。

第4章
风险与收益分析

本章内容提要：

- 单一资产的风险与收益计量方法
- 单一资产的风险与收益计量模型
- 组合投资的风险与收益计量方法
- 组合投资的风险与收益计量模型

本章要重点掌握的 Excel 工具：

- 乘幂函数 POWER（）
- 平方根函数 SQRT（）
- 协方差函数 COVAR（）
- 相关系数函数 CORREL（）
- "显示公式"命令

本章讲解风险及收益的计量方法和计量模型，分别以单一投资和组合投资两种情况为基础介绍利用 Excel 工具建立风险和收益分析模型的过程。在进行投资的风险和收益分析时，要注意区分已知经济状况出现概率和未知经济状况出现概率的问题，因为这两种情况下的计算方法有差异。

4.1　风险与收益分析业务场景

在市场经济条件下风险与收益总是并存的。企业财务管理活动的一项重要内容就是对企业经营活动过程中客观存在的各种风险进行度量和规避。

在财务理论中，风险一般被看成是某一事件将会发生的概率，即未来时期经营活动创造现金流量的不确定性。一般认为风险具有如下特点：

- 风险是事件本身的不确定性，具有客观性；
- 风险大小随时间延续而变化；
- 事前知道所有可能的结果，以及每种结果的概率；
- 风险既可能带来超出预期的收益，也可能带来超出预期的损失。

在实际工作中，人们一般借助概率和统计方法计量企业经营活动中风险的大小。

收益是冒风险投资所要求的回报。在财务管理中，是否创造价值常常作为评判一项财务决策成功与否的关键。创造价值通常需要在风险和收益之间进行权衡。价值等于未来营业活动现金流量的贴现值之和，其中的贴现率反映了公司现金流量的风险程度，对于使用负债创造价值的公司，还要包括财务风险这一因素。风险越大，未来收益的贴现率就越高，价值就越小。风险与收益之间的关系可以简单地用下面的公式表示：

$$期望投资收益率=无风险收益率+风险收益率$$

其中，无风险收益率是不考虑风险情况下的收益率；风险收益率是冒风险投资获得的收益率，风险收益率=风险程度×风险收益系数。

二者的关系也可以用图粗略地表示，如图 4-1 所示。

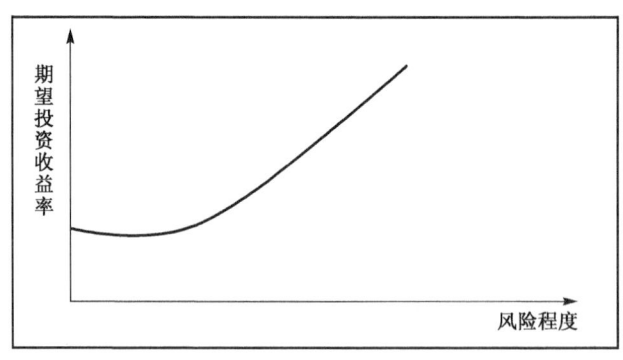

图 4-1　风险与收益的关系

风险存在于一切经济活动中。财务管理人员在进行财务决策时，不仅要衡量风险和收益的大小，根据企业能够承受的风险程度在风险和收益中寻求均衡，还要制定风险管理策略，实施科学合理的风险管理。

4.2 Excel 单一资产的风险与收益计量模型

4.2.1 单一资产的风险与收益计量方法

对单一资产的风险与收益的计量，需要使用概率和数理统计的方法。

1. 计算期望收益率

期望收益率是各种宏观经济状况条件下投资收益率的加权平均值，即以宏观经济状况出现的概率为权数，计算该状况下的收益率的加权平均值，其公式如下：

$$\overline{E} = \sum_{i=1}^{n} E_i P_i$$

式中，$\overline{E}$——期望收益率；

E_i——第 i 种可能实现的收益率；

P_i——第 i 种可能结果的概率；

n——可能情况的个数。

2. 计算可能的收益与期望收益之间的离差

离差是每种经济状况下可能收益与期望收益之间的差值：

$$E_i - \overline{E}$$

我们所计算的离差反映了收益的变动性。但有些离差是正数，有些离差是负数，对于一个公司来说，这些离差的总和等于零，因此难以说明其真正的含义。为了使离差具有更明确的意义，我们求出各个离差的平方，使得所有的离差以平方的形式成为正数，这样离差平方和也是正数。

3. 计算方差

方差是用来表示随机变量与期望值之间的离散程度的一个量，它是离差平方的平均数。在已知每个变量值出现概率的情况下，方差可按下式计算：

$$\sigma^2(\text{方差}) = \sum_{i=1}^{n} (E_i - \overline{E})^2 \cdot P_i$$

有时并不知道各个变量出现的概率，但知道变量的样本值，此时样本方差可按下式计算：

$$\text{样本方差} = \sum_{i=1}^{n} (X_i - \overline{X})^2 / n$$

式中，$\bar{X}$——样本的平均值；

X_i——第 i 个样本的收益率；

n——样本数。

在概率统计中，常用修正样本方差，其公式如下：

$$修正样本方差 = \frac{1}{n-1}\sum_{i=1}^{n}(X_i - \bar{X})^2$$

4. 计算收益的标准差

标准差也叫均方差，是方差的平方根，是各种可能的收益率偏离预期收益率的综合差异。根据前面方差的计算公式，可知标准差有三种计算公式：

$$\sigma(标准差) = \sqrt{\sum_{i=1}^{n}(E_i - \bar{E})^2 \cdot P_i}$$

$$样本标准差 = \sqrt{\sum_{i=1}^{n}(X_i - \bar{X})^2 / n}$$

$$修正样本标准差 = \sqrt{\frac{1}{n-1}\sum_{i=1}^{n}(X_i - \bar{X})^2}$$

5. 计算变化系数

当存在两个或多个期望收益率不同的投资项目时，由于其期望收益率是不同的，所以无法使用期望收益率标准差的大小来判断不同项目风险的高低。此时可采用变化系数来比较。变化系数是收益率标准差与期望收益率的比值，其计算公式如下：

$$V = \frac{\sigma}{\bar{E}}$$

式中，V——变化系数；

σ——标准差；

$\bar{E}$——期望收益率。

对于不同的投资项目，V 值越大，表明风险越大；V 值越小，表明风险越小。

4.2.2 单一资产的风险与收益计量模型

下面利用案例说明如何在 Excel 下利用风险与收益的计量方法设计和构建模型。

【例 4-1】假设投资公司想要进行一笔投资，有两种可选的方案，要么全部投到 A 公司，要么全部投到 B 公司，两个公司在不同宏观经济状况下的收益率均不同，各种宏观经济状况出现的概率也各不相同，两个投资方案的详细数据如表 4-1 所示。要求建立风险与收益计量模型来比较两种投资方案的收益和风险。

表 4-1　投资方案数据

经济状况	出现概率(P_i)	A 公司收益率(E_i)	B 公司收益率(E_i)
萧条	0.15	−20.00%	5.00%
衰退	0.2	10.00%	20.00%
正常	0.5	30.00%	−12.00%
繁荣	0.15	50.00%	9.00%

下面按照如下步骤构建模型。

(1) 在 Excel 工作表中输入原始数据。

如图 4-2 所示，在 Excel 工作表中输入原始数据。这些数据包括表标题、表头和第 1 列的项目名，以及 B5:D8 单元格区域里的原始数据。

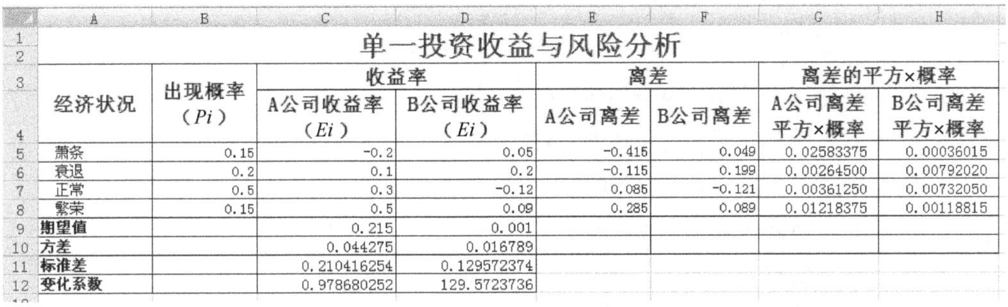

图 4-2　单一投资方案分析模型

(2) 计算两个公司的收益率期望值。

① 在 C9 单元格输入公式：=C5*$B$5+C6*$B$6+C7*$B$7+C8*$B$8

② 在 D9 单元格输入公式：=D5*$B$5+D6*$B$6+D7*$B$7+D8*$B$8

(3) 计算两个公司在各经济状况下的离差。

① 在 E5 单元格输入公式：=C5-$C$9，并将公式复制到 E6:E9 单元格区域中。

② 在 F5 单元格输入公式：=D5-$D$9，并将公式复制到 F6:F9 单元格区域中。

(4) 计算两个公司的收益率方差。

① 在 G5 单元格输入公式：=POWER(E5,2)*B5，并将公式复制到 G6:G9 单元格区域中。

② 在 H5 单元格输入公式：=POWER(F5,2)*B5，并将公式复制到 H6:H9 单元格区域中。在这里也可以用函数调用的方法输入 G5、H5 单元格中的函数，具体操作步骤如下。

A．单击"公式"选项卡中的"插入函数"命令，显示"插入函数"对话框，选择求某个数的乘幂的函数"POWER"，单击"确定"按钮，此时出现如图 4-3 所示的对话框。

B．在 POWER 函数参数对话框中输入参数，在"Number"中输入要求次方的底数或公式；在"Power"中输入幂值，本例要求平方数，所以输入"2"。然后单击"确定"按钮，完成平方函数的输入。

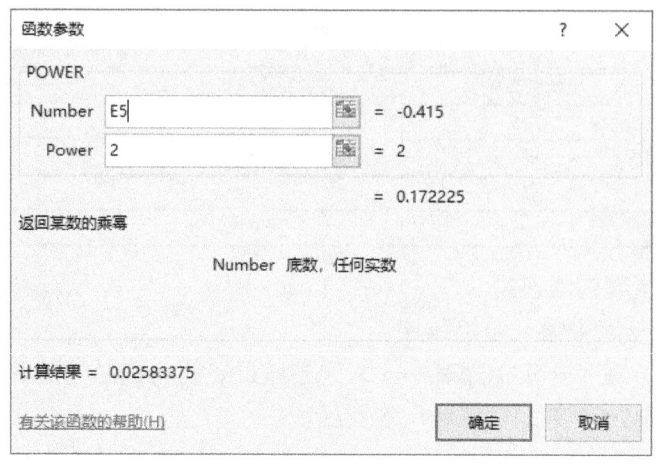

图 4-3　乘幂函数参数对话框

③ 在 C10 单元格输入公式：=SUM（G5:G8）。

④ 在 D10 单元格输入公式：=SUM（H5:H8）。

(5)计算两个公司的收益率标准差。

① 在 C11 单元格输入公式：=SQRT（C10）。

② 在 D11 单元格输入公式：=SQRT（D10）。

此处所用平方根函数 SQRT()，其插入方法同函数 POWER()。

(6)计算两个公司的收益率的变化系数。

① 在 C12 单元格输入公式：=C11/C9。

② 在 D12 单元格输入公式：=D11/D9。

③ 输入完各单元格的公式后，可单击"公式"选项卡中的"显示公式"按钮，即可在单元格中显示公式，从而可以检查各公式是否正确，如图 4-4 所示。

	C9	▼	f_x =C5*\$B\$5+C6*\$B\$6+C7*\$B\$7+C8*\$B\$8					
	A	B	C	D	E	F	G	H
1				单一投资收益与风险分析				
2								
3	经济状况	出现概率（Pi）	收益率		离差		离差的平方*概率	
4			A公司收益率（Ei）	B公司收益率（Ei）	A公司离差	B公司离差	A公司离差平方*概率	B公司离差平方*概率
5	萧条	0.15	-0.2	0.05	=C5-\$C\$9	=D5-\$D\$9	=POWER(E5,2)*B5	=POWER(F5,2)*B5
6	衰退	0.2	0.1	0.2	=C6-\$C\$9	=D6-\$D\$9	=POWER(E6,2)*B6	=POWER(F6,2)*B6
7	正常	0.5	0.3	-0.12	=C7-\$C\$9	=D7-\$D\$9	=POWER(E7,2)*B7	=POWER(F7,2)*B7
8	繁荣	0.15	0.5	0.09	=C8-\$C\$9	=D8-\$D\$9	=POWER(E8,2)*B8	=POWER(F8,2)*B8
9	期望值		=C5*\$B\$5+C6*\$B\$6+C7*\$B\$7+C8*\$B\$8	=D5*\$B\$5+D6*\$B\$6+D7*\$B\$7+D8*\$B\$8				
10	方差		=SUM(G5:G8)	=SUM(H5:H8)				
11	标准差		=SQRT(C10)	=SQRT(D10)				
12	变化系数		=C11/C9	=D11/D9				

图 4-4　检查输入的公式

④ 再次单击"公式"选项卡中的"显示公式"按钮，在单元格中还原显示数值。

比较两个公司投资收益率期望值(C9 和 D9)及其变化系数(C12 和 D12)，可发现，A公司的期望收益率比 B 公司的期望收益率高，且 A 公司的变化系数比 B 公司的变化系数小，说明投资 A 公司的风险小。

4.3 Excel 组合投资的风险与收益模型

4.3.1 组合投资的风险与收益计量方法

前一节我们介绍了单一投资的风险与收益的分析方法，也就是说我们有一笔资金仅投到一个项目上，要么 A 公司，要么 B 公司。但我们知道将鸡蛋放到一个篮子里风险确实很大，实际上我们在投资时经常会考虑组合投资，如将一部分资金投到 A 公司，剩下的钱投到 B 公司，或者既投资 A 股票也投资 B 股票，以分散投资风险。从某种角度看，单一投资可以理解为组合投资的特例。

要完成组合投资的收益和风险分析，需要用到组合期望收益、协方差和相关系数等指标。下面以一个两项投资的组合投资来介绍组合投资的风险与收益的计算方法。

1. 计算这两项投资的期望收益率

分别计算这两项投资的期望收益率，算法与单一投资相同，为了描述方便，列公式如下：

$$\overline{E}_A = \sum_{i=1}^{n} E_{Ai} P_{Ai}$$

$$\overline{E}_B = \sum_{j=1}^{m} E_{Bj} P_{Bj}$$

式中，$\overline{E}_A$、$\overline{E}_B$——投资股票 A、B 时的期望收益率；

E_{Ai}、E_{Bj}——投资股票 A 的第 i 种可能、投资股票 B 的第 j 种可能实现的收益率；

P_{Ai}、P_{Bj}——投资股票 A 的第 i 种可能、投资股票 B 的第 j 种可能结果的概率；

n、m——投资股票 A、投资股票 B 的可能情况的个数。

2. 计算这两项投资的收益率的方差

方差是用来表示随机变量与期望值之间的离散程度的一个量，它是离差平方的平均数。

(1) 如果已知每个变量值的发生概率，则这两项投资的收益率方差可按下式计算：

$$\sigma_A^2(方差) = \sum_{i=1}^{n} (E_{Ai} - \overline{E}_A)^2 \cdot P_{Ai}$$

$$\sigma_B^2(方差) = \sum_{j=1}^{m} (E_{Bj} - \overline{E}_B)^2 \cdot P_{Bj}$$

式中，σ_A、σ_B——投资股票 A、B 时的收益率的方差；

$\overline{E}_A$、$\overline{E}_B$——投资股票 A、B 时的期望收益率；

E_{Ai}、E_{Bj}——投资股票 A 的第 i 种可能、投资股票 B 的第 j 种可能实现的收益率；

P_{Ai}、P_{Bj}——投资股票 A 的第 i 种可能、投资股票 B 的第 j 种可能结果的概率；

n、m——投资股票 A、投资股票 B 的可能情况的个数。

（2）如果不知道各个变量发生的概率，而是知道变量的样本值，则可按照前一节样本方差或修正样本方差的公式计算，这里不再重复。

3．计算这两项投资的收益率的标准差

标准差也叫均方差，是方差的平方根，是各种可能的收益率偏离预期收益率的综合差异。根据前面方差的计算公式，列标准差的计算公式如下：

$$\sigma_A(\text{标准差}) = \sqrt{\sum_{i=1}^{n}(E_{Ai} - \bar{E}_A)^2 \cdot P_{Ai}}$$

$$\sigma_B(\text{标准差}) = \sqrt{\sum_{j=1}^{m}(E_{Bj} - \bar{E}_B)^2 \cdot P_{Bj}}$$

公式中各参数的含义同前。

4．计算这个组合投资的期望收益率

在计算这个组合投资的期望收益率时，需要考虑各单个投资额占总投资额的权重。组合期望收益率的计算公式如下：

$$\bar{E}_G(\text{组合期望收益率}) = W_A \bar{E}_A + W_B \bar{E}_B$$

式中，W_A、W_B——投资股票 A、B 的金额占总投资额的权重，两个值相加等于 1；

$\bar{E}_A$、$\bar{E}_B$——投资股票 A、B 时的期望收益率。

5．计算这个投资收益率的协方差和相关系数

$$\sigma_{AB}(\text{协方差}) = \sum_{j}^{m}\sum_{i=1}^{n}(E_{Ai} - \bar{E}_A)(E_{Bj} - \bar{E}_B) \cdot P_{ij}$$

$$\rho_{AB}(\text{相关系数}) = \frac{\sigma_{AB}}{\sigma_A \sigma_B}$$

式中，P_{ij}——投资股票 A 的第 i 种可能，同时投资股票 B 的第 j 种可能的概率，所有的 P_{ij} 相加为 1；

ρ_{AB}——投资股票 A 的收益率和投资股票 B 的收益率的相关系数。

相关系数 ρ_{AB} 值的范围是 -1 到 $+1$，当 $\rho_{AB} > 0$ 时，两项投资是正相关；当 $\rho_{AB} < 0$ 时，两项投资是负相关；当 $\rho_{AB} = 0$ 时，两项投资不相关。

6．计算这个组合投资收益率的方差和标准差

计算这个组合投资的收益率方差和标准差要复杂一些，可以使用下面的公式：

$$\sigma_G^2(\text{组合方差}) = W_A^2 \sigma_A^2 + W_B^2 \sigma_B^2 + 2W_A W_B \sigma_{AB}$$

$$\sigma_G(\text{组合标准差}) = \sqrt{W_A^2 \sigma_A^2 + W_B^2 \sigma_B^2 + 2W_A W_B \sigma_{AB}}$$

7．计算这个组合投资的投资收益率变化系数

一般来讲，两项投资在不同的宏观经济环境下，其收益率都是基本固定的，其各自的

标准差及相关系数等都可以通过公式计算出来，也可以认为是固定的。但在进行组合投资的时候，可在多项投资中投入不同比重的资金，因此其组合期望收益率也会不同，不同组合投资的均方差也会不同，因此不能简单凭借组合期望收益率和组合标准差来进行风险分析，而仍要使用组合变化系数来比较。对于某一组合投资来说，其组合变化系数的计算公式如下：

$$V_\text{G} = \frac{\sigma_\text{G}}{E_\text{G}}$$

对于不同资金权重的组合投资，V 值越大，表明风险越大；V 值越小，表明风险越小。

4.3.2 组合投资的风险与收益计量模型

下面用案例说明如何在 Excel 下利用风险与收益的计量方法设计和构建组合投资的风险与收益计量模型。

1. 各种经济情况发生概率不相同的情况

【例 4-2】假设某投资公司有一笔资金可对外投资，可以同时投到两家公司，两家公司在不同宏观经济状况下的收益率不同，各种宏观经济状况出现的概率也各不相同，两个投资方案的详细数据如表 4-2 所示。表中所列同一行的两家公司的收益率数据是在一定经济状况下同时呈现的，不存在交叉的情况。也就是说除表中所列数据以外，两家公司其他收益率组合情况的概率均为 0。如果该公司决定将 60%的资金投到 A 公司，将 40%的资金投到 B 公司，试建立模型分析这种组合投资的收益和风险。

表 4-2　投资方案数据

经济状况	出现概率(P_i)	A 公司收益率(E_{Ai})	B 公司收益率(E_{Bi})
萧条	0.15	−20.00%	5.00%
衰退	0.2	10.00%	20.00%
正常	0.4	30.00%	−12.00%
繁荣	0.25	50.00%	9.00%

下面按照如下步骤构建模型。

(1)在 Excel 工作表中输入原始数据。

如图 4-5 所示，在 Excel 工作表中输入原始数据，并设置好各单元格的数据格式。这些数据包括表标题、表头和第 1 列的项目名，B5:D8 单元格区域里的原始数据，以及 C13 和 C14 单元格里的投资权重。

(2)计算两家公司的期望收益率及组合投资的期望收益率。

① 在 C9 单元格输入公式：=C5*$B$5+C6*$B$6+C7*$B$7+C8*$B$8，得到投资 A 公司的期望收益率。

② 在 D9 单元格输入公式：=D5*$B$5+D6*$B$6+D7*$B$7+D8*$B$8，得到投资 B 公司的期望收益率。

③ 在 C16 单元格输入公式：=C9*C13+D9*D13，得到组合投资的期望收益率。

经济状况	出现概率（Pi）	收益率		离差		离差的平方*概率		协方差分项
		A公司收益率（Ei）	B公司收益率（Ei）	A公司离差	B公司离差	A公司离差平方*概率	B公司离差平方*概率	
萧条	0.15	-20.00%	5.00%	-0.435	0.028	0.02838375	0.00011760	-0.001827
衰退	0.2	10.00%	20.00%	-0.135	0.178	0.00364500	0.00633680	-0.004806
正常	0.4	30.00%	-12.00%	0.065	-0.142	0.00169000	0.00806560	-0.003692
繁荣	0.25	50.00%	9.00%	0.265	0.068	0.01755625	0.00115600	0.004505
期望值		23.50%	2.20%					
方差		0.051275	0.015676					
标准差		0.226439837	0.125203834					
变化系数		0.963573777	5.691083355					
投资权重		60%	40%					
协方差		-0.00582						
相关系数		-0.205282781						
组合期望收益率		14.98%						
组合方差		0.01817356						
组合标准差		0.134809347						
组合变化系数		0.899928884						

图 4-5　组合投资方案分析模型

（3）计算两家公司的收益率方差。

① 在 E5 单元格输入公式：=C5-$C$9，并将公式复制到 E6:E8 单元格区域中。

② 在 F5 单元格输入公式：=D5-$D$9，并将公式复制到 F6:F8 单元格区域中。

③ 在 G5 单元格输入公式：=POWER（E5,2）*B5，并将公式复制到 G6:G8 单元格区域中。

④ 在 H5 单元格输入公式：=POWER（F5,2）*B5，并将公式复制到 H6:H8 单元格区域中。

⑤ 在 C10 单元格输入公式：=SUM（G5:G8），得到 A 公司的投资收益率方差。

⑥ 在 D10 单元格输入公式：=SUM（H5:H8），得到 B 公司的投资收益率方差。

（4）计算两家公司的收益率标准差。

① 在 C11 单元格输入公式：=SQRT（C10），得到 A 公司的投资收益率标准差。

② 在 D11 单元格输入公式：=SQRT（D10），得到 B 公司的投资收益率标准差。

说明：在本例中，在 C12 和 D12 单元格也输入了计算两家公司的收益率的变化系数的公式，但这两个数据是分析单一投资用的，在分析组合投资时可不输入这两个公式。

（5）计算两项投资收益率的协方差和相关系数。

① 在 I5 单元格输入公式：=E5*F5*B5，并将公式复制到 I6:I8 单元格区域中，得到不同组合投资下的协方差分项。

② 在 C14 单元格输入公式：=SUM（I5:I8），得到两项投资收益率的协方差。

③ 在 C15 单元格输入公式：=C14/C11/D11，得到两项投资收益率的相关系数。

（6）计算组合投资收益率的方差和组合的标准差。

① 在 C17 单元格输入公式：=C13*C13*C10+D13*D13*D10+2*C13*D13*C14，得到组合投资收益率的方差。

② 在 C18 单元格输入公式：=SQRT（C17），得到组合投资收益率的标准差。

(7) 计算这个组合投资收益率的变化系数。

① 在 C19 单元格输入公式：=C18/C16，得到该组合投资收益率的变化系数。

② 输入完各单元格的公式后，可单击"公式"选项卡中的"显示公式"按钮，即可在单元格中显示公式，以检查各公式是否正确，如图 4-6 所示。

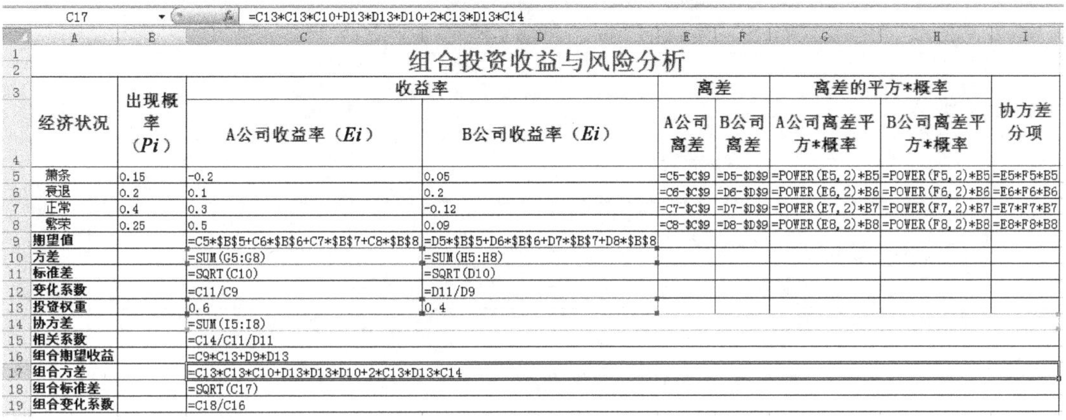

图 4-6　检查输入的公式

③ 再次单击"公式"选项卡中的"显示公式"按钮，即可在单元格中还原显示数值。

④ 调整 C13 和 D13 单元格里的投资权重系数，确保他们均大于等于 0，且两个数的和为 1。观察组合投资期望收益和组合投资收益率的变化系数的值的变化，比较不同组合投资下的收益率和风险系数。财务经理或企业管理者可据此做出合理的投资决策。

2. 各种经济情况发生概率相同的情况

【例 4-3】假设某投资公司有一笔资金准备投资两支股票，已知这两支股票 2015 年到 2018 年的收益率情况如表 4-3 所示。除表中所列数据以外，该公司的其他收益率组合情况的概率均为 0。如果该公司决定将 60%的资金投到 A 股票，将 40%的资金投到 B 股票，试建立模型分析该项投资的收益和风险。

表 4-3　投资方案数据

年份	A 公司收益率（E_{Ai}）	B 公司收益率（E_{Bi}）
2015	−20.00%	5.00%
2016	10.00%	20.00%
2017	30.00%	−12.00%
2018	50.00%	9.00%

下面按照如下步骤构建模型。

(1) 在 Excel 工作表中输入原始数据。

如图 4-7 所示，在 Excel 工作表中输入原始数据，并设置好各单元格的数据格式。这些数据包括如下部分：

● 表标题、表头和第 1 列的年份值和项目名；

- 投资 A 股票的收益率数据 C5:C8 单元格区域和投资 A 股票的权重 C9 单元格；
- 投资 B 股票的收益率数据 E5:E8 单元格区域和投资 B 股票的权重 E9 单元格。

	B	C	D	E	F
3	年份	投资股票A		投资股票B	
4		收益率 (Ei)	(收益率–预期收益率)²×概率	收益率(Ei)	(收益率–预期收益率)²×概率
5	2015	−20.00%	0.141	5.00%	0.000025
6	2016	10.00%	0.006	20.00%	0.021025
7	2017	30.00%	0.016	−12.00%	0.030625
8	2018	50.00%	0.106	9.00%	0.001225
9	投资比重	40.00%		60.00%	
10	期望值	17.50%		5.50%	
11	方差	0.066875		0.013225	
12	标准差	0.258602011		0.115	
13	变异系数	1.477725776		2.090909091	
14	协方差		−0.004875		
15	相关系数		−(−0.163924883		
16	组合的期望收益率		10.30%		
17	组合方差		0.013121		
18	投资组合标准差		0 0.114546934		
19	投资组合变化系数		1 1.112106152		
20					

图 4-7　股票组合投资比较模型

(2)计算两种投资各自的期望收益率。

① 在 C10 单元格输入公式：=AVERAGE(C5:C8)，得到投资 A 股票的期望收益率。

② 在 E10 单元格输入公式：=SUM(E5:E8)/4，得到投资 B 股票的期望收益率。

在此既可以像 C10 单元格一样采用 AVERAGE 函数，也可以像 E10 单元格一样采用 SUM 函数。不同的是如果采用 SUM 函数需要除以 4，表示每年的概率均为 0.25。

(3)计算两种投资的(收益率–期望收益率)²×概率。

① 在 D5 单元格输入公式：=POWER((C5-$C$10),2)，并将公式复制到 D6:D8 单元格区域。

② 在 F5 单元格输入公式：=POWER((E5-$E$10),2)，并将公式复制到 F6:F8 单元格区域。

(4)计算两种投资各自的收益率方差。

① 在 C11 单元格输入公式：=SUM(D5:D8)/4，得到投资 A 股票的收益率方差。

② 在 E11 单元格输入公式：=SUM(F5:F8)/4，得到投资 B 股票的收益率方差。

(5)计算两种投资各自的收益率标准差。

① 在 C12 单元格输入公式：=SQRT(C11)，得到投资 A 股票的收益率标准差。

② 在 E12 单元格输入公式：=SQRT(E11)，得到投资 B 股票的收益率标准差。

(6)计算两种投资的收益率协方差和相关系数。

① 计算两种投资的收益率协方差。

A. 选中单元格 C14，单击"公式"选项卡中的"插入函数"命令，显示"插入函数"对话框，在函数类别中选择"统计"，在"选择函数"列表中选择"COVAR"。

B. 在 COVAR 函数参数对话框中输入参数"Array1"和"Array2"的数据，如图 4-8 所示。

C. 单击"确定"按钮即可计算出两种投资的协方差。

另外，也可以直接在 C14 单元格中输入公式：=COVAR（C5:C8,E5:E8），得到两种投资的收益率协方差。

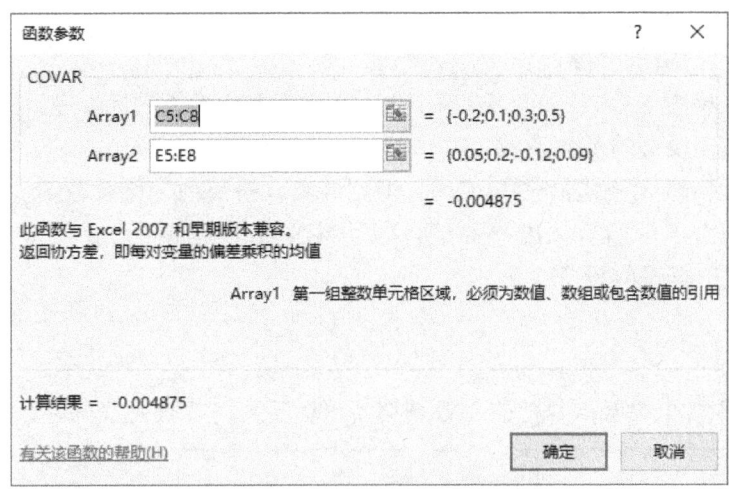

图 4-8　COVAR 函数参数对话框

② 计算两种投资的相关系数。

A．选中单元格 C15，单击"公式"选项卡中的"插入函数"命令，显示"插入函数"对话框，在函数类别中选择"统计"，在"选择函数"列表中选择相关系数函数"CORREL"。

B．在 CORREL 函数参数对话框中输入参数"Array1"和"Array2"的数据，如图 4-9 所示。

C．单击"确定"按钮即可计算出两种投资的相关系数。

另外，也可以直接在 C15 单元格中输入公式：=CORREL（C5:C8,E5:E8），得到两种投资的相关系数。

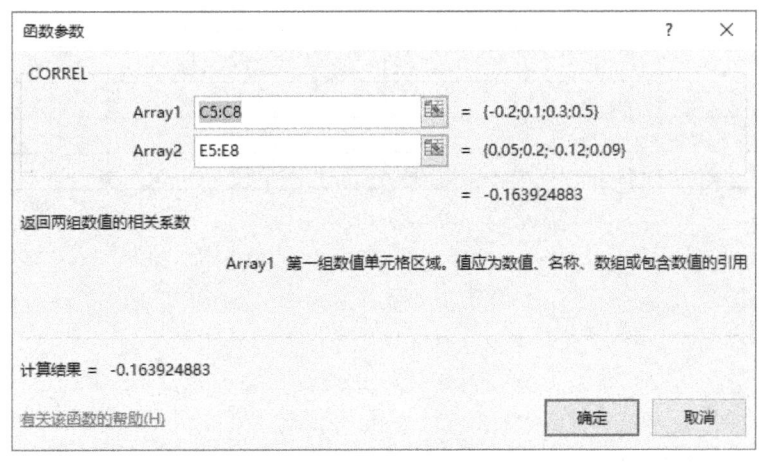

图 4-9　CORREL 函数参数对话框

（7）计算组合投资的期望收益率。

在 C16 单元格输入公式：=C10*C9+E10*E9，得到组合投资的期望收益率。

(8)计算组合投资的方差。

在 C17 单元格输入公式：=POWER(C9,2)*C11+2*C9*E9*C14+POWER(E9,2)*E11，得到该组合投资的方差。

(9)计算组合投资的标准差。

在 C18 单元格输入公式：=SQRT(C17)，得到该组合投资的标准差。

(10)计算组合投资的变化系数。

在 C19 单元格输入公式：=C18/C16，得到该组合投资的变化系数。

依据不同组合下的组合标准差或组合变化系数财务经理或企业管理者可判断不同风险大小，从而做出合理的投资决策。

实践练习题

1. 有 A、B 两个投资项目，投资额均为 1 000 万元，其收益及概率分布如下表所示。

经济状况	发生概率	预期报酬率(%)	
		A 项目	B 项目
繁荣	0.2	30	50
正常	0.6	25	25
衰退	0.2	20	0

要求：建立风险收益分析模型比较 A、B 两个方案的投资风险及风险价值。

2. 假设宏观经济有四种状况：萧条、衰退、正常、繁荣，每种状况出现的概率不同，投资公司有一笔资金准备投向手机软件开发和果品销售，其收益率如下表所示。表中所列的同一行的两种投资的收益率数据是在一定的经济状况下同时呈现的,不存在交叉的情况。也就是说除表中所列数据以外，两种投资的其他收益率组合的情况的概率为 0。试在 Excel 中建立风险分析模型，分析在不同投资比重时的组合收益和风险。

经济状况	发生概率	投资手机软件开发	投资果品销售
萧条	0.1	−30%	−10%
衰退	0.2	5%	15%
正常	0.6	20%	20%
繁荣	0.1	40%	30%

第 5 章
企业财务分析与评价

本章内容提要:

- 利用 Excel 进行财务分析的步骤
- 财务报表比较分析模型
- 财务指标分析模型
- 杜邦分析模型
- 利用雷达图构建经营决策分析模型

本章要重点掌握的 Excel 工具:

- "ActiveX 控件>命令"按钮
- "表单控件>文本框"命令
- "退出按钮"的 VBA 过程
- "Microsoft Query"命令
- "对齐方式"命令
- "冻结窗格"命令
- "组合"行或列命令
- 同一工作簿中工作表之间的链接
- 不同工作簿中工作表之间的链接
- "三维引用"命令
- "二维折线图"命令
- "数据刷新"命令
- "设置单元格格式"命令
- "雷达图"命令

本章介绍利用 Excel 进行企业财务分析的方法，以及利用 Excel 设计和建立财务分析模型的过程。因为财务分析的方法很多，所以可以构建的 Excel 财务分析模型也有多种。本章主要讲解财务报表比较分析模型、财务指标分析模型、杜邦分析模型和利用雷达图构建经营决策分析模型。在财务管理业务处理中，财务管理人员必须掌握这些财务分析模型的设计和建立方法，以便对企业经营成果和财务状况进行准确的分析。

5.1 财务分析业务概述

财务分析是企业的管理人员、投资人、债权人及国家财税等职能部门了解、评价一个企业的重要手段和方法，它为改进企业财务管理工作、帮助有关人员做出相关经济决策提供了重要的财务信息和依据，因此，财务分析无论对企业内部人员还是外部相关人员都是非常重要的。

5.1.1 财务分析业务场景

财务分析是以企业的财务报告等财务资料为依据，采用一定的标准，运用科学系统的方法，对企业财务状况和经营成果、财务信用和财务风险，以及财务总体情况和未来发展趋势等进行的分析与评价。

企业财务部门的财务分析业务包括报表比较分析、财务指标分析、财务综合评价分析、趋势分析和因素分析等主要场景。

1. 报表比较分析

比较分析是指通过主要项目或指标数值变化的对比，确定出差异，分析和判断企业经营及财务状况的一种方法。比较分析在财务分析中的运用极为广泛。按比较对象的不同，比较分析可以分为绝对数及绝对数增减变动比较分析、百分比增减变动分析和比重比较分析。报表比较分析是借助报表结构，对报表中的项目进行的比较分析。通常，报表比较分析通过编制比较报表、共同比报表等形式完成。

1) 绝对数及绝对数增减变动比较分析

绝对数比较分析是将各有关会计报表项目的数额与比较对象进行比较。绝对数比较分析一般通过编制比较财务报表进行，包括比较资产负债表和比较利润表。比较资产负债表是将两期或两期以上的资产负债表项目予以并列，以直接观察资产、负债及所有者权益每一项目增减变化的绝对数。比较利润表是将两期或两期以上的利润表各有关项目的绝对数予以并列，以直接分析利润表内每一项目的增减变化情况。

为了使比较更加明晰，一般在比较会计报表内增添绝对数字"增减金额"一栏，以便计算比较对象各有关项目之间的差额，帮助报表分析人员获得比较明确的增减变动数字。

2) 百分比增减变动分析

通过计算增减变动百分比，并列示于比较会计报表中，可以反映其不同年度增减变动的相关性，使会计报表使用者一目了然，有助于更好地了解分析企业的相关财务情况。

进行百分比增减变动分析时需要注意基数的影响：

(1) 如果基数金额为负，将出现变动百分比的符合与绝对增减金额的符合相反的结果；

(2) 如果基数金额为零，则不管实际金额是多少，变动百分比永远为无穷大；

(3) 如果基数金额太小，则绝对金额较小的变动可能会引起较大的变动百分比，容易引起误解。

通常的解决办法是：如果基数为负数，则取按公式计算出的变动百分比的相反数；若基数为零或太小，则放弃使用变动百分比分析法，只分析其绝对金额变动情况。

3) 比重比较分析

比重比较分析是将财务报表上的某关键项目的金额作为 100%，将其余项目分别换算为对该关键项目的百分比，以显示各项目的相对地位。这种仅有百分比而无金额的财务报表也称为共同比报表。

2. 财务指标分析

财务指标是企业总结和评价财务状况和经营成果的相对指标，它是利用指标间的相互关系，通过计算比率来考察、计量和评价企业经济活动效益的一种方法，也称比率分析。借助财务比率分析，可以有效地发现企业财务管理中的问题，同时使分析者准确、简单、快速地把握企业财务状况。财务指标分析在财务分析方法中的地位日趋重要，现在已经建立了完整的财务比率指标体系，财务比率运用的程序和方法也基本规范。

基于信息使用者的需要，财务分析中需要进行分析的财务比率指标一般包括偿债能力指标、营运能力指标、盈利能力指标、发展能力指标四大类。此外，对上市公司分析时还可以进行上市公司特有财务指标分析。

3. 财务综合评价分析

财务综合评价分析就是将偿债能力、营运能力、盈利能力和发展能力等诸方面的分析纳入一个有机整体中，全面地对企业经营状况、财务状况进行解剖和分析，从而对企业经济效益优劣做出评价和判断。目前上市公司财务综合评价分析的常用方法有：杜邦分析法、沃尔评分法、雷达图分析法等。进行财务综合评价分析主要遵循下面的程序：

(1) 正确选择财务指标；

(2) 确定财务指标的标准值；

(3) 计算财务指标个别得分；

(4) 确定财务指标权数；

(5) 计算综合财务得分；

(6) 进行综合财务评价。

4. 趋势分析

趋势分析是根据企业连续数期的财务报表，以第一期或另外选择某期为基期，计算每期各项目对基期同一项目的趋势百分比，或计算趋势比率及指数，形成一系列具有可比性的百分数或指数，以揭示出企业总体财务状况和经营成果或分项内容的发展趋势。趋势分析主要有以下三种运用方式。

1）重要财务指标的趋势

它是将不同时期财务报告中的相同指标或比率进行比较，直接观察其增减变动情况及变动幅度，考察其发展趋势，预测其发展前景。不同时期财务指标的比较有两种方法。

（1）定基动态比率。它是以某一时期的数额为固定的基期数额计算出来的动态比率。其计算公式为：

$$定基动态比率＝分析期数额÷固定基期数额$$

（2）环比动态比率。它是以每一分析期的前期数额为基期数额而计算出来的动态比率。其计算公式为：

$$环比动态比率＝分析期数额÷前期数额$$

2）会计报表的比较

它是将连续数期的会计报表的金额并列起来，比较其相同指标的增减变动金额和幅度，据以判断企业财务状况和经营成果的发展变化。

3）会计报表项目构成的比较

它是以会计报表中的某个总体指标作为 100%，再计算出其各组成项目占该总体指标的百分比，从而来比较各个项目百分比的增减变动，以此来判断有关财务活动的变化趋势。

5. 因素分析

因素分析是通过顺序变换影响某一经济指标的各个因素的数量来计算各个因素的变动对该经济指标总的影响程度的一种方法。因素分析法主要用于寻找问题的成因，为下一步有针对性地解决问题和进行企业内部考核提供依据。

5.1.2 利用 Excel 进行财务分析的步骤

财务分析是一项比较复杂的工作，应该按一定的程序进行。利用 Excel 进行财务分析时，应该遵循以下步骤。

1. 确定分析目标和分析范围

财务分析目标是整个财务分析的出发点，它决定着分析范围的大小、收集资料的详细程度、分析标准及分析方法的选择等整个财务分析过程。

分析者在明确分析目标的基础上，还要确立分析的范围做到有的放矢，同时还可以节约收集分析资料、选择分析方法等环节的成本，将有限的精力放在分析的重点上。

2. 收集、获取分析资料

收集分析资料是根据分析目标和分析范围，收集分析所需数据资料的过程。财务分析的资料主要是企业的财务报表和报表附注，除此以外还包括反映企业内部供产销各方面经济活动的资料及企业外部的宏观经济形势信息、行业情况信息、其他同类企业的经营状况等其他财务信息。

利用 Excel 进行财务分析时，所有的分析资料都要首先输入到分析模型中，因此如何获取数据便成了分析的关键问题。图 5-1 是在 Excel 中进行财务分析时获取数据的模型。

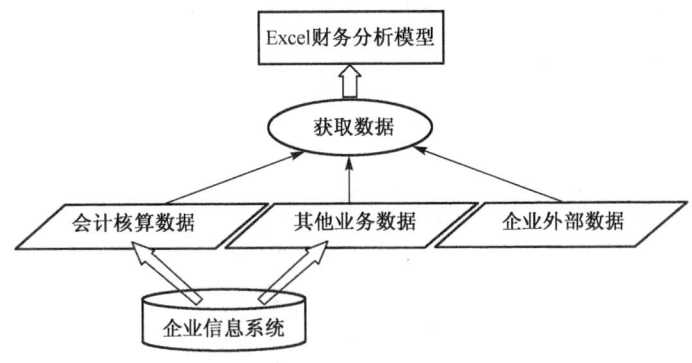

图 5-1　财务分析数据获取模型

（1）如果企业没有建立信息系统，即会计核算和其他业务都是手工处理，则数据的获取可以通过人工输入的方式，将需要的数据输入到财务分析模型中。

（2）如果企业已经建立了信息系统，其会计核算或其他业务数据存储在信息系统的一定数据库文件中，则数据可以通过一定的方法从数据库中直接调用获取。在 Excel 中调用外部数据库数据的方法主要包括三类。

- 利用 Microsoft Query 访问外部数据库。可访问的数据库包括 SQL Server 数据库、Microsoft Access 数据库、dBASE 数据库、Microsoft FoxPro 数据库、Oracle 数据库、Paradox 数据库、文本文件数据库等多种数据库中的数据文件。
- 使用 Microsoft Visual Basic 中的 DAO 检索 Microsoft Exchange 或 Lotus 1-2-3 数据源中的数据。
- 使用其他制造商的 ODBC（Open Data Base Connectivity）驱动程序或数据源驱动程序获取其他类型数据库中的信息等。

有关获取数据的具体方法可以参阅本章的 5.1.4。

（3）企业外部数据如果能够通过网络获得，则数据获取方法与企业内部数据获取方法相同；如果不能通过网络获得，则可以通过人工输入的方式输入到财务分析模型中。

3. 选择分析方法并建立相应的分析模型

财务分析中常用的分析方法有比率分析法、趋势分析法等。进行财务分析时可以将这些方法结合使用。局部的分析，可以选择其中的某一种方法，全面的财务分析则可综合运用各种方法，进行客观、全面的评价。

分析方法选定后，就要把这些方法在 Excel 中建立起相应的分析模型。模型一旦设置完成，以后再进行有关分析时，则只需要改变原始分析数据，而无须改变分析模型。

4. 确定分析标准并做出分析结论

财务分析计算完成后，为了得出分析结论，必须将企业的真正财务状况和经营业绩与一定的分析标准相比较，进行判断。因而需要选择分析标准并将其输入到分析模型中。

5.1.3 Excel 财务分析主界面的制作

为了使分析人员能够简单、迅速地进入相应的财务分析模型进行分析工作，并对所有分析模型进行统一管理，可以建立财务分析模型主界面，如图 5-2 所示。通过主界面上的命令按钮快速进入有关的分析模型。

图 5-2　财务分析模型主界面

1. 利用窗体控件制作主界面

(1) 新建一个 Excel 工作簿文件，文件名称为"财务分析"。

(2) 把工作表 Sheet1 作为主界面，将其更名为"主界面"。根据财务分析模型的多少，插入相同数量的工作表，并对这些工作表进行重命名，如将 sheet2 重命名为"公司简介"，将 sheet3 重命名为"资产负债表"等，如图 5-2 的工作表名称栏所示。

在主界面工作表单击 Excel 主菜单的"开发工具"选项卡，并单击"插入"按钮，常用的表单控件和 ActiveX 控件将显示在工具栏中，如图 5-3 所示。

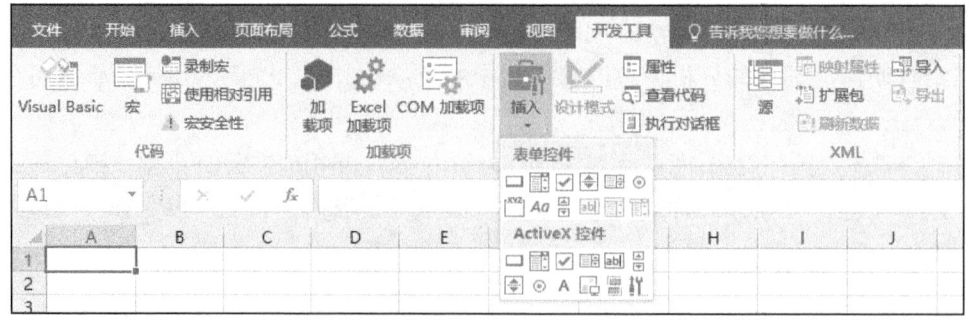

图 5-3　表单控件工具箱

（3）单击"ActiveX 控件"按钮⬜，移动鼠标指针到工作表的某个位置，按住鼠标左键向右下方拉动，松开鼠标键则创建一个命令按钮 CommandButton1，并进入"设计模式"，如图 5-4 所示。右键单击该按钮，选择"命令按钮对象"的"编辑"功能，把按钮上的文字"CommandButton1"改为"公司简介"。

说明：在创建命令按钮时，系统将根据该命令按钮建立的顺序自动进行命名，如第一个按钮为 CommandButton1、第二个按钮为 CommandButton2 等。另外，单击"开发工具"选项卡里的"设计模式"按钮可以启用或取消"设计模式"。

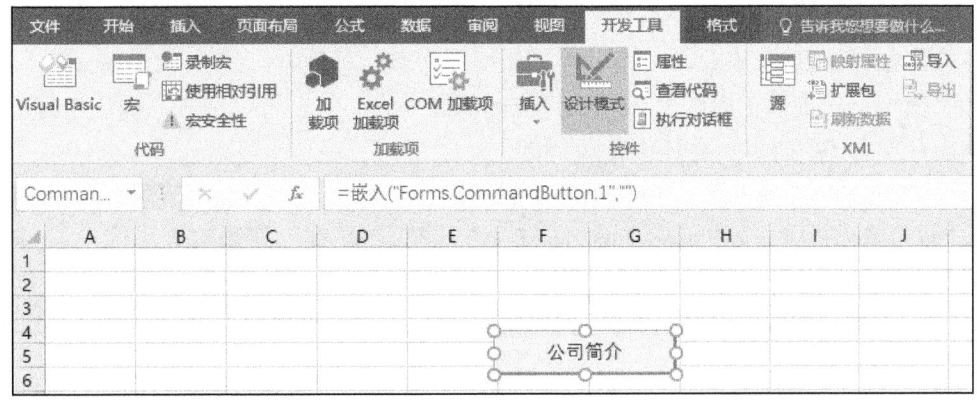

图 5-4　创建命令按钮

（4）在"设计模式"下，右键单击刚创建的按钮，执行"查看代码"功能，系统进入 Visual Basic 设计状态，如图 5-5 所示。在 Sheet1 的代码窗口中输入下列 VBA 过程：

Private Sub CommandButton1_Click()
Sheet2.Activate
End Sub

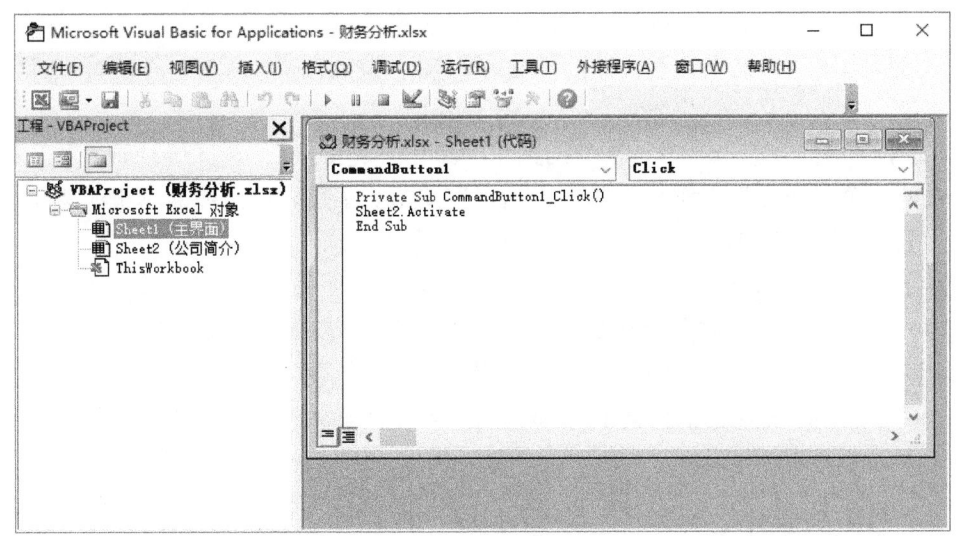

图 5-5　Visual Basic 设计状态

(5)保存并返回主界面工作表，公司简介的功能按钮就设置完成了。依照此法可以建立如图 5-2 所示的其他模型按钮。

(6)创建一个"退出"按钮，其 VBA 过程如下：

```
Private Sub CommandButton6_Click()
ThisWorkbook.Close
End Sub
```

2. 编辑主界面

主界面的命令按钮设置完成后，为了使其更直观、美观，可以对其进行编辑。

1)增加主界面名称

为了使用户一进入主界面就对该工作簿的功能一目了然，可以在主界面中增加一个名称文本框，如图 5-2 所示。具体操作步骤如下：

(1)单击"插入"选项卡，再单击"形状"按钮，选择"文本框"按钮 ▣。

(2)移动鼠标指针，按住鼠标左键，向右下方拉动鼠标，在工作表的适当位置(如 B2:J4)画出需要大小的文本框。

(3)在文本框内输入"恒昌公司　财务数据汇总及分析(2016 年—2018 年)"，如图 5-6 所示。

图 5-6　插入文本框

(4)选中文本框内的文字，单击工具栏中的"字体颜色"按钮▲·，选择并设置字体颜色；单击"加粗"按钮 **B**、"倾斜"按钮 *I*，使字体加粗、倾斜；设置适当的字号并加上底色。也可以选中文本框，单击右键，利用"字体""设置文字效果格式"等命令按照需要编辑文本框中的文字直到效果满意。

(5)选中文本框并单击右键，在弹出菜单中单击"超链接"，选择链接到"本文档中的位置"中的"公司简介"工作表，单击"确定"按钮。于是，单击该文本框时系统会自动跳转至"公司简介"工作表。

2)增加公司 LOGO(标志)

(1)将公司 LOGO 或要插入的图片以图像的格式保存在指定的文件夹里。

(2)单击"插入"选项卡下的"图片"按钮，在指定的文件夹内查找文件类型为"图片"的文件，选中事先保存的公司 LOGO 图片，单击"插入"命令，于是主界面有了公司 LOGO 图案，变得更为生动。

3. 主界面的操作

(1)打开"财务分析"工作簿。

(2)系统将显示如图 5-2 所示的财务分析模型主界面。

(3)单击各功能按钮，系统将进入相应的分析模型。如单击"财务指标分析"按钮，系统将进入财务指标分析界面，然后按照分析人员的操作进行相关财务比率指标的分析。

下面三节将详细讲解比较报表分析模型、财务指标分析模型、杜邦分析模型的建立方法。

5.1.4 用 Microsoft Query 获取分析数据

不管采用什么模型进行财务分析，也不管是进行单项分析还是综合分析，获取分析数据都是分析的基础。由于绝大部分会计核算和其他业务数据都存储在一定的数据库中，因此，如何从数据库中获取分析需要的数据是财务分析的重要环节。Excel 提供了多种从数据库中获取数据的方法，利用 Microsoft Query 从外部数据库获取数据是其中的重要方法之一。

Microsoft Query 是一种将外部数据源中的数据导入 Excel 的程序。使用 Microsoft Query 可以直接检索企业数据库和文件中的数据，而不必在 Excel 中重新输入这些数据。当源数据库更新数据时，在 Excel 中建立的分析报表和汇总数据可以自动更新。

假设已有 MS Access 数据库"财务系统.mdb"，包含"利润表""现金流量表"和"资产负债表"等数据表，下面介绍通过 Microsoft Query 向 Excel 导入 MS Access 数据库的步骤。

1. 启动 Microsoft Query，选择数据源并连接数据库

(1)新建一个空白的工作表，并修改工作表名为"资产负债表"。

(2)单击"数据"选项卡，再单击"获取数据"按钮，从显示的列表中选择"自其他源"，再从显示的列表中选择"自 Microsoft Query"，即启动 Microsoft Query，并显示"选择数据源"对话框，如图 5-7 所示。

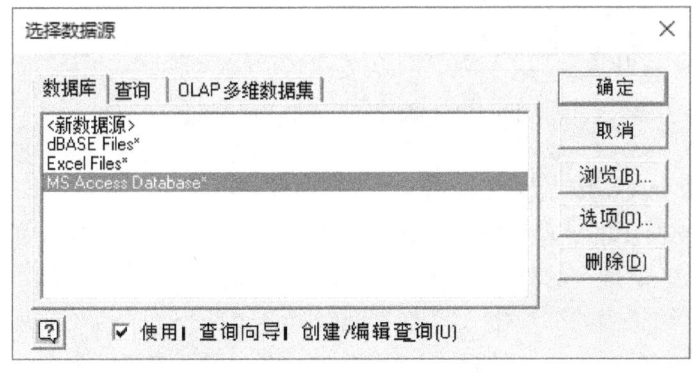

图 5-7 "选择数据源"对话框

(3)单击"数据库"选项卡，选择数据源类型为"MS Access Database"，并选中"使用|查询向导|创建/编辑查询"，单击"确定"按钮，显示"选择数据库"对话框，如图 5-8 所示。

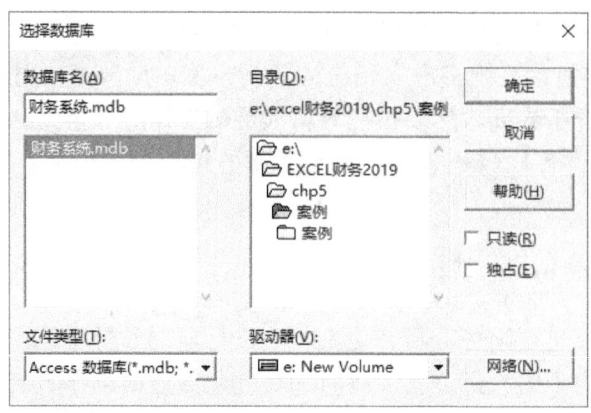

图 5-8　"选择数据库"对话框

(4)在"驱动器"处选择数据库所在的磁盘，在"目录"处浏览并选择数据库所在的存储路径，在"数据库名"处选择数据库文件"财务系统.mdb"，单击"确定"按钮，即与该数据库建立了数据连接，同时启动"查询向导-选择列"，数据库"财务系统.mdb"所包含的表便显示在"可用的表和列"处，如图 5-9 所示。

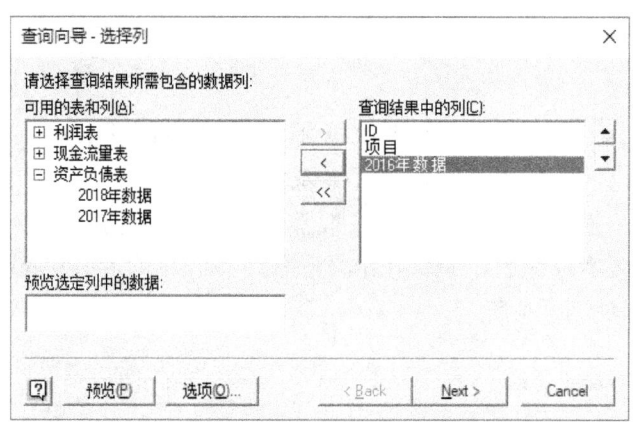

图 5-9　"查询向导—选择列"对话框

2. 使用"查询向导"筛选财务分析所需的数据

(1)在如图 5-9 所示的"查询向导—选择列"对话框中，单击"资产负债表"左侧的加号按钮，可列出该表所包含的列。选择一个列名，再单击 > 按钮，即可将该列名移到对话框右边的"查询结果中的列"中。重复此操作，将"资产负债表"中所有的列名都移到右边的"查询结果中的列"中。注意，如果不小心移动了不需要的列名，可选择该列名，并单击 < 按钮将其恢复到对话框左边的列表中。

(2)选择好列名后，单击"Next"按钮显示"查询向导—筛选数据"对话框，如图 5-10所示。在"待筛选的列"中选择列名，在"只包含满足下列条件的行"中可以设定查询条件对数据库的记录进行筛选。由于要求获取"资产负债表"的所有记录，所以这一步不指定筛选条件。

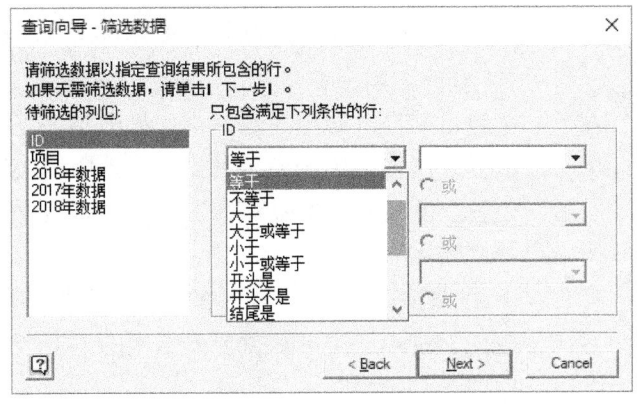

图 5-10 "查询向导—筛选数据"对话框

（3）单击"Next"按钮显示"查询向导—排序顺序"对话框，如图 5-11 所示。选择"主要关键字"为"ID"，并选中右侧的"升序"。

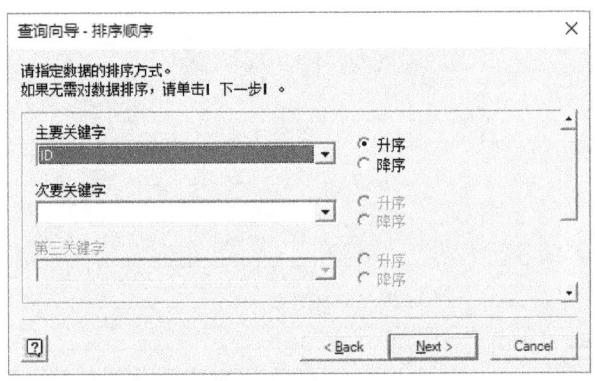

图 5-11 "查询向导—排序顺序"对话框

（4）单击"Next"按钮显示"查询向导—完成"对话框，如图 5-12 所示。选择"将数据返回 Microsoft Excel"，单击"Finish"按钮，完成对数据库中符合指定条件的数据的筛选。

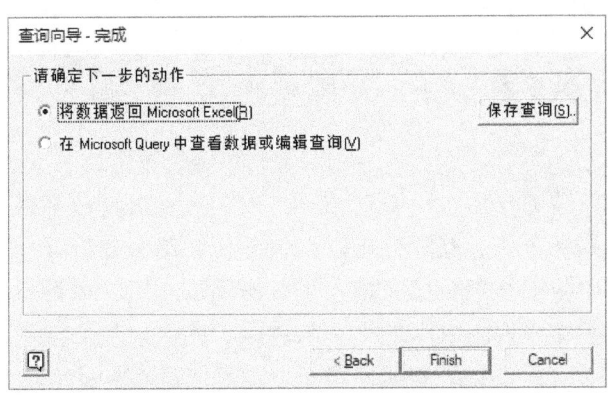

图 5-12 "查询向导—完成"对话框

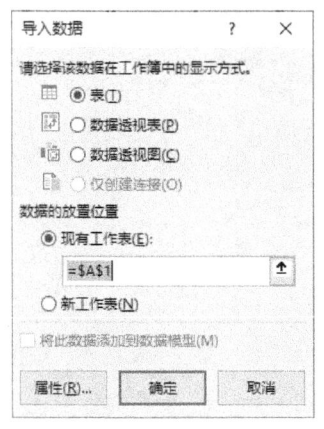

图 5-13 "导入数据"对话框

3. 将财务分析所需的数据导入 Excel 中

(1)在如图 5-12 所示的对话框中，单击"Finish"按钮后，会显示"导入数据"对话框，如图 5-13 所示。在"请选择该数据在工作簿中的显示方式"中选中"表"，在"数据的放置位置"中选中"现有工作表"，并指定数据存放的起始单元格，如"=$A$1"。

(2)在如图 5-13 所示的"导入数据"对话框中单击"确定"按钮，将筛选出的数据导入指定的"资产负债表"工作表中，如图 5-14 所示。

重复上面利用 Microsoft Query 从外部数据库获取数据的步骤，将数据库"财务系统.mdb"中的"利润表"和"现金流量表"也导入 Excel 中。

ID	科目	2016 年数据	2017 年数据	2018 年数据
				单位: 元
1	货币资金	10098119515.96	12888270252.98	16283769901.77
2	交易性金融资产			
3	应收票据	7060548322.64	7939389122.39	11004078056.44
4	应收账款	2141519625.34	3081828050.72	4196720339.90
5	预付款项	555731068.86	1075227290.22	719010128.47
6	其他应收款	101887941.42	256469777.45	267414308.11
7	应收关联公司款			
8	应收利息	43624935.98	72517490.96	59117038.94
9	应收股利	12665919.76	3274215.51	
10	存货	3557067650.22	5969111117.43	7098645195.69
11	其中:消耗性生物资产			
12	一年内到期的非流动资产			
13	其他流动资产		47911863.07	70932442.51
14	流动资产合计	23571164980.18	31333999180.73	39699687411.83
15	可供出售金融资产	13561534.73	9297639.72	10022434.32
16	持有至到期投资			
17	长期应收款			
18	长期股权投资	1078317683.37	1700888490.75	2201823654.12
19	投资性房地产	20800129.00	64949188.37	54303757.31
20	固定资产	3172289232.83	4536601196.26	5282765216.81
21	在建工程	644716619.29	944671593.56	1063821471.16
22	工程物资			
23	固定资产清理			
24	生产性生物资产			
25	油气资产			
26	无形资产	363255177.23	532311421.95	564593266.71

资产负债表

主界面 | 公司简介 | 资产负债表 | 利润表 | 现金流量表 | 比较资产负债表 | 比较利润表 | 比较现金流量表

图 5-14 资产负债表的部分数据

在从外部数据库获取数据后，可以在 Excel 中对数据进行数字格式设置、汇总计算，在此基础上可以进行指标分析、趋势分析、比较分析、综合分析等分析处理，创建相应的分析报表。在 Excel 中依据外部数据库建立了分析模型之后，如果外部数据库有更新，可以在 Excel 中单击"数据"选项卡中的"全部刷新"按钮对相应工作表中的分析数据进行自动更新。这样就不必再次重复上面的连接数据库导入数据和建立分析模型的操作，可以省去大量的重复劳动。

5.2　Excel 财务报表比较分析

为了充分挖掘财务报表中蕴含的财务信息，需要对每张财务报表进行深入分析。分析时，要利用报表中各数据项之间的钩稽关系、逻辑关系和不同时期同一项目的对比关系，联系其他会计报表的相关数据进行总额分析，了解企业相关财务状况的变化情况。以利润表为例，可以通过对收入指标的对比分析，看本年与去年同期销售水平的变化：本年–去年同期，差额为绝对值指标，表明增(减)量的变化；(本年–去年同期)/去年同期，结果为相对值指标，表明增(减)幅度的变化。因此，需要建立财务报表比较分析模型。

5.2.1　财务报表比较分析内容

一般财务报表比较分析模型中包含的比较财务报表主要有比较资产负债表、比较利润表和比较现金流量表。本章将以比较资产负债表、比较利润表为例，讲解财务报表比较分析模型的建立。

【例 5-1】恒昌公司 2016 年、2017 年、2018 年三年的资产负债表和利润表已经从公司的会计数据库引入 Excel 财务分析文件里的"资产负债表"和"利润表"两个工作表中，如表 5-1 和表 5-2 所示。

表 5-1　资产负债表

ID	科目	2016 年	2017 年	2018 年
1	货币资金	10 098 119 515.96	12 888 270 252.98	16 283 769 901.77
2	交易性金融资产			
3	应收票据	7 060 548 322.64	7 939 389 122.39	11 004 078 056.44
4	应收账款	2 141 519 625.34	3 081 828 050.72	4 196 720 339.90
5	预付款项	555 731 068.86	1 075 227 290.22	719 010 128.47
6	其他应收款	101 887 941.42	256 469 777.45	267 414 308.11
7	应收关联公司款			
8	应收利息	43 624 935.98	72 517 490.96	59 117 038.94
9	应收股利	12 665 919.76	3 274 215.51	
10	存货	3 557 067 650.22	5 969 111 117.43	7 098 645 195.69
11	其中：消耗性生物资产			
12	一年内到期的非流动资产			
13	其他流动资产		47 911 863.07	70 932 442.51
14	**流动资产合计**	**23 571 164 980.18**	**31 333 999 180.73**	**39 699 687 411.83**
15	可供出售金融资产	13 561 534.73	9 297 639.72	10 022 434.32
16	持有至到期投资			
17	长期应收款			
18	长期股权投资	1 078 317 683.37	1 700 888 490.75	2 201 823 654.12

ID	科目	2016 年	2017 年	2018 年
19	投资性房地产	20 800 129.00	64 949 188.37	54 303 757.31
20	固定资产	3 172 289 232.83	4 536 601 196.26	5 282 765 216.81
21	在建工程	644 716 619.29	944 671 593.56	1 063 821 471.16
22	工程物资			
23	固定资产清理			
24	生产性生物资产			
25	油气资产			
26	无形资产	363 255 177.23	532 311 421.95	564 593 266.71
27	开发支出			
28	商誉			
29	长期待摊费用	391 366.02	11 640 106.64	76 839 238.22
30	递延所得税资产	402 659 469.00	589 125 265.53	734 460 245.94
31	其他非流动资产			
32	非流动资产合计	5 695 991 211.47	8 389 484 902.78	9 988 629 284.59
33	**资产总计**	**29 267 156 191.65**	**39 723 484 083.51**	**49 688 316 696.42**
34	短期借款	861 136 338.00	1 143 766 000.00	1 097 959 250.00
35	交易性金融负债			
36	应付票据	4 437 085 684.49	6 829 723 541.55	7 961 103 013.96
37	应付账款	6 399 534 654.84	10 090 494 599.78	13 117 026 894.48
38	预收款项	1 912 291 687.15	2 210 145 368.45	2 499 991 333.26
39	应付职工薪酬	639 174 709.92	1 023 319 058.17	1 199 693 897.64
40	应交税费	819 299 792.15	667 630 951.28	972 602 643.49
41	应付利息	16 935 042.08	8 803 031.87	7 487 285.61
42	应付股利	352 825 594.69	576 509 357.63	46 036 246.03
43	其他应付款	3 235 064 909.43	3 357 266 556.60	4 439 336 542.54
44	应付关联公司款			
45	一年内到期的非流动负债		25 000 000.00	
46	其他流动负债			
47	**流动负债合计**	**18 673 348 412.75**	**25 932 658 465.33**	**31 341 237 107.01**
48	长期借款			59 536 790.97
49	应付债券		669 849 052.60	699 642 611.95
50	长期应付款			
51	专项应付款			
52	预计负债	1 011 188 840.23	1 492 322 768.63	2 054 834 062.02
53	递延所得税负债	10 097 068.29	9 483 629.36	12 987 400.31
54	其他非流动负债	83 734 439.31	80 221 424.77	93 939 712.67
55	非流动负债合计	1 105 020 347.83	2 251 876 875.36	2 920 940 577.92
56	**负债合计**	**19 778 368 760.58**	**28 184 535 340.69**	**34 262 177 684.93**
57	实收资本 (或股本)	1 339 961 770.00	2 685 127 540.00	2 685 127 540.00

ID	科目	2016 年	2017 年	2018 年
58	资本公积	1 780 902 468.97	271 275 201.97	426 721 414.68
59	盈余公积	1 461 577 982.87	1 667 412 210.58	1 727 375 073.05
60	减：库存股			
61	未分配利润	2 429 017 390.24	3 695 505 793.52	6 270 265 162.62
62	少数股东权益	2 468 862 188.21	3 201 259 833.85	4 297 592 524.00
63	外币报表折算价差	8 465 630.78	18 368 162.90	19 057 297.14
64	非正常经营项目收益调整			
65	所有者权益合计	9 488 787 431.07	11 538 948 742.82	15 426 139 011.49
66	负债和所有者合计	29 267 156 191.65	39 723 484 083.51	49 688 316 696.42

表 5-2　利润表

ID	科目	2016 年	2017 年	2018 年
1	一、营业收入	60 588 248 129.75	73 662 501 627.24	79 856 597 810.97
2	减：营业成本	46 420 009 145.90	56 263 081 343.94	59 703 870 817.98
3	营业税金及附加	160 226 116.51	331 881 010.10	429 872 234.17
4	销售费用	7 815 461 209.67	9 099 342 578.93	9 628 798 167.66
5	管理费用	3 416 664 435.09	4 053 202 612.90	5 188 995 999.97
6	勘探费用			
7	财务费用	6 658 266.14	115 380 434.91	−22 147 108.29
8	资产减值损失	46 350 410.47	157 570 433.07	199 880 785.72
9	加：公允价值变动净收益			
10	投资收益	263 666 041.69	420 764 850.88	542 586 538.35
11	其中：对联营企业和合营企业的投资权益			
12	影响营业利润的其他科目			
13	二、营业利润	2 986 544 587.66	4 062 808 064.27	5 269 913 452.11
14	加：补贴收入			
15	营业外收入	737 470 704.78	369 722 503.94	197 365 194.82
16	减：营业外支出	11 708 789.80	18 988 725.84	39 010 123.54
17	其中：非流动资产处置净损失	3 892 986.26	4 633 281.56	
18	加：影响利润总额的其他科目			
19	三、利润总额	3 712 306 502.64	4 413 541 842.37	5 428 268 523.39
20	减：所得税	888 022 311.38	765 879 164.87	1 067 657 942.46
21	加：影响净利润的其他科目			
22	四、净利润	2 824 284 191.26	3647662677.50	4 360 610 580.93
23	归属于母公司所有者的净利润	2 034 594 665.84	2690022207.41	3 269 459 401.22
24	少数股东损益	789 689 525.42	957640470.09	1 091 151 179.71

其中"资产负债表"放置在"资产负债表"工作表的 A1:E67 单元格区域;"利润表"放置在"利润表"工作表的 A1:E25 单元格区域。

要求:建立比较资产负债表模型和比较利润表模型对该公司的相关财务状况和经营成果进行总量分析。

5.2.2 财务报表比较分析模型

1. 比较资产负债表模型

基于【例 5-1】的已知资料和要求,可以建立比较资产负债表模型。由于比较资产负债表模型较大,无法在一屏全部显示,文中只给出了该模型的上半部分和最后结论部分的建立过程,如图 5-14、图 5-15 所示。中间部分与上部分方法相同,本处略。

1)模型头的建立

(1)合并单元格区域 A1:J1,并选择合并后居中;在合并的单元格里输入"比较资产负债表",为其设置适当的字体、字号,并为该区域加上底色。

(2)合并单元格区域 A2:A3,输入"项目"。

(3)合并单元格区域 B2:C2,输入"2017 比 2016 金额比较"。

(4)合并单元格区域 D2:E2,输入"2018 比 2016 金额比较"。

(5)合并单元格区域 F2:J2,输入"比重比较"。

(6)在单元格 B3、D3 分别输入"增减金额";在单元格 C3、E3 分别输入"增减(%)"。

(7)在单元格 F3、G3、H3 分别输入"2016 年""2017 年""2018 年";在单元格 I3、J3 分别输入"2018 比 2016""2017 比 2016"。

| 项目 | 2017比2016金额比较 | | 2018比2016金额比较 | | 比重比较 | | | | |
	增减金额	增减(%)	增减金额	增减(%)	2016年	2017年	2018年	2018比2016	2017比2016
货币资金	2790150737	27.63%	6185650386	61.26%	34.50%	32.44%	32.77%	-1.73%	-2.06%
交易性金融资产	0	#DIV/0!	0	#DIV/0!	0.00%	0.00%	0.00%	0.00%	0.00%
应收票据	878840799.8	12.45%	3943529734	55.85%	24.12%	19.99%	22.15%	-1.98%	-4.14%
应收账款	940308425.4	43.91%	2055200715	95.97%	7.32%	7.76%	8.45%	1.13%	0.44%
预付款项	519496221.4	93.48%	163279059.6	29.38%	1.90%	2.71%	1.45%	-0.45%	0.81%
其他应收款	154581836	151.76%	165526366.7	162.46%	0.35%	0.65%	0.54%	0.19%	0.30%
应收关联公司款	0	#DIV/0!	0	#DIV/0!	0.00%	0.00%	0.00%	0.00%	0.00%
应收利息	28892554.98	66.23%	15492102.96	35.51%	0.15%	0.18%	0.12%	-0.03%	0.03%
应收股利	-9391704.25	-74.15%	-12665919.76	-100.00%	0.04%	0.01%	0.00%	-0.04%	-0.04%
存货	2412043467	67.81%	3541577545	99.56%	12.15%	15.03%	14.29%	2.13%	2.87%
其中:消耗性生物资产	0	#DIV/0!	0	#DIV/0!	0.00%	0.00%	0.00%	0.00%	0.00%
一年内到期的非流动资产	0	#DIV/0!	0	#DIV/0!	0.00%	0.00%	0.00%	0.00%	0.00%
其他流动资产	47911863.07	#DIV/0!	70932442.51	#DIV/0!	0.00%	0.12%	0.14%	0.14%	0.12%
流动资产合计	7762834201	32.93%	16128522431.6	68.42%	80.54%	78.88%	79.90%	-0.64%	-1.66%
可供出售金融资产	-4263895.01	-31.44%	-3539100.41	-26.10%	0.05%	0.03%	0.01%	-0.04%	-0.01%
持有至到期投资	0	#DIV/0!	0.00	#DIV/0!	0.00%	0.00%	0.00%	0.00%	0.00%
长期应收款	0	#DIV/0!	0.00	#DIV/0!	0.00%	0.00%	0.00%	0.00%	0.00%
长期股权投资	622570807.41	57.74%	1123505970.75	104.19%	3.68%	4.28%	4.43%	0.75%	0.60%
投资性房地产	44149059.37	212.25%	33503628.31	161.07%	0.07%	0.16%	0.11%	0.04%	0.09%
固定资产	1364311963	43.01%	2110475983.98	66.53%	10.84%	11.42%	10.63%	-0.21%	0.58%
在建工程	299954974.3	46.53%	419104851.87	65.01%	2.20%	2.38%	2.14%	-0.06%	0.18%
工程物资	0	#DIV/0!	0	#DIV/0!	0.00%	0.00%	0.00%	0.00%	0.00%
固定资产清理	0	#DIV/0!	0.00	#DIV/0!	0.00%	0.00%	0.00%	0.00%	0.00%
生产性生物资产	0	#DIV/0!	0.00	#DIV/0!	0.00%	0.00%	0.00%	0.00%	0.00%

图 5-14　比较资产负债表模型的上部分

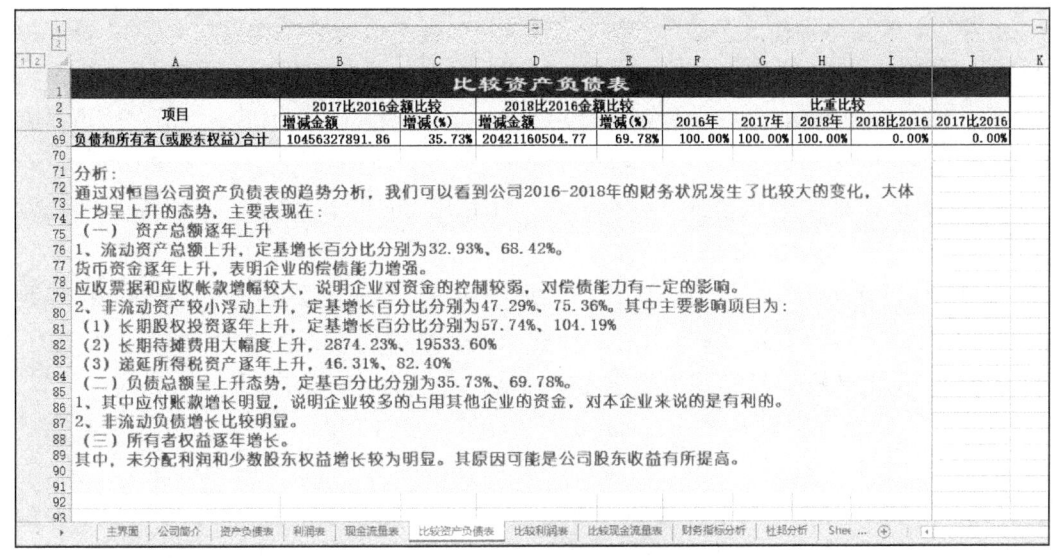

项目	2017比2016金额比较		2018比2016金额比较		比重比较				
	增减金额	增减(%)	增减金额	增减(%)	2016年	2017年	2018年	2018比2016	2017比2016
负债和所有者(或股东权益)合计	10456327891.86	35.73%	20421160504.77	69.78%	100.00%	100.00%	100.00%	0.00%	0.00%

分析:
通过对恒昌公司资产负债表的趋势分析,我们可以看到公司2016-2018年的财务状况发生了比较大的变化,大体上均呈上升的态势,主要表现在:
(一) 资产总额逐年上升
1、流动资产总额上升,定基增长百分比分别为32.93%、68.42%。
货币资金逐年上升,表明企业的偿债能力增强。
应收票据和应收账款增幅较大,说明企业对资金的控制较弱,对偿债能力有一定的影响。
2、非流动资产较小浮动上升,定基增长百分比分别为47.29%、75.36%。其中主要影响项目为:
(1) 长期股权投资逐年上升,定基增长百分比分别为57.74%、104.19%。
(2) 长期待摊费用大幅度上升,2874.23%、19533.60%。
(3) 递延所得税资产逐年上升,46.31%、82.40%。
(二) 负债总额呈上升态势,定基百分比分别为35.73%、69.78%。
1、其中应付账款增长明显,说明企业较多的占用其他企业的资金,对本企业来说是有利的。
2、非流动负债增长比较明显。
(三) 所有者权益逐年增长。
其中,未分配利润和少数股东权益增长较为明显。其原因可能是公司股东收益有所提高。

图 5-15　比较资产负债表模型的结论部分

2) 模型中数据的计算

为了做到数出一门,保证所有资产负债表的原始数据都来源于"资产负债表"工作表,以便建立的比较资产负债表模型中的数据随着会计系统中报表数据的更新能够自动更新,在建立比较资产负债表时要采用单元格调用的方式。本模型以 2016 年的数据为基期,采用同比的比较方法进行分析。下面以"货币资金"项目为例介绍如何建立该模型的数据表部分。

(1) 选择 A4 单元格,输入公式"=资产负债表!B2",于是 A4 单元格中将显示"货币资金"。

(2) 单击 A4 单元格,将鼠标移到该单元格右下角,出现十字形状时,按住鼠标左键向下拖拽,直到出现"负债和所有者(或股东权益)合计"项目,则所有的资产负债表项目都被调用到了"比较资产负债表"工作表的"项目"栏里。

(3) 选择 B4 单元格,输入公式"=资产负债表!D2−资产负债表!C2",于是 B4 单元格中将显示货币资金 2017 年减去 2016 年的计算结果。

(4) 单击 B4 单元格,将鼠标移到该单元格右下角,出现十字形状时,按住鼠标左键向下拖拽复制计算公式,直到 B69 单元格,则所有项目 2017 年减去 2016 年后的计算结果将被显示出来。

(5) 选择 C4 单元格,输入公式"=B4/资产负债表!C2",于是 C4 单元格中将显示货币资金 2017 年比 2016 年增减的百分比值。

(6) 单击 C4 单元格,将鼠标移到该单元格右下角,出现十字形状时,按住鼠标左键向下拖拽复制计算公式,直到 C69 单元格,则所有项目 2017 年比 2016 年增减的百分比的公式都被复制到了相应的单元格,计算结果都将被显示出来。

(7) 按照 (3) 到 (6) 的步骤和方法,分别计算 D4:D69、E4:E69 单元格区域,即计算出 2018 年比 2016 年增减金额和增减百分比。

（8）在 F4 单元格中输入公式"=资产负债表!C2/资产负债表!$C$34"，在 G4 单元格中输入公式"=资产负债表!D2/资产负债表!$D$34"，在 H4 单元格中输入公式"=资产负债表!E2/资产负债表!$E$34"，则会分别计算出 2016 年、2017 年、2018 年货币资金占全部资产的比重。

（9）在 I4 单元格中输入公式"=H4-F4"，计算出 2018 年比 2016 年货币资金比重增减幅度。

（10）单击 I4 单元格，将鼠标移到该单元格右下角，出现十字形状时，按住鼠标左键向下拖曳复制计算公式，直到 I69 单元格，于是资产负债表所有其他项目 2018 年比 2016 年比重的增减幅度公式都被复制到了相应的单元格，并显示计算结果。

（11）在 J4 单元格中输入公式"=G4-F4"，计算出 2017 年比 2016 年货币资金比重增减幅度。

（12）单击 J4 单元格，将鼠标移到该单元格右下角，出现十字形状时，按住鼠标左键向下拖曳复制计算公式，直到 J69 单元格，于是资产负债表所有其他项目 2017 年比 2016 年比重的增减幅度公式都被复制到了相应的单元格，并显示计算结果。

3）模型中结论的输入

（1）合并单元格区域 A71:I90。

（2）单击该区域，然后单击工具栏中的"对齐方式"命令按钮，出现"设置单元格格式"对话框。在"文本对齐方式"中将水平对齐设置为"常规"，将垂直对齐设置为"居中"；在"文本控制"中选择"自动换行"和"合并单元格"；并根据需要在"填充"选项卡下设置底色，在"边框"选项卡下设置边框。

（3）对模型数据部分计算的结果进行分析，给出结论，并输入 A71:I90 单元格区域中，如图 5-15 所示。于是比较资产负债表模型构建完成。

4）模型中数据分组的设置

（1）冻结标题行和项目列。

因为比较资产负债表具有大量单元格，很长也很宽。当向下或向右滚动时，行和列的标签不再可见，因此很难知道正在查看的是什么数据。通过使用 Excel 的"冻结窗格"命令，可以确保在向下或向右滚动时特定的行和列依然可见。例如，在比较资产负债表模型中，如果希望模型头的第 1—3 行和项目列的第 A 列可见，其操作方法如下：

① 单击 B4 单元格；

② 单击"视图>冻结窗格>冻结拆分窗格"命令，则系统将冻结第 1—3 行和第 A 列。

如果只冻结首行，则需单击"视图>冻结窗格>冻结首行"。

如果只冻结首列，则需单击"视图>冻结窗格>冻结首列"。

如果希望取消冻结，则只需单击"视图>冻结窗格>取消冻结窗格"命令，系统就会将已经冻结的窗格重新解冻。

（2）组合行或列。

在比较资产负债表中，行和列很多，如果希望将这些数据分类，一次只显示或只打印某类或某些部分，就可以利用 Excel 中的"组合"及"分级显示"功能，将表格中不需要显示或打印的行或列同时隐藏起来，需要时再同时取消隐藏。

组合分为行组合和列组合。所谓行组合，就是让 n 行组合成一个集合，能够进行展开和合拢的操作；列组合就是让 n 列组合成一个集合，能够进行展开和合拢的操作，如图5-16所示。

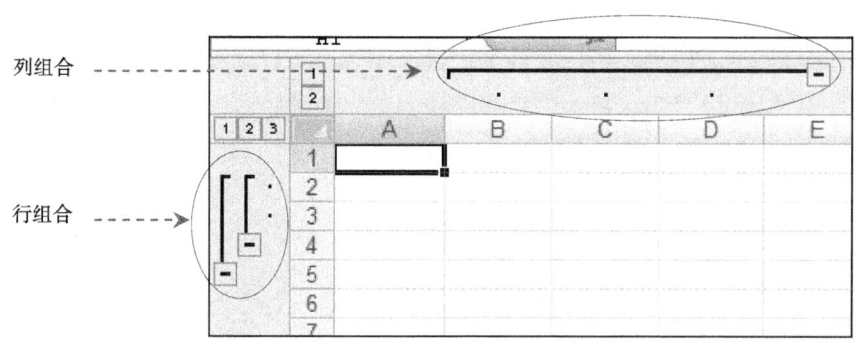

图 5-16   行组合和列组合

图 5-16 中左侧是用于控制行组合折叠的图标，上部是用于控制列组合折叠的图标。如果希望将第 2、3、4、12、17、23 等行组合，方法如下。

① 选择第 2—4 行，单击"数据>组合>组合"命令，或者按快捷键 Alt+Shift+右方向键，这时在表格左边出现如图 5-17 所示的分级显示符号。矩形框中为分级组合，其中，圆形框中的数字为分级符号。

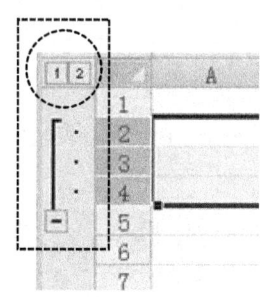

图 5-17   行组合分级符号

② 按住 F4 键，然后依次单击第 12、17、23 行，就可以将这些行加入组合中。

③ 单击分级显示符号"1"，将同时隐藏上述设置的所有行；单击分级显示符号"2"，将同时取消隐藏。

④ 单击组合线下方的减号键"–"，已经组合的数据就被收缩起来，需要看的时候单击组合线下方的加号键"+"，已经组合的数据就被重新显示出来。

行组合的取消操作如下。

● 如果不需要分级组合显示，单击"数据>取消组合>取消组合"命令即可。

● 如果要暂时隐藏分级显示符号，按快捷键"Ctrl+8"就会隐藏分级显示符号；再次按"Ctrl+8"就会显示分级显示符号。

列组合的设置和使用与行组合的操作方法一样。

2. 比较利润表模型

采用建立比较资产负债表模型的方法也可以建立比较利润表模型，如图 5-18 所示。需要注意的是，进行比重分析、计算各年比重时，一般以当年的营业收入为 100%，其他项目的比重是该项目当年发生额与当年营业收入的比值。

比较利润表

年份	2017比2016		2018比2016		比重分析				
项目	金额	百分比	金额	百分比	2016	2017	2018	2017比2016	2018比2016
一、营业收入	**13074253497.49**	**21.58%**	**19268349681.22**	**31.80%**	100.000%	100.000%	100.000%	100.000%	1
减:营业成本	9843072198.04	21.20%	13283861672.08	28.62%	76.616%	76.380%	74.764%	99.692%	0.975831558
营业税金及附加	171654893.59	107.13%	269646117.66	168.29%	0.264%	0.451%	0.538%	170.369%	2.035558929
销售费用	1283881369.26	16.43%	1813336957.99	23.20%	12.899%	12.353%	12.058%	95.763%	0.934749116
管理费用	636538177.81	18.63%	1772331564.88	51.87%	5.639%	5.502%	6.498%	97.575%	1.15228153
勘探费用	0.00	#DIV/0!	0.00	#DIV/0!	0.000%	0.000%	0.000%	#DIV/0!	#DIV/0!
财务费用	108722168.77	1632.89%	-28805374.43	-432.63%	0.011%	0.157%	-0.028%	1425.322%	-2.52367526
资产减值损失	111220022.60	239.95%	153530375.25	331.24%	0.077%	0.214%	0.250%	279.617%	3.271862582
加:公允价值变动净收益	0.00	#DIV/0!	0.00	#DIV/0!	0.000%	0.000%	0.000%	#DIV/0!	#DIV/0!
投资收益	157098809.19	59.58%	278920496.66	105.79%	0.435%	0.571%	0.679%	131.258%	1.56132174
其中:对联营企业和合营企业的投资权益	0.00	#DIV/0!	0.00	#DIV/0!	0.000%	0.000%	0.000%	#DIV/0!	#DIV/0!
影响营业利润的其他科目	0.00	#DIV/0!	0.00	#DIV/0!	0.000%	0.000%	0.000%	#DIV/0!	#DIV/0!
二、营业利润	**1076263476.61**	**36.04%**	**2283368864.45**	**76.46%**	4.929%	5.515%	6.599%	111.892%	1.338788803
加:补贴收入	0.00	#DIV/0!	0.00	#DIV/0!	0.000%	0.000%	0.000%	#DIV/0!	#DIV/0!
营业外收入	-367748200.84	-49.87%	-540105509.96	-73.24%	1.217%	0.502%	0.247%	41.236%	0.203050183
减:营业外支出	7279936.04	62.17%	27301333.74	233.17%	0.019%	0.026%	0.049%	133.391%	2.527801154
其中:非流动资产处置净损失	740295.30	19.02%	-3892986.26	-100.00%	0.006%	0.006%	0.000%	97.892%	0
加:影响利润总额的其他科目	0.00	#DIV/0!	0.00	#DIV/0!	0.000%	0.000%	0.000%	#DIV/0!	#DIV/0!
三、利润总额	**701235339.73**	**18.89%**	**1715962020.75**	**46.22%**	6.127%	5.992%	6.798%	97.788%	1.109417695
减:所得税	-122143146.51	-13.75%	179635631.08	20.23%	1.466%	1.040%	1.337%	70.938%	0.912191139
加:影响净利润的其他科目	0.00	#DIV/0!	0.00	#DIV/0!	0.000%	0.000%	0.000%	#DIV/0!	#DIV/0!
四、净利润	**823378486.24**	**29.15%**	**1536326389.67**	**54.40%**	4.661%	4.952%	5.461%	106.230%	1.171430428
归属于母公司所有者的净利润	655427541.57	32.21%	1234864735.38	60.69%	3.358%	3.652%	4.094%	108.748%	1.219201923
少数股东损益	167950944.67	21.27%	301461654.29	38.17%	1.303%	1.300%	1.366%	99.744%	1.048349617

分析：

利润表总体初步分析

2017年，公司实现营业收入73662501627.24元，较2016年增长了13 074 253 497.49 元，同比增长21.58%；营业利润同比增长36.04%；实现净利润3647662677.5元，同比增长29.15%；公司的各项指标都在平缓上升，今年公司经营盈利情况比较好。

2018年，公司实现营业收入79856597810.97元，较2016年增长了19 268 349 681.22元，同比增长31.80%；营业利润同比增长76.46%；实现净利润4360610580.93元，同比增长54.40%；公司的各项指标都在呈较大的上升趋势，今年公司经营盈利情况比较好，公司整体盈利能力较强。

利润表总体分析

在2017年和2018年中从利润表揭示出来的信息可以看出，公司当年业绩有所上升的主要原因是营业收入增幅略高于成本费用增幅。我们还可以看到，公司的营业成本的比重过大，如何控制和降低营业成本的上升将决定公司的发展走势。

图 5-18　比较利润表模型

5.3　Excel 财务指标分析

在财务分析中，进行偿债能力、营运能力、盈利能力、发展能力等分析可以采用的指标有很多，不同的分析人员进行财务指标分析时采用的指标体系不完全相同，下面给出的是偿债能力、营运能力、盈利能力和上市公司特有指标的部分财务指标的计算方法。

5.3.1　财务指标分析内容

1. 偿债能力指标

偿债能力是企业偿还债务的能力，其中短期偿债能力取决于可以在近期转变为现金的流动资产的多少，反映短期偿债能力的财务比率指标主要有流动比率、速动比率、现金比率；长期偿债能力主要取决于债务和资产、净资产的关系，反映企业偿付到期长期债务的能力，反映长期偿债能力的指标主要有利息保障倍数、资产负债率、产权比率、有形净值债务率等。

1）流动比率

流动比率是流动资产除以流动负债的比值。其计算公式为：

$$流动比率 = \frac{流动资产}{流动负债}$$

流动比率是用来衡量企业短期偿债能力的一个重要的财务指标。根据国际惯例，生产企业合理的最低流动比率是 2:1。

2）速动比率

速动比率也称酸性测试比率，它是流动资产减去存货，再除以流动负债的比率。其计算公式为：

$$速动比率 = \frac{(流动资产 - 存货)}{流动负债}$$

速动比率反映企业的短期偿债能力，比流动比率更可信。通常认为，正常的速动比率是 1:1。

3）现金比率

现金比率反映一定时点上现金清偿流动负债的能力。其计算公式为：

$$现金比率 = \frac{现金}{流动负债}$$

4）利息保障倍数

利息保障倍数是企业经营业务收益与利息费用的比率。它反映企业的经营所得支付债务利息的能力。其计算公式为：

$$利息保障倍数 = \frac{息税前利润}{利息费用}$$

公式中的"息税前利润"是利润表中未扣除利息费用和所得税之前的利润。我国现行利润表中利息费用没有单列，外部报表使用者只能用"利润总额加财务费用"估计。

5）资产负债率

资产负债率是负债总额与资产总额的比值。它反映在总资产中有多大比例是通过借债来筹集的，也可以衡量企业在清算时保护债权人利益的程度。其计算公式为：

$$资产负债率 = \frac{负债总额}{资产总额} \times 100\%$$

6）产权比率

产权比率是负债总额与所有者权益总额的比率。它反映了债权人所提供资金与股东所提供资金的相对关系。其计算公式为：

$$产权比率 = \frac{负债总额}{所有者权益总额} \times 100\%$$

7）有形净值债务率

有形净值债务率是企业负债总额与有形净值的百分比。它是产权比率指标的延伸，更谨慎保守地反映在企业清算时债权人投入的资本受到所有者权益的保障程度。其计算公式为：

$$有形净值债务率 = [负债总额 \div (股东权益 - 无形资产净值)] \times 100\%$$

2. 营运能力指标

企业的营运能力主要体现在企业资产管理方面的效率上。它的主要指标包括：存货周转率、应收账款周转率、流动资产周转率、总资产周转率等。这些指标与反映盈利能力的指标结合在一起使用，可以全面评价企业的盈利能力。

1) 存货周转率

存货周转率反映了存货的流动性，可以用周转次数和周转天数进行计量。存货周转次数是营业成本除以年平均存货的比率。存货周转天数表示存货周转一次用多少天。其计算公式为：

$$存货周转次数 = \frac{营业成本}{年平均存货}$$

$$存货周转天数 = \frac{(年平均存货 \times 360)}{营业成本}$$

公式中的"营业成本"数据来自利润表，"年平均存货"数据来自资产负债表中的"期初存货余额"与"期末存货余额"的平均数。

2) 应收账款周转率

应收账款周转率是企业赊销收入净额与应收账款平均额的比率，可以用周转次数和周转天数进行计量。应收账款周转次数表示每年周转的次数，应收账款周转天数表示应收账款周转一次用多少天。其计算公式为：

$$应收账款周转次数 = \frac{营业收入}{年平均应收账款}$$

$$应收账款周转天数 = \frac{(年平均应收账款 \times 360)}{营业收入}$$

公式中的"营业收入"数据来自利润表，"年平均应收账款"数据来自资产负债表中的"期初应收账款余额"与"期末应收账款余额"的平均数。

3) 流动资产周转率

流动资产周转率是分析流动资产周转速度的一个综合性指标。它是营业收入与全部流动资产的年平均余额的比值。其计算公式为：

$$流动资产周转率 = \frac{营业收入}{年平均流动资产}$$

公式中的"年平均流动资产"数据来自资产负债表中的"期初流动资产余额"与"期末流动资产余额"的平均数。

4) 总资产周转率

总资产周转率是分析企业全部资产使用效率的一个重要指标。它是营业收入与年平均资产总额的比值。其计算公式为：

$$总资产周转率 = \frac{营业收入}{年平均资产总额}$$

公式中的"年平均资产总额"数据来自资产负债表中的"年初资产总额"与"年末资产总额"的平均数。

3. 盈利能力指标

盈利能力是企业赚取利润的能力。不论是投资人、债权人还是企业经理人员，都日益重视和关心企业的盈利能力。评价企业盈利能力的财务指标很多，代表性的有销售净利率、销售毛利率、资产净利率、净资产收益率等。

1）销售净利率

销售净利率是净利润与营业收入的百分比。其计算公式为：

$$销售净利率 = \frac{净利润}{营业收入} \times 100\%$$

2）销售毛利率

销售毛利率是毛利润占营业收入的百分比。其计算公式为：

$$销售毛利率 = \frac{(营业收入 - 营业成本)}{营业收入} \times 100\%$$

3）资产净利率

资产净利率是企业净利润与平均资产总额的百分比。其计算公式为：

$$资产净利率 = \frac{净利润}{平均资产总额} \times 100\%$$

$$平均资产总额 = (期初资产总额 + 期末资产总额) \div 2$$

4）净资产收益率

净资产收益率是净利润与年度平均股东权益的百分比，也称权益报酬率。其计算公式为：

$$净资产收益率 = \frac{净利润}{年度平均股东权益} \times 100\%$$

4. 上市公司特有指标

1）市盈率

市盈率是普通股每股市价与普通股每股收益的比率。其计算公式为：

$$市盈率 = \frac{普通股每股市价}{普通股每股收益}$$

2）每股股利

每股股利是股利总额与年末普通股流通股数的比率。其计算公式为：

$$每股股利 = \frac{股利总额}{年末普通股流通股数}$$

3）股利支付率

股利支付率是普通股每股股利与普通股每股收益的比率。其计算公式为：

$$股利支付率 = \frac{普通股每股股利}{普通股每股收益} \times 100\%$$

4）股票获利率

股票获利率是普通股每股股利与普通股每股市价的比率。其计算公式为：

$$股票获利率 = \frac{普通股每股股利}{普通股每股市价} \times 100\%$$

5.3.2 财务指标分析模型

1. 建立工作表与工作表之间的数据链接

在财务分析中，由于用于分析的原始数据种类多、数量大，为了便于对这些数据进行管理和共享使用，一般从数据库系统获取或输入分析需要的数据后都存储到专门的工作表，甚至专门的工作簿中，因此，在实际工作中，需要经常在不同的工作表之间建立联系，引用其他工作表，甚至其他工作簿的数据。下面介绍这些引用的方法和步骤。

1）同一工作簿中工作表之间的链接

在同一工作簿中引用其他工作表的数据的方法是：在单元格引用前加上工作表的名字，并用感叹号"!"将工作表引用和单元格引用分开。链接格式如下：

工作表引用! 单元格引用

【例5-2】恒昌公司2018年资产负债表数据存放在文件名为"资产负债表"的工作表上，在进行偿债能力分析时，分析模型中需要计算2018年流动比率、速动比率，所以需要在"财务指标分析"工作表中引用"资产负债表"工作表的数据，如图5-19所示。

	D4	▾	× ✓	fx	=资产负债表!E15/资产负债表!E48	
	A	B	C	D	E	F
1			财务指标分析			
2			偿债能力分析			
3		2016	2017	2018	2017比2016	2018比2017
4	流动比率	1.26	1.21	1.27	-0.05	0.06
5	速动比率	1.07	0.98	1.04	-0.09	0.06
6	现金比率	0.92	0.80	0.87	-0.12	0.07
7	资产负债率	0.68	0.71	0.69	0.03	-0.02
8	利息保障倍数	449.55	36.21	-236.95	-413.33	-273.16

图 5-19 财务指标分析模型中工作表之间的引用

由于 $流动比率 = \frac{流动资产}{流动负债}$ ，$速动比率 = \frac{(流动资产 - 存货)}{流动负债}$，如果将 2018 年公司的流动资产、流动负债、存货分别存放在 E15、E48 和 E11 单元格中，那么就需要分别定义分析模型中的计算公式，具体如下。

(1)选择 D4 单元格，输入公式"=资产负债表!E15/资产负债表!E48"。

(2)选择 B5 单元格，输入公式"=(资产负债表!E15-资产负债表!E11)/资产负债表!E48"。

(3)系统自动计算出恒昌公司 2018 年流动比率和速动比率分别为 1.266 691 78、1.040 196 407。如图 5-19 所示，因为 B4、B5 单元格已被设置保留 2 位小数，所以流动比率和速动比率分别显示为 1.27 和 1.04。

一般情况下，引用另外工作表的单元格数据时都采用绝对引用，这样即使将该公式移到其他单元格，所引用的单元格数据也不会发生变化。

2)不同工作簿中工作表的链接

不同工作簿中的工作表链接时，其格式为：

[工作簿名字]工作表引用! 单元格引用

【例 5-3】假如恒昌公司 2018 年资产负债表数据存放在文件名为"会计报表"的工作簿中的"资产负债表 2018"的工作表上，其"流动资产"数据在 D17 单元格，"流动负债"数据在 D39 单元格，则在"财务分析"工作簿中计算流动比率时，其计算公式应为：=[会计报表.xls]资产负债表 2018!\$D\$17/[会计报表.xls]资产负债表 2018!\$D\$39。

如果引用的工作簿未打开，则引用中应写出该工作簿存放位置的绝对路径，并用单引号括起来。例如，='D:\Excel\[会计报表.xls]资产负债表 2018'!\$D\$17/'D:\Excel\[会计报表.xls]资产负债表 2018'!\$D\$39。

3)三维引用

如果需要同时引用工作簿中的多个工作表的单元格或单元格区域时，可以使用"三维引用"。尤其是多个工作表上的同一单元格或同一区域的数据相关，且要对它们进行统计计算时，三维引用会更方便。

【例 5-4】恒昌公司 2018 年度 1—12 月全年的利润表、资产负债表数据分别存放在文件名为"会计报表"的工作簿中的 24 张工作表上，工作表名分别为：syb1～syb12 和 zcfzb1～zcfzb12。在"财务分析"工作簿中进行财务比率分析时，需要计算 2018 年的年平均存货。为了计算更为精确，我们可以采用如下年平均存货的计算公式，此时需要同时调用 zcfzb1～zcfzb12 的 12 张工作表的数据，如图 5-20 所示。

$$年平均存货 = \frac{1}{24}\sum_{i=1}^{12}(第i月期初存货余额 + 第i月期末存货余额)$$

图 5-20　形成引用工作组

假设各月期初存货余额、期末存货余额数据分别存放在各工作表的C16和D16单元格，下面使用三维引用完成上述计算。

(1)在"财务分析"工作簿的"财务指标分析"工作表中，单击需要输入"年平均存货"公式的单元格D7。

(2)键入等号"="，输入函数名称SUM及左圆括号，即输入"=SUMC("

(3)单击需要引用的"会计报表"工作簿中的第一个工作表标签"zcfzb1"。

(4)按住Shift键，再单击需要引用的最后一个工作表标签"zcfzb12"。

(5)选定需要引用的单元格C16。

(6)输入分隔符","，然后重复上述第(3)、(4)步，再选定需要引用的单元格D16，输入右圆括号。

(7)再输入"/24"，最后完成"年平均存货"公式：

=SUM([会计报表.xls]zcfzb1:zcfzb12!$C$16,[会计报表.xls]zcfzb1:zcfzb12!$D$16)/24

可以使用三维引用创建公式的函数主要包括：SUM、AVERAGE、AVERAGEA、COUNT、COUNTA、MAX、MAXA、MIN、MINA、PRODUCT、STDEV、STDEVA、STDEVP、STDEVPA、VAR、VARA、VARP和VARPA。

注意：三维引用不能用于数组公式、智能引用公式，也不能与交叉引用运算符(空格)一起使用。

2. 建立财务指标分析模型

财务指标分析依据的数据主要来源于资产负债表、利润表等会计报表，因此应该首先从会计系统中获取相应的报表并存放在"资产负债表"和"利润表"工作表中。

1)分类输入各财务比率指标及计算公式

(1)建立财务指标分析工作表，在该工作表中设计和安排好整个表的布局，然后按照前面介绍的方法分类输入所有需要计算的财务指标名称，并画好表格线，这样就形成了一张没有数据的财务指标分析数据表空表。

(2)在表中相应的位置分别输入各项财务指标及其计算公式，建立起财务指标分析的数据表部分。基于本章【例5-1】的已知资料和要求，偿债能力分析指标的计算公式如表5-3所示。

表5-3 偿债能力分析指标的计算公式

2016 流动比率	B4=资产负债表!C15/资产负债表!C48
2016 速动比率	B5=(资产负债表!C15−资产负债表!C11)/资产负债表!C48
2016 现金比率	B6=(资产负债表!C2+资产负债表!C4)/资产负债表!C48
2016 资产负债率	B7=资产负债表!C57/资产负债表!C34
2016 利息保障倍数	B8=(利润表!C14+利润表!C8)/利润表!C8
2017 流动比率	C4=资产负债表!D15/资产负债表!D48
2017 速动比率	C5=(资产负债表!D15−资产负债表!D11)/资产负债表!D48
2017 现金比率	C6=(资产负债表!D2+资产负债表!D4)/资产负债表!D48
2017 资产负债率	C7=资产负债表!D57/资产负债表!D34

2017 利息保障倍数	C8=(利润表!D14+利润表!D8)/利润表!D8
2018 流动比率	D4=资产负债表!E15/资产负债表!E48
2018 速动比率	D5=(资产负债表!E15-资产负债表!E11)/资产负债表!E48
2018 现金比率	D6=(资产负债表!E2+资产负债表!E4)/资产负债表!E48
2018 资产负债率	D7=资产负债表!E57/资产负债表!E34
2018 利息保障倍数	D8=(利润表!E14+利润表!E8)/利润表!E8
流动比率 2017 比 2016	E4=C4-B4
速动比率 2017 比 2016	E5=C5-B5
现金比率 2017 比 2016	E6=C6-B6
资产负债率 2017 比 2016	E7=C7-B7
利息保障倍数 2017 比 2016	E8=C8-B8
流动比率 2018 比 2017	F4=D4-C4
速动比率 2018 比 2017	F5=D5-C5
现金比率 2018 比 2017	F6=D6-C6
资产负债率 2018 比 2017	F7=D7-C7
利息保障倍数 2018 比 2017	F8=D8-C8

(3)按照本书第1章的1.4节关于建立和编辑图表的讲解,建立起相关指标的图表部分。方法如下:

① 选择单元格区域 A3:D7,单击"插入>折线图>二维折线图"命令,绘出如图 5-21 所示的临时图表。

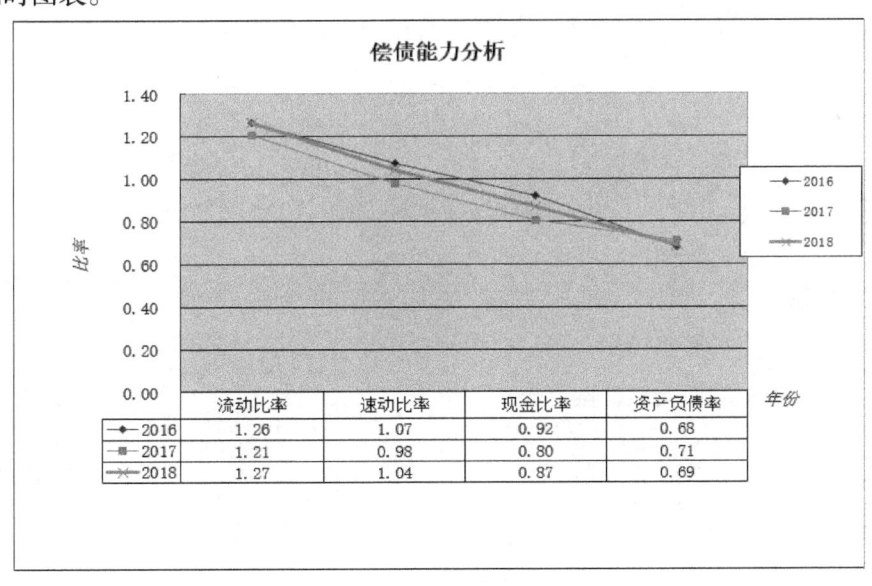

图 5-21 临时图表 1

② 单击该临时图表,工具栏会弹出图表编辑的命令图标,单击"切换行/列"命令,于是临时图表变成了如图 5-22 所示的图表。此时横坐标轴表示的是年份,纵坐标轴表示的是财务指标的值。

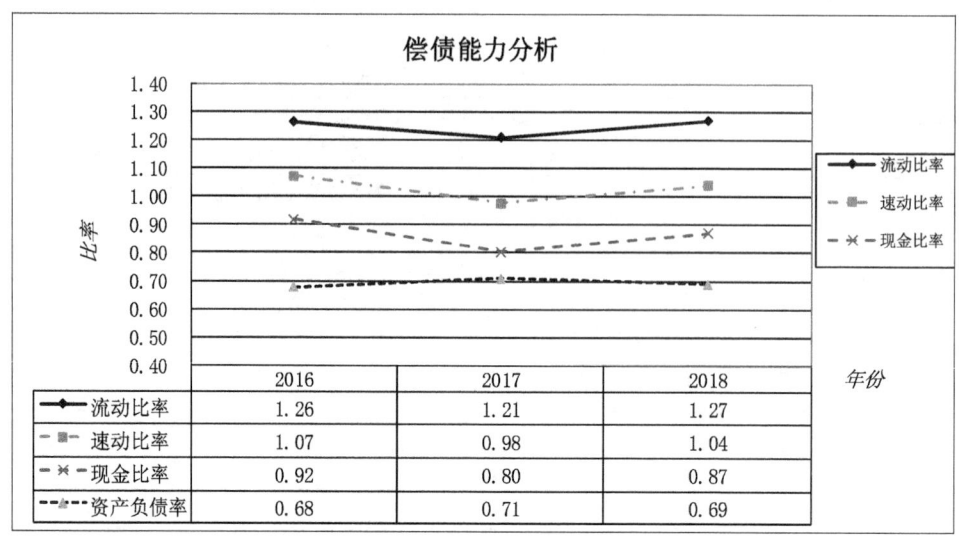

图 5-22　临时图表 2

③ 单击绘图区域，调整绘图区域大小，在非绘图区域插入一个文本框，文本框里输入文字"偿债能力分析"于是完整的偿债能力分析图表建立完成，如图 5-23 所示。

（4）根据数据表和图表的计算结果，添加分析结论。分析结论的添加方法参见本章5.2.2 节中"比较资产负债表模型"中"模型中结论的输入"部分。这样就建立起了财务指标分析模型。

财务指标分析模型的偿债能力分析部分如图 5-23 所示。因为利息保障倍数与其他四个指标的数值差别太大，若在同一图中表示将使图形变得很大，因此图表里没有包含利息保障倍数。

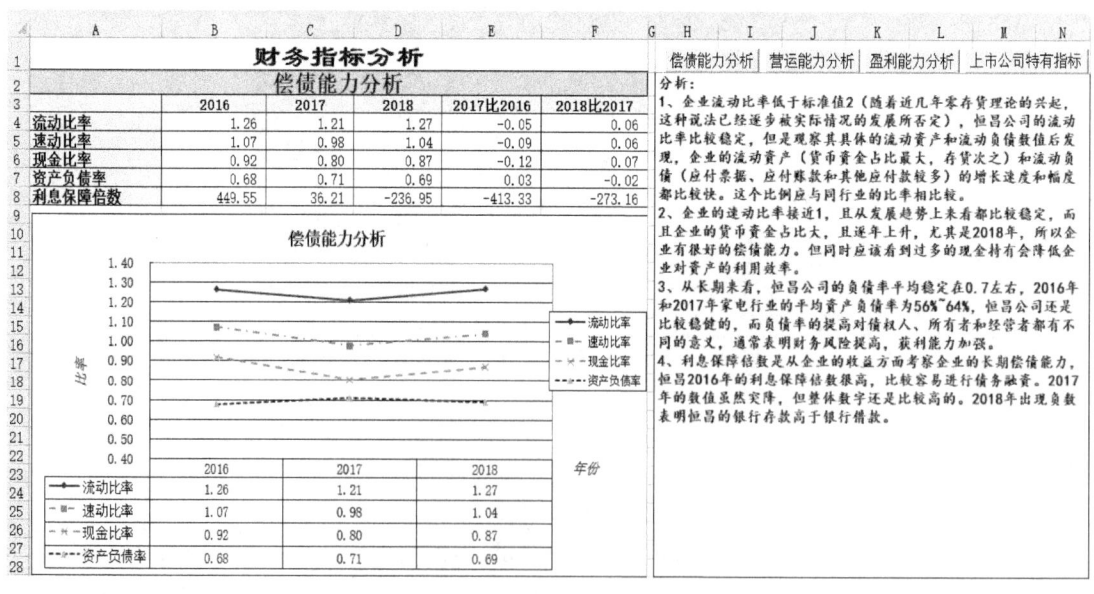

图 5-23　财务指标分析模型

(5)可以按照上述步骤建立营运能力、盈利能力、发展能力和上市公司特有指标等的分析模型。

2)对工作表格式进行编排

模型中所有指标建立完成之后，可以进一步对工作表进行编排、修饰，以便更美观、形象和清晰，如不同的区域采用不同的颜色，加上边框和格线，调整字体、数值型单元格，根据不同的要求设定数值显示类型等，直到形成一张完整的模型表。

3. 更新分析表数据

在 Excel 中，通过使用 Microsoft Query 创建的查询、创建的 Web 查询或文本文件方式可以从某个外部数据库中导入数据，这些数据与 Excel 中直接输入的数据一样，可以为其设置格式或是在计算中使用这些数据，同时如果源数据库中的数据发生了变化，在 Excel 中还可以更新外部数据区域，使用这些外部数据的工作表也可以实现自动更新。

下面以财务分析为例，说明更新分析表数据的方法。

财务指标分析模型设计完成之后，各种分析指标的数据就可以自动地计算出来。即使会计期间发生改变了，作为分析数据源的会计系统的数据库数据也进行了更新，由于已经建立了会计数据库与财务分析模型中存放原始数据的工作表——"资产负债表""利润表"等工作表之间的数据链接，建立了财务分析模型中的"财务指标分析"工作表与"资产负债表"工作表和"利润表"工作表之间的动态数据链接，因此不需要改变分析模型就可以实现 Excel 中数据源的更新，并自动更新分析的结果。具体步骤如下：

(1)选择与会计系统数据库建立链接的工作表(资产负债表工作表)，单击要更新的外部数据区域中的某个单元格。

(2)单击"数据>全部刷新>刷新"命令，系统将自动运行，完成资产负债表工作表的更新。

由于资产负债表工作表、比较资产负债表工作表的数据会随之自动更新，因此财务指标分析工作表中指标分析公式的计算结果也会自动更新。

进行数据更新还需要注意以下几点。

(1)如果查询运行于后台且需要很长时间才能返回数据，那么在数据更新过程中可以检查其状态。方法是：在查询运行时，单击"数据"菜单中的"全部刷新"命令。

(2)通过设置自动刷新属性，可以在打开工作簿时自动刷新外部数据区，并在保存工作簿时有选择地不保存外部数据，以缩减文件大小。具体步骤如下。

① 单击"数据>全部刷新>连接属性"命令，出现"连接属性"对话框，如图 5-24 所示。

② 在对话框中勾选"打开文件时刷新数据"复选框；如果要保存带有查询定义但无外部数据的工作簿，可勾选"保存工作簿前，删除来自外部数据区域中的数据"复选框；如果要定期刷新数据，可勾选"刷新频率"复选框，然后输入刷新的间隔时间(单位：分钟)。

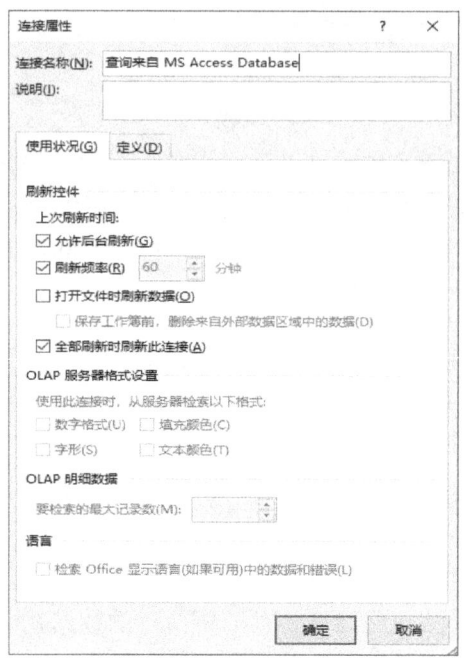

图 5-24 "连接属性"对话框

(3)还可以通过"数据>属性"命令中的选项，设置外部数据区域的格式和布局，如图 5-25 所示。

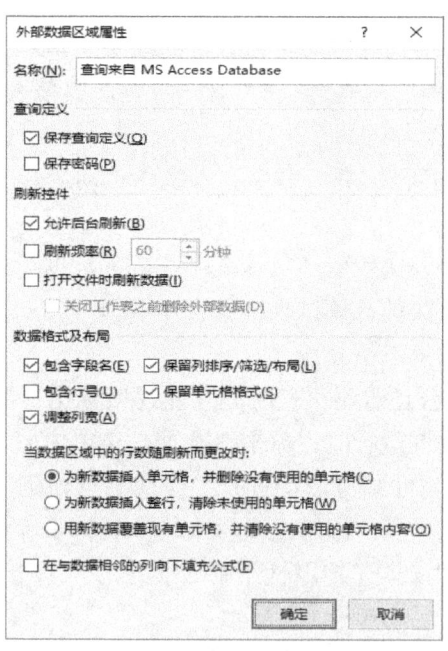

图 5-25 "外部数据区域属性"对话框

(4)如果工作表中包含多个需要刷新的外部数据区域，那么可单击"数据>全部刷新"命令，这样就可以同时更新工作簿中的所有外部数据区域。如果有多个打开的工作簿，则需要在每个工作簿中都单击"全部刷新"命令，才能刷新外部数据。

5.4 Excel 杜邦分析

企业的各项财务活动、各项财务指标是相互联系、相互影响的，因此对企业的财务活动进行分析时，除了对企业的营运能力、盈利能力、偿债能力、发展趋势等各方面进行深入的分析、评价，还必须把企业的财务活动作为一个大系统，对系统内相互依存、相互作用的各种因素进行综合分析和评价。杜邦分析法就是利用各个主要财务比率指标之间的内在联系，综合分析企业财务状况的方法。在 Excel 中可以通过建立杜邦分析模型完成企业财务状况的杜邦分析。

5.4.1 杜邦分析内容

杜邦分析法是一种分解财务比率的方法，它将有关分析指标按内在联系排列起来，形成"杜邦图"，从而解释指标变动的原因和变动的趋势，为采取措施指明方向。

杜邦分析法中主要采用的比率指标及其相互关系如下。

(1)与净资产收益率相关的公式：

$$净资产收益率=总资产收益率×权益乘数$$
$$总资产收益率=销售净利润×资产周转率$$
$$权益乘数=1÷(1-资产负债率)$$

由前两个公式可知，决定净资产收益率的因素有 3 个：销售净利率、资产周转率和权益乘数。这样，可以把净资产收益率这个综合性指标发生升、降变化的原因具体化。

(2)销售净利率可以进一步分解为：

$$销售净利率=税后净利润÷营业收入$$

其中，税后净利润=营业收入-全部成本+投资收益+营业外收入-营业外支出-所得税；全部成本=管理费用+销售费用+财务费用+资产价值损失+营业成本+营业税金及附加。因此，销售净利率的升、降变化的因素可以从销售额和销售成本两个方面进行分析。

(3)资产周转率可以进一步分解为：

$$资产周转率=营业收入÷平均资产总额$$

其中，

平均资产总额=(期初资产总额+期末资产总额)/2；

资产总额=流动资产+长期资产；

流动资产=货币资金+有价证券+应收及预付款+存货+其他流动资产。

由此可见，除可以对资产的各构成部分占用量是否合理进行分析以外，还可以通过对流动资产周转率、存货周转率、应收账款周转率等有关资产组成部分使用效率的分析，判明影响资产周转的问题所在。

利用 Excel 进行杜邦分析主要是通过在 Excel 中建立起杜邦体系的各项分析指标模型，达到当企业的相关财务数据发生改变时，系统能够通过自动计算给出这些指标的结果，从而帮助财务分析人员更好地了解企业的财务状况的目的。

Excel 中杜邦分析的步骤是：

(1)设计并建立杜邦分析模型；

(2)系统自动计算；

(3)财务分析人员根据杜邦分析模型提供的指标计算结果对企业财务状况进行分析和评价。

5.4.2 杜邦分析模型

1. 设计项目框

在建立杜邦分析模型之前，首先要在财务分析工作簿中增加一个新工作表，用于设计杜邦分析模型，方法是：单击 Excel 工作簿的工作表状态栏的 命令，新增一张空白工作表；将鼠标指针移到工作表名位置，然后单击鼠标右键，单击快捷菜单的"重命名"命令，把该工作表更名为"杜邦分析"。

杜邦分析图是由项目框和连线组成的：每个项目框包括项目名称、计算公式和计算结果，由于计算公式和计算结果占用一个单元格，因此一般每个项目框中包括上下相邻的两个单元格(有的项目需要分别反映年初数、年末数，因此包括三个单元格)；用连线把项目框连接起来，可以反映各项目之间的关系。

1)设计项目框

设计项目框可以按照下列步骤进行。

(1)选中建立边框的单元格区域，如 E2:E3。

(2)单击"对齐方式"命令的 ，出现设置单元格格式对话框。

(3)单击"边框"选项卡，出现设计项目框界面。

(4)在样式中选择某种线型，并单击"外边框"。

(5)单击"确定"按钮。

2)清除或改变项目框

如果想删除或改变已经画好的项目框，可以按照下列步骤进行。

(1)选中要删除或改变边框的单元格区域。

(2)单击"对齐方式"命令的 ，出现设置单元格格式对话框。

(3)单击"边框"选项卡，如果是删除边框，则单击"无"；如果是改变格线，则重新在样式中选择线型，并单击"外边框"。

(4)单击"确定"按钮。

为了使设计出的模型更直观、清晰和美观，还可以在"设置单元格格式"下的"图案"选项卡上为项目的单元区域加上颜色和底纹。

按照上述方法，根据杜邦分析图项目的数量，在杜邦分析工作表中设计好所有的项目框，并利用绘图工具画上连线。

2. 定义项目名称、数据链接、计算公式

1)定义项目名称

在每个项目框内上面的单元格中直接输入项目名称。

2)定义数据链接

由于杜邦图中的"营业收入""销售费用""投资收益""所得税""所有者权益""资产价值损失""营业成本""财务费用""管理费用""销售费用""营业外收入""营业外支出""平均资产总额"等项目直接来源于资产负债表和利润表，因此可以用工作簿内表间引用的方法建立杜邦分析工作表与资产负债表和利润表的数据链接，并直接获得上述项目的数据。

本模型中上述项目的计算公式如下：

"营业收入"项目的 2017 年计算公式 B27 单元格：=利润表!D2；

"销售费用"项目的 2017 年计算公式 C31 单元格：=利润表!D5；

"投资收益"项目的 2017 年计算公式 H27 单元格：=利润表!D11；

"所得税"项目的 2017 年计算公式 K27 单元格：=利润表!D4；

"所有者权益"项目的 2017 年计算公式 K22 单元格：=资产负债表!D66；

"资产价值损失"项目的 2017 年计算公式 G35 单元格：=利润表!D9；

"营业成本"项目的 2017 年计算公式 G39 单元格：=利润表!D3；

"营业税金及附加"项目的 2017 年计算公式 G31 单元格：=利润表!D4；

"财务费用"项目的 2017 年计算公式 C39 单元格：=利润表!D8；

"管理费用"项目的 2017 年计算公式 C35 单元格：=利润表!D6；

"销售费用"项目的 2017 年计算公式 C31 单元格：=利润表!D5；

"营业外收入"项目的 2017 年计算公式 N27 单元格：=利润表!D16；

"营业外支出"项目的 2017 年计算公式 Q27 单元格：=利润表!D17。

3)定义项目计算公式

对其他不能直接取得数据的项目，需要定义项目计算公式，放在项目框内的单元格中。计算公式定义的方法参照表内数据链接的定义。

杜邦分析模型中主要的项目计算公式如下：

"净资产收益率(ROE)"的计算公式 E7 单元格：=C12*G12；

"总资产收益率"的计算公式 D7 单元格：=B17*E17；

"权益乘数"的计算公式 F7 单元格：=H22/K22；

"销售净利率"的计算公式 B17 单元格：=B22/E22；

"总资产周转率"的计算公式 E17 单元格：=E22/H22；

"平均资产总额"项目的 2017 年计算公式 H22 单元格：=(资产负债表!D34+资产负债表!C34)/2；

"全部成本"的计算公式 E27 单元格：=C31+C35+C39+G31+G35+G39；

"税后净利润"的计算公式 B22 单元格：=B27–E27+H27–K27+N27–Q27。

本模型中所用的资产负债表和利润表见例 5-1。

4)形成杜邦分析图

所有计算公式定义完成之后，就形成了杜邦分析图，如图 5-26 所示。

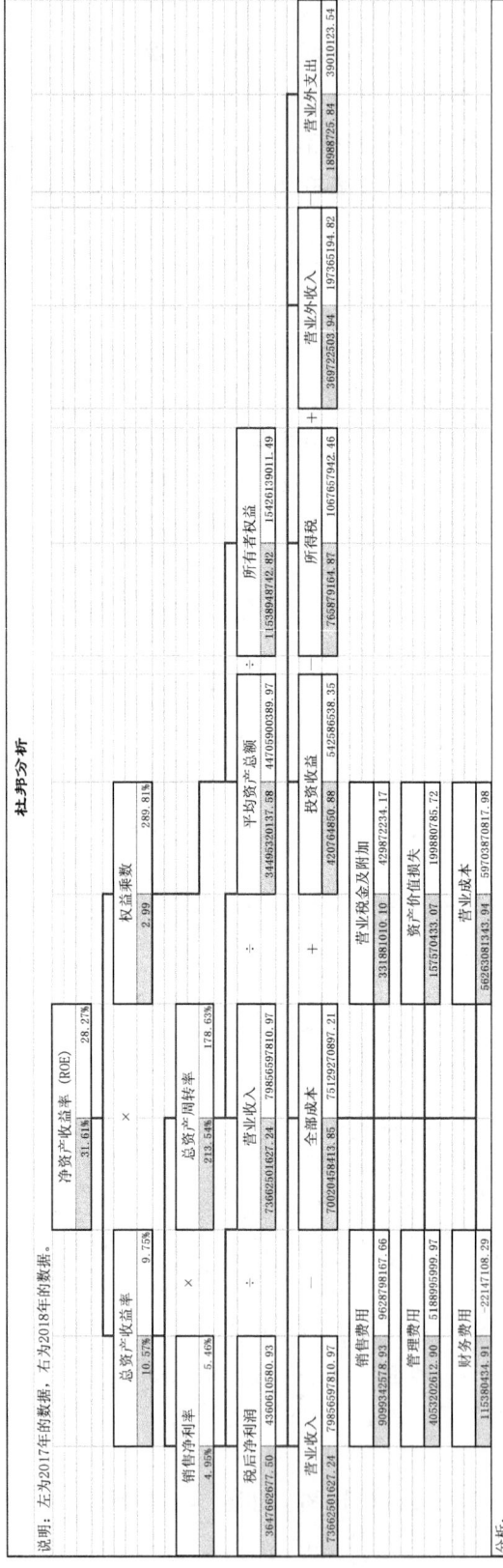

图 5-26　杜邦分析图

说明：左为2017年的数据，右为2018年的数据。

分析：
1. 销售利润率——盈利能力；总资产周转率——营运能力；权益乘数——偿债能力。
2. 财务上的盈利能力，用销售利润率反映。
恒昌公司的销售净利率高于这个指标而且逐年提高，表明用销售收入为企业带来的利润增加，每一元销售收入创造的利润增加，表明企业很好控制了成本费用。
3. 资产的使用效率，用总资产周转率反映。
它表示流动活动获得的资金（包括权益和负债）。恒昌公司2017年到2018年的总资产周转率是降低的，表明公司资产的使用效率降低，营运能力减弱，运用资产赚取利润的能力减弱。
4. 总资产收益率有小幅降低，表明企业盈利能力减弱。
财务上的偿债能力，用权益乘数反映。
5. 提高净资产收益率的途径在有：加强负债管理。
恒昌公司2017年到2018年的权益乘数减小0.1左右，即所有者权益入企业中全部资产的比重增大，对公司的股票价值产生正面激励效果。它代表了投资者对净资产的获利能力。资产报酬率降低，且权益乘数也降低，说明恒昌集团2017年到2018年能利用资产来创造效益效益能力降低，盈利能力也有所下降，且没有充分发挥财务杠杆作用。
6. 净资产收益率高于投资者的必要报酬率，这就提高公司股票的获利能力。降低负债比率，降低负债成本管理和销售管理。保持销售管理和销售管理、加强成本管理、加强成本管理、加强总资产周转率的提高、提高资产周转率。
7. 提高总资产收益率，即加强销售管理和销售管理，保持销售管理和销售管理，加强成本管理，加强总资产周转率的提高，提高资产周转率。

5.5 企业经营决策中的雷达图分析

雷达图分析法是通过计算反映企业财务状况和经营成果的比率，并用雷达图表示出来，从而从企业各要素间相互联系的动态总体上来分析和把握企业整体运行状态、成果水平，并显示其潜在危机的一种整体动态分析的方法，是 Excel 图表分析在企业经营决策中应用的典型实例。

5.5.1 雷达图分析方法概述

1. 采用的经营比率指标

企业经营比率的指标一般反映企业的收益性、流动性、安全性、生产性和成长性五个方面。

- 收益性表示企业的收益或盈利能力，是财务分析的重点，反映收益性的比率有：销售净利率、资产净利率、销售毛利率、净值报酬率、流动资金利润率等。
- 流动性是指资产变现的能力，反映流动性的比率有：总资本周转率、流动资产周转率、固定资产周转率、存货周转率等。
- 安全性是反映企业财务上的平衡状况的指标，是一种静态分析指标。企业的安全性可以从流动比率、活期比率、固定资产占自有资金比重、占用资金率、金融利息负担率、税金负担率、内部留成率等几个方面进行分析。
- 生产性是指生产的效益。生产性分析就是将企业在生产经营活动中对人、财、物等的消耗和占用与所获得的相应生产成果联系起来所进行的分析。经济效益是反映企业经营活动质量的指标，是一个相对比值指标，即投入与产出的比值。生产性分析可以从人均销售收入、人均利润、人均净产值、人均劳务费、劳动分配率、固定资产投资效率、劳动装备率、附加价值率等进行分析。
- 成长性反映未来企业经营状况的变化状态。成长性分析的比率有：销售收入增长率、固定资产增长率、总资产增长率、总利润增长率、人员增长率、净利增长率等。

2. 雷达图分析的方法

雷达图分析法的具体做法是：首先在 Excel 中建立上述比率指标的数据工作表，根据企业生产经营活动的实际数据计算企业的各项比率指标；然后依据数据表画出雷达图，并进行分析评价。其中，雷达图的画法如下。

(1)先画 3 个同心圆，再把圆划分为 5 个区域，分别代表收益性、流动性、安全性、生产性和成长性。最小的圆代表同行业平均水平的 0.5 倍或最坏状态，中间的圆代表同行业平均水平，叫作标准区，最外面的圆代表同行业平均水平的 1.5 倍或最佳的健全值。

(2)在 5 个区域内，从圆心开始以放射线的形式画出相应的经营比率线。把企业的各项指标和最佳的健全值进行比较，得出一个比值。把各比值在经营比率线上标出，然后把相邻的各点用直线连接，就完成了雷达图。

3．经营活动分析评价的方法

在雷达图中，如果比率值位于标准区以内，说明这是需要改进的点；如果比率值接近或处于最小的圆内，这是一个危险的信号；如果比率值处在标准线以外，说明企业在这方面有长处。各种比率越接近外圆越好。

为了对企业的经营成绩和财务状况有个整体概念，可以把各种比率值用线连接起来形成闭环，以反映企业的经营"姿态"。经营"姿态"可以分为安全理想型（A 型）、保守型（B型）、成长型（C 型）、特殊型（D 型）、积极扩大型（E 型）、消极安全型（F 型）、活动型（G型）和均衡缩小型（H 型）共 8 种。

（1）安全理想型企业是指企业的收益性、流动性、安全性、生产性、成长性中的比率指标绝大部分高于同行业平均水平。

（2）保守型企业是指企业的收益性、流动性和安全性中的比率指标均比较好，高于同行业平均水平，而生产性、成长性中的比率指标低于同行业平均水平。

（3）成长型企业的雷达图显示出企业的收益性、流动性、成长性中的各比率指标均高于同行业平均水平，而安全性、生产性中的各比率指标均低于同行业平均水平。

（4）特殊型企业的雷达图显示出企业的收益性、流动性中的各比率指标均大大高于同行业平均水平，生产性中的各比率指标也超出同行业平均水平，而安全性和成长性中的各比率指标均大大低于同行业平均水平。

（5）积极扩大型企业是指企业的安全性、成长性、生产性中的各比率指标均高于同行业平均水平，而收益性、流动性中的各比率指标均低于同行业平均水平。

（6）消极安全型企业是指企业的安全性中的比率指标大大高于同行业平均水平，而其他各比率指标均低于同行业平均水平。

（7）活动型企业是指企业的成长性、生产性中的比率指标高于同行业平均水平，而其他收益性、流动性、安全性中的各比率指标均低于同行业平均水平。

（8）均衡缩小型企业是指企业的所有经营比率指标均低于同行业平均水平。

5.5.2 利用雷达图建立经营决策分析模型

【例 5-5】恒昌公司及同类企业标准的各项经营分析指标都已输入工作表中，如图 5-27 所示，利用雷达图对企业经营状况进行分析。

1．决策指标数据的规一化
由于经营比率各项指标的单位不同，所以各指标之间不具有可比性，为了让各指标在雷达图中具有可比性，首先需要将各指标数据规一化。具体的做法如下。

（1）根据标准值计算健全值，各细目的健全值为标准值的 1.5 倍或某个最佳值。在此例中，均为 1.5 倍。

（2）计算统一的比值，计算公式为：企业的比值=实际值／健全值，得到如图 5-27 所示的工作表，于是数据的准备工作完成。

2．创建经营决策的雷达图
在数据准备好的情况下，创建雷达图可以按如下步骤进行。

	A	B	C	D	E	F	G	H
1								
2			**恒昌公司各项经营分析比率表**					
3	项目	序号	细目	单位	实际值	标准值	健全值	比值
4	收益性	a1	资产净利率	%	14	10	15	0.93
5		a2	销售净利率	%	12	10	15	0.80
6		a3	销售毛利率	%	26	20	30	0.87
7	流动性	b1	流动资产周转率	次/年	6	6	9	0.67
8		b2	固定资产周转率	次/年	2	2	3	0.67
9		b3	存货周转率	次/年	3	2	3	1.00
10	安全性	c1	流动比率	%	160	200	300	0.53
11		c2	活期比率	%	23	70	105	0.22
12		c3	固定资产占自有资金比重	%	30	50	75	0.40
13	生产性	d1	人均销售收入	万元/人	20	14	21	0.95
14		d2	人均利润	万元/人	4	6	9	0.44
15		d3	人均净产值	万元/人	8	10	15	0.53
16	成长性	e1	销售收入增长率	%	12	10	15	0.80
17		e2	固定资产增长率	%	13	10	15	0.87
18		e3	总利润增长率	%	12	10	15	0.80

图 5-27　企业的各项经营分析比率工作表

1)选择图表类型和布局

(1)在如图 5-27 所示的工作表中，选取作图的数据区域。首先用鼠标选择单元格区域 A4:A18，然后按住 Ctrl 键不放，再用鼠标选择单元格区域 H4:H18，这样就选取了两个互不相连的矩形区域。

(2)单击"插入"选项卡，从"图表"功能组中选择"雷达图"，然后选取第一种雷达图，则系统画出如图 5-28 所示的粗略图表雷达图。

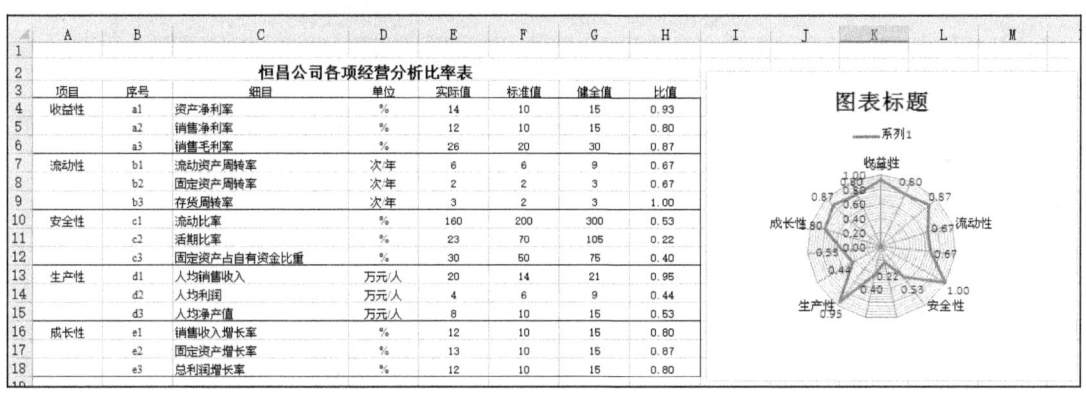

图 5-28　粗略图表雷达图

2)编辑图表

(1)在"图表标题"部分输入"企业经营分析雷达图"，选中"系列 1"，单击鼠标右键，从弹出的菜单中选择"选择数据"命令，出现如图 5-29 所示的"选择数据源"对话框。

(3)单击"图例项(系列)"下的"编辑"按钮，出现如图 5-30 所示的"编辑数据系列"对话框。

(4)在"系列名称"处输入"经营指标分类项目"，单击"确定"按钮，重新回到雷达图界面，此时"系列 1"变成了"经营指标分类项目"。将图表移到适当位置，并调整图表大小，如图 5-31 所示，雷达图便编辑完成了。

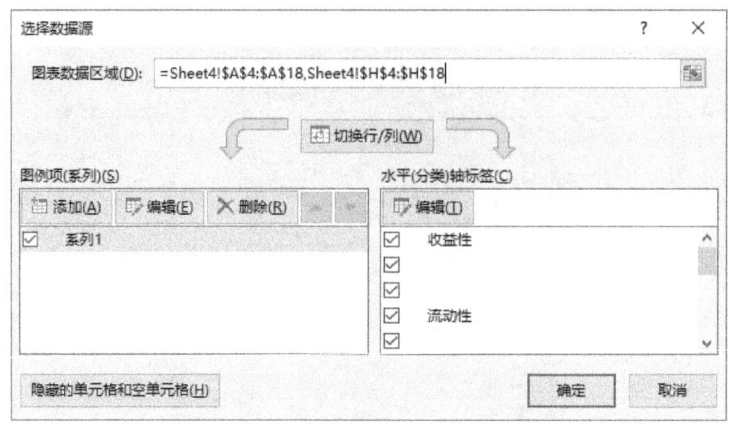

图 5-29 "选择数据源"对话框

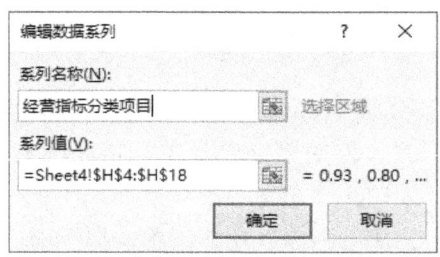

图 5-30 "编辑数据系列"对话框

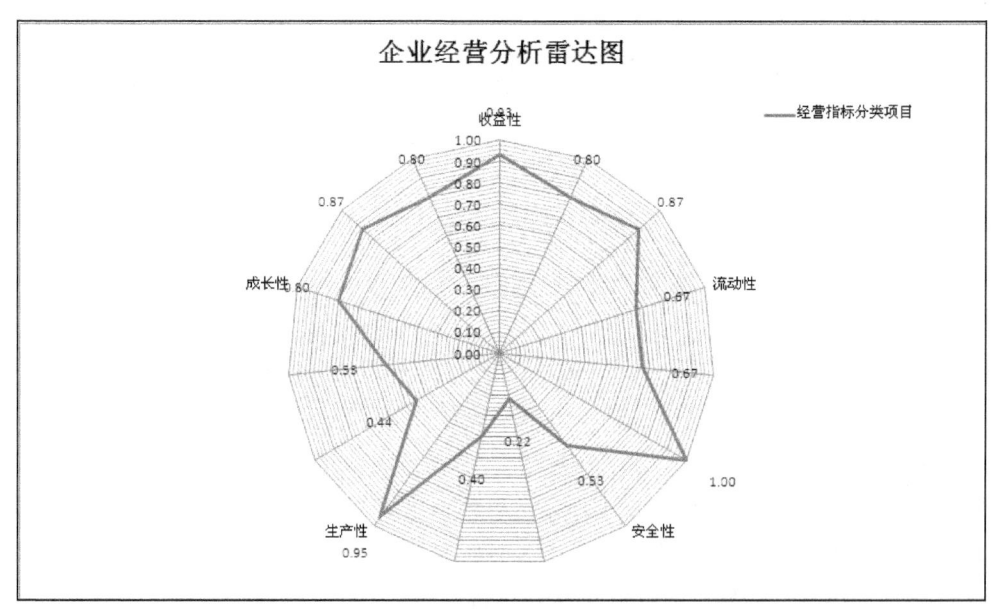

图 5-31 编辑完成的雷达图

3. 根据雷达图进行分析

根据上面的雷达图可以对企业的经营活动做一些分析。从雷达图可以看出，该企业的收益性、流动性和成长性中的各比率指标均高于同行业的平均水平，而安全性和生产性中的比率指标则基本上都低于同行业平均水平，说明这样的企业属于成长型的企业。当企业正处于业绩的上升恢复期，而企业的财务状况又没能适应企业的快速发展时，便会经常出现这样的"姿态"。此时要注意资金的调度，确保满足企业的需求。

实践练习题

某公司 2016 年、2017 年、2018 年三年的资产负债表和利润表如表 5-4 和表 5-5 所示。

要求：建立分析模型对该公司的相关财务状况和经营成果进行分析。

表 5-4　公司三年的资产负债表

会计年度	2018 年	2017 年	2016 年
货币资金	4 456 217 362.86	3 529 938 211.47	1 951 854 940.72
应收票据	1 852 478 364.46	2 444 508 997.74	2 762 389 909.89
应收账款	3 602 955 051.18	2 886 437 754.69	2 122 578 824.27
预付款项	1 636 233 924.64	764 880 237.90	924 354 545.55
其他应收款	1 284 655 342.63	325 550 913.72	117 634 380.52
存货	4 412 548 700.68	5 586 472 121.37	3 047 078 215.01
其他流动资产	1 803 256 307.61	1 698 362 261.63	658 572 125.34
流动资产合计	**19 048 345 054.06**	**17 236 150 498.52**	**11 584 462 941.30**
长期股权投资	356 796 777.78	77 434 005.49	67 201 931.89
投资性房地产	21 211 699.99	22 949 956.03	24 688 212.07
固定资产	19 751 339 991.06	22 740 904 031.02	12 882 358 381.56
在建工程	5 017 604 821.59	2 618 039 624.85	7 871 512 563.84
工程物资	75 054 992.09	61 924 581.85	116 481 086.12
固定资产清理	287 309 818.03		
生产性生物资产	1 169 269 054.15		
无形资产	1 416 497 159.22	1 517 137 201.36	1 459 453 227.94
商誉	20 283 787.17	20 283 787.17	20 283 787.17
长期待摊费用	184 770 685.65	192 917 245.62	176 436 950.42
递延所得税资产	376 938 086.60	174 026 534.27	147 510 479.23
其他非流动资产		969 061 500.85	726 742 568.44
非流动资产合计	**28 677 076 873.33**	**28 394 678 468.51**	**23 492 669 188.68**
资产总计	**47 725 421 927.39**	**45 630 828 967.03**	**35 077 132 129.98**
短期借款	12 876 398 495.16	12 086 984 606.69	3 594 157 220.47
应付票据	1 285 627 762.07	615 327 402.85	218 757 186.75
应付账款	3 239 781 724.81	4 685 585 997.60	2 708 064 676.44
预收款项	347 835 800.87	231 428 013.45	410 243 554.75
应付职工薪酬	177 847 769.71	147 063 891.65	169 426 660.41
应交税费	106 816 413.87	68 240 005.91	134 029 387.82
应付利息	133 046 123.31	106 854 702.74	
其他应付款	435 772 288.98	763 621 538.95	582 052 511.43
一年内到期的非流动负债	1 368 108 800.00	1 203 616 858.22	1 432 841 463.15
其他流动负债	**17 659 498.56**	**10 227 001.60**	**3 412 493 915.88**

会计年度	2018 年	2017 年	2016 年
流动负债合计	19 988 894 677.34	19 918 950 019.66	12 662 066 577.10
长期借款	3 933 167 835.94	5 143 067 496.05	4 725 628 719.05
应付债券	6 256 263 237.00	2 476 942 694.79	
专项应付款	641 526 872.70	660 000 000.00	
递延所得税负债			1 340 281.66
其他非流动负债	2 560 151 371.36	2 444 093 897.14	2 427 897 545.67
非流动负债合计	13 391 109 317.00	10 724 104 087.98	7 154 866 546.38
负债合计	33 380 003 994.34	30 643 054 107.64	19 816 933 123.48
实收资本(或股本)	2 062 045 941.00	2 062 045 941.00	2 062 045 941.00
资本公积	6 414 892 999.53	6 098 264 836.00	6 093 493 004.71
盈余公积	1 132 116 106.40	1 132 116 106.40	1 046 510 680.99
未分配利润	4 149 511 927.88	4 237 783 996.54	4 333 731 947.96
少数股东权益	585 921 753.20	1 459 152 539.48	1 724 413 211.96
外币报表折算价差	929 205.04	−1 588 560.03	4 219.88
归属母公司所有者权益(或股东权益)	13 759 496 179.85	13 528 622 319.91	13 535 785 794.54
所有者权益(或股东权益)合计	14 345 417 933.05	14 987 774 859.39	15 260 199 006.50
负债和所有者(或股东权益)合计	47 725 421 927.39	45 630 828 967.03	35 077 132 129.98

表 5-5　公司三年的利润表

会计年度	2018 年	2017 年	2016 年
一、营业收入	19 761 679 230.05	17 747 489 900.87	17 203 123 029.49
减：营业成本	16 693 768 322.36	14 931 153 175.89	13 683 001 460.32
营业税金及附加	78 689 990.94	75 717 528.59	30 117 480.19
销售费用	1 144 489 246.04	932 884 617.97	873 779 193.05
管理费用	1 110 246 902.75	1 014 494 608.50	871 138 204.71
财务费用	1 092 760 015.04	432 022 027.84	233 455 658.10
资产减值损失	70 250 158.94	41 216 449.59	110 419 785.04
加：公允价值变动净收益	47 822 076.87	48 173 926.26	46 302 250.58
投资收益	−35 524 960.75	7 871 420.17	−13 762 755.60
其中：对联营企业和合营企业的投资收益	−637 227.71	−3 246 150.00	−13 863 141.44
二、营业利润	−416 228 289.90	376 046 838.92	1 433 750 743.06
加：营业外收入	421 528 346.56	364 826 920.31	179 418 037.60
减：营业外支出	21 440 038.10	41 883 862.53	50 814 216.46
其中：非流动资产处置净损失	4 484 098.29	5 791 866.58	42 128 862.46
三、利润总额	−16 139 981.44	698 989 896.70	1 562 354 564.20
减：所得税	−62 826 238.51	110 263 113.88	260 696 445.13
四、净利润	46 686 257.07	588 726 782.82	1 301 658 119.07
归属于母公司所有者的净利润	221 034 822.54	608 271 256.29	1 163 341 066.21
少数股东损益	−174 348 565.47	−19 544 473.47	138 317 052.86
五、每股收益			
基本每股收益	0.11	0.29	0.56
稀释每股收益	0.11	0.29	0.56

第6章
投资决策分析

本章内容提要：

- 如何使用投资决策函数：NPV()、XNPV()、IRR()、MIRR()、XIRR()
- 如何使用折旧方法函数：SLN()、DDB()、VDB()、SYD()
- 设计、建立和改进投资指标决策分析模型
- 设计、建立和改进折旧函数对比分析模型
- 设计、建立和改进考虑不同折旧方法的投资决策模型
- 设计、建立和改进固定资产更新决策模型
- 设计、建立和改进投资风险分析模型

本章要重点掌握的 Excel 工具：

- 净现值函数 NPV()
- 非周期流量净现值函数 XNPV()
- 内含报酬率函数 IRR()
- 修正内含报酬率函数 MIRR()
- 非周期流量内含报酬率函数 XIRR()
- 直线折旧函数 SLN()
- 双倍余额递减函数 DDB()
- 可变余额递减函数 VDB()
- 年限总和函数 SYD()
- "表单控件>组合列表框"命令
- "表单控件>命令按钮"命令
- "条件格式>数据条"命令
- "条件格式>突出显示单元格规则"命令
- "条件格式>清除规则"命令
- "加载项>宏录制"命令
- "插入>剪贴画"命令
- "剪辑管理器"窗口

本章讲解利用 Excel 进行投资决策的方法、Excel 投资决策中涉及的函数，以及投资决策模型的构建，包括折旧对比分析模型、投资决策分析模型、固定资产更新决策模型和投资风险分析模型。投资决策是企业资金管理的重要环节，在投资决策过程中，财务管理人员必须掌握这些投资决策模型的设计和建立方法，以便利用模型对企业的投资活动进行分析，为企业投资决策提供参考依据。

6.1　投资决策业务场景分析

投资决策是指投资者为了实现预期的投资目标，运用一定的科学理论、方法和手段，通过一定的程序对投资的必要性、投资目标、投资规模、投资方向、投资结构、投资成本与收益等经济活动中的重大问题进行的分析、判断和方案选择。投资决策是企业资金管理的重要过程。

投资决策的内容之一是进行投资方案评价，此时使用的指标分为贴现指标和非贴现指标。贴现指标是指考虑了时间价值因素的指标，主要包括净现值、现值指数、内含报酬率等。非贴现指标是指没有考虑时间价值因素的指标，主要包括回收期、会计收益期等。相应地，投资决策方法也分贴现的方法和非贴现的方法。

投资总会伴随着风险，投资的不同阶段有不同的风险，投资风险也会随着投资活动的进展而变化，投资风险分析是投资决策的另一项重要内容。

6.2　Excel 投资决策函数

为了帮助财务管理人员建立投资决策模型，为决策提供依据，Excel 提供了丰富的投资决策分析函数。利用这些工具，可以进行投资项目的决策、投资风险分析、固定资产更新决策、折旧分析等。这些函数包括净现值类函数和内含报酬率类函数。

6.2.1　净现值类函数

Excel 共提供了两个计算项目净现值的函数：净现值函数 NPV()和非周期流量净现值函数 XNPV()。

1.　净现值函数 NPV()

语法：NPV(rate,value1,value2,...)

功能：已知一系列现金流和固定的各期贴现率的条件下，返回某项投资的净现值。

参数说明如下。

（1）rate 是各期现金流量折为现值的贴现率，是在函数 NPV()中取一固定值，一般是投资项目的最低报酬率或资金成本率。

（2）value1,value2,...代表流出及流入的现金流量。其中现金流入用正数表示，现金流出用负数表示。Value 参数最少为 1 个，最多为 29 个。对 Value 参数的要求如下。

- value1,value2,...所属各期间的长度必须相等，而且流出及流入的时间都发生在期末。
- 函数 NPV()按次序使用 value1,value2,...参数，即 value1 表示第一期期末发生的现金流；value2 表示第二期期末发生的现金流，依次类推。所以一定要保证流出及流入数额按正确的顺序输入。
- 只要 value1,value2,...参数位置是数值、空白单元格、逻辑值或表示数值的文字表达式，则计算 NPV()时都会被计算在内。
- 如果 value1,value2,...参数位置是一个数组或引用，则只有其中的数值部分在计算 NPV()时会被计算在内。
- 假设投资开始于 value1 现金流所在日期的前一期，并结束于最后一笔现金流的当期。如果第一笔现金流发生在第一个周期的期初，则第一笔现金必须添加到函数 NPV()的结果中，而不应包含在 values 参数中。函数 NPV()计算的是未来的现金流的总现值。

【例6-1】假设某项目第1年年末投资10 000元，未来3年中各年年末的收入分别为3 000元、4 200元和6 900元。如果每年的贴现率是8%，计算该项目的净现值。

(1)选择一个单元格，如 A1，单击"公式>财务"命令下的"NPV"，如图 6-1 所示，弹出如图 6-2 所示的对话框。

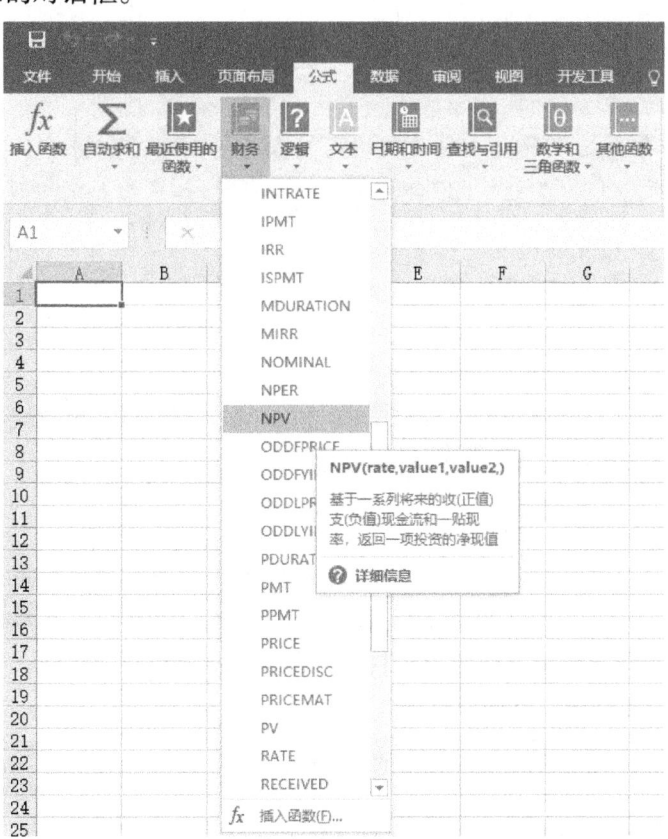

图 6-1　净现值函数

(2)按照图 6-2 所示输入各参数,单击"确定"按钮,即可得出计算结果,该投资的净现值是:NPV=NPV(8%,–10000,3000,4200,6900)=1 718.56(元)

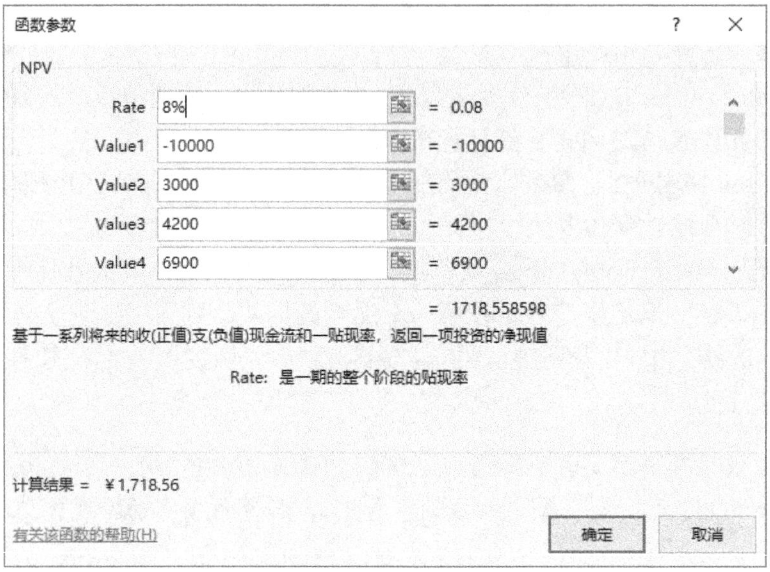

图 6-2　净现值的计算结果

在本例中,因为付款发生在第一期的期末,因此将开始投资的 10 000 作为 value 参数的一部分。

【例 6-2】假如年初投入资金 400 万元购买一家百货商店,希望前 5 年的营业收入分别为 80 万元、92 万元、100 万元、120 万元和 145 万元。如果每年的贴现率为 8%,计算该投资项目的净现值。

在工作表中,如果百货商店的投资成本及收入分别存储在 B1 到 B6 单元格中,该项投资的净现值是:

NPV=NPV(8%,B2:B6)+B1=19.22(万元)

在本例中,因为一开始投资的 400 万元发生在第一期的期初,因此计算时不包含在 value 参数中,而是放在函数后作为函数值的减项。

2. 非周期流量净现值函数 XNPV()

用净现值函数 NPV()分析时要求项目的现金流量必须是按固定的间隔发生的,如按月或按年,而在实际工作中,投资项目的现金流量常常是非周期性的,因此为了计算这些项目的净现值,Excel 提供了非周期流量净现值函数 XNPV()。

语法:XNPV(rate,values,dates)

功能:返回非周期性发生的现金流的净现值。

参数说明如下。

(1)rate 是各期现金流量折为现值的贴现率。

(2)values 是与 dates 中的发生时间相对应的一系列现金流量值。如果第一个值是投资成本或现金流出量，则它必须是负数；所有后续现金流都基于365天/年贴现。

(3)dates 是与现金流相对应的现金流发生的日期表。第一个日期代表开始，其他日期应迟于该日期，但可按任何顺序排列。计算时 dates 中的数值将被截尾取整。对 dates 参数的要求如下。

- 如果任一参数为非数值型，则函数 XNPV() 返回错误值#VALUE!。
- 如果 dates 中的任一数值不是合法日期，则函数 XNPV() 返回错误值#NUM!。
- 如果 dates 中的任一数值先于开始日期，则函数 XNPV() 返回错误值#NUM!。
- 如果 values 和 dates 所含数值的数目不同，则函数 XNPV() 返回错误值#NUM!。

(4)函数 XNPV() 的计算公式为：

$$XNPV = \sum_{j=1}^{n} \frac{p_j}{(1+rate)^{\frac{d_j-d_1}{365}}}$$

式中，d_j——第 j 个发生日期；

d_1——第 1 个发生日期；

P_j——第 j 笔现金流量金额。

【例6-3】假设一项投资要求在2019年1月1日支付现金10 000元，2019年3月1日回收2 750元，2019年10月30日回收4 250元，2020年2月15日回收3 250元，2020年4月1日回收2 750元。假设贴现率为9%，计算该项投资的净现值。

因为现金流量的发生是不定期的，因此采用函数 XNPV() 计算项目净现值。函数 XNPV() 的操作方法有下面三种。

(1)操作方法1。

① 选择一个单元格，如 A1，单击"公式>财务"命令下的"XNPV"，弹出如图6-3所示的对话框。

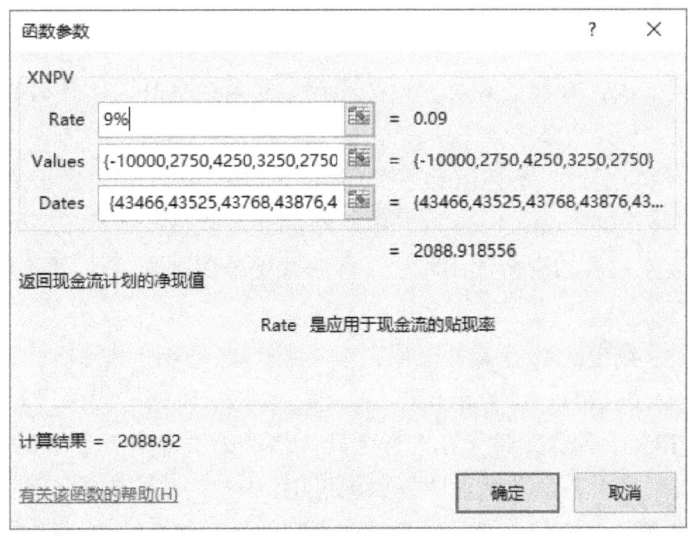

图6-3　XNPV 函数参数对话框

② 输入各参数项，单击"确定"按钮，即可得出计算结果，该项目的净现值为 2 088.92 元。

(2)操作方法 2。

选择一个单元格，如 A1，直接输入公式："=XNPV(9%,{-10000,2750,4250,3250,2750}, {43466,43525,43768,43876,43922})"，然后按 Enter 键，计算结果就显示在输入公式的单元格中，结果是 2 088.92。

(3)操作方法 3。

① 将–10 000，2 750，4 250，3 250，2 750 分别输入单元格区域 A1:E1 中，将日期 2019-1-1，2019-3-1，2019-10-30，2020-2-15，2020-4-1 分别输入单元格区域 A2:E2 中，如图 6-4 所示。

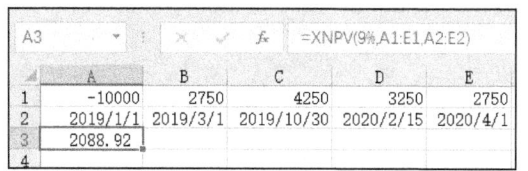

图 6-4　输入原始数据

② 在单元格 A3 中输入公式"=XNPV(9%,A1:E1,A2:E2)"然后按 Enter 键，并保留两位小数，计算结果就显示在输入公式的单元格中，结果是 2 088.92。

6.2.2　内含报酬率类函数

Excel 共提供了三个计算项目内含报酬率的函数：内含报酬率函数 IRR()、修正内含报酬率函数 MIRR()和非周期流量内含报酬率函数 XIRR()。

1.　内含报酬率函数 IRR()

语法：IRR(values,guess)

功能：返回连续期间的现金流量的内含报酬率。

参数说明如下。

(1)values 为数组或含有数值的单元格的引用。其中现金流入用正数表示，现金流出用负数表示。对 values 参数的要求如下。

- values 必须包含至少一个正值和一个负值，否则无法计算内含报酬率。
- 函数 IRR()是根据 values 参数的顺序来解释现金流量的顺序的，因此应按需要的顺序输入现金流入量和现金流出量，而且这些现金流必须是按固定的间隔发生的，如按月或按年。
- 如果 values 参数中的数组或引用是文本、逻辑值或空白单元格，则被忽略不计。

(2)guess 是对函数 IRR()计算结果的估计值。Excel 使用迭代法计算函数 IRR()。从 guess 开始，函数 IRR()不断反复计算，直至计算结果的误差率小于 0.00001%。如果经过 20 次计算，仍未找到结果，则系统返回错误值#NUM！；在大多数情况下，并不需要提供参数 guess 值，如果省略 guess 值，则系统自动假设它为 0.1(10%)。如果函数 IRR()返回错误值#NUM！，或结果没有靠近期望值，则可以换一个 guess 值重新计算。

【例 6-4】假设要开一家饭店，估计需要 70 万元的投资，并预期今后 5 年的净收益分别为 12 万元、15 万元、18 万元、21 万元和 26 万元，计算该项目的内含报酬率。

在工作表中，把该项目的投资成本和净收益值分别存储在 A2 到 F2 单元格中，计算结果放在 B3 单元格中，如图 6-5 所示。采用内含报酬率函数计算的过程如下。

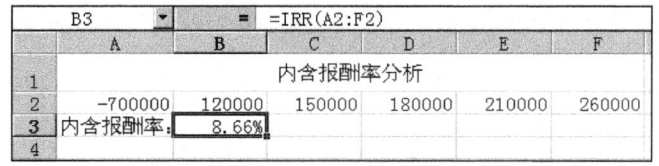

图 6-5　内含报酬率函数 IRR()

(1)选择 B3 单元格，单击"公式>财务"命令下的"IRR"，弹出如图 6-6 所示的对话框。

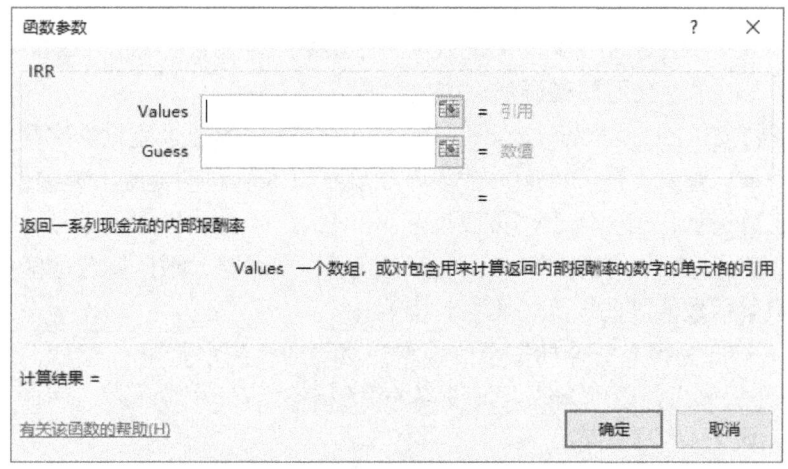

图 6-6　IRR 函数参数对话框

(2)输入各参数，单击"确定"按钮，即可得出计算结果，如图 6-7 所示。该项目投资 5 年后的内含报酬率：IRR(A2:F2)=8.66%。

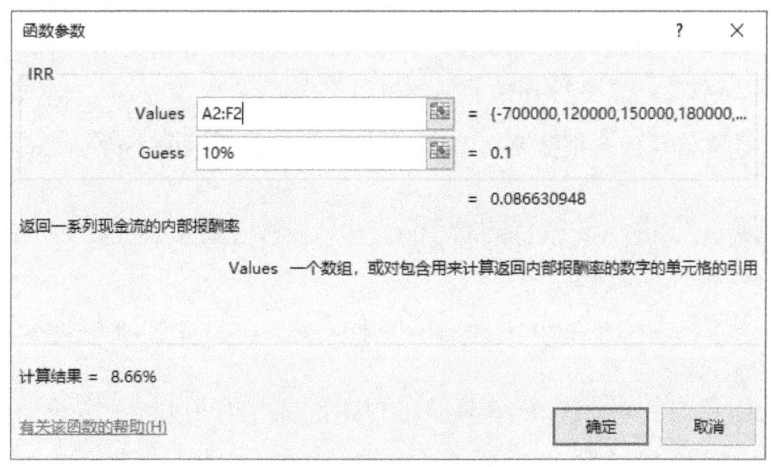

图 6-7　内含报酬率的计算结果

(3)如果计算此项投资 2 年后的内含报酬率，则必须在函数中包含 guess 参数，否则返回错误值 #NUM! 。例如，给定 guess 为 –10%，则投资 2 年后的内含报酬率 =IRR(A2:C2,–10%)=–44.35%

2. 修正内含报酬率函数 MIRR()

内含报酬率虽然考虑了时间价值，但未考虑现金流入的再投资机会。修正内含报酬率指标在内含报酬率指标基础上，考虑了投资的成本和再投资的报酬率。

语法：MIRR(values,finance_rate,reinvest_rate)

功能：返回某一连续期间内现金流量的修正内含报酬率。

参数说明如下。

(1)values 为一个数组，或对数字单元格区域的引用。数组或单元格区域中的数值代表各期的现金流入量及现金流出量。对参数 values 的要求如下。

- 参数 values 必须包含至少一个正数和一个负数，才能计算修正后的内含报酬率，否则函数 MIRR() 会返回错误值 #DIV/0!。
- 因为函数 MIRR() 是根据 values 中各值的次序来理解现金流量的次序的，所以必须按照现金流量发生的实际顺序输入各项现金流入量和现金流出量数据，其中现金流入用正数表示，现金流出用负数表示。
- 如果数组或引用中包括文字串、逻辑值或空白单元格，则计算时这些值将被忽略不计，但包括数值零的单元格将被计算在内。

(2)finance_rate 为投入资金的资金成本率或必要的报酬率。

(3)reinvest_rate 为各期现金流入再投资的报酬率。

(4)函数 MIRR() 的计算公式为：

$$MIRR = \left(\frac{-NPV(rrate,values1) \times (1+rrate)}{NPV(frate,values2) \times (1+frate)} \right)^{\frac{1}{n-1}} - 1$$

【例 6-5】假设某企业 5 年前以年利率 10% 从银行借款 12 万元投资一个项目，这 5 年间该项目每年的净收入分别为 3.9 万元、3 万元、2.1 万元、3.7 万元和 4.6 万元。期间又将所获利润用于重新投资，每年的再投资报酬率为 12%。

要求：1. 计算修正内含报酬率；2. 如果每年的再投资报酬率为 14%，试计算修正内含报酬率。

(1)在单元格 A2 中输入贷款总数 120 000，在单元格区域 B2:F2 中按顺序分别输入这 5 年的年净收入，如图 6-8 所示。

在 B3 单元格中输入公式 "=MIRR(A2:F2,10%,12%)"，然后按 Enter 键即可得出 5 年后的修正内含报酬率为 12.61%。

(2)如果每年的再投资报酬率为 14%，则 5 年后的修正内含报酬率 = MIRR(A2:F2,10%,14%)=13.48%。

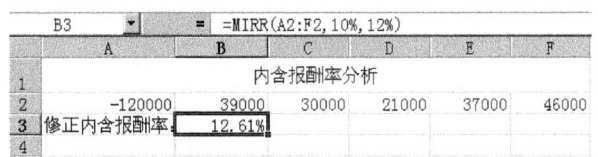

图 6-8 修正内含报酬率函数 MIRR()

3. 非周期流量内含报酬率函数 XIRR()

内含报酬率、修正内含报酬率的分析都要求用于计算的现金流量必须是按固定的间隔发生的，如按月或按年，而在实际工作中，投资项目的现金流量常常是非周期性的，因此为了对这些项目也能计算其内含报酬率，Excel 提供了非周期流量内含报酬率函数 XIRR()。

语法：XIRR(values,dates,guess)

功能：返回一组非定期发生的现金流的内含报酬率。

参数说明如下。

(1) values 是与 dates 中的支付时间相对应的一系列现金流量值。如果第一个值是投资成本或现金流出量，则它必须是负数；所有后续现金流都基于 365 天/年贴现。

(2) dates 是与现金流相对应的现金流发生的日期表。第一个日期代表开始，其他日期应迟于该日期，但可按任何顺序排列。计算时 dates 中的数值将被截尾取整。

(3) guess 是对函数 XIRR() 计算结果的估计值。

对参数的要求如下。

- values 中必须包含至少一个正数和一个负数，否则函数 XIRR() 返回错误值#NUM!。
- 如果 dates 中的任一数值不是合法日期，则函数 XIRR() 返回错误值#NUM!。
- 如果 dates 中的任一数字先于开始日期，则函数 XIRR() 返回错误值#NUM!。
- 如果 values 和 dates 所含数值的数目不同，则函数 XIRR() 返回错误值#NUM!。

Excel 使用迭代法计算函数 XIRR()。从 guess 开始，函数 XIRR() 不断反复计算，直至计算结果的误差率小于 0.000001%。如果函数 XIRR() 运算 100 次，仍未找到结果，则返回错误值 #NUM!；在大多数情况下，并不需要提供参数 guess 值，如果省略 guess 值，则系统自动假设它为 0.1(10%)。如果函数 XIRR() 返回错误值#NUM!，或结果没有靠近期望值，可以换一个 guess 值重新计算。

(4) 函数 XIRR() 的计算公式为：

$$\text{XIRR} = \sum_{j=1}^{n} \frac{p_j}{(1+\text{rate})^{\frac{d_j-d_1}{365}}}$$

式中，d_j——第 j 个发生日期；

d_1——第 1 个发生日期；

p_j——第 j 笔现金流量金额。

满足上式要求的 rate 即为所求的非周期流量内含报酬率。

【例 6-6】根据【例 6-3】的资料，计算该项目的内含报酬率。

因为现金流量的发生是不定期的，因此采用函数 XIRR()计算项目净现值。函数 XIRR()的操作方法有下面两种。

(1)操作方法 1。

① 将–10000，2750，4250，3250，2750 分别输入单元格区域 A1:E1 中，将日期 2019-1-1，2019-3-1，2019-10-30，2020-2-15，2020-4-1 分别输入单元格区域 A2:E2 中。

② 选择一个空白的单元格，如 A3，单击"公式>财务"命令下的"XIRR"，弹出如图 6-9 所示的对话框。

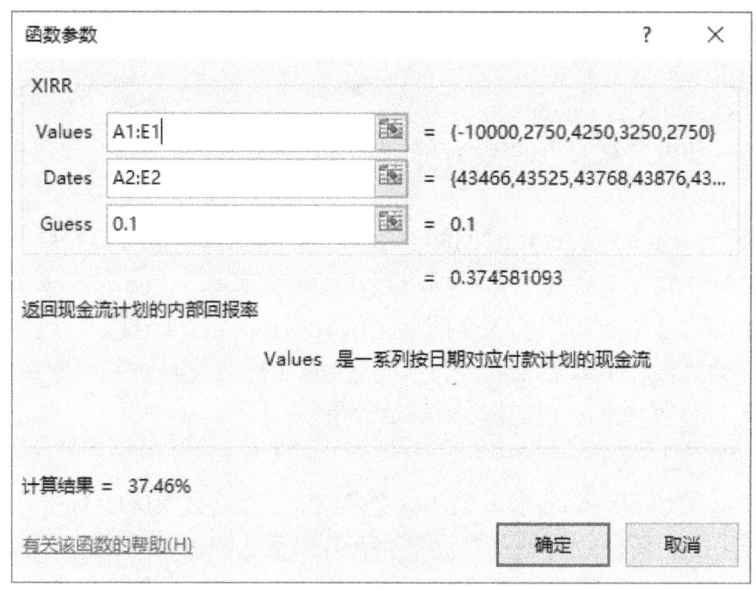

图 6-9　XIRR 函数参数对话框

③ 按照图 6-9 所示输入参数，单击"确定"按钮，即可得出计算结果。如果 guess 给定 10%，则该项投资的内含报酬率为 37.46%。

(2)操作方法 2。

在存放内含报酬率的单元格中直接输入公式：

"=XIRR({-10000,2750,4250,3250,2750},{43466,43525,43768,43876,43922}),0.1)"，然后按 Enter 键，并保留两位小数，计算结果就显示在输入公式的单元格中，结果是 37.46%。

6.3　Excel 折旧对比分析

在实际工作中企业最常用的折旧方法是直线法、年数总和法和余额递减法。这些折旧方法都可以利用 Excel 提供的函数 SLN()、SYD()、DDB()和 VDB()计算得到。通过不同折旧方法的计算比较，可以定量了解折旧对企业的影响，通过选择适当的折旧方法既符合谨慎原则又可以减少企业税负，达到合理避税的目的。

6.3.1 折旧方法分析

1. 直线折旧法

直线折旧法是根据固定资产的原始价值、预计净残值和预计清理费用，按照预计使用年限平均计算折旧的一种方法。用该方法计算出来的折旧额每个年份或月份都是相等的。其计算公式为：

$$年折旧额 = \frac{原始价值 - 预计净残值}{折旧年限}$$

2. 余额递减法

余额递减法是用直线法折旧率的倍数作为定率乘以该资产的账面净值来计算折旧额的方法。采用该方法时需要在固定资产折旧年限到期前两年内，将固定资产净值扣除预计净残值后的净额平均摊销。双倍余额递减法是一种加速折旧的方法，即折旧在第一阶段是最高的，在后续阶段中逐渐减少。当倍减速率为 2 时，称为双倍余额递减法。其计算公式为：

$$年折旧率 = \frac{2}{折旧年限} \times 100\%$$

$$年折旧额 = 年初固定资产账面净值 \times 年折旧率$$

3. 年限总和法

年限总和法是根据折旧总额乘以递减分数来计算年折旧额的一种方法。它也是一种递减加速折旧法。其计算公式为：

$$递减分数 = \frac{固定资产尚可提折旧的年数}{固定资产折旧年限的各年年数之和} \times 100\%$$

$$递减分数 = \frac{固定资产尚可提折旧的年数}{固定资产折旧年限的各年年数之和} \times 100\%$$

$$年折旧额 = (固定资产原值 - 预计净残值) \times 该年折旧率$$

6.3.2 折旧函数分析

1. 直线折旧函数 SLN()

语法：SLN(cost,salvage,life)

功能：返回一项固定资产每期的按照直线法计算的折旧费。

参数说明如下。

(1) cost 为固定资产原值。

(2) salvage 为预计的固定资产净残值。

(3) life 为折旧期限。

【例 6-7】某企业购买了一辆价值 30 000 元的卡车，其折旧年限为 10 年，预计残值为 7 500 元。采用直线法计算每年的折旧额。

选择一个单元格，如 A1，启动 SLN 函数参数对话框，如图 6-10 所示，输入参数，单击"确定"即可得到计算结果。

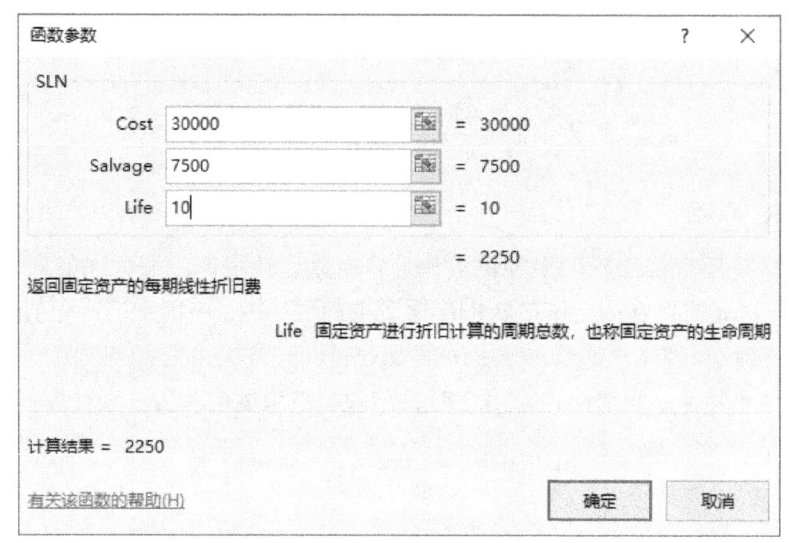

图 6-10　SLN 函数参数对话框

每年的折旧额=SLN(30000,7500,10)=2 250(元)

2. 双倍余额递减函数 DDB()

语法：DDB(cost,salvage,life,period,factor)

功能：计算一项固定资产在给定期间内的折旧额。

参数说明如下。

(1) cost 为固定资产原值。

(2) salvage 为预计的固定资产净残值。

(3) life 为折旧期限，如果要计算年折旧额则为折旧年限数，如果要计算月折旧额则为折旧月份数。

(4) period 为需要计算折旧额的期间。period 必须使用与 life 相同的单位。

(5) factor 为余额递减速率。如果 factor 被省略，则为 2，即为双倍余额递减法。可以改变此参数的值。

(6) 这 5 个参数都必须为正数。

【例 6-8】某工厂购买了一台新设备，价值为 24 000 元，使用期限为 10 年，残值为 3 000 元。采用双倍余额递减法计算各年折旧额。

(1) 在工作表的连续单元格区域输入折旧年份，如图 6-11 所示，在 A3:A12 单元格区域输入年份 1~10。

(2)在存放第一年折旧额的单元格 B3 中输入公式"=DDB(24000,3000,10,$A3,2)",如图 6-11 所示,按 Enter 键即可计算出第一年的年折旧额。

(3)选中 B3 单元格,单击"开始"中的"复制"按钮 📋。

(4)选中 B4:B10 单元格区域,然后单击"开始"中的"粘贴"按钮 📋,于是系统自动复制公式到这些单元格中,如 B4 单元为"=DDB(24000,3000,10,$A4,2)"、B5 单元为"=DDB(24000,3000,10,$A5,2)"等,并计算出第 2 年到第 8 年的折旧额。

(5)在 B11 单元格中输入公式"=(24000-SUM($B$3:$B$10)-3000)/2",计算出第 9 年的折旧额。

(6)选中 B11 单元格,单击"开始"中的"复制"按钮 📋。

(7)选中 B12 单元格,单击"开始"中的"粘贴"按钮 📋,于是系统自动复制公式到 B12 单元格中,并计算出第 10 年的折旧额。

	B3	▼	=	=DDB(24000, 3000, 10, $A3, 2)	
	A	B	C	D	E
2	年份	年折旧额			
3	1	4,800.00			
4	2	3,840.00			
5	3	3,072.00			
6	4	2,457.60			
7	5	1,966.08			
8	6	1,572.86			
9	7	1,258.29			
10	8	1,006.63			
11	9	513.27			
12	10	513.27			

图 6-11 双倍余额递减函数 DDB()

采用双倍余额递减函数 DDB()需要注意的问题。

- 因为双倍余额递减法要求在固定资产折旧年限到期的最后两年内,将固定资产净值扣除预计净残值后的净额平均摊销,因此后两年的折旧额需要单独输入公式计算。
- 在折旧额计算公式中,参数 period 应采用单元格引用,而不应直接输入期数,同时根据年份所在的单元格区域确定单元格引用的形式。如果存放在一列内,如本例所示,则列为绝对引用,行为相对引用,如本例中的"$A3";如果存放在一行内,则行为绝对引用,列为相对引用,如年份数据在从 A3 开始的第三行内,则 period 为"A$3"。
- 如果计算月折旧额,则年份数据应改为月份数据,即 life 参数为月份数,本例中为 120;period 参数中引用的单元格的值也相应地改为第几月份。
- 在最后两年的折旧计算公式中,已提累计折旧的计算采用绝对引用"$B$3:$B$10",这样复制时,引用的单元格将不改变。

3. 可变余额递减函数 VDB()

语法:VDB(cost,salvage,life,start_period,end_period,factor,no_switch)

功能:返回指定期间内或某一时间段内的固定资产折旧额。

可变余额递减函数 VDB()与双倍余额递减函数 DDB()类似,双倍余额递减函数是

factor 参数为 2 时的可变余额递减函数，是可变余额递减函数的特例。但双倍余额递减函数只能计算各期的折旧额，而可变余额递减函数可以计算某一期间的折旧额。

参数说明如下。

(1) cost 为固定资产原值。

(2) salvage 为预计的固定资产净残值。

(3) life 为折旧期限，如果要计算年折旧额则为折旧年限数，如果要计算月折旧额则为折旧月份数。

(4) start_period 为需要计算折旧额的起始期次。start_period 必须使用与 life 相同的单位。

(5) end_period 为需要计算折旧额的截止期次。end_period 必须使用与 life 相同的单位。

(6) factor 为余额递减速率。factor 等于 2 时即为双倍余额递减法。

(7) no_switch 为一逻辑值，如果为 FALSE 或省略，说明直线折旧法计算值大于余额递减法计算值，Excel 将转换到直线折旧法；否则不转换。

(8) 公式中除 no_switch 以外的所有参数都必须为正数。

【例 6-9】以【例 6-8】数据为例，当 factor 为 1.5 和 2 时用可变余额递减函数 VDB() 计算第 1 年、第 1 个月、第 6 个月到第 18 个月的折旧额；假设机器购买于某一财政年度的第 1 季度的中期，并假设税法限定递减余额按 150%速率折旧，计算购置资产后的第一个财政年度的折旧额。

(1) 当 factor=2 时：

第 1 年的折旧额=VDB(24000,3000,10,0,1,2)=4 800(元)

第 1 个月的折旧额=VDB(24000,3000,120,0,1,2)=400(元)

第 6 个月到第 18 个月的折旧额=VDB(24000,3000,120,6,18,2)=3 963.06(元)

(2) 当 factor=1.5 时：

第 1 年的折旧额=VDB(24000,3000,10,0,1,1.5)=3 600(元)

第 1 月折旧额=VDB(24000,3000,120,0,1,1.5)=300(元)

第 6 个月到第 18 个月的折旧额=VDB(24000,3000,120,6,18,1.5)=3 118.09(元)

购置该设备后第 1 个财政年度的折旧额=VDB(24000,3000,10,0,0.875,1.5)=3 150(元)

4. 年限总和函数 SYD()

语法：SYD(cost,salvage,life,per)

功能：返回某项固定资产某期按年限总和法计算的折旧额。

参数说明如下。

(1) cost 为固定资产原值。

(2) salvage 为预计的固定资产净残值。

(3) life 为折旧期限，如果要计算年折旧额则为折旧年限数，如果要计算月折旧额则为折旧月份数。

(4) per 为需要计算折旧额的期间。period 必须使用与 life 相同的单位。

函数 SYD() 的计算公式为：

$$\mathrm{SYD}=\frac{(\mathrm{cost}-\mathrm{salvage})\times(\mathrm{life}-\mathrm{per}+1)\times 2}{\mathrm{life}\times(\mathrm{life}+1)}$$

【例 6-10】假设购买一台设备，价值 300 000 元，使用期限为 5 年，残值为 35 000 元，把折旧年份 1～5 放在工作表的 B3:B7 单元格区域中，则采用年限总和法计算的各年折旧额如图 6-12 所示。

第 1 年的折旧额=SYD(300000,35000,5,$A3)=88 333.33(元)

第 2 年的折旧额=SYD(300000,35000,5,$A4)=70 666.67(元)

第 3 年的折旧额=SYD(300000,35000,5,$A5)=53 000(元)

第 4 年的折旧额=SYD(300000,35000,5,$A6)=35 333.33(元)

第 5 年的折旧额=SYD(300000,35000,5,$A7)=17 666.67(元)

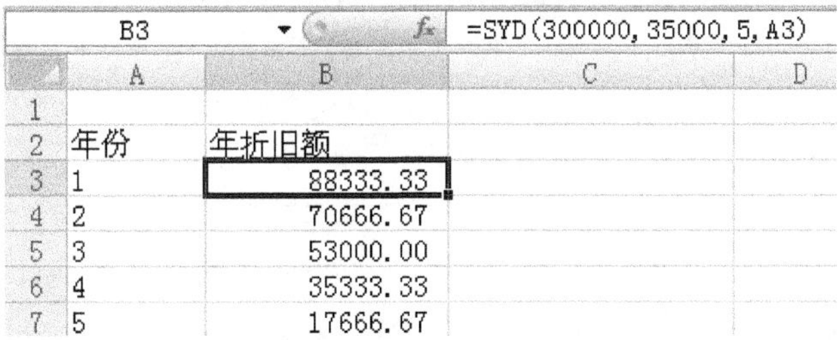

B3 =SYD(300000, 35000, 5, A3)

	A	B	C	D
1				
2	年份	年折旧额		
3	1	88333.33		
4	2	70666.67		
5	3	53000.00		
6	4	35333.33		
7	5	17666.67		

图 6-12　年限总和函数 SYD()

采用年限总和函数 SYD()需要注意的问题。

- 与双倍余额递减函数相同，在折旧额计算公式中，参数 per 应采用单元格引用，而不应直接输入期数，同时根据年份所在的单元格区域确定单元格引用的形式。如果存放在一列内，则列为绝对引用，行为相对引用；如果存放在一行内，则行为绝对引用，列为相对引用。
- 如果计算月折旧额，则年份数据应改为月份数据，即 life 参数为月份数，本例中为 60；per 参数中引用的单元格的值也相应地改为第几月份。

6.3.3　折旧函数对比分析模型

下面将以【例 6-10】为例说明如何设计折旧分析模型，并利用模型进行不同折旧方法的比较分析。

1. 设计模型

(1) 如图 6-13 所示，在“折旧分析”工作表的 B3、B4、E3 单元格中分别输入固定资产的原始价值、使用年限和净残值，在 B5:F5 单元格区域中分别输入年份 1～5；

(2) 在 B7:F7 单元格区域中分别存放直线法折旧的公式与计算结果；

(3) 在 B8:F8 单元格区域中分别存放年数总和法折旧的公式与计算结果；

(4) 在 B9:F9 单元格区域中分别存放双倍余额递减法折旧的公式与计算结果。

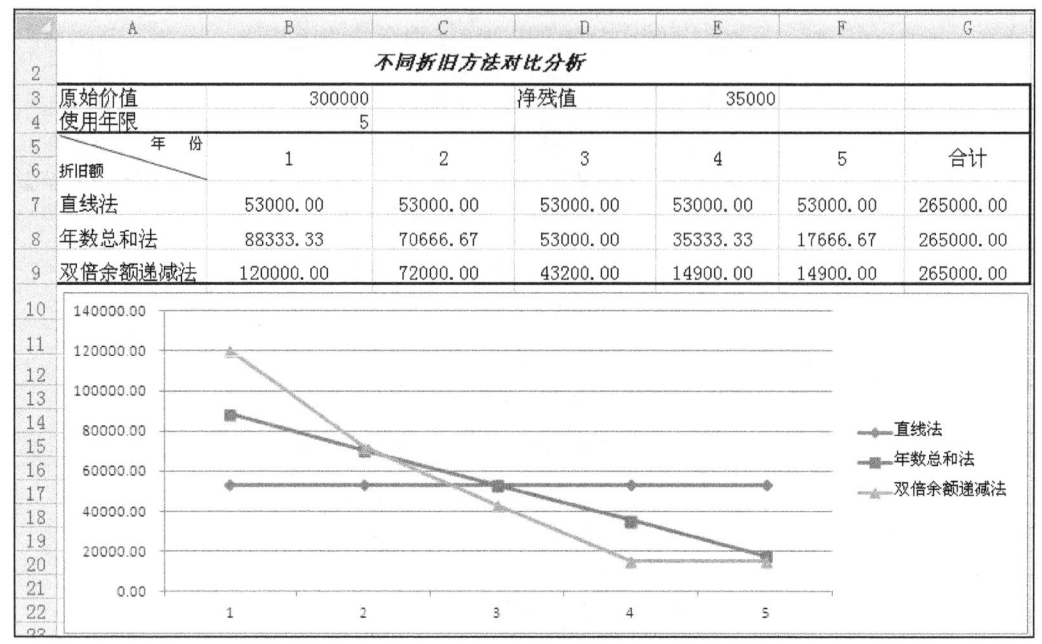

图 6-13　不同折旧方法分析比较模型

同时计算各种折旧方法下的折旧合计，计算公式如表 6-1 所示。

表 6-1　示例中三种折旧方法的计算公式

折旧年份	直线法	年数总和法	双倍余额递减法
1	=SLN($B$3,$E$3,$B$4)	=SYD($B$3,$E$3,$B$4,B5)	=DDB($B$3,$E$3,$B$4,B5,2)
2	=SLN($B$3,$E$3,$B$4)	=SYD($B$3,$E$3,$B$4,C5)	=DDB($B$3,$E$3,$B$4,C5,2)
3	=SLN($B$3,$E$3,$B$4)	=SYD($B$3,$E$3,$B$4,D5)	=DDB($B$3,$E$3,$B$4,D5,2)
4	=SLN($B$3,$E$3,$B$4)	=SYD($B$3,$E$3,$B$4,E5)	=($B$3-SUM($B$9:$D$9)-$E$3)/2
5	=SLN($B$3,$E$3,$B$4)	=SYD($B$3,$E$3,$B$4,F5)	=($B$3-SUM($B$9:$D$9)-$E$3)/2
合计	=SUM(B7:F7)	=SUM(B8:F8)	=SUM(B9:F9)

2. 绘制折旧比较分析图

(1)选中 A7:F9 单元格区域，单击"插入"选项卡中的"折线图"按钮。

(2)绘制出折线图。

(3)输入图表标题、X 轴、Y 轴和图例项标识。

(4)形成折旧比较分析图，如图 6-13 所示。

因为表内数据之间已经建立了链接，表中数据与分析图之间也建立了链接，因此计算不同固定资产的折旧时，只需要改变固定资产原始价值、使用年限和净残值 3 个单元格的值，其各期的折旧额将自动计算出来，分析图表也将随着数据的变化而自动更新。

6.4　Excel 投资决策分析

投资决策指标是评价项目是否可行和优劣的标准，其中以考虑时间价值的分析为主。

6.4.1 投资决策方法分析

投资决策指标主要包括净现值、内含报酬率、现值指数等。

1. 净现值(NPV)

投资的净现值(NPV)是指某一方案未来各期现金流入现值和未来现金流出现值之间的差额。

Excel中净现值NPV()的计算公式为:

$$NPV = \sum_{t=1}^{n} \frac{value_t}{(1+rate)^t}$$

式中,n——values参数表中现金流的个数。

净现值法就是按净现值大小来评价方案优劣的一种方法。净现值大于零则方案可行,且净现值越大,方案越优,投资效益越好。其原理是:假设预计的现金流入在年末肯定可以实现,并把原始投资看成是按预定贴现率借入的,当净现值为正数时偿还本息后该项目仍有剩余的收益,当净现值为零时偿还本息后一无所获,当净现值为负数时该项目收益不足以偿还本息。

净现值法具有广泛的适用性,它在应用中的主要问题是如何确定贴现率,其中一种办法是根据资金成本来确定,另一种办法是根据企业要求的最低资金利润来确定。

2. 内含报酬率(IRR)

内含报酬率(IRR)是指能够使未来现金流入量现值等于未来现金流出量现值的贴现率,或者说是使投资方案的NPV为零的贴现率。内含报酬率法是根据方案本身内含报酬率来评价方案优劣的一种方法。

在计算方案的净现值时,以预期投资报酬率作为贴现率计算,净现值的结果往往大于零或小于零,这就说明方案的实际可能达到的投资报酬率大于或小于预期投资报酬率;而当净现值为零时,说明两种报酬率相等。根据这个原理,内含报酬率法就是要计算出使净现值等于零时的贴现率,这个贴现率就是投资方案的实际可能达到的投资报酬率。

1) 每年现金净流量相等时

每年现金净流量相等是一种普通年金形式,通过查年金现值系数表,可计算出未来现金净流量现值,并令其净现值为零,则有:每年现金净流量×年金现值系数–投资额现值=0。

计算出净现值为零时的年金现值系数后,通过查年金现值系数表,利用插值法,即可求得方案的内含报酬率。

2) 每年现金净流量不相等时

如果投资方案的每年现金净流量不相等,那么各年现金流量的分布就不是年金形式,就不能采用直接查年金现值系数表的方法来计算内含报酬率,而需采用逐次测试法。

3. 现值指数

现值指数是指某一方案未来各期现金流入现值和未来现金流出现值之间的比率。现值指数是一个相对指标，反映投资效率。其原理是：如果现金流入的现值对现金流出的现值之比大于 1，则表明投资在取得预定报酬率所要求的期望利益之外，还能获得超额的现值利益，这在经济上是有利的；如果二者之间的比值小于 1，则意味着投资回报水平低于预定报酬率，投资者将无利可图。

Excel 并没有专门提供现值指数的函数，但我们可以利用净现值函数来计算一个项目的现值指数。其计算公式为：

$$现金流出量的现值 = \sum_{j=0}^{n} \frac{O_j}{(1+\mathrm{rate})^j}$$

$$现值指数 = \frac{\mathrm{NPV}()}{现金流出量的现值} + 1$$

式中，O_j——第 j 期的现金流出量；

   rate——贴现率；

   n——发生现金流出的期数。

【例 6-11】假设某项目第 1 年年末投资 10 000 元，未来 3 年中各年年末的收入分别为 3 000 元、4 200 元和 6 800 元。如果每年的贴现率是 10%，计算该项目的现值指数。

该项目的现值指数是：现值指数= B3/ABS(B2)+1=1.12，如图 6-14 所示。

	B4	▼	=	= B3/ABS(B2)+1	
	A	B	C	D	E	F
1	期间	0	1	2	3	贴现率
2	净现金流量:	−10000	3000	4200	6800	10%
3	净现值NPV:	1188.44				
4	现值指数:	1.12				
5						

图 6-14   现值指数计算示例

由于各项目现金流出的期数不同，因此现金流出量的现值的计算有很大差异。在本例中，因为现金流出发生在第一期的期末，所以计算公式较为简单。

6.4.2 投资决策一般方法模型

1. 投资指标决策分析模型构成

根据投资决策的特点，在模型设计时应该划分功能区，主要包括已知变量区、数据区、决策指标区、分析结论区和备注区五部分。各个功能区单元格的多少根据实际需要确定。

(1)已知变量区，主要存放贴现率、再投资收益率、guess 估计值等已知量。把这些公式中需要用到的常量存放在独立的单元格中，而不是直接在指标计算公式中输入的好处主要是：这些量的值一旦改变，只需修改该单元格的值，而无须修改指标的计算公式，通过单元格引用就可以实现所有指标计算结果的自动更新，提高了模型的通用性，同时减少了输入量和模型维护工作量。

(2)数据区，用来存放业务数据，建立模型时还可以根据实际需要进一步划分。例如，如果决策时各期净现金流量的计算与投资指标分析在同一个工作表，则可以进一步划分为现金流量计算数据区和决策指标计算数据区。

(3)决策指标区，用来存放决策指标计算公式和结果。

(4)分析结论区，用于存放对上述计算结果所做的分析、说明和得出的结论。

(5)备注区，对模型中需要的部分进行备注说明，可以根据需要设置。

2. 投资决策一般方法模型

本章 6.2 节讨论了投资决策函数及其应用方法，利用这些函数就可以建立投资指标决策分析模型，利用模型对各种投资方案进行分析，做出要采用哪个项目的投资决策。下面以【例 6-12】为例说明如何设计投资指标分析模型并进行分析。

【例 6-12】某企业有三种投资方案，资金成本为 10%，再投资报酬率为 14%，有关数据如下，试进行投资指标分析，并确定最优方案。

期间	A方案净现金流量	B方案净现金流量	C方案净现金流量
0	−20 000	−9 000	−12 000
1	11 800	1 200	5 000
2	14 000	5 000	4 500
3		6 000	4 800

按照上述方法，建立【例 6-12】投资方案的决策模型，其中图 6-15 所示为已知变量区，图 6-16 所示为数据区，图 6-17 所示为指标区。

	A	B	C	D
1	投资决策			
2	资本成本	再投资报酬率		
3	10%	14%		

图 6-15 投资指标决策模型——变量区

	期间	A方案净现金流量	B方案净现金流量	C方案净现金流量
4				
5	0	−20 000	−9 000	−12 000
6	1	11 800	1 200	5 000
7	2	14 000	5 000	4 500
8	3		6 000	4 800

图 6-16 投资指标决策模型——数据区

	A	B	C	D
9	净现值	¥2,088.66	¥664.57	¥−117.48
10	内含报酬率	18.21%	13.73%	9.38%
11	修正内含报酬率	17.16%	13.79%	11.04%
12	现值指数	1.10	1.07	0.99

图 6-17 投资指标决策模型——指标区

模型中各个决策指标的计算公式如表 6-2 所示。

表 6-2　模型中决策指标的计算公式

指标	计算公式
方案 A 净现值	B9=NPV(A3,B5:B8)
方案 B 净现值	C9=NPV(A3,C5:C8)
方案 C 净现值	D9=NPV(A3,D5:D8)
方案 A 内含报酬率	B10=IRR(B5:B8)
方案 B 内含报酬率	C10=IRR(C5:C8)
方案 C 内含报酬率	D10=IRR(D5:D8)
方案 A 修正内含报酬率	B11=MIRR(B5:B8,A3,B3)
方案 B 修正内含报酬率	C11=MIRR(C5:C8,A3,B3)
方案 C 修正内含报酬率	D11=MIRR(D5:D8,A3,B3)
方案 A 现值指数	B12=1+B9/ABS(B5)
方案 B 现值指数	C12=1+C9/ABS(C5)
方案 C 现值指数	D12=1+D9/ABS(D5)

基于上述模型，可以对该项目进行决策分析，其结论如图 6-18 所示。

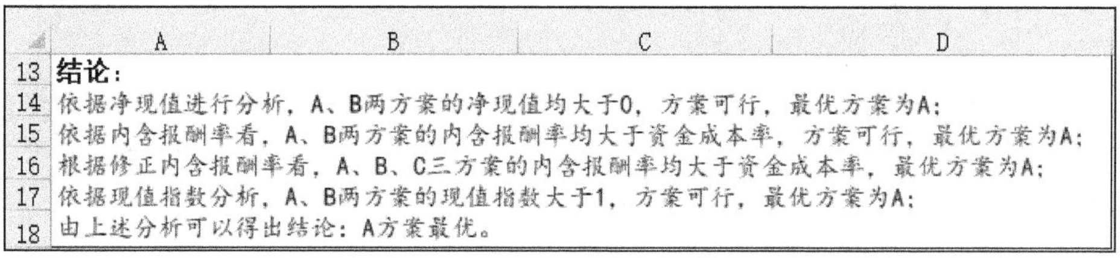

	A
13	结论：
14	依据净现值进行分析，A、B两方案的净现值均大于0，方案可行，最优方案为A；
15	依据内含报酬率看，A、B两方案的内含报酬率均大于资金成本率，方案可行，最优方案为A；
16	根据修正内含报酬率看，A、B、C三方案的内含报酬率均大于资金成本率，最优方案为A；
17	依据现值指数分析，A、B两方案的现值指数大于1，方案可行，最优方案为A；
18	由上述分析可以得出结论：A方案最优。

图 6-18　投资指标决策模型——结论区

在此基础上还可以进一步对模型进行编辑，使其更清晰、美观、直观和实用。

需要注意的是，建立模型时一定要考虑模型的通用性，而不是每个项目建一个模型。例如，为了适应不同投资项目期数的不同，数据区可以预先留出足够的单元格，同时在决策指标的公式中要把这些单元格计算在内(没有数据发生的作为 0 处理)，这样即使决策的项目变了，模型公式仍可保持不变。

6.4.3　考虑不同折旧方法的投资决策模型

折旧方法会影响企业投资决策中的各期利润。有时企业需要在决策模型中改变折旧方法进行项目的估算。因此，【例 6-12】设计出的模型还存在一些不足，如一旦折旧方法改变，就需要重新建立折旧公式，为决策者带来不便。为了解决此问题，使模型更加通用，具有更强的适应性，可以考虑利用判断函数、宏命令等工具。下面以【例 6-13】为例说明如何通过改进模型来解决折旧方法已经改变，却不需重新输入折旧公式的问题。

【例 6-13】恒昌公司有一投资项目，其中项目设备款为 54 000 元，追加流动资金 6 000 元。预计该项目投入使用后可使企业销售收入第 1 年增加 30 000 元，第 2 年增加 40 000

元，第 3 年增加 60 000 元，同时付现成本每年会增加 10 000 元。第 3 年年末项目结束，收回流动资金 6000 元。假设公司适用的企业所得税税率为 25%，固定资产按 3 年折旧并不计残值计算。公司要求的最低投资报酬率为 10%。要求：考虑用不同折旧方法的影响，利用净现值法、内含报酬率法建立模型，对该项目进行决策分析。

1. 建立折旧方法选择列表框

把模型已知资料区中存放折旧方法的单元格，如 B2，做成一个"组合列表框"，也称"下拉式列表框"，这样，不必输入折旧方法，只需在下拉列表中选择，模型计算分析区中将自动按照该方法计算折旧。"下拉式列表框"的建立方法如下。

(1) 在工作表的适当区域输入折旧方法列表，如图 6-19 所示。

(2) 在如图 6-20 所示的"表单控件"中单击"组合列表框"控制项。

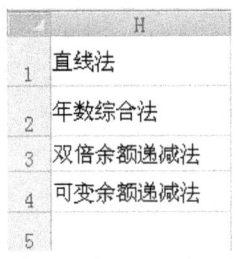
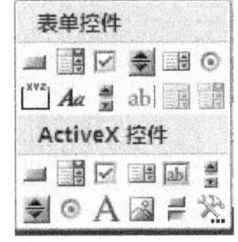

图 6-19　折旧方法列表　　　　　图 6-20　表单控件

(3) 在工作表的适当位置，如 B2 单元格，拖拽出一个矩形的下拉式列表框，如图 6-21 所示。

图 6-21　拖拽出的下拉式列表框

(4) 鼠标指向新建立的下拉式列表框，单击右键，在弹出的快捷菜单中单击"设置控件格式"则显示如图 6-22 所示对话框。单击"控制"选项卡，在对话框中输入"数据源

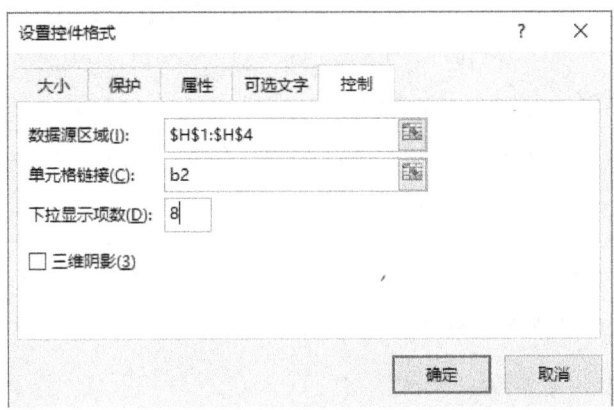

图 6-22　"设置控件格式"对话框

区域""单元格链接"等项,建立该下拉式列表框与折旧方法的链接。其中,"数据源区域"定义的是下拉式列表框中下拉列表的内容,本例中选择"$H$1:$H$4";"单元格链接"是列表中被选中的项目返回值存入的单元格,本例中输入"b2";"下拉显示项数"是列表框中最多一次显示的行数,本例中输入"8"。

(5)单击"确定"按钮,下拉式列表框与存放折旧方法的 B2 单元格建立了链接。

2. 改变模型中折旧计算的公式

(1)在图 6-23 所示的模型计算分析区中输入每年折旧额的计算公式,这样,在 B2 单元格中输入"直线法"时,系统自动按照直线法公式计算;输入"年数总和法"时,系统自动按照年数总和法公式计算;而输入"双倍余额递减法"时,系统自动按照双倍余额递减公式计算。在 C6 单元格中输入公式"=IF($B$2=1,SLN($B$3,$D$3,$F$3),IF($B$2=2,SYD($B$3,$D$3,$F$3,1),DDB($B$3,$D$3,$F$3,1,2)))",如图 6-23 所示。

C6		f_x	=IF($B$2=1,SLN($B$3,$D$3,$F$3),IF($B$2=2,SYD($B$3,$D$3,$F$3,1),DDB($B$3,$D$3,$F$3,1,2)))			
	A	B	C	D	E	F	G
1	不同折旧方法下的投资决策					
2	折旧方法	直线法			单位	元
3	机器设备原值	54000.00	残值	0.00	年限	3
4	期间	现金流	年折旧额	净现金流	资本成本	10%
5	0	-60000.00	0.00	-60000.00	所得税税率	25%
6	1	20000.00	18000.00	19500.00		
7	2	30000.00	18000.00	27000.00		
8	3	50000.00	18000.00	48000.00		

图 6-23 模型改进后的折旧计算公式

(2)依照此例中格式,可以进一步利用函数 IF() 的嵌套,输入所有折旧的计算公式,任意选择输入其中的一种折旧方法,系统都可以自动按照该方法的公式进行计算。本例输入的公式如下:

C7=IF($B$2=1,SLN($B$3,$D$3,$F$3),

　　IF($B$2=2,SYD($B$3,$D$3,$F$3,2),(B3–C6–D3)/2))

C8=IF($B$2=1,SLN($B$3,$D$3,$F$3),

　　IF($B$2=2,SYD($B$3,$D$3,$F$3,3),(B3–D3–C6)/2))

(3)在下拉式列表框中任意选择折旧方法,如选择"直线法",则 C6:C8 单元格区域中的折旧计算公式都会自动改变,计算结果也会随之改变,如图 6-24 所示。

3. 建立下拉式列表框后的模型

经过上述操作形成的完整的投资决策模型如图 6-25 所示。

图 6-24 实现下拉列式表框与折旧计算互动

图 6-25 考虑不同折旧方法的投资决策模型

6.5 投资特殊问题——固定资产更新决策模型

固定资产更新决策不同于一般的投资决策。一般来说，设备更换并不改变企业的生产能力，也不增加企业的现金流入，而更新决策的现金流量主要是现金流出。因此，决策时较好的分析方法是比较继续使用和进行更新两个方案的年成本,年成本较低的即为好方案。

6.5.1 固定资产年平均成本决策法

固定资产的年平均成本是指该资产引起的现金流出的年平均值。考虑货币时间价值时，一般将残值在原始投资中扣除，然后与净投资摊销及年运行成本进行总计，求出每年的平均成本。下面以【例 6-14】说明如何建立固定资产年平均成本法分析模型。

【例 6-14】恒昌公司有一台设备，购于 4 年前，现在考虑是否需要更新。该公司所得税税率为 25%，其他有关资料如表 6-3 所示。要求建立模型做出决策。

表 6-3 设备使用状况表   单位：元

项目	旧设备	新设备
原价	60 000	50 000
税法规定残值(10%)	60 00	5 000
税法规定使用年限(年)	6	4
已用年限	3	0
尚可使用年限	4	5
每年操作成本	8 600	5 000
两年后大修成本	28 000	
最终报废残值	7 000	10 000
目前变现价值	10 000	
每年折旧额：	直线法	年数总和法
第一年	9 000	18 000
第二年	9 000	13 500
第三年	9 000	9 000
第四年	0	4 500

6.5.2 建立固定资产更新决策模型

1. 建立固定资产更新决策模型工作表

建立固定资产更新决策模型的第一步是建立一张固定资产更新决策分析模型工作表，过程如下。

(1)打开投资决策分析工作簿。

(2)单击"开始"选项卡，单击"插入"按钮，选择"插入工作表"，如图 6-26 所示。

(3)鼠标指向标签栏中新增的工作表，并单击鼠标右键，弹出快捷菜单，如图 6-27 所示。

(4)单击"重命名"命令，并输入新的工作表名"固定资产更新决策分析"。

图 6-26 插入工作表菜单

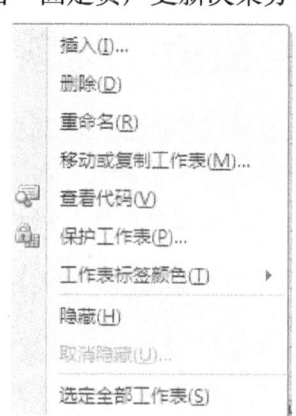

图 6-27 工作表快捷菜单

2. 分类输入已知数据

建立了固定资产更新决策分析工作表后，进入该工作表，在工作表的适当区域分类输入继续使用旧设备和更新设备两种方案的已知数据。输入之前应该首先明确设计什么样的模型，模型中包括哪些内容，这些内容如何安排。

一般来说，固定资产更新决策模型应包括 4 部分：已知变量区域、数据区域、决策指标区域和结论区域。已知变量区域用于输入要决策方案的已知变量；数据区域输入要决策方案的数据和资料；决策指标区域是把相关的决策理论用 Excel 的公式、函数等表示出来，形成定量分析模型进行计算、分析的区域，这是模型的重点；结论区域是根据已知变量区域、数据区域、决策指标区域的计算结果对要决策的方案给出分析、评价结论。

明确了上述问题后，按照决策方案分类输入方案的已知数据和资料。输入完成后，可以对其进行编辑和编排，使其更清晰，更方便调用，如图 6-28 所示。

	A	B	C	D	E	F
1	固定资产更新决策分析					
2	已知资料：					
3	贴现率：	10%	所得税率：	25%		
4						
5	旧设备			新设备		
6	原值	60000		原值	50000	
7	目前变现价值	10000		目前变现价值		
8	税法规定残值率	10%		税法规定残值率	10%	
9	税法规定使用年限(年)	6		税法规定使用年限(年)	4	
10	已用年限	3		已用年限	0	
11	尚可使用年限	4		尚可使用年限	4	
12	最终报废残值	7000		最终报废残值	10000	
13	每年的运行成本	8600		每年的运行成本	5000	
14	折旧方法	直线法		折旧方法	年数总和法	

图 6-28　固定资产更新决策模型——决策方案的数据和资料

3. 决策方案的计算分析

1) 建立模型计算分析区域

建立方案的分析计算模型是从分析和决策的问题出发，把应用的相关决策理论用 Excel 的公式、函数等表示出来，形成定量分析模型的过程。利用固定资产年平均成本法进行分析，主要是要建立各分析方案的现金流量表，计算各方案的年平均成本。其方法如下。

(1) 设计现金流量表表头，如图 6-29 所示。

(2) 输入新、旧设备现金流量表项目，如图 6-29 所示。

(3) 输入旧设备现金流量表公式。

(4) 复制或输入新设备现金流量表公式。

(5) 根据需要对两张表进行编辑、编排，如加上边框、调整字体、字号及显示效果、设置数值类型、调整对齐方式等。

(6) 形成模型的计算分析区域。

2) 模型中公式需要说明的问题

(1) 本例中由于新设备的使用年限和旧设备的尚可使用年限相同，都为 4 年，因此只需计算出两方案的现金流出现值总和后进行比较；如果两方案年限不同，则必须计算各方案的年平均成本后做比较。

	A	B	C	D	E	F	G
15	计算分析：						
16	旧设备现金流量表						
17	时间（年次） 项目	0	1	2	3	4	合计
18	旧设备变现价值	-10000.00					
19	旧设备变现损失减税	-5750.00					
20	每年的付现运行成本		-6450.00	-6450.00	-6450.00	-6450.00	
21	每年折旧额		9000.00	9000.00	9000.00	9000.00	
22	每年折旧抵税		2250.00	2250.00	2250.00		
23	两年后大修成本			-28000.00			
24	两年后付现大修成本			-21000.00			
25	残值变现收入					7000.00	
26	残值收入纳税					-250.00	
27	每年现金流量	-15750.00	-4200.00	-25200.00	-4200.00	300.00	
28	贴现系数	1.000	0.909	0.826	0.751	0.683	
29	现金流出现值	-15750.00	-3817.80	-20815.20	-3154.20	204.90	-43332.30
30	新设备现金流量表						
31	时间（年次） 项目	0	1	2	3	4	合计
32	设备投资	-50000.00					
33	每年的付现运行成本		-3750.00	-3750.00	-3750.00	-3750.00	
34	每年折旧额		18000.00	13500.00	9000.00	4500.00	
35	每年折旧抵税		4500.00	3375.00	2250.00	1125.00	
36	残值变现收入					10000.00	
37	残值收入纳税					-1250.00	
38	每年现金流量	-50000.00	-50000.00	-375.00	-1500.00	6125.00	
39	贴现系数	1.000	0.909	0.826	0.751	0.683	
40	现金流出现值	-50000.00	-45450.00	-309.75	-1126.50	4183.38	-92702.88

图 6-29 固定资产更新决策模型——计算分析区域

(2) 由于模型中计算公式很多，输入计算公式时，应首先制作一张公式表，这样可通过复制、粘贴功能把这些公式复制到另一张表中，然后根据需要进行调整、修改，以减少公式输入量。

(3) 在公式中应尽量通过单元格引用，使用已知数据及资料中的数据，尽量避免直接输入已经有的数据。这样做既可以减少重复输入，从而减少输入工作量，又可以减少由于重复输入产生的数据不一致，而且可以提高模型的通用程度，保证决策的方案发生变化时，只需做较少的改变就可继续使用该模型。

(4) 模型中的负号“–”表示现金流出。

(5) 模型中的公式可能存在多种表示方法，并不是唯一的，本例中给出的表示方法只是其中的一种。

3) 模型中主要的计算公式及存在的钩稽关系

模型中主要的计算公式及存在的钩稽关系如表 6-4 和表 6-5 所示。

表 6-4 旧设备现金流量表主要公式

项目	公式	备注（钩稽关系说明）
旧设备变现价值	=–B7	
旧设备变现损失减税	=(B7–(B6–SLN(B6,B6*B8,B9)*3))*D3	变现价值减去净值（原值–已提折旧额）后乘以所得税税率

项目	公式	备注（钩稽关系说明）
各年的付现运行成本	=–$B$13*(1–$D$3)	各年运行成本乘以(1–所得税税率)
每年折旧额	=SLN($B$6,$B$6*$B$8,$B$9)	利用直线折旧函数 SLN()
第一年折旧抵税	=C21*D$3	其他年度数据只改变引用地址"C21"
两年后付现大修成本	=–D23*(1–D3)	大修成本乘以(1–所得税税率)
残值变现收入	=B12	
残值收入纳税	=–(B12–B6*B8)*D3	残值变现收入减去残值后乘以所得税税率
第0年现金流量	=B18+B19	其他年度数据等于该年度所有现金流出之和
第0年现金流出现值	=B27*B28	其他年度数据等于该年度现金流量乘以当年贴现系数
合计	=SUM(B29:F29)	各年现金流出现值之和

表 6-5 新设备现金流量表主要公式

项目	公式	备注（钩稽关系说明）
设备投资	=–E6	
每年的付现运行成本	=–$E$13*(1–$D$3)	各年运行成本乘以(1–所得税税率)
第1年折旧额	=SYD($E$6,$E$6*$E$8,$E$9,C$17)	利用年数总和法函数 SYD()
第2年折旧额	=SYD($E$6,$E$6*$E$8,$E$9,D$17)	利用年数总和法函数 SYD()
第3年折旧额	=SYD($E$6,$E$6*$E$8,$E$9,E$17)	利用年数总和法函数 SYD()
第4年折旧额	=SYD($E$6,$E$6*$E$8,$E$9,F$17)	利用年数总和法函数 SYD()
各年折旧抵税	=C34*$D$3	其他年度数据只改变引用地址"C21"折旧额乘以所得税税率
残值变现收入	=E12	
残值收入纳税	=–(E12–E6*E8)*D3	残值变现收入减去残值后乘以所得税税率
第0年现金流量	=C33+C35	其他年度数据等于该年度所有现金流出之和
第0年现金流出现值	=B38*B39	其他年度数据等于该年度现金流量乘以当年贴现系数
合计	=SUM(B40:F40)	各年现金流出现值之和

6.5.3 利用固定资产更新决策模型进行分析

建立了分析模型之后，就要根据模型的求解结果进行分析评价，给出决策结论。下面介绍如何设计结论区。

结论区需要输入大量文字，因此需要留出大片空白区域。其设置方法如下。

(1) 选中 A42:G44 单元格区域，如图 6-30 所示。

(2) 单击"对齐方式"命令下的 ▣，弹出"设置单元格格式"对话框。

(3) 在"设置单元格格式"对话框中，选择"对齐"选项卡，在"水平对齐"框中选择"居中"，在"垂直对齐"框中选择"居中"，并勾选"合并单元格"和"自动换行"复选框。于是产生需要的空白区域，分析结果即可输入在此区域中。

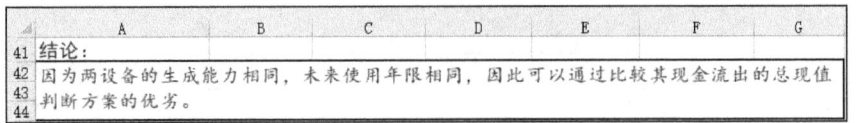

图 6-30　固定资产更新决策模型——分析评价

实际上每个决策项目通常都存在多个可行方案，各有利弊，我们无法只凭一个指标做出判断，因此决策模型结果只能作为决策参考，即辅助决策，而决策结论还需要决策者综合了多方面因素后做出。

6.6　Excel 投资风险分析

投资风险分析的常用方法主要是风险调整贴现率法和肯定当量法。本节将以风险调整贴现率法为例，讨论如何建立风险分析模型。

6.6.1　投资风险分析

风险和报酬的基本关系是风险越大要求的报酬率越高。这一关系可以用公式表示为：

期望投资报酬率=无风险报酬率+风险报酬率

风险报酬率=风险报酬斜率×风险程度

风险调整贴现率法的基本思想是针对投资项目风险的不同，选用不同的贴现率计算其净现值。该法的关键是如何根据风险的大小来确定风险因素的贴现率即风险调整贴现率。

风险和期望风险调整贴现率之间的关系用公式表示为：

$$K = r + b \cdot Q$$

式中，K——风险调整贴现率；

　　　r——无风险贴现率；

　　　b——风险报酬斜率；

　　　Q——风险程度。

风险调整贴现率法计算的关键是在 r 已知的情况下，确定 Q 和 b。

1.　确定风险程度 Q

(1)计算现金流量的期望值 E。某期现金流量的期望值的计算公式为：

$$E = \sum_{i=1}^{n} \mathrm{CFAT}_i \cdot P_i$$

式中，E——某期的现金流量期望值；

　　　CFAT_i——某期第 i 种可能的现金流量；

　　　P_i——第 i 种可能的现金流量出现的概率；

　　　n——可能出现的现金流量的个数。

(2)计算各期现金流量期望值的现值 EPV。

$$\text{EPV} = \frac{E_1}{(1+r)^1} + \frac{E_2}{(1+r)^2} + \cdots + \frac{E_n}{(1+r)^n}$$

式中，EPV——各期现金流量期望值的现值；

E_i——第 i 期现金流量期望值；

r——无风险贴现率。

(3)计算各期现金流量的标准离差 d。某期现金流量标准离差的计算公式为：

$$d = \sqrt{\sum_{i=1}^{n} (\text{CFAT}_i - E)^2 \cdot P_i}$$

式中各符号的意义同上。

(4)计算各期现金流量综合标准离差 D。

$$D = \sqrt{\sum_{i=1}^{n} \frac{d_i^2}{(1+r)^{2i}}}$$

(5)计算标准离差率——风险程度 Q。

$$Q = \frac{\text{综合标准离差}}{\text{现金流量期望值现值}} = \frac{D}{\text{EPV}}$$

通过上述步骤可以求出 Q。

2. 确定风险报酬斜率 b

风险报酬斜率是直线方程 $K = r + b \cdot Q$ 的斜率 b，它可以根据企业的历史资料通过统计的方法来测定，也可由投资者分析判断得出。

3. 用风险调整贴现率 K 计算方案的净现值

Q 和 b 确定后，风险调整贴现率 K 也就确定了。用风险调整贴现 K 去计算净现值，然后根据净现值法的规则选择方案。净现值的计算公式为：

$$\text{NPV} = \frac{E_1}{(1+K)^1} + \frac{E_2}{(1+K)^2} + \cdots + \frac{E_n}{(1+K)^n}$$

6.6.2 投资风险分析模型

下面我们以实例讨论如何应用风险调整贴现率法建立投资风险分析模型。

建立模型之前首先应在"投资决策分析"工作簿中插入一张工作表，并命名为"投资风险分析"。

【例 6-15】恒昌公司现有 3 个投资机会，公司要求的最低报酬率为 8%，有关方案资料如图 6-31 所示。要求建立风险调整贴现率法投资决策模型，并进行投资决策。

t(年)	方案1		方案2		方案3	
	税后现金流量CFAT	概率	税后现金流量CFAT	概率	税后现金流量CFAT	概率
0	-10000	1	-4000	1	-4000	1
1	6000	0.2				
	4000	0.55				
	2000	0.25				
2	8000	0.2				
	7000	0.6				
	5000	0.2				
3	6000	0.3	3000	0.2	6000	0.1
	4000	0.4	8000	0.6	8000	0.8
	3000	0.3	15000	0.2	13000	0.1

图 6-31　三个方案的资料

1. 建立基本数据区

基本数据区存放企业投资方案的基本数据及无风险报酬率、风险报酬斜率等基本数据，如图 6-32 所示。对于不同的企业或同一企业的不同方案可以根据具体方案改变基本数据区的数据。

建立基本数据区的方法是：在"投资风险分析"工作表中的适当位置输入有关方案的已知数据及资料；进行编排和编辑，如改变字体、字号、设置对齐方式、加上边框等，如图 6-32 所示。其中在 B2 单元格中输入公式"=D2"。

	A	B	C	D	E	F	G
1	投资风险分析						
2	无风险报酬率		8%	资本成本	8%		
3	风险报酬斜率		0.5				
4		方案1		方案2		方案3	
5	t(年)	税后现金流量CFAT	概率	税后现金流量CFAT	概率	税后现金流量CFAT	概率
6	0	-10 000	1	-4 000	1	-4000	1
7	1	6 000	0.2				
8		4 000	0.55				
9		2 000	0.25				
10	2	8 000	0.2				
11		7 000	0.6				
12		5 000	0.2				
13	3	6 000	0.3	3 000	0.2	6 000	0.1
14		4 000	0.4	8 000	0.6	8 000	0.8
15		3 000	0.3	15 000	0.2	13 000	0.1
16							

图 6-32　投资风险分析模型——基本数据区

为了与计算分析区区别开，还可以进行其他设置，本例中为该区域加上了数据条，方法如下。

(1) 选中想加阴影的单元格区域，如 A2:G15。

(2) 单击"条件格式"按钮中的"数据条"命令，出现所有的数据条颜色样式，如图 6-33 所示。

(3) 单击希望的样式，则选中的区域都被加上了颜色，如图 6-34 所示。如果不满意还可以按照上述步骤重新设置。

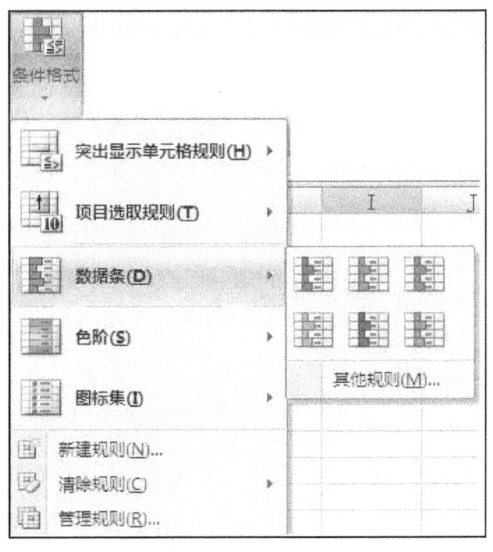

图 6-33　可选的阴影样式

投资风险分析

	A	B	C	D	E	F	G
2	无风险报酬率	8%	资本成本		8%		
3	风险报酬斜率	0.5					
4		方案1		方案2		方案3	
5	t(年)	税后现金流量CFAT	概率	税后现金流量CFAT	概率	税后现金流量CFAT	概率
6	0	-10000	1	-4000	1	-4000	1
7	1	6000	0.2				
8		4000	0.55				
9		2000	0.25				
10	2	8000	0.2				
11		7000	0.6				
12		5000	0.2				
13	3	6000	0.3	3000	0.2	6000	0.1
14		4000	0.4	8000	0.6	8000	0.8
15		3000	0.3	15000	0.2	13000	0.1

图 6-34　给数据区加色

2. 建立计算分析区

按照风险调整贴现率法，需要在分析区域建立每个方案、每期的现金流量期望值 E_i、标准离差 d_i 的计算公式；建立每种方案的期望现值 EPV、综合标准离差 D、风险程度 Q，以及风险调整贴现率 K 的公式。

1) 现金流量期望值 E 和现金流量标准离差 d 的公式的建立方法

$$E = \sum_{i=1}^{n} \mathrm{CFAT}_i \cdot P_i$$

$$d = \sqrt{\sum_{i=1}^{n} (\mathrm{CFAT}_i - E)^2 \cdot P_i}$$

首先，建立方案1的第1年现金流量期望值和现金流量标准离差的公式。

(1) 选择 B20 单元格，输入 E 的公式：=B7*C7+B8*C8+B9*C9。

(2) 选择 C20 单元格，输入 d 的公式：

=SQRT (SUMSQ (B7-B20) *C7+SUMSQ (B8-B20) *C8+SUMSQ (B9-B20) *C9)。

(3) 使用复制和粘贴，或者使用拖动填充，建立方案 2、方案 3 的公式。

使用复制和粘贴的方法如下。

① 选择 B20:C20 单元格区域。

② 单击"开始"菜单中的"复制"按钮 。

③ 选择 D20:G20 单元格区域。

④ 单击"开始"菜单中的"粘贴"按钮 。

使用拖动填充柄的方法如下。

① 选择 B20:C20 单元格区域。

② 拖动填充柄至 G20 单元格。

然后，利用上述方法，建立第 2 年、第 3 年的现金流量期望值和现金流量标准离差的公式，这些公式如表 6-6 所示。

表 6-6 现金流量期望值和现金流量标准离差公式

单元	公式
B20	=B7*C7+B8*C8+B9*C9
C20	=SQRT (SUMSQ (B7–B20) *C7+SUMSQ (B8–B20) *C8+SUMSQ (B9–B20) *C9)
B21	=B10*C10+B11*C11+B12*C12
C21	=SQRT (SUMSQ (B10–B21) *C10+SUMSQ (B11–B21) *C11+SUMSQ (B12–B21) *C12)
B22	=B13*C13+B14*C14+B15*C15
C22	=SQRT (SUMSQ (B13–B22) *C13+SUMSQ (B14–B22) *C14+SUMSQ (B15–B22) *C15)
D20	=D7*E7+D8*E8+D9*E9
E20	=SQRT (SUMSQ (D7–D20) *E7+SUMSQ (D8–D20) *E8+SUMSQ (D9–D20) *E9)
D21	=D10*E10+D11*E11+D12*E12
E21	=SQRT (SUMSQ (D10–D21) *E10+SUMSQ (D11–D21) *E11+SUMSQ (D12–D21) *E12)
D22	=D13*E13+D14*E14+D15*E15
E22	=SQRT (SUMSQ (D13–D22) *E13+SUMSQ (D14–D22) *E14+SUMSQ (D15–D22) *E15)
F20	=F7*G7+F8*G8+F9*G
G20	=SQRT (SUMSQ (F7–F20) *G7+SUMSQ (F8–F20) *G8+SUMSQ (F9–F20) *G9)
F21	=F10*G10+F11*G11+F12*G12
G21	=SQRT (SUMSQ (F10–F21) *G10+SUMSQ (F11–F21) *G11+SUMSQ (F12–F21) *G12)
F22	=F13*G13+F14*G14+F15*G15
G22	=SQRT (SUMSQ (F13–F22) *G13+SUMSQ (F14–F22) *G14+SUMSQ (F15–F22) *G15)

2) 期望现值 EPV、综合标准差 D、风险程度 Q、调整风险贴现率 K 的公式的建立方法

建立方案 1 公式的方法如下。

(1) 选择 C23 单元格，输入 EPV 的公式：=B20/ (1+$B$2)+B21/POWER (1+B2,2)+B22/POWER (1+B2,3)。

(2) 选择 C24 单元格，输入 D 的公式：=SQRT (POWER (C20,2) /POWER (1+$B$2,2) +POWER (C21,2) /POWER (1+$B$2,4) +POWER (C22,2) /POWER (1+$B$2,6))。

(3)选择 C25 单元格，输入 Q 的公式：=C24/C23。

(4)选择 C26 单元格，输入 K 的公式：=$B$2+$B$3*C25。

(5)选择 C27 单元格，输入 NPV 的公式：=NPV(C26,B6,B20,B21,B22)。

(6)使用复制和粘贴，或者使用拖动填充，建立方案 2、方案 3 的公式。方法同上。方案 2、方案 3 的有关公式如表 6-7 所示。

表 6-7　方案 2、方案 3 的有关公式

项目	公式
方案 2 期望现值 EPV	=D20/(1+$B$2)+D21/POWER(1+B2,3)+D22/POWER(1+B2,3)
方案 2 综合标准差 D	=SQRT(POWER(E20,2)/POWER(1+$B$2,2)+POWER(E21,2)/POWER(1+$B$2,4)+POWER(E22,2)/POWER(1+$B$2,6))
方案 2 风险程度 Q	=E24/E23
方案 2 调整风险贴现率 K	=$B$2+$B$3*E25
方案 2 净现值 NPV	=NPV(E26,D6,D20,D21,D22)
方案 3 期望现值 EPV	=F20/(1+$B$2)+F21/POWER(1+$B$2,2)+F22/POWER(1+$B$2,3)
方案 3 综合标准差 D	=SQRT(POWER(G20,2)/POWER(1+$B$2,2)+POWER(G21,2)/POWER(1+$B$2,4)+POWER(G22,2)/POWER(1+$B$2,6))
方案 3 风险程度 Q	=G24/G23
方案 3 调整风险贴现率 K	=$B$2+$B$3*G25
方案 3 净现值 NPV	=NPV(G26,F6,F20,F21,F22)

完成上述步骤后，就建立了投资风险分析模型的计算分析区，如图 6-35 所示。

计算分析区						
	方案1		方案2		方案3	
T（年）	现金流量期望值 E	标准离差 D	现金流量期望值 E	标准离差 D	现金流量期望值 E	标准离差 D
1	3900.00	1337.91	0.00	0.00	0.00	0.00
2	6800.00	979.80	0.00	0.00	0.00	0.00
3	4300.00	1187.43	8400.00	3826.23	8300.00	1676.31
	期望现值 EPV	12854.49	期望现值 EPV	6668.19	期望现值 EPV	6588.81
	综合标准差 D	1768.84	综合标准差 D	3037.38	综合标准差 D	1330.71
	风险程度 Q	0.14	风险程度 Q	0.46	风险程度 Q	0.20
	调整风险贴现率 R	0.15	调整风险贴现率 R	0.31	调整风险贴现率 R	0.18
	净现值 NPV	¥1,204.31	净现值 NPV	-186.73	净现值 NPV	¥879.81

图 6-35　投资风险分析模型——计算分析区

3. 编辑计算分析区

为了使计算分析区的重要指标更加醒目，可以进行编辑设置。在本例中将对净现值指标小于 0 的值进行标示，方法如下。

(1)选中三个项目净现值所在的单元格区域，如 B27:G27。

(2)单击"开始"选项卡，再单击"条件格式>突出显示单元格规则>小于"命令，如图 6-36 所示。

(3)弹出如图 6-37 所示的对话框，设置条件和突出的颜色，单击"确定"按钮，完成设置。于是，满足条件的单元格将被添加所选的颜色。一旦计算的净现值发生改变，突出的部分也会自动改变，如图 6-38 所示。

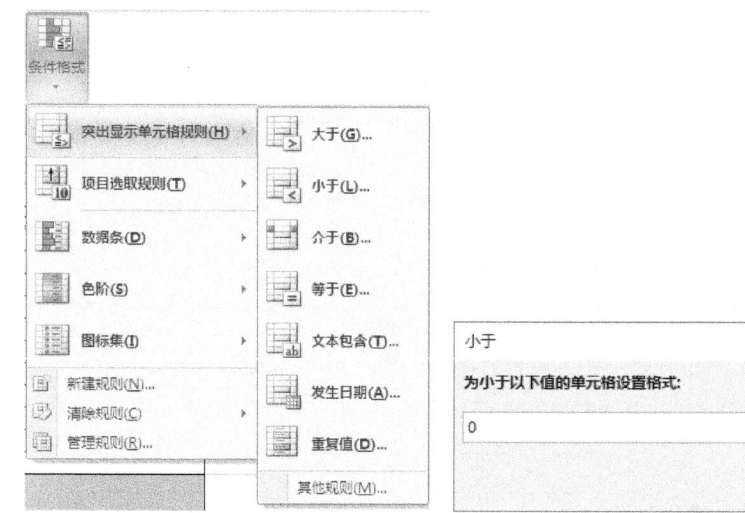

图 6-36 突出显示单元格规则	图 6-37 突出显示单元格规则设置

		计算分析区				
17						
18		方案1		方案2		方案3
19	T（年）	现金流量期望值E	标准离差D	现金流量期望值E	标准离差D	现金流量期望值E	标准离差D
20	1	3900.00	1337.91	0.00	0.00	0.00	0.00
21	2	6800.00	979.80	0.00	0.00	0.00	0.00
22	3	4300.00	1187.43	8400.00	3826.23	8300.00	1676.31
23	期望现值EPV	12854.49		期望现值EPV	6668.19	期望现值EPV	6588.81
24	综合标准差D	1768.84		综合标准差D	3037.38	综合标准差D	1330.71
25	风险程度Q	0.14		风险程度Q	0.46	风险程度Q	0.20
26	调整风险贴现率R	0.15		调整风险贴现率R	0.31	调整风险贴现率R	0.18
27	净现值NPV	¥1,204.31		净现值NPV	¥-186.73	净现值NPV	¥879.81

图 6-38 突出显示满足条件的单元格

4．删除条件格式

如果要删除已经定义的条件格式，只需要单击"条件格式"按钮中的"清除规则>清除所选单元格的规则"或"清除整个工作表的规则"命令，如图 6-39 所示，相应的规则便被删除。

6.6.3 投资风险分析模型的改进

投资决策模型主要包括了投资项目的决策、投资风险分析、固定资产更新决策、折旧分析等，为了使业务人员方便、迅速地进入相应的投资决策的各个模型中，可以建立主操作界面。通过单击主操作界面上的图形和按钮快速进入各决策模型。下面介绍利用表单控件制作主操作界面的方法。

图 6-39 删除条件格式

1. 表单控件功能

在"投资决策分析"工作簿中插入一张新工作表作为主界面，并将其更名为"主界面"。

在主界面工作表单击"开发工具>插入"命令，常用表单控件便显示出来，如图6-40所示。

图6-40 常用表单控件

各主要控件的功能如表6-8所示。

表6-8 主要控件的功能

按钮	名称	功能
Aa	标签	附加在工作表或图表上用来提供工作表或图表中控件信息的文本
⌐XYZ⌐	分组框	带标志的边框，用于将一组相关按钮或复选框组合在一起
⌐	命令按钮	单击后可以运行宏的按钮
☑	复选框	通过选中或清除复选框可以打开或关闭某个选项。可以在工作表中同时选中多个复选框
◉	选项按钮	可以在选项框的一组选项中选择一个"按钮"。在一组选项按钮中只能选其中的一个。也就是在多个选项中只允许选择一个选项时，可以使用选项按钮
🔲	列表框	包含项目列表的方框
🔳	下拉列表框	在列表框中选中的选项将出现在上方的文本框中
◆	微调项	可以附加在单元格上的既有向上箭头又有向下箭头的按钮。如果要增加单元格中的数值，请单击向上箭头；如果要减小单元格中的数值，请单击向下箭头
🔘	滚动条	控件的一种，可以通过单击滚动箭头或拖拽滚动块来滚动数据区域。单击滚动箭头与滚动块之间的区域可以滚动整页数据

2. 添加命令按钮

(1) 单击"命令按钮" ⌐，在工作表的适当位置拖动鼠标至所需尺寸，释放鼠标键，出现"指定宏"对话框。

(2) 单击"录制宏"，在"录制新宏"对话框中，输入宏名"投资风险分析"，选择保存在"当前工作簿"，单击"确定"按钮开始录制新宏。

(3) 本宏的功能是从"主界面"工作表进入"投资风险分析"工作表。因此需要操作一遍从"主界面"工作表进入"投资风险分析"工作表，即完成录制，单击"停止录制"。

(4) 返回"主界面"工作表，右键单击此按钮，在弹出的快捷菜单中单击"编辑文字"，输入"投资风险分析"，于是按钮设置完成。

3. 添加图形按钮

除了命令按钮，为了使主界面变得更加形象，还可以加入图形按钮，具体方法如下。

(1) 选择一个单元格，插入一个小图片。

(2) 右键单击图片，在弹出的快捷菜单中单击"指定宏"，弹出"指定宏"对话框。

(3) 在宏列表中选择名为"投资风险分析"的宏，并单击"确定"按钮。

于是图片变成了与已经建好的"投资风险分析"按钮一样的命令按钮，无论单击图片还是单击命令按钮都将进入"投资风险分析"工作表。

按照上述方法建立投资项目决策、投资风险分析和折旧分析按钮及图形，形成完整的主界面，如图 6-41 所示。

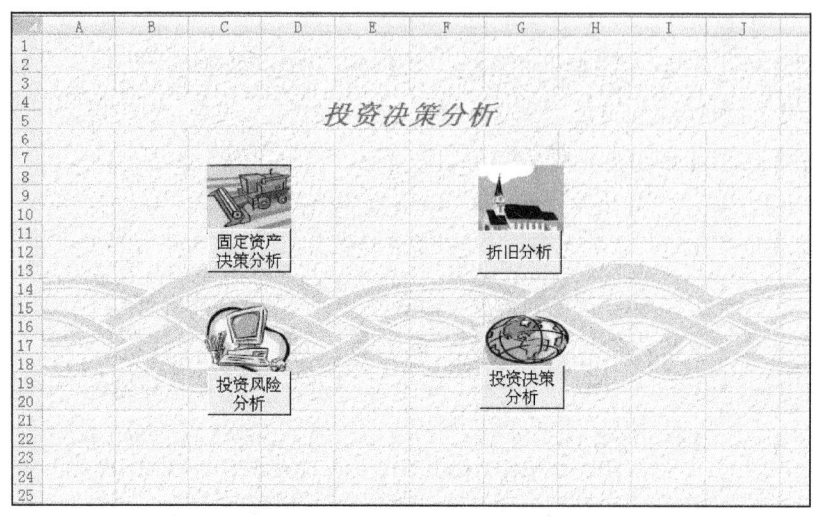

图 6-41　投资决策分析模型主界面

实践练习题

1. 某公司有一投资项目，通过调查研究提出以下方案。

(1)设备投资：设备购价 20 万元，预计可使用 5 年，报废时无残值收入；按税法要求该设备折旧年限为 4 年，残值率为 10%；计划 2019 年 7 月 1 日购进并立即投入使用。

(2)经营房装修：装修费用预计 4 万元，在装修完工的 2019 年 7 月 1 日支付。预计 2.5 年后还要进行一次同样的装修。

(3)收入和成本预计：预计 2019 年 7 月 1 日开业，前 6 个月每月收入 3 万元(已扣除营业税，下同)，以后每月收入 4 万元；耗用材料等成本为收入的 60%；人工费、水电费和房租等费用每月 0.8 万元(不含设备折旧和装修费摊销)。

(4)营运资金：开业时垫付 2 万元。

假设公司适用的所得税税率为 25%，公司要求的最低回报率为 10%。

要求：如果不考虑其他因素，请通过建立投资分析模型，利用投资回收期、净现值、内含报酬率三个指标对该项目进行分析和决策(为了方便比较不同折旧方法的影响，方案中折旧方法应该可选)。

2. 某公司有一投资项目，需要投资 60 000 元(54 000 元用于购买设备，6 000 元用于追加流动资金)。预期该项目可使企业销售收入增加：第一年为 30 000 元，第二年为 40 000 元，第三年为 60 000 元。付现成本增加每年为 10 000，第三年年末项目结束，收回流动资金 6 000 元。假设公司适用的所得税税率为 40%，固定资产按 3 年用直线法折旧并不计残值计算。公司要求的最低投资报酬率为 10%。

要求：如果不考虑其他因素，请通过建立投资分析模型，利用净现值、内涵报酬率、获利指数三个指标对该项目进行决策。

第 7 章
筹资决策

本章内容提要：

- 如何使用筹资决策函数：CUMPRINC()、CUMIPMT()、FVSCH EDULE()
- 长期借款成本计量模型
- 债券资本成本计量模型
- 普通股成本计量模型
- 留存收益成本计量模型
- 设计、建立和改进公司综合资本成本测算模型
- 设计、建立和改进长期贷款基本模型
- 运用模型运算表进行贷款影响因素分析
- 设计、建立和改进复杂的贷款筹资偿还分析模型

本章要重点掌握的 Excel 工具：

- 累积本金函数 CUMPRINC()
- 累积利息函数 CUMIPMT()
- 复制函数 FVSCHEDULE()
- "单变量模拟运算表" 命令
- "双变量模拟运算表" 命令
- "数据有效性" 命令
- "添加注释" 命令

本章讲解利用 Excel 进行筹资决策的方法、Excel 筹资决策中涉及的函数，以及利用 Excel 进行筹资决策模型的构建。本章讲解的模型主要有资金成本计量模型和长期借款筹资分析模型。在企业筹资决策过程中，财务管理人员必须掌握这些决策模型的设计和建立方法，以便利用它们对企业筹资活动进行分析，为企业筹资决策提供参考依据。

7.1　筹资决策业务场景分析

企业筹资管理是指企业根据其生产经营、对外投资和调整资本结构的需要，通过筹资渠道和资本(金)市场，运用筹资方式，经济有效地为企业筹集所需的资本的财务行为。

筹资活动是财务管理的首要环节。筹资决策的主要内容包括企业资金需要量的确定、企业筹资方式的优选，以及通过企业资本结构的规划，合理控制企业财务风险。随着市场经济的发展与完善，企业筹资渠道逐步拓宽。企业筹资的渠道可以分为内部筹资渠道和外部筹资渠道两大类。企业筹资决策的关键在于确定合理的筹资组合，使企业筹资成本最低，财务风险得到有效控制。

1. 企业筹资方式的选择和确定

企业筹资方式是指企业用何种形式取得资金，即企业取得资金的具体形式。企业对不同渠道的资金可以用不同方式筹集，即使是同一渠道的资金也可选择不同的筹资方式。不同的筹资方式，其筹资成本不同、筹资风险不同，因此在筹资中需要选择筹资风险较小、资金成本较低的方式。企业筹资方式的选择直接影响企业的资本结构，影响企业经营模式及重大经营决策的选择，因而要求企业必须结合实际情况选择适当的筹资方式。

2. 筹资数量的确定

筹资数量是企业筹集资金的多少，它与企业的资金需求量成正比。企业必须根据资金的需求量合理地确定筹资数量。

Excel 软件提供了较为丰富的与筹资决策相关的函数，可以帮助企业建立筹资决策模型，使企业准确、高效地完成各项筹资决策工作。

7.2　与筹资有关的函数

7.2.1　内含报酬率函数 IRR()

函数说明见第 6 章的相关内容。在计算资本成本时，可以利用该函数。

为了使债券资本成本计算得更为准确，可以首先依据现金流量确定税前债券成本，然后计算税后成本。这样，债券成本的计算公式为：

$$B(1-F_b) = \sum_{t=1}^{n} \frac{I_b}{(1+K)^t} + \frac{B_n}{(1+K)^n}$$

$$K_b = K(1-T)$$

式中，K_b——债券税后资本成本；

I_b——债券年利息；

T——所得税税率；

F_b——债券筹资费用率；

B——债券筹资额。

【例7-1】某公司按面值发行票面价值为 2 000 000 元的公司债券，债券利率为 6%，期限为 10 年，利息每年支付一次，本金到期一次偿还。发行费率为 2%，该公司适用的所得税税率为 25%。计算该债券的资本成本。

利用 Excel 工作表输入数据，如图 7-1 所示。

(1) 输入债券筹资对应的筹资金额、票面利率、费用率、债券各期等数据。

(2) 在 "债券各期" 一栏输入 0 到 10，如图 7-1 所示。

(3) 计算现金流量时，在 B9 单元格中输入公式 "=B2*(1-B6)"。

(4) 在 B10 单元格中输入公式 "=-$B$2*$B$3"。因为这里计算的是现金流出，所以应为负号。为了方便后面单元格复制该单元格公式，此处采用绝对引用$B$2 和$B$3。

(5) 将 B10 单元格的计算结果复制到 B11 到 B18 单元格，如图 7-1 所示。

(6) 在 B19 单元格中输入公式 "=-(B2*B3+B2)"，该数值也为现金流出，因此应输入负号。

(7) 在计算税前资本成本时，可以借助 IRR 函数。将鼠标移到 B20 单元格内，单击工具栏或 "公式" 中的 fx 按钮，则会弹出 "插入函数" 对话框。在选择函数类别栏中选择 "财务"，在选择函数栏中单击 "IRR"，则会弹出 IRR 函数参数对话框，如图 7-2 所示。

	A	B	C
1	债券资本成本		
2	债券发行总额	2000000	
3	债券利率	6%	
4	债券期限	10	
5	利息支付次数	10	
6	发行费率	2%	
7	所得税税率	25%	
8	债券各期	现金流量	
9	0	1960000	
10	1	-120000	
11	2	-120000	
12	3	-120000	
13	4	-120000	
14	5	-120000	
15	6	-120000	
16	7	-120000	
17	8	-120000	
18	9	-120000	
19	10	-2120000	
20	债券税前资本成本	6.28%	
21	债券税后资本成本	4.71%	

图 7-1　利用内含报酬率函数计算债务资本成本

在"Values"中输入"B9:B19",或单击红色箭头,界面返回至工作表,选择 B9:B19 区域;在"Guess"中输入"10%"或省略。然后单击"确定"按钮,计算结果会显示在 B20 单元格中。

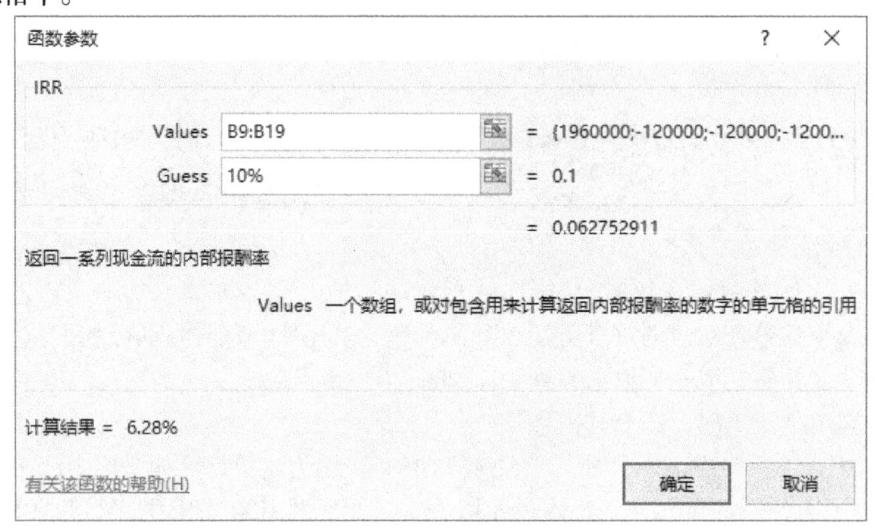

图 7-2　IRR 函数参数对话框

(8)计算税后资本成本时,在 B21 单元格中输入,或在编辑栏中编辑公式"=B20*(1–B7)",确认后会显示结果为 4.71%,如图 7-1 所示。

7.2.2　累积本金函数 CUMPRINC()

语法:CUMPRINC(rate,nper,pv,start_period,end_period,type)

功能:返回两个周期之间贷款的累积本金。

参数说明如下。

(1)rate 为贷款利率。

(2)nper 为贷款总期数。

(3)pv 为现值。

(4)start_period 为计算本金的起始期数。

(5)end_period 为计算本金的终止期数。

(6)type 为年金类型。普通年金 type 取 0,预付年金 type 取 1。

【例 7-2】一项贷款现值为 500 000 元,年利率为 10%,10 年期,每月月初等额分期还款。计算第三年全年付款本金之和。

计算步骤如下。

(1)选中单元格 H21,单击"公式>插入函数"命令,在函数分类中找出"财务"函数中的"CUMPRINC"函数,单击"确定"按钮,弹出如图 7-3 所示的对话框。

(2)按照图 7-3 所示输入月利率、计算本金数额的总期数、贷款现值、起始期数、终止期数和年金类型,单击"确定"按钮,即可得出计算结果。

除了上述方法，还可以在单元格中直接输入公式"=CUMPRINC（10%/12,10*12,500000,25,36,1)"，确认后计算结果就显示在输入公式的单元格中，结果是–37 121.17。

如果该贷款需要每月月末等额偿还，则 type 参数取 0，其他参数与月初等额偿还相同，计算结果是-37 430.51。

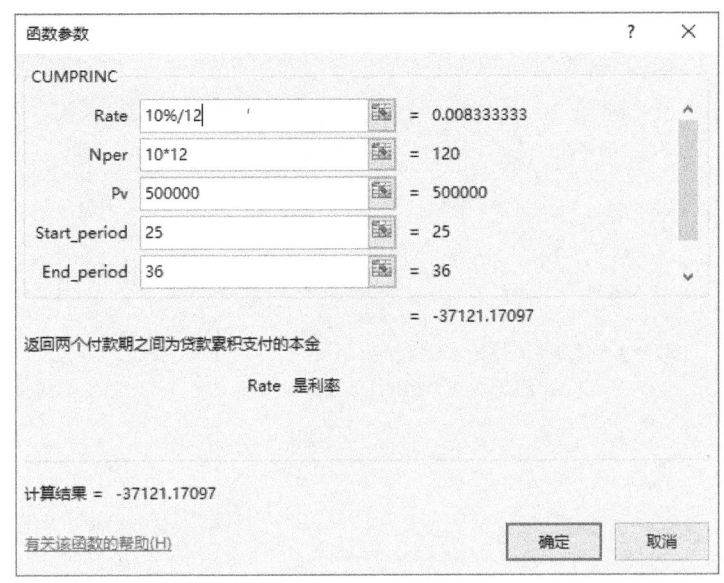

图 7-3　CUMPRINC() "函数参数" 对话框

7.2.3　累积利息函数 CUMIPMT()

语法：CUMIPMT(rate,nper,pv,start_period,end_period,type)

功能：返回两个周期之间贷款的累积利息。

参数说明如下。

(1) rate 为贷款利率。

(2) nper 为贷款总期数。

(3) pv 为现值。

(4) start_period 为计算利息的起始期数。

(5) end_period 为计算利息的终止期数。

(6) type 为年金类型。普通年金 type 取 0，预付年金 type 取 1。

【例 7-3】一项贷款现值为 500 000 元，年利率为 10%，10 年期，每月月初等额分期还款。计算第三年全年支付的贷款利息。

计算步骤如下。

(1) 选中单元格 H16，单击 "公式>插入函数" 命令，在函数分类中找出 "财务" 类函数中的 "CUMIPMT" 函数，单击 "确定" 按钮，弹出如图 7-4 所示的对话框。

(2) 按照图 7-4 所示输入月利率、计算本金数额的总期数、贷款现值、第三年的起始月份数、第三年的终止月份数和年金类型，单击"确定"按钮，即可得出计算结果。

除了上述方法，还可以在单元格中直接输入公式"=CUMIPMT(10%/12,10*12,500000,
25,36,1)"，确认后计算结果就显示在输入公式的单元格中，结果是–41 513.97。

如果该贷款需要每月月末等额偿还，则 type 参数取 0，其他参数与月初等额偿还相同，
计算结果是–41 859.93。

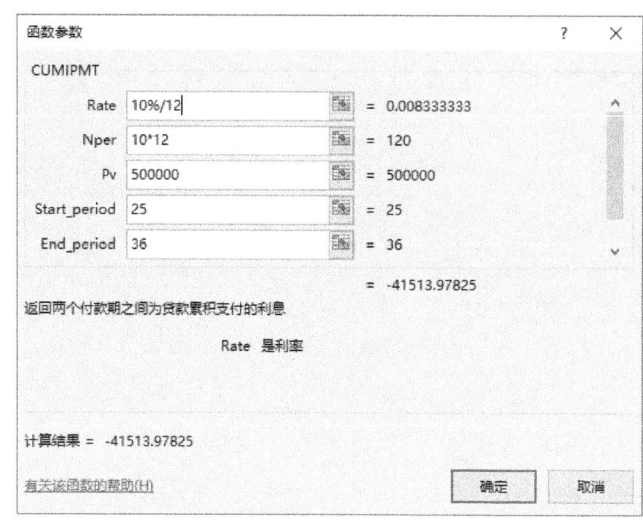

图 7-4　CUMIPMT()"函数参数"对话框

7.2.4　复利函数 FVSCHEDULE()

语法：FVSCHEDULE(principal,schedule)

功能：返回初始本金经过复利计算后的值。

参数说明如下。

(1)principal 为当前值。

(2)schedule 为一组利率，可以以数组形式存放，也可以是单元格引用。

【例 7-4】某公司存入银行 10 000 元，利息按复利计算，银行存款第一、二、三年的利
率分别为 3%，4%，5%。计算该系列存款三年后的终值。

计算步骤如下。

(1)将 3%，4%，5%分别放在单元格 I12、J12、K12 中。

(2)选中单元格 H10，单击"公式>插入函数"命令，在函数分类中找出"财务"类函
数中的"FVSCHEDULE"函数，单击"确定"按钮，弹出如图 7-5 所示的对话框。

(3)按照图 7-5 所示输入存款 10 000 元和第一、二、三年的利率，单击"确定"按钮，
即可得出计算结果。

除了上述方法，还可以在单元格中直接输入公式"=FVSCHEDULE(10000,I12:K12)"，
确认后计算结果就显示在输入公式的单元格中，结果是 11 247.6。

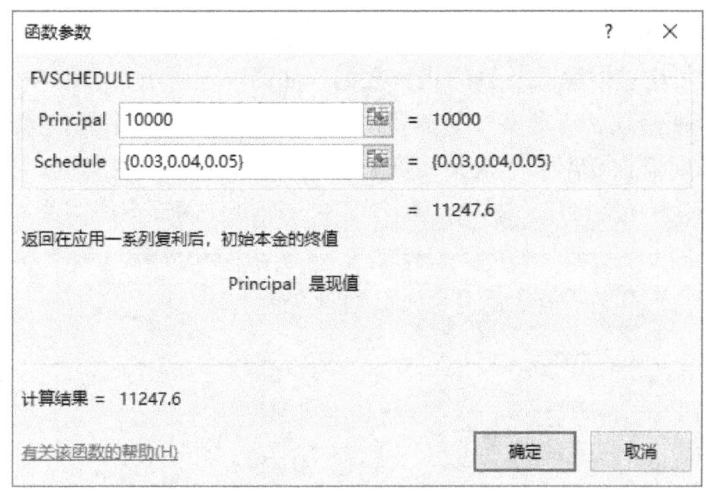

图 7-5　FVSCHEDULE()"函数参数"对话框

另外，在单元格中输入公式"=FVSCHEDULE(10000,{0.03,0.04,0.05})"，按 Enter 键后，也会显示同样的结果，即 11 247.6。

需要注意的是如果 schedule 参数采用数组形式，则利率要用小数而不是百分数表示。

7.3　Excel 资金成本计量

企业的资本可以分为债务资本和权益资本两大类。权益资本可以进一步划分为优先股、普通股和留存收益三部分。相应的，企业筹资方式主要有长期借款筹资、债券筹资、股票筹资等。在筹资过程中，资本成本是重要的考虑因素。资本成本的通用计算公式为：

资本成本=每年的用资费用/(筹资数额–筹资费用)

7.3.1　长期借款资本成本计量模型

长期借款资本成本包括借款利息和筹资费用，其中借款利息计入税前成本费用，可以起到抵税的作用。当长期借款的筹资费(主要是借款的手续费)很小时，也可以忽略不计。因此，一次还本、分期付息借款资本成本的计算公式为：

$$K_1 = \frac{R_1(1-T)}{1-F_1}$$

式中，K_1——长期借款资本成本；

　　　R_1——长期借款的利率；

　　　T——所得税税率；

　　　F_1——长期借款筹资费用率。

【例 7-5】恒昌公司取得 5 年期长期借款 100 万元，年利率为 8%，每年付息一次，到期一次还本，筹资费用率为 0.5%，企业的所得税税率为 25%。

利用 Excel 计算的该项长期借款资本成本的步骤如下。

(1) 在 Excel 工作表中输入借款的相关数据，如图 7-6 所示，分别在单元格 B2、B3、B4、B5 中输入长期借款、年利率、筹资费用率和企业所得税税率的数据。

(2) 在计算长期借款资本成本的单元格中输入公式，如图 7-6 所示，在 B6 单元格中输入公式“=B3*(1-B5)/(1-B4)”，即可计算出该项长期借款的资本成本为 6.03%。

B6 fx =B3*(1-B5)/(1-B4)

	A	B	C	D
1	长期借款资本成本			
2	长期借款	100		
3	年利率	8%		
4	筹资费用率	0.50%		
5	企业所得税税率	25%		
6	长期借款资本成本	6.03%		
7				
8				

图 7-6　长期借款资本成本

7.3.2　债券资本成本计量模型

发行债券的成本主要指债券利息和筹资费用。按照一次还本、分期付息的方式，长期债券资本成本的计算公式为：

$$K_b = \frac{I_b(1-T)}{B(1-F_b)}$$

式中，K_b——债券资本成本；

I_b——债券年利息；

T——所得税税率；

F_b——债券筹资费用率；

B——债券筹资额。

1. 平价发行债券的成本

【例 7-6】恒昌公司发行总面额为 100 万元的 5 年期债券，票面利率为 9%，发行费用率为 2%，公司的所得税税率为 25%。计算该债券的成本。

利用 Excel 计算该债券筹资资本成本的步骤如下。

(1) 在 Excel 工作表中输入债券筹资的相关数据，如图 7-7 所示，分别在单元格 B9、B10、B11、B12 中输入债券发行总面额、债券利率、筹资费用率和企业所得税税率。

(2) 在计算债券筹资资本成本数据的单元格中输入公式，如图 7-7 所示，在 B13 单元格中输入公式“=B10*(1–B12)/(1–B11)”，即可计算出该项筹资的资本成本为 6.89%。

2. 溢价或折价发行债券的成本

若债券溢价或折价发行，为更精确地计算资本成本，应以实际发行价格作为债券筹资额。

B13 | f_x | =B10*(1-B12)/(1-B11)

	A	B	C	D
7				
8	债券筹资资本成本			
9	债券发行总面额	100		
10	债券利率	9%		
11	筹资费用率	2.00%		
12	企业所得税税率	25%		
13	债券筹资资本成本	6.89%		
14				

图 7-7　债券筹资资本成本——平价发行

【例 7-7】假设上述公司债券的发行价格为 120 万元，其他条件相同，则该项筹资的资本成本如图 7-8 所示。

其中单元格 B21 的计算公式是“=B16*B18*(1-B20)/(B17*(1-B19))”，计算结果为 5.74%。

B21 | f_x | =B16*B18*(1-B20)/(B17*(1-B19))

	A	B	C	D	E
15	债券筹资资本成本				
16	债券发行总面额	100			
17	实际筹资额	120			
18	债券利率	9%			
19	筹资费用率	2.00%			
20	企业所得税税率	25%			
21	债券筹资资本成本	5.74%			
22					

图 7-8　债券筹资资本成本——溢价或折价发行

7.3.3　普通股资本成本计量模型

普通股成本是指企业新发行的普通股的成本。普通股成本可以按照股利增长模式计算，但需调整发行新股时发生的筹资费用对资本成本的影响。其计算公式为：

$$K_{nc}=\frac{D_1}{P_0(1-F_c)}+G$$

式中，K_{nc}——普通股资本成本；

D_1——预期当年股利额；

P_0——普通股市价；

G——普通股利年增长率；

F_c——普通股筹资费用率。

【例 7-8】恒昌公司新发行普通股 1 200 万元，普通股市价为 30 元，本年发放股利每股 2 元，估计股利年增长率为 8%，公司筹资费用率为股票市价的 3.5%。计算该项筹资的资本成本。

利用 Excel 计算该普通股筹资资本成本的步骤如下。

(1) 在 Excel 工作表中输入发行普通股筹资的相关数据，如图 7-9 所示，分别在单元格 B24、B25、B26、B27 中输入普通股发行额、本年发放股利、股利年增长率和筹资费用率的数据。

(2) 在计算普通股筹资资本成本数据的单元格中输入公式“=B25/(B24*(1-B27))+B26”，如图 7-9 所示，即可计算出该项筹资的资本成本为 8.17%。

B29 f_x =B25/(B24*(1-B27))+B26

	A	B	C	D
23	普通股筹资资本成本			
24	普通股发行额（万元）	1200		
25	本年发放股利（元）	2		
26	股利年增长率	8%		
27	筹资费用率	3.50%		
28				
29	普通股筹资资本成本	8.17%		

图 7-9　普通股筹资资本成本

7.3.4　留存收益资本成本计量模型

留存收益资本成本的计量可以采用股利增长模型法、资本资产定价模型法和风险溢价法计算。

1. 股利增长模型法

$$K_s = \frac{D_1}{P_0} + G$$

式中，K_s——留存收益资本成本；

D_1——预期年股利额；

P_0——普通股市价；

G——普通股利年增长率。

【例 7-9】 恒昌公司普通股目前市价为 52 元，估计年增长率为 8%，本年发放股利 3 元，则留存收益成本的计算只需在 B37 单元格中输入公式“=B33/B32+B34”即可得出，计算结果为 13.77%，如图 7-10 所示。

B37 f_x =B33/B32+B34

	A	B	C	D
31	留存收益资本成本			
32	普通股市价	52		
33	本年发放股利（元）	3		
34	股利年增长率	8%		
35				
36				
37	留存收益资本成本	13.77%		

图 7-10　留存收益资本成本——股利增长模型法

2. 资本资产定价模型法

$$K_s = R_f + \beta(R_m - R_f)$$

式中，R_f——无风险报酬率；

β——股票的贝塔系数；

R_m——平均风险股票必要报酬率。

【例 7-10】某证券市场无风险报酬率为 12%，平均风险股票必要报酬率为 16%，恒昌公司普通股 β 值为 1.5，则留存收益资本成本的计算如图 7-11 所示。其中 B43 单元格中的留存收益资本成本的计算公式为 "=B40+B41*(B42-B40)"，计算结果为 18%。

	B43 ▾	f_x =B40+B41*(B42-B40)		
	A	B	C	D
39	留存收益资本成本			
40	无风险报酬率为	12%		
41	恒昌公司普通股 β 值	1.5		
42	平均风险股票必要报酬率	16%		
43	留存收益资本成本	18.00%		

图 7-11 留存收益资本成本——资本资产定价模型法

3. 风险溢价法

$$K_s = K_b + RP_c$$

式中，K_b——债务成本；

RP_c——股东比债权人承担更大风险所要求的风险溢价。

【例 7-11】某公司的债务成本为 8%，普通股风险溢价为 4%，则留存收益资本成本的计算如图 7-12 所示。其中 B48 单元格中的留存收益资本成本的计算公式为 "=B46+B47"，计算结果为 12%。

	B48 ▾	f_x =B46+B47	
	A	B	C
45	留存收益资本成本		
46	公司债务成本	8%	
47	普通股风险溢价	4%	
48	留存收益资本成本	12.00%	

图 7-12 留存收益资本成本——风险溢价法

7.3.5 公司综合资本成本测算模型

企业通常采用多种筹资方式筹集经营所需资金。在进行筹资决策时，需要计算企业全部长期资金的总成本——加权平均资本成本(也称为综合资本成本)。加权平均资本成本一般是以个别资本占全部资本的比重为权数，对个别资本成本进行加权平均确定的。其计算公式为：

$$K_w = \sum_{j=1}^{n} K_j W_j$$

式中，K_w——加权平均资本成本；

  K_j——第 j 种个别资本成本；

  W_j——第 j 种个别资本占全部资本的比重(权数)。

【例 7-12】 恒昌公司长期资金共 1 000 万元，其中长期借款 100 万元，应付长期债券 150 万元，普通股 500 万元，保留盈余 250 万元；其资本成本分别为 6.15%，8.08%，21.50%，21%。计算该企业的加权平均资本成本。

	J8	▾	f_x	=SUM(J3:J6)	
	F	G	H	I	J
1	综合资本成本				
2	筹资方式	资本成本	筹资金额	筹资比重	资本成本*筹资比重
3	长期借款(万元)	6.15%	100	10.00%	0.62%
4	应付长期债券(万元)	8.08%	150	15.00%	1.21%
5	普通股(万元)	21.50%	500	50.00%	10.75%
6	保留盈余(万元)	21%	250	25.00%	5.25%
7	资金总规模		1000	100.00%	
8	加权平均资本成本				17.83%

图 7-13 加权平均资本成本

(1) 将各种筹资方式对应的金额输入单元格 H3、H4、H5 和 H6 中。

(2) 将资本成本数据输入单元格 G3、G4、G5 和 G6 中。

(3) 计算资金总规模并放在单元格 H7 中，计算公式为 "=SUM(H3:H6)"。

(4) 计算各项筹资方式的比重，如图 7-13 所示，方法如下。

- 在 I3 单元格中直接输入公式 "=H3/$H$7"。将鼠标移至 I3 单元格的右下角，出现十字形状时按住鼠标左键，向下拖拽至 I7 单元格，释放鼠标，于是完成了全部比重计算公式的复制粘贴。

- 或者在 I3 单元格中直接输入公式 "=H3/$H$7"，然后将 I3 单元格复制再粘贴至 I4:I7 单元格区域中，I4:I7 单元格区域中也会显示出各权重的计算结果。

(5) 计算各种筹资方式的资本成本和筹资比重的乘积，方法如下。

- 在 J3 单元格中直接输入公式 "=I3*G3"。将鼠标移至 J3 单元格的右下角，出现十字形状时按住鼠标左键，向下拖拽至 J6 单元格，释放鼠标，于是完成了全部计算公式的复制粘贴。

- 或者在 J3 单元格中直接输入公式 "=I3*G3"，然后将 J3 单元格复制再粘贴至 J4:J6 单元格区域中，J4:J6 单元格区域中也会显示出计算结果。

(6) 计算加权平均资本成本。在 J8 单元格中输入公式 "=SUM(J3:J6)" 就可以计算出各种筹资方式加权平均后的资本成本。

表 7-1 相关单元格计算公式

单元格	公式	单元格	公式
I3	=H3/$H$7	J3	=G3*I3
I4	=H4/$H$7	J4	=G4*I4
I5	=H5/$H$7	J5	=G5*I5
I6	=H6/$H$7	J6	=G6*I6
I7	=H7/$H$7	J8	=SUM(J3:J6)

如果改变各种筹资方式的筹资金额或资本成本，只需在相应位置输入新的数据，系统就会立即更新计算结果。财务人员可以根据需要选择加权平均筹资成本最低的组合筹资方案。

7.4 Excel 长期借款筹资分析

长期借款是企业一项很重要的资金来源，与其他长期负债相比，长期借款筹资的优点有：筹资速度快，借款弹性较大，由于长期借款利率一般低于债券利率，且筹资费用较少，所以借款成本较低。

7.4.1 建立长期借款基本模型

可以建立简单的长期借款筹资分析模型，对长期借款进行还款分析。操作步骤如下。

(1)首先建立长期借款等额还款额模型，如图 7-14 所示。

(2)定义各因素间的钩稽关系。

- 还款总期数=借款年限×每年还款期数，即 C16=C14*C15。
- 分期等额偿还金额=ABS(PMT(借款年利率/每年还款期数，还款总期数，借款金额))，即 C17=PMT(C13/C15, C16, −C12)，或者 C17=ABS(PMT(C13/C15, C16,C12))

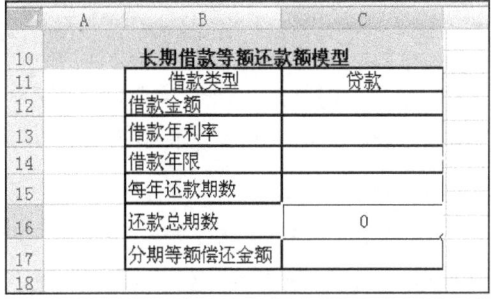

图 7-14　长期借款等额还款额模型

(3)根据需要输入借款金额、借款年利率、借款年限、每年还款期数，分析表会进行计算并显示计算结果。

(4)当借款金额、借款年利率、借款年限、每年还款期数中任一因素的值改变时，分析表会重新计算并显示新的结果。

【例 7-13】恒昌公司从银行取得 10 年期长期借款 10 万元，借款年利率 10%，与银行约定采用等额还款方式每年年末还款。计算公司每年分期等额偿还金额。

按照上述步骤建立的分期等额偿还、长期借款基本模型如图 7-15 所示。

	C17	▼	f_x	=PMT(C13/C15,C16,-C12)	
	A	B		C	D
10		长期借款等额还款额模型			
11		借款类型		贷款	
12		借款金额		100000.00	
13		借款年利率		10%	
14		借款年限		10	
15		每年还款期数		1	
16		还款总期数		10	
17		分期等额偿还金额		16274.54	

图 7-15　恒昌公司长期借款等额还款额模型

7.4.2　运用模型运算表进行借款影响因素分析

长期借款中的本金、利率、期数是互相影响的。借款金额不变，借款利率、借款期数的变化都会带来分期偿还金额的改变。财务人员可以通过 Excel 提供的模型运算表了解借款利率、借款期数等因素的变化对分期偿还金额的影响。

模拟运算表是通过模拟分析的方法进行数值预测，来查看公式中某一个或两个变量的不同组合对公式结果影响的数据分析工具。利用该工具进行模拟分析，可以将不同结果同时显示在工作表中，便于查看、比较和分析。模拟运算表的功能是：计算迅速而简便，能在一次操作过程中完成多组不同数值的计算；在一张工作表上可以显示多组不同数值的操作结果，便于比较。

Excel 的模拟运算表包括单变量模拟运算表、双变量模拟运算表两种类型。

1. 单变量模拟运算表的运用

单变量模拟运算表是分析一个因素的变化对因变量结果影响的运算表。它用一个一维表，给一个参数输入不同的数值，显示和比较一维表结果的变化。

【例 7-14】 沿用【例 7-13】的例子，在等额分期偿还借款条件下，利用模拟运算表分析不同借款利率对还款金额的影响。

分析步骤如下。

1) 建立基本数据区

(1) 在 C21 单元格中输入借款金额、在 C22 单元格中输入借款年限、在 C23 单元格中输入每年还款期数、在 C24 单元格中输入公式“=C22*C23”，将可能的借款年利率输入 B 列相应的单元格中。本例中可能的借款年利率存放在 B27:B37 单元格区域中，如图 7-16 所示。

(2) 在 C27 单元格中输入公式“=PMT(B27/C23,C24,-C21)”如图 7-16 所示。于是建立起了单变量模拟的基本数据区。

C27　　fx　=PMT(B27/C23,C24,-C21)

	A	B	C	D
20	单变量模拟运算表			
21		借款金额	100,000	
22		借款年限	10	
23		每年还款期数	1	
24		还款总期数	10	
25				
26		借款年利率	分期等额偿还金额	
27		5.00%	￥12,950.46	
28		6.00%		
29		7.00%		
30		8.00%		
31		9.00%		
32		10.00%		
33		11.00%		
34		12.00%		
35		13.00%		
36		14.00%		
37		15.00%		

图 7-16　单变量模拟基本数据区

2) 进行单变量模拟

(1)选定 B27:B37 单元格区域，单击"数据>模拟分析>模拟运算表"命令，如图 7-17 所示。

(2)出现如图 7-18 所示的对话框。在"输入引用列的单元格"中输入"$B$27"，单击"确定"按钮。

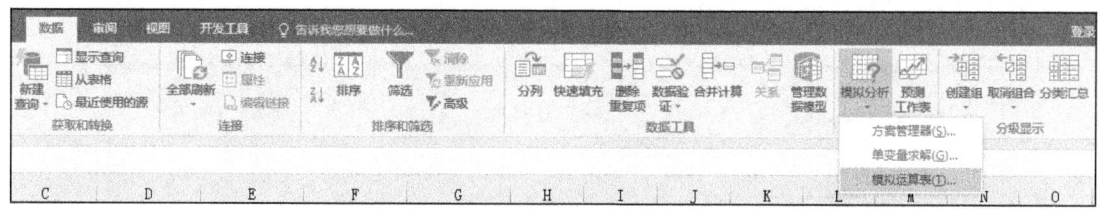

图 7-17　调用模拟分析

(3)于是，计算结果就显示在如图 7-19 所示的工作表中，从该工作表我们可以看到不同的利率水平下等额分期偿还借款的金额。

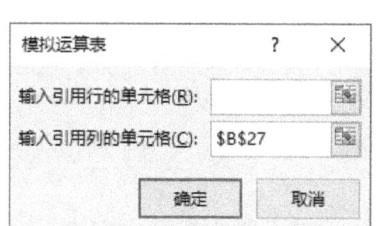

图 7-18　"模拟运算表"对话框

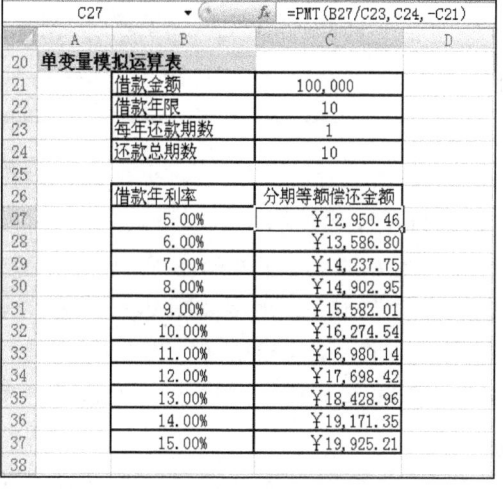

图 7-19　单变量模拟运算结果

(4)任意改变 B27:B37 单元格区域中的利率水平，相对应的等额分期偿还借款金额就会自动显示出来。

2. 双变量模拟运算表的运用

双变量模拟运算表是分析两个因素的变化对因变量结果影响的运算表。它用一个二维表，给两个参数输入不同的数值，显示和比较二维表结果的变化。

【例 7-15】沿用【例 7-13】的例子，在等额分期偿还借款条件下，利用模拟运算表分析不同借款利率、不同借款年限对还款金额的影响。

分析步骤如下。

1) 建立基本数据区

(1)在 G21 单元格中输入借款金额、在 G22 单元格中输入每年还款期数、在 G23 单元格中输入借款年限、在 G24 单元格中输入借款年利率，将可能的借款年利率和借款年限分别输入 F 列相应的单元格和 26 行的相应单元格区域中。本例中可能的借款年利率存放在 F27:F37 单元格区域中，将可能的借款年限存放在 G26:L26 单元格区域中，如图 7-20 所示。

（2）在 F26 单元格中输入公式"=PMT（G24/G22,G23*G22,–G21）"如图 7-20 所示。于是建立起了双变量模拟的基本数据区。

	E	F	G	H	I	J	K	L
F26			=PMT(G24/G22,G23*G22,-G21)					
20	双变量模拟运算表							
21		借款金额	100,000					
22		每年还款期数	1					
23		借款年限	5					
24		借款年利率	10%					
25								
26		￥26,379.75	5	6	7	8	9	10
27		5%						
28		6%						
29		7%						
30		8%						
31		9%						
32		10%						
33		11%						
34		12%						
35		13%						
36		14%						
37		15%						

图 7-20　双变量模拟基本数据区

2）进行双变量模拟

（1）选定 F27:L37 单元格区域，单击"数据>模拟分析>模拟运算表"命令，出现如图 7-21 所示的对话框。

（2）在"输入引用行的单元格"中输入"$G$23"，在"输入引用列的单元格"中输入"$G$24"，单击"确定"按钮。

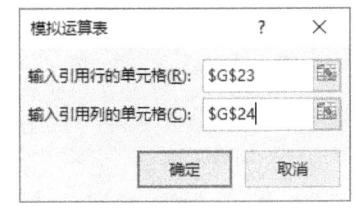

图 7-21　"模拟运算表"对话框

（3）于是，计算结果就显示在如图 7-22 所示的工作表中。从该工作表我们可以看到不同的利率水平、不同的借款年限下等额分期偿还贷款的金额。

	E	F	G	H	I	J	K	L
18								
19								
20	双变量模拟运算表							
21		借款金额	100,000					
22		每年还款期数	1					
23		借款年限	5					
24		借款年利率	10%					
25								
26		￥26,379.75	5	6	7	8	9	10
27		5%	￥23,097.48	￥19,701.75	￥17,281.98	￥15,472.18	￥14,069.01	￥12,950.46
28		6%	￥23,739.64	￥20,336.26	￥17,913.50	￥16,103.59	￥14,702.22	￥13,586.80
29		7%	￥24,389.07	￥20,979.58	￥18,555.32	￥16,746.78	￥15,348.65	￥14,237.75
30		8%	￥25,045.65	￥21,631.54	￥19,207.24	￥17,401.48	￥16,007.97	￥14,902.95
31		9%	￥25,709.25	￥22,291.98	￥19,869.05	￥18,067.44	￥16,679.88	￥15,582.01
32		10%	￥26,379.75	￥22,960.74	￥20,540.55	￥18,744.40	￥17,364.05	￥16,274.54
33		11%	￥27,057.03	￥23,637.66	￥21,221.53	￥19,432.11	￥18,060.17	￥16,980.14
34		12%	￥27,740.97	￥24,322.57	￥21,911.77	￥20,130.28	￥18,767.89	￥17,698.42
35		13%	￥28,431.45	￥25,015.32	￥22,611.08	￥20,838.67	￥19,486.89	￥18,428.96
36		14%	￥29,128.35	￥25,715.75	￥23,319.24	￥21,557.00	￥20,216.84	￥19,171.35
37		15%	￥29,831.56	￥26,423.69	￥24,036.04	￥22,285.01	￥20,957.40	￥19,925.21

图 7-22　双变量模拟运算结果

(4)任意改变 F27:F37 单元格区域中的利率水平，任意改变 G26:L26 单元格区域中的借款年限，相对应的等额分期偿还借款金额就会自动显示出来。

由此可以看出，财务人员利用模拟运算表可以直观地比较不同组合下需要偿还的借款金额。当长期借款方案发生变化时，财务人员只需改变第一因素和第二因素所在的行和列的数值或改变其他因素的值，系统就会自动重新计算双因素分析表中的所有值。

7.4.3 进行最佳借款方案决策

企业在充分利用长期借款时，应当结合实际情况，选择适当的还款条件。长期借款的偿还方式一般包括 4 种：定期支付利息、到期一次性偿还本金的方式；定期等额偿还方式；平时逐期偿还小额本金和利息、到期偿还余下的大额部分的方式；到期一次还本付息的方式。第 1 种和第 4 种方式会加大企业到期偿还借款的压力；第 2 种方式会提高企业使用贷款的实际利率；第 3 种方式灵活性较大。以下将分别举例说明。

【例 7-16】恒昌公司需要为一项目向银行借款 2 000 000 元，银行年利率为 6%，借款期限为 4 年。有以下几种偿还方式：(1)每年年末支付利息，到期一次性偿还本金；(2)每年年末等额偿还；(3)每年年末平均偿还借款本金和尚未偿还部分的利息；(4)到期清偿全部本息。分析哪一种偿还方式对企业最有利。

分析步骤如下。

(1)建立长期借款决策基本模型，如图 7-23 所示。

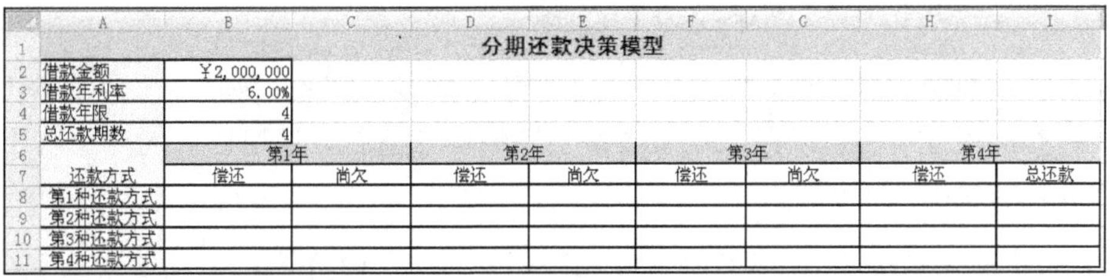

	A	B	C	D	E	F	G	H	I
1	分期还款决策模型								
2	借款金额	￥2,000,000							
3	借款年利率	6.00%							
4	借款年限	4							
5	总还款期数	4							
6		第1年		第2年		第3年		第4年	
7	还款方式	偿还	尚欠	偿还	尚欠	偿还	尚欠	偿还	总还款
8	第1种还款方式								
9	第2种还款方式								
10	第3种还款方式								
11	第4种还款方式								

图 7-23　恒昌公司长期借款决策基本模型

(2)定义钩稽关系，如表 7-2 所示。

(3)将上述计算关系填入表格，就会显示如图 7-24 所示的计算结果。可以看出，不同方式下的总付款额差异较大，如第 3 种方式的总付款额最小，而第 4 种方式的总付款额最大，因此具体选用哪种方式，管理层可以根据实际情况做出决策。

表 7-2　计算公式表

还款方式	计算公式
第 1 种方式	B8=D8=F8=$B$2*$B$3
	H8=$B$2*$B$3+$B$2
	I8=B8+D8+F8+H8
第 2 种方式	B9=D9=F9=PMT($B$3,$B$4,-$B$2)
	I9=B9+D9+F9+H9

续表

还款方式	计算公式
第 3 种方式	B10=B2/B4+B2*B3
	C10=B2-B2/B4
	D10=B2/B4+C10*B3
	E10=B2-B2*2/B4
	F10=B2/B4+E10*B3
	G10=B2-B2*3/B4
	H10==B2/B4+G10*B3
	I10=B10+D10+F10+H10
第 4 种方式	H11=B2*(1+B3)^B4
	I11=H11

	A	B	C	D	E	F	G	H	I
1	分期还款决策模型								
2	借款金额	￥2,000,000							
3	借款年利率	6.00%							
4	借款年限	4							
5	总还款期数	4							
6	还款方式	第1年		第2年		第3年		第4年	
7		偿还	尚欠	偿还	尚欠	偿还	尚欠	偿还	总还款
8	第1种还款方式	￥120,000.00		￥120,000.00		￥120,000.00		￥2,120,000.00	￥2,480,000.00
9	第2种还款方式	￥577,182.98		￥577,182.98		￥577,182.98		￥577,182.98	￥2,308,731.94
10	第3种还款方式	￥620,000.00	￥1,500,000.00	￥590,000.00	￥1,000,000.00	￥560,000.00	￥500,000	￥530,000.00	￥2,300,000.00
11	第4种还款方式	￥0.00		￥0.00		￥0.00		￥2,524,953.92	￥2,524,953.92

图 7-24　恒昌公司长期借款决策模型计算结果

7.4.4　建立复杂的借款筹资偿还分析模型

企业取得长期借款后，要定期偿还。为了全面了解偿还情况，财务人员可以利用 Excel 建立借款筹资偿还分析表，以跟踪记录借款偿还的详细情况。这里以分期等额偿还为例，说明该分析表的使用。

【例 7-17】假设某公司 2014 年 3 月 15 日从银行取得 10 年期设备改造借款 1 000 000 元，每年年末等额偿还本息，银行年利率为 5.31%。试设计还款分析表。

1. 建立基本表

1) 设计基本工作表部分(如图 7-25 所示)

(1) 合并第一行单元格区域 A1:J1，输入该模型的名称“贷款分期偿还计划表”，并居中。

(2) 如图 7-25 所示，在相应的单元格中输入贷款总额、年利率、贷款年限(年)、每年付款次数、贷款起始日期、额外付款额、计划付款、计划付款次数、实际付款次数、提早付款金额和总利息的文字部分。在 B12 单元格中输入“贷方名称:”，在 C12 单元格中输入“设备改造贷款”。

(3) 为了方便后面公式使用，需为各参与计算的单元格定义名称。名称与各单元格的对应关系如表 7-3 所示。

(4) 将贷款总额 1 000 000、年利率 5.31%、贷款年限 10、贷款起始日期 2014-3-15 分别输入单元格 D5、D6、D7、D8、D9 中。因为没有额外付款额，所以不用输入该项。

图 7-25 建立基本工作表部分

表 7-3 基本表中数据项的名称与单元格的对应关系

名称	引用位置
Loan_Amount	=贷款分期偿还计划表!$D$5
Interest_Rate	=贷款分期偿还计划表!$D$6
Loan_Years	=贷款分期偿还计划表!$D$7
Num_Pmt_Per_Year	=贷款分期偿还计划表!$D$8
Loan_Start	=贷款分期偿还计划表!$D$9
Scheduled_Extra_Payments	=贷款分期偿还计划表!$D$10
Scheduled_Monthly_Payment	=贷款分期偿还计划表!$J$5
Total_Interest	=贷款分期偿还计划表!$J$9

(5) 输入计划付款、计划付款次数、实际付款次数、提早付款金额和总利息的计算公式,如表 7-4 所示。

表 7-4 贷款摘要部分的计算公式

单元格	计算公式
J5	=IF(Values_Entered,-PMT(Interest_Rate/Num_Pmt_Per_Year,Loan_Years*Num_Pmt_Per_Year,Loan_Amount),"")
J6	=IF(Values_Entered,Loan_Years*Num_Pmt_Per_Year,"")
J7	=IF(Values_Entered,Number_of_Payments,"")
J8	=IF(Values_Entered,SUMIF(Beg_Bal,">0",Extra_Pay),"")
J9	=IF(Values_Entered,SUMIF(Beg_Bal,">0",Int),"")

完成上述步骤后就形成了如图 7-25 所示的模型的基本表。

2) 为 "额外付款额" 项建立注释

(1) 单击 D10 单元格,然后单击 "数据>数据验证>数据验证" 命令,如图 7-26 所示。

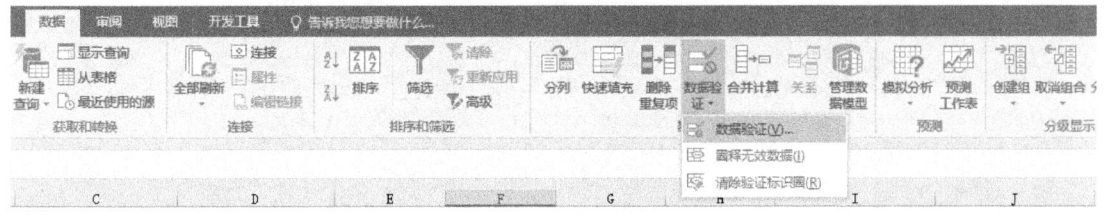

图 7-26 "数据验证" 命令

(2)出现如图 7-27 所示的对话框。在"设置"选项卡下的"允许"中选择"任何值"。

(3)在"输入信息"选项卡下的"标题"中输入"额外付款额",在"输入信息"中输入"如果要在每个付款期间额外支付本金,在此输入额外支付的数额。对于偶然的额外付款,直接在下边的"额外付款"列中输入额外本金数额。",如图 7-28 所示。

 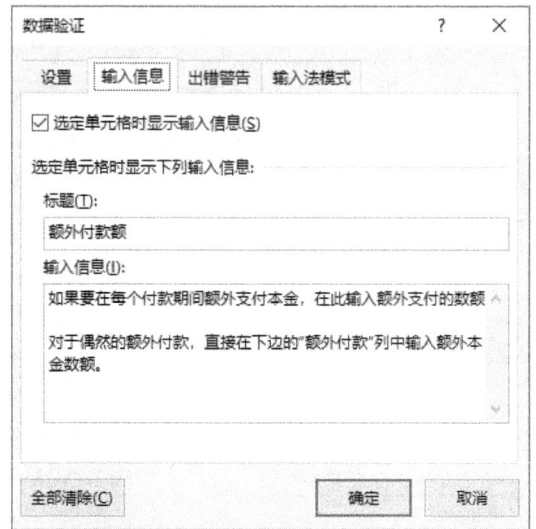

图 7-27　设置数据验证的条件　　　　　图 7-28　设置数据验证的输入信息

(4)在"出错警告"选项卡下的"样式"中选择"停止",如图 7-29 所示。

图 7-29　设置数据验证的出错警告

(5)单击"确定"按钮后就为"额外付款额"项建立了如图 7-30 所示的注释,方便模型使用者了解该项目的含义。

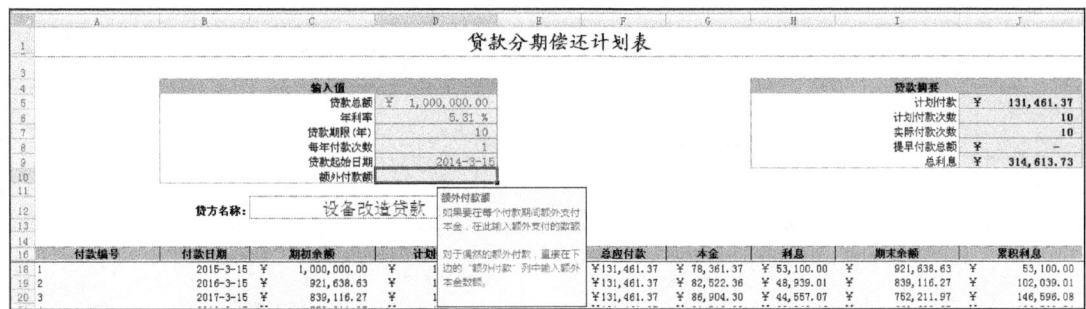

图 7-30 "额外付款额"项的注释

2. 建立贷款偿还计划表

建立贷款偿还计划表的步骤如下。

(1)在 A16:J16 单元格区域中输入贷款偿还计划表的表头部分，如图 7-31 所示。

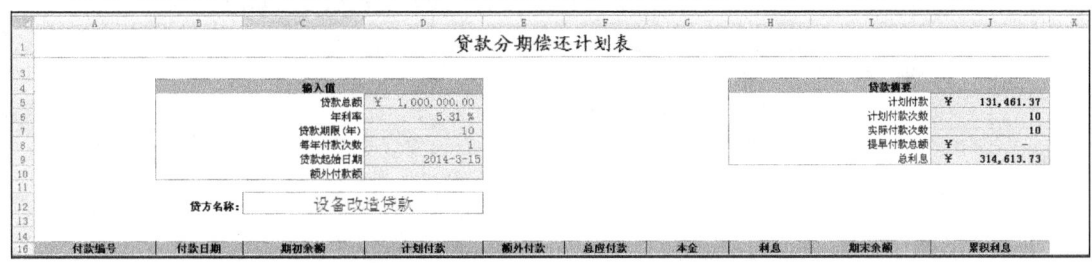

图 7-31 贷款偿还计划表的表头部分

(2)为贷款偿还计划表的表体部分数据项定义名称。各名称及其引用位置关系如表 7-5 所示。

表 7-5 贷款偿还计划表部分的名称及引用位置

名称	引用位置
Beg_Bal	=贷款分期偿还计划表!$C$18:$C$49
Cum_Int	=贷款分期偿还计划表!$J$18:$J$49
Data	=贷款分期偿还计划表!$A$18:$J$49
End_Bal	=贷款分期偿还计划表!$I$18:$I$49
Extra_Pay	=贷款分期偿还计划表!$E$18:$E$49
Full_Print	=贷款分期偿还计划表!$A$1:$J$49
Header_Row	=ROW(贷款分期偿还计划表!$17:$17)
Int	=贷款分期偿还计划表!$H$18:$H$49
Last_Row	=IF(Values_Entered,Header_Row+Number_of_Payments,Header_Row)
Number_of_Payments	=MATCH(0.01,End_Bal,-1)+1
Pay_Date	=贷款分期偿还计划表!$B$18:$B$49
Pay_Num	=贷款分期偿还计划表!$A$18:$A$49
Payment_Date	=DATE(YEAR(Loan_Start),MONTH(Loan_Start)+Payment_Number,DAY(Loan_Start))
Princ	=贷款分期偿还计划表!$G$18:$G$49
Print_Area	=OFFSET(Full_Print,0,0,Last_Row)
Print_Area_Reset	=OFFSET(Full_Print,0,0,Last_Row)

名称	引用位置
Print_Titles	=贷款分期偿还计划表!$14:$17
Sched_Pay	=贷款分期偿还计划表!$D$18:$D$49
Total_Pay	=贷款分期偿还计划表!$F$18:$F$49
Values_Entered	=IF(Loan_Amount*Interest_Rate*Loan_Years*Loan_Start>0,1,0)

(3)在 A18:J49 单元格区域中输入贷款偿还计划表中各项目的计算公式。表 7-6 给出了 A18:J20 单元格区域的计算公式，其他区域的计算公式可以参照此表输入。

表 7-6 贷款偿还计划表部分计算公式

单元格	计算公式
A18	=IF(Values_Entered,1,"")
B18	=IF(Pay_Num<>"",DATE(YEAR(Loan_Start),MONTH(Loan_Start)+(Pay_Num)*12/Num_Pmt_Per_Year,DAY(Loan_Start)),"")
C18	=IF(Values_Entered,Loan_Amount,"")
D18	=IF(Pay_Num<>"",Scheduled_Monthly_Payment,"")
E18	=IF(AND(Pay_Num<>"",Sched_Pay+Scheduled_Extra_Payments<Beg_Bal),Scheduled_Extra_Payments,IF(AND(Pay_Num<>"",Beg_Bal-Sched_Pay>0),Beg_Bal-Sched_Pay,IF(Pay_Num<>"",0,"")))
F18	=IF(AND(Pay_Num<>"",Sched_Pay+Extra_Pay<Beg_Bal),Sched_Pay+Extra_Pay,IF(Pay_Num<>"",Beg_Bal,""))
G18	=IF(Pay_Num<>"",Total_Pay-Int,"")
H18	=IF(Pay_Num<>"",Beg_Bal*(Interest_Rate/Num_Pmt_Per_Year),"")
I18	=IF(AND(Pay_Num<>"",Sched_Pay+Extra_Pay<Beg_Bal),Beg_Bal-Princ,IF(Pay_Num<>"",0,""))
J18	=SUM($H$18:$H18)
A19	=IF(Values_Entered,A18+1,"")
B19	=IF(Pay_Num<>"",DATE(YEAR(Loan_Start),MONTH(Loan_Start)+(Pay_Num)*12/Num_Pmt_Per_Year,DAY(Loan_Start)),"")
C19	=IF(Pay_Num<>"",I18,"")
D19	=IF(Pay_Num<>"",Scheduled_Monthly_Payment,"")
E19	=IF(AND(Pay_Num<>"",Sched_Pay+Scheduled_Extra_Payments<Beg_Bal),Scheduled_Extra_Payments,IF(AND(Pay_Num<>"",Beg_Bal-Sched_Pay>0),Beg_Bal-Sched_Pay,IF(Pay_Num<>"",0,"")))
F19	=IF(AND(Pay_Num<>"",Sched_Pay+Extra_Pay<Beg_Bal),Sched_Pay+Extra_Pay,IF(Pay_Num<>"",Beg_Bal,""))
G19	=IF(Pay_Num<>"",Total_Pay-Int,"")
H19	=IF(Pay_Num<>"",Beg_Bal*Interest_Rate/Num_Pmt_Per_Year,"")
I19	=IF(AND(Pay_Num<>"",Sched_Pay+Extra_Pay<Beg_Bal),Beg_Bal-Princ,IF(Pay_Num<>"",0,""))
J19	=SUM($H$18:$H19)
A20	=IF(Values_Entered,A19+1,"")
B20	=IF(Pay_Num<>"",DATE(YEAR(Loan_Start),MONTH(Loan_Start)+(Pay_Num)*12/Num_Pmt_Per_Year,DAY(Loan_Start)),"")
C20	=IF(Pay_Num<>"",I19,"")
D20	=IF(Pay_Num<>"",Scheduled_Monthly_Payment,"")
E20	=IF(AND(Pay_Num<>"",Sched_Pay+Scheduled_Extra_Payments<Beg_Bal),Scheduled_Extra_Payments,IF(AND(Pay_Num<>"",Beg_Bal-Sched_Pay>0),Beg_Bal-Sched_Pay,IF(Pay_Num<>"",0,"")))
F20	=IF(AND(Pay_Num<>"",Sched_Pay+Extra_Pay<Beg_Bal),Sched_Pay+Extra_Pay,IF(Pay_Num<>"",Beg_Bal,""))

续表

单元格	计算公式
G20	=IF(Pay_Num<>"",Total_Pay-Int,"")
H20	=IF(Pay_Num<>"",Beg_Bal*Interest_Rate/Num_Pmt_Per_Year,"")
I20	=IF(AND(Pay_Num<>"",Sched_Pay+Extra_Pay<Beg_Bal),Beg_Bal-Princ,IF(Pay_Num<>"",0,""))
J20	=SUM($H$18:$H20)

(4)公式输入完成后，就出现了如图 7-32 所示的计算结果。系统给出了在银行年利率为 5.31%的情况下，从 2015 年 3 月 15 日开始还款、每年年末等额偿还本息、10 年期的 1 000 000 元贷款的还款计划表。

贷款分期偿还计划表

输入值	
贷款总额	￥ 1,000,000.00
年利率	5.31 %
贷款期限(年)	10
每年付款次数	1
贷款起始日期	2014-3-15
可选的额外付款	

贷款摘要	
计划付款	￥ 131,461.37
计划付款次数	10
实际付款次数	10
提早付款总额	￥ -
总利息	￥ 314,613.73

贷方名称：设备改造贷款

付款编号	付款日期	期初余额	计划付款	额外付款	总应付款	本金	利息	期末余额	累积利息
1	2015-3-15	￥ 1,000,000.00	￥ 131,461.37	￥ -	￥131,461.37	￥ 78,361.37	￥ 53,100.00	￥ 921,638.63	￥ 53,100.00
2	2016-3-15	￥ 921,638.63	￥ 131,461.37	￥ -	￥131,461.37	￥ 82,522.36	￥ 48,939.01	￥ 839,116.27	￥ 102,039.01
3	2017-3-15	￥ 839,116.27	￥ 131,461.37	￥ -	￥131,461.37	￥ 86,904.30	￥ 44,557.07	￥ 752,211.97	￥ 146,596.08
4	2018-3-15	￥ 752,211.97	￥ 131,461.37	￥ -	￥131,461.37	￥ 91,518.92	￥ 39,942.46	￥ 660,693.05	￥ 186,538.54
5	2019-3-15	￥ 660,693.05	￥ 131,461.37	￥ -	￥131,461.37	￥ 96,378.57	￥ 35,082.80	￥ 564,314.48	￥ 221,621.34
6	2020-3-15	￥ 564,314.48	￥ 131,461.37	￥ -	￥131,461.37	￥101,496.27	￥ 29,965.10	￥ 462,818.20	￥ 251,586.44
7	2021-3-15	￥ 462,818.20	￥ 131,461.37	￥ -	￥131,461.37	￥106,885.73	￥ 24,575.65	￥ 355,932.48	￥ 276,162.09
8	2022-3-15	￥ 355,932.48	￥ 131,461.37	￥ -	￥131,461.37	￥112,561.36	￥ 18,900.01	￥ 243,371.12	￥ 295,062.10
9	2023-3-15	￥ 243,371.12	￥ 131,461.37	￥ -	￥131,461.37	￥118,538.37	￥ 12,923.01	￥ 124,832.75	￥ 307,985.11
10	2024-3-15	￥ 124,832.75	￥ 131,461.37	￥ -	￥124,832.75	￥118,204.13	￥ 6,628.62	￥ -	￥ 314,613.73

图 7-32　贷款分期偿还计划表计算结果(1)

如果企业调整了贷款总额、年利率、每年付款次数或者贷款年限等项，系统将自动重新编制还款计划表，而无须再修改公式。图 7-33 所示为将每年付款次数由 1 次改为 2 次后的还款计划表。

贷款分期偿还计划表

输入值	
贷款总额	￥ 1,000,000.00
年利率	5.31 %
贷款期限(年)	10
每年付款次数	2
贷款起始日期	2014-3-15
可选的额外付款	

贷款摘要	
计划付款	￥ 65,090.09
计划付款次数	20
实际付款次数	20
提早付款总额	￥ -
总利息	￥ 301,801.80

贷方名称：设备改造贷款

付款编号	付款日期	期初余额	计划付款	额外付款	总应付款	本金	利息	期末余额	累积利息
1	2014-9-15	￥ 1,000,000.00	￥ 65,090.09	￥ -	￥ 65,090.09	￥ 38,540.09	￥ 26,550.00	￥ 961,459.91	￥ 26,550.00
2	2015-3-15	￥ 961,459.91	￥ 65,090.09	￥ -	￥ 65,090.09	￥ 39,563.33	￥ 25,526.76	￥ 921,896.58	￥ 52,076.76
3	2015-9-15	￥ 921,896.58	￥ 65,090.09	￥ -	￥ 65,090.09	￥ 40,613.74	￥ 24,476.35	￥ 881,282.84	￥ 76,553.11
4	2016-3-15	￥ 881,282.84	￥ 65,090.09	￥ -	￥ 65,090.09	￥ 41,692.03	￥ 23,398.06	￥ 839,590.81	￥ 99,951.17
5	2016-9-15	￥ 839,590.81	￥ 65,090.09	￥ -	￥ 65,090.09	￥ 42,798.95	￥ 22,291.14	￥ 796,791.86	￥ 122,242.31
6	2017-3-15	￥ 796,791.86	￥ 65,090.09	￥ -	￥ 65,090.09	￥ 43,935.27	￥ 21,154.82	￥ 752,856.59	￥ 143,397.13
7	2017-9-15	￥ 752,856.59	￥ 65,090.09	￥ -	￥ 65,090.09	￥ 45,101.75	￥ 19,988.34	￥ 707,754.85	￥ 163,385.48
8	2018-3-15	￥ 707,754.85	￥ 65,090.09	￥ -	￥ 65,090.09	￥ 46,299.20	￥ 18,790.89	￥ 661,455.65	￥ 182,176.37
9	2018-9-15	￥ 661,455.65	￥ 65,090.09	￥ -	￥ 65,090.09	￥ 47,528.44	￥ 17,561.65	￥ 613,927.20	￥ 199,738.02
10	2019-3-15	￥ 613,927.20	￥ 65,090.09	￥ -	￥ 65,090.09	￥ 48,790.32	￥ 16,299.77	￥ 565,136.88	￥ 216,037.78
11	2019-9-15	￥ 565,136.88	￥ 65,090.09	￥ -	￥ 65,090.09	￥ 50,085.71	￥ 15,004.38	￥ 515,051.17	￥ 231,042.17
12	2020-3-15	￥ 515,051.17	￥ 65,090.09	￥ -	￥ 65,090.09	￥ 51,415.48	￥ 13,674.61	￥ 463,635.69	￥ 244,716.78
13	2020-9-15	￥ 463,635.69	￥ 65,090.09	￥ -	￥ 65,090.09	￥ 52,780.56	￥ 12,309.53	￥ 410,855.13	￥ 257,026.30
14	2021-3-15	￥ 410,855.13	￥ 65,090.09	￥ -	￥ 65,090.09	￥ 54,181.89	￥ 10,908.20	￥ 356,673.24	￥ 267,934.51
15	2021-9-15	￥ 356,673.24	￥ 65,090.09	￥ -	￥ 65,090.09	￥ 55,620.42	￥ 9,469.67	￥ 301,052.83	￥ 277,404.18
16	2022-3-15	￥ 301,052.83	￥ 65,090.09	￥ -	￥ 65,090.09	￥ 57,097.14	￥ 7,992.95	￥ 243,955.69	￥ 285,397.13
17	2022-9-15	￥ 243,955.69	￥ 65,090.09	￥ -	￥ 65,090.09	￥ 58,613.07	￥ 6,477.02	￥ 185,342.62	￥ 291,874.16
18	2023-3-15	￥ 185,342.62	￥ 65,090.09	￥ -	￥ 65,090.09	￥ 60,169.24	￥ 4,920.85	￥ 125,173.38	￥ 296,795.00
19	2023-9-15	￥ 125,173.38	￥ 65,090.09	￥ -	￥ 65,090.09	￥ 61,766.74	￥ 3,323.35	￥ 63,406.64	￥ 300,118.36
20	2024-3-15	￥ 63,406.64	￥ 65,090.09	￥ -	￥ 63,406.64	￥ 61,723.20	￥ 1,683.45	￥ -	￥ 301,801.80

图 7-33　贷款分期偿还计划表计算结果(2)

需要注意的是本例中计算公式输到了最大第 49 行，所以贷款偿还计划表计算最大不能超过此行。

实践练习题

1. 某公司的目标资本结构如下：

负债为 30%，优先股为 15%，普通股为 55%，该公司所得税税率为 33%，上年度每股普通股支付 3 元股利，以后按 9% 的固定增长率增长，上述条件同样适用于新发行的证券。该公司新增筹资的有关资料如下：

(1) 普通股每股按 60 元发行，筹资费用率为 10%；

(2) 优先股每股价格为 100 元，每股股利为 11 元，筹资费率为 5%；

(3) 负债按 12% 的利率向银行长期借款。

要求：建立模型，按目标资本结构确定新增筹资的综合资本成本。

2. 利用 Excel 提供的函数计算下列各题。

(1) 某公司贷款 5 000 元，年利率为 10%，每年年末支付 1 000 元，则需要还款的年数为多少？

(2) 某公司银行贷款 5 000 元，年利率为 10%，还款期为 5 年，偿还条件为每月月初等额偿还，则第 8 个月的利息支付额为多少？

(3) 某公司取得 5 年期贷款 5 000 元，每月月初支付 100 元，则该笔贷款的实际利率为多少？

(4) 某公司按面值发行票面价值为 20 000 元的公司债券，债券利率为 9%，期限为 10 年，利息每年支付一次，本金到期一次性偿还，发行费率为 2%，该公司适用的所得税税率为 30%。计算债券的资本成本。

(5) 一项贷款现值为 50 000 元，年利率为 10%，5 年期，每月月末等额分期付款。计算第 3 年全年付款本金之和。

(6) 一项贷款现值为 50 000 元，年利率为 10%，5 年期，每月月末等额分期付款。利用 CUMIPMT 函数计算第 3 年全年付款利息之和。

(7) 某公司存入银行 10 000 元利息按复利计算，银行存款第 1、2、3 年的利率分别为 8%，9%，10%。计算初始本金经过复利计算后的值。

3. 某公司需要为一项目向银行借款 90 000 元，银行年利率为 10%，借款期限为 3 年。有以下几种偿还方式：

(1) 每年年末支付利息，到期一次性偿还本金；

(2) 每年年末等额偿还；

(3) 每年年末偿还 30 000 元和尚未偿还部分的利息；

(4) 到期清偿全部本息；

(5) 每年年末偿还 10 000 元和尚未偿还部分的利息，到期清偿剩余部分。

分析哪一种偿还方式最有利。

第8章
全面预算编制

本章内容提要：

- 设计、建立和改进销售预算模型
- 设计、建立和改进生产预算模型
- 设计、建立和改进直接材料采购预算模型
- 设计、建立和改进直接人工预算模型
- 设计、建立和改进制造费用预算模型
- 设计、建立和改进产品成本预算模型
- 设计、建立和改进销售费用预算模型
- 设计、建立和改进管理费用预算模型
- 设计、建立和改进财务费用预算模型

本章要重点掌握的 Excel 工具：

- "添加注释信息"命令
- "插入批注"命令
- "冻结首行"命令
- "冻结首列"命令
- "冻结拆分窗格"命令
- "分级显示>组合"命令
- "显示公式"命令
- "错误检查"命令
- "错误检查选项设置"
- "追踪引用单元格"命令
- "追踪从属单元格"命令
- "监视窗口"命令
- "条件格式>图标集"命令
- "条件格式>条件格式规则"命令

本章介绍利用 Excel 完成预算表编制的方法，讲解 Excel 全面预算模型的构建。全面预算模型可以划分为业务预算模型和财务预算模型两类。在企业全面预算编制过程中，财务管理人员必须掌握这些预算模型的设计和建立的方法，利用预算实现对业务和财务数据的预估，为企业管理提供依据。

8.1 全面预算业务场景分析

企业全面预算管理是对企业内部各部门、各单位的各种财务及非财务资源进行预计、分配、考核、控制的过程，目的是有效地组织和协调企业的生产经营活动，完成既定的经营目标。

8.1.1 预算管理内容

预算是计划的量化和具体化，把企业计划以定量的方式表现出来就转化为企业预算，它展示了某一特定期间内(一般为一年或一个既定的期间，我们称其为预算期)企业全部经营活动的各项指标及其资源配置的定量说明。预算既是决策的具体化，又是控制经营活动的依据。

企业全面预算可以分为业务预算、财务预算和专门决策预算三类。其中业务预算又称经营预算，是反映企业预算期间日常供应、销售、生产、管理等经营活动的预算，包括销售预算、采购预算、生产预算、成本预算(产品成本预算、直接材料预算、直接人工预算、制造费用、存货预算等)、销售费用预算、管理费用预算、财务费用预算等。

财务预算是反映企业预算内预计的现金收支、经营成果和预算期末财务状况的预算，包括现金预算、预计利润表、预计资产负债表和预计现金流量表。

专门决策预算是为企业不经常发生的长期投资项或一次性专项业务所编制的预算，包括资本支出预算和一次性专门业务预算。

8.1.2 各项预算间的关系

企业主要预算之间的关系图如图 8-1 所示。

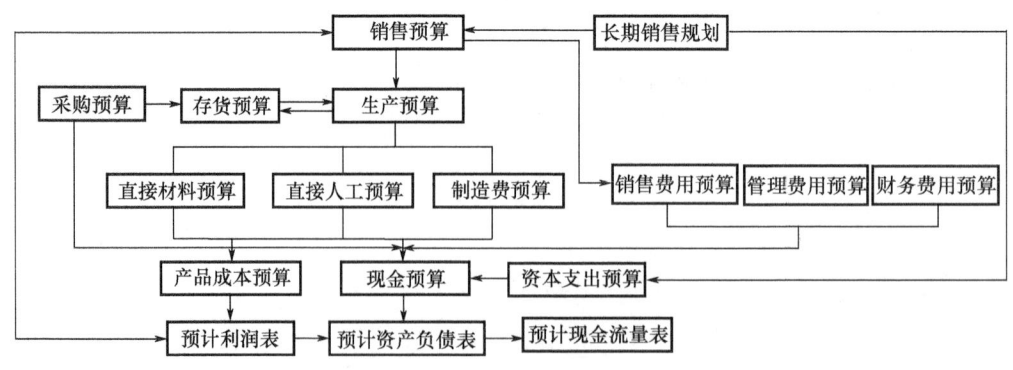

图 8-1　主要预算间的关系图

企业一般根据长期市场预测和生产能力，编制长期销售预算，在此基础上确定预算年度的销售预算，并根据企业财力确定资本支出预算。销售预算是年度预算编制的起点，根据"以销定产"原则确定生产预算和销售费用预算。生产预算除了考虑计划销售量外，还要考虑现有存货和年末存货。根据生产预算确定直接材料预算、直接人工预算、制造费用预算，并形成产品成本预算。由上述预算以及管理费用预算、财务费用预算等涉及的现金收支形成现金预算。预计资产负债表、预计利润表和预计现金流量表是全部预算的综合体现。

8.1.3　预算管理的业务场景

　　预算管理过程包括预算的编制、预算的执行、预算的调整、预算的评价几个环节。预算的编制是前瞻性的，属于事前的管理；预算的执行、预算的调整，属于事中的管理；预算的评价是对责任中心执行责任预算的结果进行对比分析，以找出责任预算执行差异及造成差异的原因，它用数据说话，属于事后的管理。预算的数据与业务的数据发生联系，使得事前的计划可以参考历史数据、事中的控制针对具体的业务发生、事后的分析评价基于预算执行的差异。预算管理过程如图 8-2 所示。

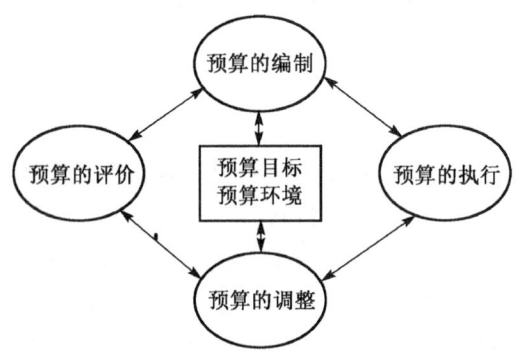

图 8-2　预算管理过程

　　1．预算的编制

　　编制预算是实现企业全面预算管理的第一步，也是预算管理的难点。企业最高领导层根据企业发展战略和长期规划，在决策的基础上，利用本量利等工具，提出企业一定时期的总目标，并确定企业预算编制的政策，由企业预算委员会下达各预算执行单位。各预算执行单位按照企业预算委员会下达的企业预算目标、政策和具体的业务计划，使用合理的预算方法，按照一定的预算标准，编制出某期间或年度的预算。具体编制时主要采用自下而上、自上而下相结合的方法。企业财务管理部门将董事会或经理办公会审议批准的年度总预算分解成一系列的指标体系，由企业预算委员会逐级下达各预算执行单位执行。同时，应当将企业财务预算报送主管财政机关备案。

　　2．预算的执行

　　企业预算一经批复下达，各预算执行单位就必须认真组织实施，将企业预算指标层层分解，落实到内部各部门、各单位、各环节和各岗位，形成全方位的企业预算执行责任体系。

3．预算的调整

企业正式下达执行的企业预算，一般不予调整。企业预算执行单位在执行中由于市场环境、经营条件、政策法规等发生重大变化，致使企业预算的编制基础不成立，或者将导致企业预算执行结果产生重大偏差的，可以调整企业预算。调整后要由预算委员会审核，并提交董事会或经理办公室审议批准。

4．预算的评价

由企业预算委员会定期召开企业预算执行分析会议，全面掌握企业预算的执行情况，研究、落实解决企业预算执行中存在问题的政策措施，纠正企业预算的执行偏差。在企业预算执行分析过程中，企业财务管理部门及各预算执行单位要充分收集有关财务、业务、市场、技术、政策、法律等方面的有关信息资料，根据不同情况采用不同的方法，从定量与定性两个层面充分反映预算执行单位的现状、发展趋势及存在的潜力。

8.2　Excel 业务预算编制

8.2.1　业务预算编制内容分析

从构成上分析，业务预算包括采购预算、存货预算、销售预算、生产预算、直接材料预算、直接人工预算、制造费用预算、产品成本预算、销售费用预算、管理费用预算和财务费用预算等。本章将以恒昌公司为例，讲解如何利用 Excel 进行预算编制，以及预算模型中采用的一些工具。因为本书的目的不是全面讲解预算构成和预算内容，而是立足于讲解利用 Excel 编制预算的方法。因此本节只选择性地讲解销售预算、生产预算、直接材料预算、直接人工预算、制造费用预算、产品成本预算、销售费用预算、管理费用预算和财务费用预算。

(1) 销售预算。只要商品经济存在，任何企业都必须实行以销定产的策略。因此，销售预算就成为编制全面预算的关键，成为整个预算的起点，其他预算都以销售预算为基础。

(2) 生产预算。生产预算是在销售预算的基础上编制出来的，其主要内容有销售量、期初和期末存货、生产量等。由于存在许多不确定性，企业的生产和销售在时间上和数量上往往不能完全一致。

(3) 直接材料预算。直接材料预算是以生产预算为基础编制的，同时在编制时要考虑原材料存货水平。直接材料预算的主要内容有直接材料的单位产品用量、生产需用量、期初和期末存量等。

(4) 直接人工预算。直接人工预算也是以生产预算为基础编制的，其主要内容有预计产量、单位产品工时、人工总工时、每小时人工成本和人工总成本等。

(5) 制造费用预算。制造费用按其习性，可分为变动制造费用和固定制造费用。变动制造费用预算以生产预算为基础来编制，可根据预计生产量和预计的变动制造费用分配率来计算。

(6)产品成本预算。产品成本预算，是生产预算、直接材料预算、直接人工预算和制造费用预算的汇总。其主要内容是产品的单位成本和总成本。

(7)销售费用预算。销售费用预算，是为了实现销售预算所需支付的费用预算。它以销售预算为基础，分析销售收入、销售利润和销售费用的关系，力求实现销售费用的最有效使用。

(8)管理费用预算。管理费用预算，是企业日常生产经营中为做好一般管理性业务所必需的费用预算。由于企业管理活动涉及的内容比较多，因此管理费用的项目也较多，而且较为复杂。

(9)财务费用预算。财务费用预算是预算期内因筹集生产经营所需资金而发生的费用计划。主要包括：利息收入支出、汇兑损益、借款手续费及其他筹资费用。

恒昌公司销售部门根据预算期销售预测指标、销售单价及收款条件，分品种、月份、销售区域编制销售预算并预计现金收入。为了精简模型，本章要求预算只列示季度销售数据，并假设企业只生产和销售两种产品，每种商品只采用两种材料制造。以下将编制 2019年公司全面预算。

8.2.2 销售预算模型

【例 8-1】恒昌公司计划 2019 年生产销售 BCD-205 型冰箱和 XQG-60 型洗衣机，其中销售 BCD-205 型冰箱 100 000 台，其中一季度和四季度的销售量均匀 20 000 台，二季度和三季度的销售量均为 30 000 台，产品售价为 2 100 元/台；销售 XQG-60 型洗衣机 210 000台，其中一季度的销售量为 15 000 台，二季度的销售量为 35 000 台，三季度的销售量为40 000 台，四季度的销售量为 20 000 台，产品售价为 3050 元/台。每季度销售收到的货款占当季应收货款的 80%，其余部分在下季度收到；2018 年年末应收账款余额为 3 000 000元。据此编制销售预算表。

按照如下步骤编制销售预算表。

(1)构建销售预算表的基本框架。可以依据已有的销售预算表或模板来构建基本框架。除了标题、附注说明，构建表格的基本框架还应该包括项目、产品单价、四个季度和全年的销售预算等列。其中项目列需要区分产品、合计等，四个季度和全年的预计销售量和销售金额要区分开。由于回款滞后于销售，为了统计各季度的销售收入和现金收入，也将这些数据放在表格的下半部分，但结构与前半部分的销售量和金额等的结构有差异，故使用不同的颜色区分开，效果如图 8-3 所示。

(2)输入固定数据。固定不变的数据使用手工输入。在本例中，项目名(A5:A6)、单价(C5:C6)、每季度的销售数量(D5:D6、F5:F6、H5:H6、J5:J6)，以及期初应收账款(E8)等数据需要手工输入。

(3)输入引用其他单元格的公式。有些单元格的数据需要通过公式或函数引用其他单元格计算出来。在单元格中输入公式时，既要考虑到公式的准确性，也要考虑到灵活性，要准确地使用单元格的相对引用和绝对引用，以便准确地将公式复制到其他的单元格。本例中用到的公式如表 8-1 所示。

E5 =$C$5*D5

	A	B	C	D	E	F	G	H	I	J	K	L	M
1	恒昌公司销售预算												
2											2019年度		金额单位：元
3	项目		单价（元）	一季度		二季度		三季度		四季度		全年	
4				数量（台）	金额	数量（台）	金额	数量（台）	金额	数量（台）	金额	数量（台）	金额
5	BCD-205型冰箱		2,100	20,000	42,000,000	30,000	63,000,000	30,000	63,000,000	20,000	42,000,000	100,000	210,000,000
6	XQG-60型洗衣机		3,050	15,000	45,750,000	35,000	106,750,000	40,000	122,000,000	20,000	61,000,000	110,000	335,500,000
7	合计			35,000	87,750,000	65,000	169,750,000	70,000	185,000,000	40,000	103,000,000	210,000	545,500,000
8	预计现金收入	期初应收账款			3,000,000								3,000,000
9		一季度销售收入			70,200,000		17,550,000						87,750,000
10		二季度销售收入					135,800,000		33,950,000				169,750,000
11		三季度销售收入							148,000,000		37,000,000		185,000,000
12		四季度销售收入									82,400,000		82,400,000
13		现金收入合计			73,200,000		153,350,000		181,950,000		119,400,000		527,900,000

图 8-3　销售预算表

表 8-1　销售预算表中的公式

单元格	公式	说明
E5	=$C$5*D5	一季度冰箱销售额
E6	=$C$6*D6	一季度洗衣机销售额
D7	=SUM(D5:D6)	一季度销售量合计
E7	=SUM(E5:E6)	一季度销售额合计
G5	=$C$5*F5	二季度冰箱销售额
G6	=$C$6*F6	二季度洗衣机销售额
F7	=SUM(F5:F6)	二季度销售量合计
G7	=SUM(G5:G6)	二季度销售额合计
I5	=$C$5*H5	三季度冰箱销售额
I6	=$C$6*H6	三季度洗衣机销售额
H7	=SUM(H5:H6)	三季度销售量合计
I7	=SUM(I5:I6)	三季度销售额合计
K5	=$C$5*J5	四季度冰箱销售额
K6	=$C$6*J6	四季度洗衣机销售额
J7	=SUM(J5:J6)	四季度销售量合计
K7	=SUM(K5:K6)	四季度销售额合计
L5	=D5+F5+H5+J5	全年冰箱销售量
L6	=D6+F6+H6+J6	全年洗衣机销售量
M5	=$C$5*L5	全年冰箱销售额
M6	=$C$6*L6	全年洗衣机销售额
L7	=SUM(L5:L6)	全年销售量合计
M7	=SUM(M5:M6)	全年销售额合计
E9	=E$7*80%	一季度收到的本季度销售收入
E13	=SUM(E8:E12)	一季度现金收入合计
G9	=E$7*20%	二季度收到的上季度销售收入
G10	=G$7*80%	二季度收到的本季度销售收入
G13	=SUM(G8:G12)	二季度现金收入合计
I10	=G$7*20%	三季度收到的上季度销售收入
I11	=I$7*80%	三季度收到的本季度销售收入
I13	=SUM(I8:I12)	三季度现金收入合计
K11	=I$7*20%	四季度收到的上季度销售收入
K12	=K$7*80%	四季度收到的本季度销售收入
K13	=SUM(K8:K12)	四季度现金收入合计
M8	=E8	本年初应收款
M9	=E9+G9+I9+K9	一季度收入合计

单元格	公式	说明
M10	=E10+G10+I10+K10	二季度收入合计
M11	=E11+G11+I11+K11	三季度收入合计
M12	=E12+G12+I12+K12	四季度收入合计
M13	=E13+G13+I13+K13	全年收入合计

说明：这些公式不一定都要手工输入，有些是可以复制的，如输入了 E9 单元格的公式后，可将其复制到 G10、I11、K12 单元格。输入了 M9 单元格的公式后，可将其复制到 M10:M13 单元格区域。

(4) 插入说明和注意事项。为了让使用表格的人明白一些数据的来源和计算方法，可以在表格中添加一些说明。例如，为了说明 E9、G10、I11、K12 单元格数据的计算方法，可以给这些单元格添加注释，方法如下。

① 选中 E9 单元格后，单击"数据"选项卡"数据工具"功能组中的"数据验证"按钮，再单击"数据验证"命令，显示如图 8-4 所示的对话框。

图 8-4　添加注释信息

② 勾选"选定单元格时显示输入信息"，在"标题"中输入"计算规则"，在"输入信息"中输入"每季度销售收到的货款占当季销售额的 80%，其余部分在下季度收到。"，再单击"确定"按钮，如图 8-4 所示。

③ 在添加注释后，选中 E9 单元格，可显示其数据的计算方法的说明，如图 8-5 所示。

图 8-5　添加注释信息的效果

8.2.3 生产预算模型

【例 8-2】接【例 8-1】，公司在预算年度内各季度的期末存货量按下一季度销售量的10%计算，BCD-205 型冰箱年末存货预计为 220 台，XQG-60 型洗衣机年末存货预计为 300 台；2018 年年末 BCD-205 型冰箱存货为 200 台，XQG-60 型洗衣机存货为 250 台。

按照如下步骤编制生产预算表。

(1)构建生产预算表的基本框架。可以依据已有的生产预算表或模板来构建基本框架。除了标题、附注说明，构建表格的基本框架还应该包括项目、四个季度和全年的生产量等列。其中项目列需要区分产品、期初存货量、预计销售量、预计期末存货量和预计生产量，如图 8-6 所示。

C12 =C10+C11-C9

生产预算

2019年度 金额单位：元

项目		一季度	二季度	三季度	四季度	全年
		数量（台）	数量（台）	数量（台）	数量（台）	数量（台）
BCD-205型冰箱	减：期初存货量	200	3000	3 000	2 000	200
	预计销售量（台）	20 000	30000	30 000	20 000	100 000
	加：预计期末存货量	3 000	3000	2 000	220	220
	预计生产量	22 800	30000	29 000	18 220	100 020
XQG-60型洗衣机	减：期初存货量	250	3500	4 000	2 000	250
	预计销售量（台）	15 000	35000	40 000	20 000	110 000
	加：预计期末存货量	3 500	4000	2 000	300	300
	预计生产量	18 250	35500	38 000	18 300	110 050

图 8-6 生产预算表

(2)输入固定数据。固定不变的数据使用手工输入。在本例中，产品名(A5:A12)、预算中每个产品需要计算的内容(B5:B12)、一季度的期初存货量(C5、C9)、四季度的预计期末存货量(F7、F11)等数据需要手工输入。

(3)输入引用其他单元格的公式。有些单元格的数据需要通过公式或函数引用其他单元格计算出来。在单元格中输入公式时要准确使用单元格的相对引用和绝对引用，以便准确地将公式复制到其他的单元格。表 8-2 列出了一季度和全年各项目的计算公式，二季度、三季度各个项目的计算公式可以参照一季度的公式。

表 8-2 生产预算表中的公式

单元格	公式	说明
C6	=销售预算!D5	一季度冰箱预计销售量(台)
C7	=D$6*10%	一季度冰箱预计期末存货量
C8	=C6+C7-C5	一季度冰箱预计生产量
C10	=销售预算!D6	一季度洗衣机预计销售量(台)
C11	=D$10*10%	一季度洗衣机预计期末存货量
C12	=C10+C11-C9	一季度洗衣机预计生产量
G5	=C5	全年冰箱期初存货量
G6	=C6+D6+E6+F6	全年冰箱预计销售量(台)

续表

单元格	公式	说明
G7	=F7	全年冰箱预计期末存货量
G8	=G6+G7-G5	全年冰箱预计生产量
G9	=C9	全年洗衣机期初存货量
G10	=C10+D10+E10+F10	全年洗衣机预计销售量(台)
G11	=F11	全年洗衣机预计期末存货量
G12	=G10+G11-G9	全年洗衣机预计生产量

(4) 插入说明和注意事项。为了让使用表格的人明白一些数据的来源和计算方法，可以在表格中添加一些说明。例如，为了说明 C6 单元格数据的来源，可以给其添加批注。方法如下。

① 选中 C6 单元格后，单击“审阅>新建批注”命令，系统会弹出一个编辑框，其所带的箭头指向单元格 C6。

② 在该编辑框中输入批注的内容，单击工作表其他位置，完成批注的编辑，如图 8-7 所示。

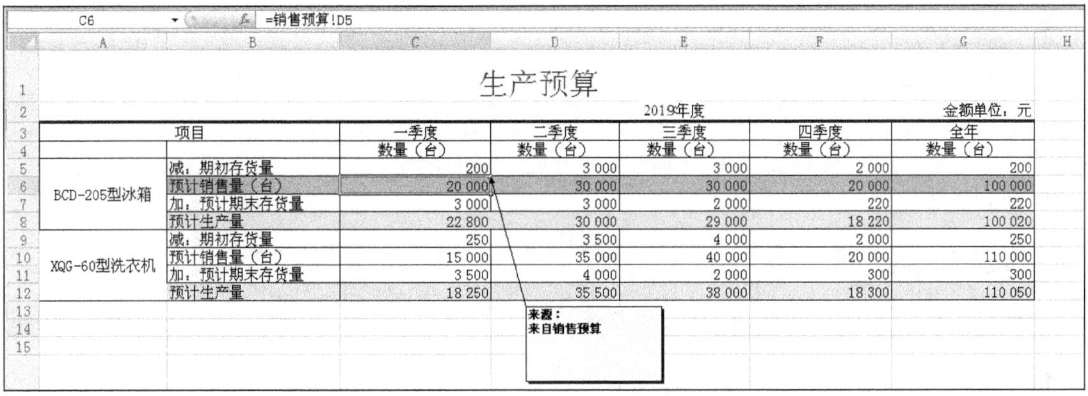

项目		一季度	二季度	三季度	四季度	全年
		数量（台）	数量（台）	数量（台）	数量（台）	数量（台）
BCD-205型冰箱	减：期初存货量	200	3 000	3 000	2 000	200
	预计销售量（台）	20 000	30 000	30 000	20 000	100 000
	加：预计期末存货量	3 000	3 000	2 000	220	220
	预计生产量	22 800	30 000	29 000	18 220	100 020
XQG-60型洗衣机	减：期初存货量	250	3 500	4 000	2 000	250
	预计销售量（台）	15 000	35 000	40 000	20 000	110 000
	加：预计期末存货量	3 500	4 000	2 000	300	300
	预计生产量	18 250	35 500	38 000	18 300	110 050

图 8-7 添加批注信息的效果

8.2.4 直接材料预算模型

【例 8-3】接上例，公司在预算年度内，各季度的期末存料量预计为下一季度生产需要量的 20%，第一季度的期初存料量压缩机为 780 台，冷凝器为 680 台，电机为 470 台，洗衣机外壳为 650 台。预计年末压缩机的存量为 1 000 台，冷凝器存量为 1 200 台，电机存量为 1 500 台，洗衣机外壳为 1 800 台。预计预算期内压缩机单价为 600 元/台，冷凝器单价为 200 元/台，电机单价为 450 元/台，洗衣机外壳单价为 300 元/台。每季度的购料款在当季付款的占全部应付款的 60%，其余在下季度支付。2018 年期末应付账款 240 000 元。

按照如下步骤编制直接材料预算表。

(1) 构建直接材料预算表的基本框架。直接材料预算表的框架可分两个部分，上半部主要计算材料的材料量和金额，下半部主要计算每季度所需的现金支出。可以依据已有的直接材料预算表或模板来构建基本框架。除了标题、附注说明，构建表格的基本框架还应该包括所需材料项目、单位材料计划价格、单位产品材料用量、耗材单位、四个季度和全年的预计采购产量等列。其中项目列需要区分产品、所需材料和合计，每个季度和全年列又要细分为预计的生产量、生产需要用量、期末的存料量、需要量合计、期初存料量、采购量及购料金额。下半部的结构与上半部的结构有差异，故使用不同的颜色区分开，效果如图 8-8 所示。由于表中列数较多，所以用两个截图展示。

一季度、二季度（A1 = 直接材料预算）

所需材料项目	单位材料计划价格(元)	单位产品材料用量	耗材单位	一季度 预计生产量	预计生产需要量	加:预计期末存料量	预计需要量合计	减:期初存料量	预计材料量	预计购料金额	二季度 预计生产量	预计生产需要量	加:预计期末存料量	预计需要量合计	减:期初存料量	预计采购量	预计购料金额
BCD-205型冰箱																	
压缩机	600	1	台	22800	22800	6000	28800	780	28020	16812000	30000	30000	5800	35800	6000	29800	17880000
冷凝器	200	1	台	22800	22800	6000	28800	680	28120	5624000	30000	30000	5800	35800	6000	29800	5960000
XQG-60型洗衣机																	
电机	450	1	台	18250	18250	7100	25350	470	24880	11196000	35500	35500	7600	43100	7100	36000	16200000
洗衣机外壳	300	1	台	18250	18250	7100	25350	650	24700	7410000	35500	35500	7600	43100	7100	36000	10800000
合计										41042000							50840000
预计现金支出 期初应付账款										240000							
一季度购料支出										24625200							16416800
二季度购料支出																	30504000
三季度购料支出																	
四季度购料支出																	
现金支出合计										24865200							46920800

三季度、四季度、全年（A1 = 直接材料预算，2019年度 金额单位:元）

三季度 预计生产量	预计生产需要量	加:预计期末存料量	预计需要量合计	减:期初存料量	预计材料采购量	预计购料金额	四季度 预计生产量	预计生产需要量	加:预计期末存料量	预计需要量合计	减:期初存料量	预计材料采购量	预计购料金额	全年 预计生产量	预计生产需要量	加:预计期末存料量	预计需要量合计	减:期初存料量	预计材料采购量	预计购料金额
29000	29000	3644	32644	5800	26844	16106400	18220	18220	1000	19220	3644	15576	9345600	100020	100020	1000	101020	780	100240	60144000
29000	29000	3644	32644	5800	26844	5368800	18220	18220	1200	19420	3644	15776	3155200	100020	100020	1200	101220	680	100540	20108000
38000	38000	3660	41660	7600	34060	15327000	18300	18300	1500	19800	3660	16140	7263000	110050	110050	1500	111550	470	111080	49986000
38000	38000	3660	41660	7600	34060	10218000	18300	18300	1800	20100	3660	16440	4932000	110050	110050	1800	111850	650	111200	33360000
						47020200							24695800							163598000
						20336000														
						28212120							18808080							
													14817480							
						48548120							33625560							153959680

图 8-8　直接材料预算表

(2)输入固定数据。固定不变的数据使用手工输入。在本例中，所需材料项目(A5:A10)、单位产品材料用量(D6、D7、D9、D10)、耗材单位(E6、E7、E9、E10)、一季度的期初存料量(J6、J7、J9、J10)、预计期末的存料量(AJ6、AJ7、AJ9、AJ10)和一季度的期初应付账款(L12)等数据需要手工输入。

(3)输入引用其他单元格的公式。有些单元格的数据需要通过公式或函数引用其他单元格计算出来。在单元格中输入公式时要准确使用单元格的相对引用和绝对引用，以便准确地将公式复制到其他的单元格。表 8-3 以一季度的数据为例列出了部分计算公式，另外三个季度和全年的计算公式可以参照一季度的公式。

表 8-3　直接材料预算表中的公式

单元格	公式	说明
F6	=生产预算!$C$8	一季度压缩机的生产量, 从"生产预算"工作表中引用
G6	=F6*$D6	一季度压缩机需要量
H6	=M6*20%	一季度末预计压缩机存量
I6	=G6+H6	一季度压缩机需要量合计
K6	=I6-J6	一季度压缩机采购量
L6	=$C6*K6	一季度压缩机所需采购金额
L11	=SUM(L6:L7,L9:L10)	一季度所有材料采购金额
L13	=L11*60%	一季度采购材料支出现金
L17	=SUM(L12:L16)	一季度材料支出现金合计

(4)冻结表格的行或列。从前面的描述已经看到, 该表格占用的列数比较多, 当向右查看表格的三季度、四季度或年度计划时, 最左侧的几列数据也会移出窗口, 这样不容易将这些数据与表格左侧的材料名对应起来。为了在移动表格时使表格的列标题或行标题依然显示在窗口上, 可使用冻结窗口的功能。冻结窗口的方法如下。

要冻结首行或首列, 可单击"视窗"选项卡中的"窗口"功能组的"冻结首行"或"冻结首列"命令, 如图 8-9 所示。冻结首行或首列后, 在查看表格右部或下部的数据时, 首行或首列仍然显示在窗口中。

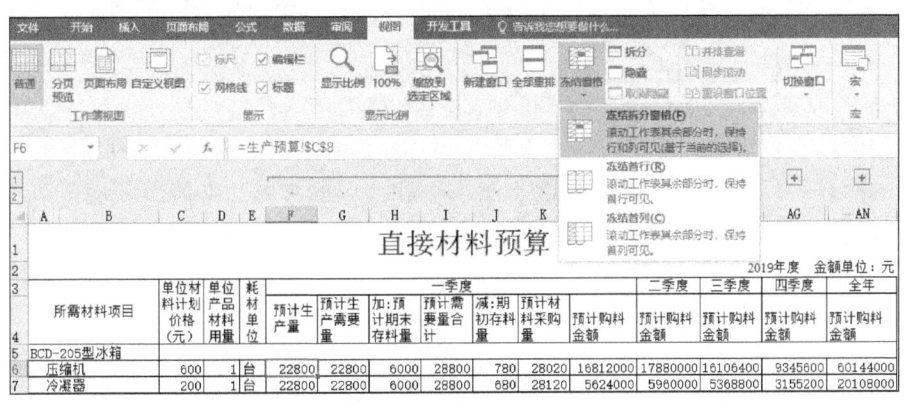

图 8-9　冻结拆分窗格

除此之外, 有时候表格的表头并不在首行或首列, 即使冻结首行或首列也不能将表头或表格左侧的数据固定显示在窗口中, 本例就是这样的情况。为此可使用"冻结拆分窗格"功能。首先选中一个单元格, 如 F6, 然后单击如图 8-9 所示界面中的"冻结拆分窗格"命令, 即将 F6 左侧的列及其上面的行均冻结。

(5)组合表格的行或列。前面介绍的冻结行或列也有不足的地方, 如当查看三、四季度或年度的数据时, 最左侧的一、二季度的数据却不能显示在窗口中, 如果要显示功能表的全貌, 如各季度的采购金额, 仅冻结行或列还是无法达到预期效果。如果表格的行或列很多, 可以利用 Excel 中的"组合"及"分级显示"功能, 隐藏部分行或列, 从而在一个窗口中看到表格的全貌。

对于一季度的数据，如果只想显示 L 列的数据，而不显示 F 列到 K 列的数据，可以选择 F 列到 K 列的所有单元格，再单击“数据”选项卡中“分级显示”功能组中的“创建组”按钮，效果如图 8-10 所示。在工作表编辑框之间显示出组合的级别及所组合的列，如 F 列到 L 列为一个组合。

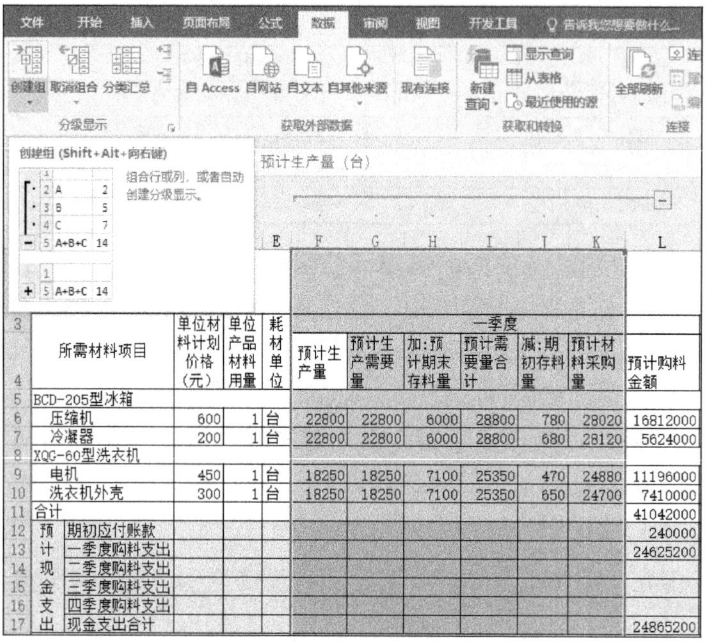

图8-10 组合数据

单击隐藏组合的按钮(即 L 列名上方带减号的小按钮)，即可将 F 列到 K 列隐藏起来。重复类似的操作，组合二季度、三季度、四季度和全年的数据，并隐藏相应的列，最终的效果如图 8-11 所示，直接材料预算所需金额一目了然。

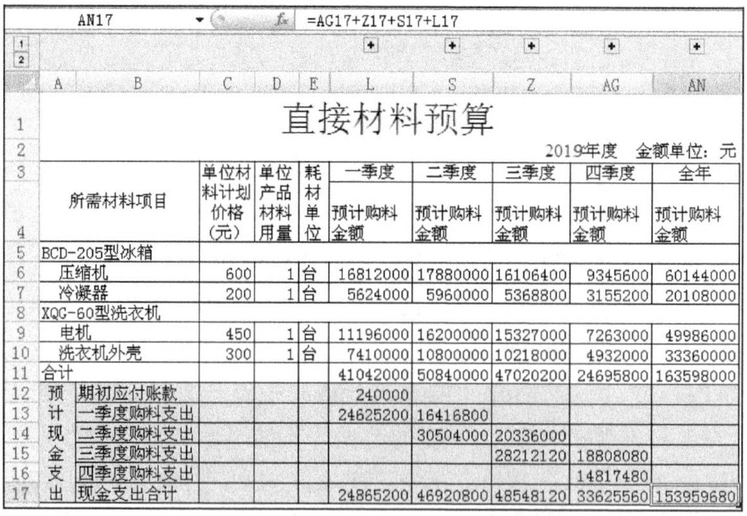
AN17 =AG17+Z17+S17+L17

直接材料预算

2019年度 金额单位：元

所需材料项目		单位材料计划价格（元）	单位产品材料用量	耗材单位	一季度	二季度	三季度	四季度	全年
					预计购料金额	预计购料金额	预计购料金额	预计购料金额	预计购料金额
BCD-205型冰箱									
压缩机		600	1	台	16812000	17880000	16106400	9345600	60144000
冷凝器		200	1	台	5624000	5960000	5368800	3155200	20108000
XQG-60型洗衣机									
电机		450	1	台	11196000	16200000	15327000	7263000	49986000
洗衣机外壳		300	1	台	7410000	10800000	10218000	4932000	33360000
合计					41042000	50840000	47020200	24695800	163598000
预计现金支出	期初应付账款				240000				
	一季度购料支出				24625200	16416800			
	二季度购料支出					30504000	20336000		
	三季度购料支出						28212120	18808080	
	四季度购料支出							14817480	
	现金支出合计				24865200	46920800	48548120	33625560	153959680

图 8-11 组合表格列数据后的效果

8.2.5 直接人工预算模型

【例 8-4】接上例，公司在预算年度内，定额成本资料为：BCD-205 型冰箱的单位产品工时定额为 18 小时，单位工时的工资率为 24 元。XQG-60 型洗衣机的单位产品工时定额为 15 小时，单位工时的工资率为 24 元。

按照如下步骤编制直接人工预算表。

(1)构建直接人工预算表的基本框架。可以依据已有的直接人工预算表或模板来构建基本框架。除了标题、附注说明，构建表格的基本框架还应该包括产品、每小时工资率、单位产品工时、四个季度和全年的预计生产量、预计生产需要工时总数、预计直接人工支出总额等列，其中产品列需要区分产品及合计等，如图 8-12 所示。

直接人工预算

2019年度　　金额单位：元

产品	每小时工资率（元）	单位产品工时（小时）	一季度			二季度			三季度			四季度			全年		
			预计生产量（台）	预计生产需要工时总数（小时）	预计直接人工支出总额（元）	预计生产量（台）	预计生产需要工时总数（小时）	预计直接人工支出总额（元）	预计生产量（台）	预计生产需要工时总数（小时）	预计直接人工支出总额（元）	预计生产量（台）	预计生产需要工时总数（小时）	预计直接人工支出总额（元）	预计生产量（台）	预计生产需要工时总数（小时）	预计直接人工支出总额（元）
BCD-205型冰箱	24	18	22800	410400	9849600	30000	540000	12960000	29000	522000	12528000	18220	327960	7871040	100020	1800360	43208640
XQG-60型洗衣机	24	15	18250	273750	6570000	35500	532500	12780000	38000	570000	13680000	18300	274500	6588000	110050	1650750	39618000
合计				684150	16419600		1072500	25740000		1092000	26208000		602460	14459040		3451110	82826640

图 8-12　直接人工预算表

(2)输入固定数据。固定不变的数据使用手工输入。在本例中，产品名(A5:A6)、每小时工资率(C5:C6)、单位产品工时(D5:D6)等数据需要手工输入。

(3)输入引用其他单元格的公式。有些单元格的数据需要通过公式或函数引用其他单元格计算出来。在单元格中输入公式时要准确使用单元格的相对引用和绝对引用，以便准确地将公式复制到其他的单元格。

预算表中的公式很多，Excel 提供了显示公式的功能，利用该功能可以很方便地了解每个工作表用了哪些公式。方法如下。

① 如图 8-13 所示，单击“公式>显示公式”命令。

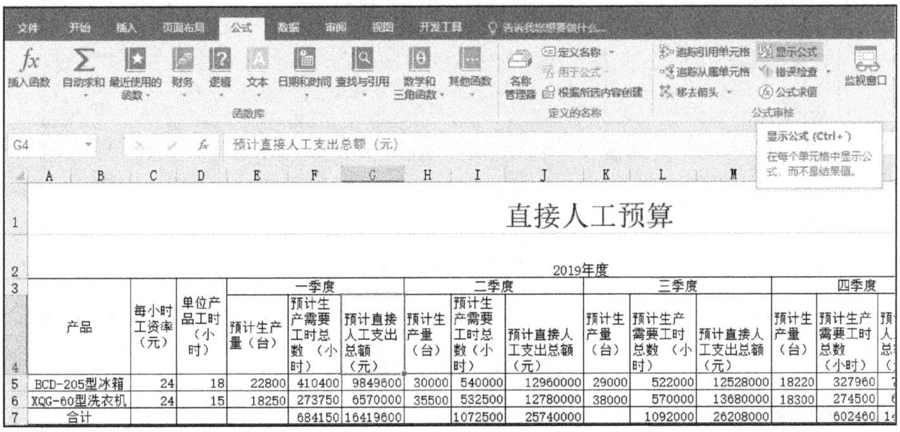

图 8-13　调用显示公式

② 系统会将工作表变为如图 8-14 所示的公式表，所有单元格的计算公式一目了然。

直接人工预算

2019年度

产品	每小时工资率（元）	单位产品工时（小时）	一季度			二季度			三季度			四季度			
			预计生产量（台）	预计生产需要工时总数（小时）	预计直接人工支出总额（元）	预计生产量（台）	预计生产需要工时总数（小时）	预计直接人工支出总额（元）	预计生产量（台）	预计生产需要工时总数（小时）	预计直接人工支出总额（元）	预计生产量（台）	预计生产需要工时总数（小时）	预计直接人工支出总额（元）	预计（台
BCD-205型冰箱	24	18	=生产预算!C8	=$D5*E5	=$C5*F5	=生产预算!D8	=$D5*H5	=$C5*I5	=生产预算!E8	=$D5*K5	=$C5*L5	=生产预算!F8	=$D5*N5	=$C5*O5	=生
XQG-60型洗衣机	24	15	=生产预算!C12	=$D6*E6	=$C6*F6	=生产预算!D12	=$D6*H6	=$C6*I6	=生产预算!E12	=$D6*K6	=$C6*L6	=生产预算!F12	=$D6*N6	=$C6*O6	=生
合计				=SUM(F5:F6)	=SUM(G5:G6)		=SUM(I5:I6)	=SUM(J5:J6)		=SUM(L5:L6)	=SUM(M5:M6)		=SUM(O5:O6)	=SUM(P5:P6)	

图 8-14　显示工作表公式

③ 再次单击“公式>显示公式”命令就会返回原来的工作表结果显示状态。

8.2.6　制造费用预算模型

【例 8-5】 接上例，公司生产产品每小时需要变动制造费用 10 元(在间接材料、间接人工、其他变动费用三个项目之间按照 1:1:2 的例分摊)；在固定制造费用中，每季度的折旧费 5 000 000 元，管理人员工资 240 000 元，保险费 156 600 元，其他固定费用 65 000 元。

按照如下步骤编制制造费用表。

(1) 构建制造费用表的基本框架。可以依据已有的制造费用表或模板来构建基本框架。除了标题、附注说明，构建表格的基本框架还应该包括项目、四个季度和全年的制造费用等列。为了将制造费用正确地分摊到不同的产品中，当企业产品超过 1 种时，项目列需要区分产品及合计等。本例中由于产品品种少、制造费用分摊办法简单，因此未对制造费用项目按照产品做详细区分，效果如图 8-15 所示。

B9　=B$8*25%

制造费用预算

2019年度　　金额单位：元

项目	一季度	二季度	三季度	四季度	全年
预计生产需要工时总数(小时)	684150	1072500	1092000	602460	3451110
BCD-205型冰箱	410400	540000	522000	327960	1800360
XQG-60型洗衣机	273750	532500	570000	274500	1650750
每小时变动制造费用	10	10	10	10	10
变动制造费用总额	6841500	10725000	10920000	6024600	34511100
其中：间接材料	1710375	2681250	2730000	1506150	0
间接人工	1710375	2681250	2730000	1506150	8627775
其他变动费用	3420750	5362500	5460000	3012300	17255550
固定制造费用总额	5461600	5461600	5461600	5461600	21846400
其中：折旧费	5000000	5000000	5000000	5000000	20000000
管理人员工资	240000	240000	240000	240000	960000
保险费	156600	156600	156600	156600	626400
其他固定费用	65000	65000	65000	65000	260000
制造费用合计	12303100	16186600	16381600	11486200	56357500
减：折旧费	5000000	5000000	5000000	5000000	20000000
现金支出的费用	7303100	11186600	11381600	6486200	36357500

图 8-15　制造费用表

(2) 输入固定数据。固定不变的数据使用手工输入。在本例中，项目名(A3:A19)、每小时变动制造费用(B7:F7)、折旧费、管理人员工资、保险费、其他固定费用(B16:F16)等数据需要手工输入。但是 B18:F18 单元格区域的折旧费需要采用公式引用 B13:F13 单元格区域的数据。

(3)输入引用其他单元格的公式。有些单元格的数据需要通过公式或函数引用其他单元格计算出来。在单元格中输入公式时要准确使用单元格的相对引用和绝对引用,以便准确地将公式复制到其他的单元格。

在制造费用预算表的公式中存在大量引用、按比例分摊的情况,由于采取手工输入很容易出错,而且有些错误由于并不是逻辑关系上的问题,如其他季度某项费用的分摊比例都是 25%,由于失误在本单元格中将该项费用的分摊比例输成了 30%等,这样的错误并不是语法问题,因此很难被发现。为了能够尽可能发现公式中的错误,Excel 提供了错误检查功能。利用错误检查功能的方法如下。

① 如图 8-16 所示,单击"公式>错误检查"命令。

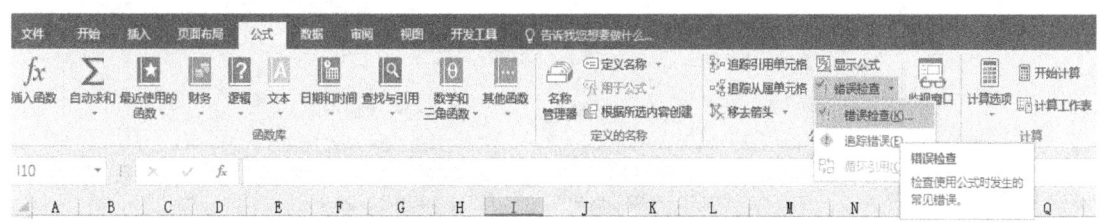

图 8-16　调用"错误检查"命令

② 系统将会显示如图 8-17 所示的"错误检查"对话框。在对话框中会显示错误单元格的错误公式,并提示错误类型,本例中提示的错误类型是"公式不一致"。

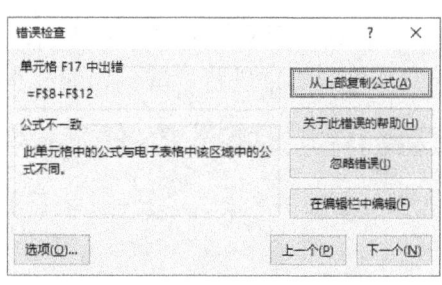

图 8-17　"错误检查"对话框

③ 改正错误。可以单击"在编辑栏中编辑",光标会定位到编辑栏,可以人工改正错误;也可以单击"从上部复制公式",系统将自动复制上部单元格的公式自动改正错误;当然,也可以单击"忽略错误",不对公式做修改。

④ 如果系统已经检查完所有错误,将给出提示"已完成对整个工作表的错误检查"的对话框,单击"确定"按钮,会返回当前工作表。

通过以上步骤便完成了对整个工作表的错误检查,下面将介绍在检查过程中需特别注意的地方。

● 在图 8-17 的"错误检查"对话框中,可以单击"选项"按钮,对更改与公式计算、性能和错误处理相关的选项进行设置,如图 8-18 所示。

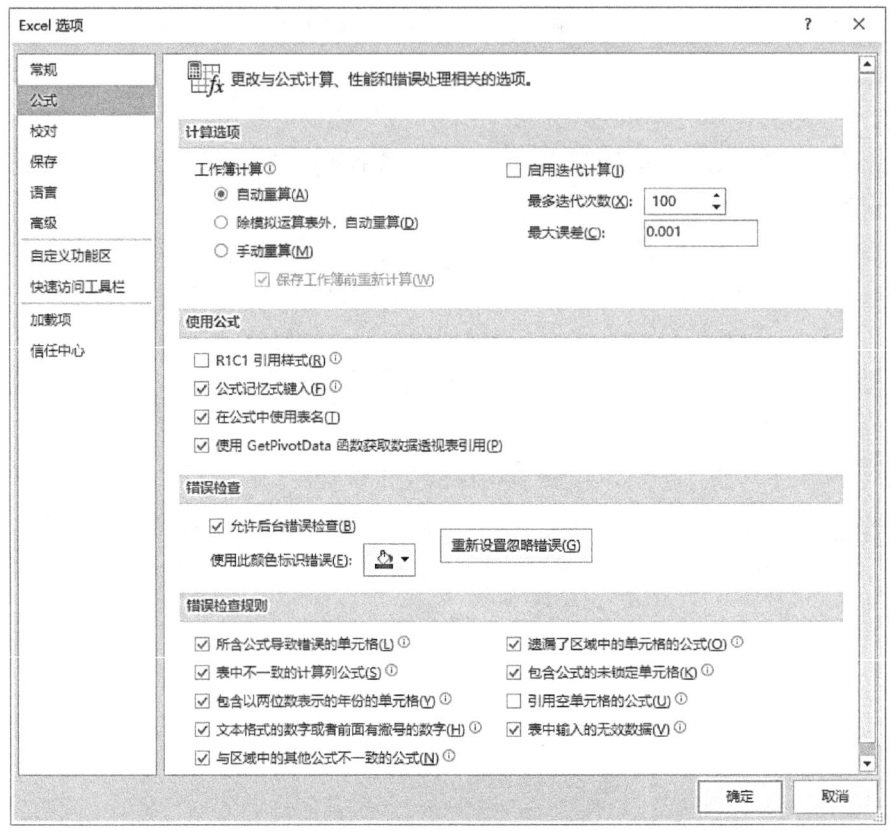

图 8-18 错误检查选项设置

- 如果工作表的计算公式中存在单元格循环引用的情况，在 "公式>错误检查>循环引用" 部分会将此类单元格显示出来进行提醒，如图 8-19 所示。

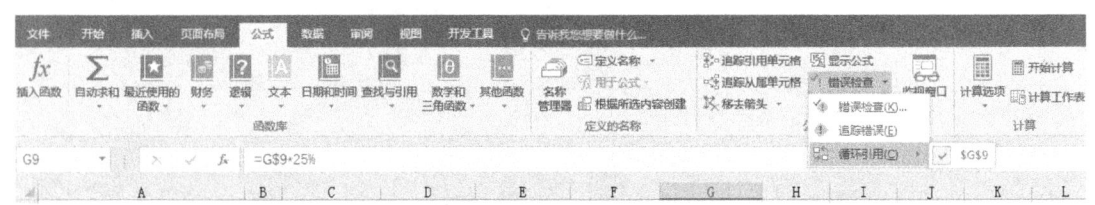

图 8-19 "错误检查 > 循环引用" 提醒

- 当单元格中出现了由于引用而出现的错误，但又不知道错在何处时，为了找到原因，可以对错误进行追踪，具体操作过程如下。

① 单击 "公式" 选项卡，在 "公式审核" 功能组中单击 "错误检查" 按钮，如图 8-20 所示。

② 单击 "显示计算步骤" 按钮，在出现的 "公式求值" 对话框中系统会显示引用错误公式的具体问题，如图 8-21 所示。单击 "关闭" 按钮，会返回单击 "错误检查" 对话框继续修改公式。

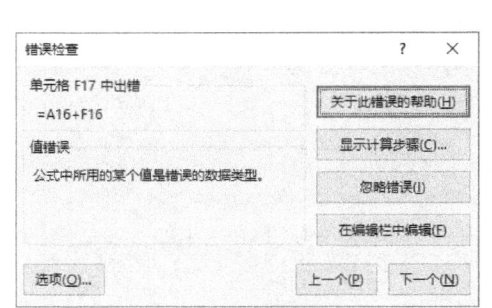

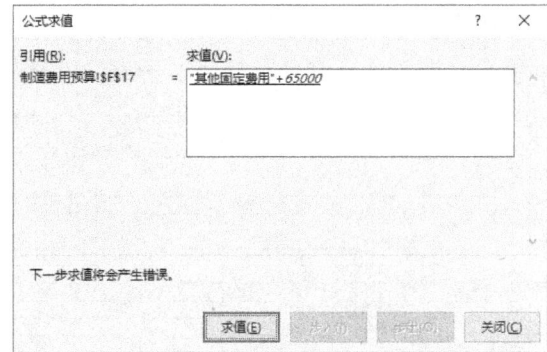

图 8-20　存在引用错误的"错误检查"对话框　　　　图 8-21　"公式求值"对话框

③ 在"公式"选项卡的"公式审核"组中单击"错误检查"按钮,在下拉菜单中选择"追踪错误"命令。于是系统在工作表中画出了错误来源,如图 8-22 所示。箭头显示出现错误的单元格在计算过程中引用的单元格,对应查看各个单元格即可找到错误来源。

	A	B	C	D	E	F	G
	F17		f_x	=A16+F16			
1			制造费用预算				
2			2019年度				金额单位: 元
3	项目		一季度	二季度	三季度	四季度	全年
4	预计生产需要工时(小时)		684 150	1 072 500	1 092 000	602 460	3 451 110
5	BCD-205型冰箱		410 400	540 000	522 000	327 960	1 800 360
6	XQG-60型洗衣机		273 750	532 500	570 000	274 500	1 650 750
7	每小时变动制造费用		10	10	10	10	10
8	变动制造费用总额		6 841 500	10 725 000	10 920 000	6 024 600	34 511 100
9	其中: 间接材料		1 710 375	2 681 250	2 730 000	1 506 150	8 627 775
10	间接人工		1 710 375	2 681 250	2 730 000	1 506 150	8 627 775
11	其他变动费用		3 420 750	5 362 500	5 460 000	3 012 300	17 255 550
12	固定制造费用总额		5 461 600	5 461 600	5 461 600	5 461 600	21 846 400
13	其中: 折旧费		5 000 000	5 000 000	5 000 000	5 000 000	20 000 000
14	管理人员工资		240 000	240 000	240 000	240 000	960 000
15	保险费		156 600	156 600	156 600	156 600	626 400
16	其他固定费用		65 000	65 000	65 000	65 000	260 000
17	制造费用合计		12 303 100	16 186 600	1638	#VALUE!	#VALUE!
18	减: 折旧费		5 000 000	5 000 000	5 000 000	5 000 000	20 000 000
19	现金支出的费用		7 303 100	11 186 600	11 381 600	#VALUE!	#VALUE!

图 8-22　"追踪错误"结果

8.2.7　产品成本预算模型

【例 8-6】接上例,公司固定制造费用分配率=固定制造费用预算总额/直接人工标准总工时;在标准成本中,变动制造费用用量标准通常采用单位产品直接人工工时标准或采用机器工时、其他用量标准。

按照如下步骤编制产品成本预算表。

(1)构建产品成本预算表的基本框架。可以依据已有的产品成本预算表或模板来构建基本框架。除了标题、附注说明,构建表格的基本框架还应该包括项目、单价、用量、单位产品成本、生产量、生产成本、期末存货量、期末存货成本、销售量和销货成本等列，其中项目列需要区分产品及其成本子项，效果如图 8-23 所示。

产品成本预算

2019年度　　金额单位：元

项目		单价	用量	单位产品成本	生产量	生产成本	期末存货量	期末存货成本	销售量	销货成本
BCD-205型冰箱	直接材料			800	100,020	80,016,000	220	176,000	100,000	80,000,000
	压缩机	600	1	600						
	冷凝器	200	1	200						
	直接人工	24	18	432		43,208,640		95,040		43,200,000
	变动制造费用	10	18	180		18,003,600		39,600		18,000,000
	固定制造费用	6.33	18	113.94		11,396,735		25,068		11,394,456
	合计			1,525.94		152,624,975		335,708		152,594,456
XQG-60型洗衣机	直接材料			750	110,050	82,537,500	300	225,000	110,000	82,500,000
	电机	450	1	450						
	洗衣机外壳	300	1	300						
	直接人工	24	15	360		39,618,000		108,000		39,600,000
	变动制造费用	10	15	150		16,507,500		45,000		16,500,000
	固定制造费用	6.33	15.0	94.95		10,449,665		28,486		10,444,918
	合计			1,354.95		149,112,665		406,486		149,044,918
合计						301,737,640		742,194		301,639,373

图 8-23　产品成本预算表

（2）输入固定数据。固定不变的数据使用手工输入。在本例中，项目名（B5:B18）等数据需要手工输入。

（3）输入引用其他单元格的公式。有些单元格的数据需要通过公式或函数引用其他单元格计算出来。在单元格中输入公式时要准确使用单元格的相对引用和绝对引用，以便准确地将公式复制到其他的单元格。通过单击"公式"选项卡里的"显示公式"按钮，可以将各单元格的公式显示在单元格里而不是显示数据，如图 8-24 所示。

C10　　=制造费用预算!G12/直接人工预算!R7

产品成本预算

2019年度　　金额单位：元

项目		单价	用量	单位产品成本	生产量	生产成本	期末存货量	期末存货成本	销售量	销货成本
BCD-205型冰箱	直接材料			=E6+E7	=生产预算!G8	=E$5*F$5	=生产预算!G7	=E$5*H5	=销售预算!L5	=E$5*J$5
	压缩机	=直接材料预算!C6	=直接材料预算!D6	=C6*D6						
	冷凝器	=直接材料预算!C7	=直接材料预算!D7	=C7*D7						
	直接人工	=直接人工预算!C5	=直接人工预算!D5	=C8*D8		=E8*F$5		=E8*H$5		=E8*J$5
	变动制造费用	=制造费用预算!G7	=直接人工预算!D5	=C9*D9		=E9*F$5		=E9*H$5		=E9*J$5
	固定制造费用	=制造费用预算!G12/	=直接人工预算!D5	=C10*D10		=E10*F$5		=E10*H$5		=E10*J$5
	合计			=E5+E8+E9+E10		=G5+G8+G9+G10		=I5+I8+I9+I10		=K5+K8+K9+K10
XQG-60型洗衣机	直接材料			=E13+E14	=生产预算!G12	=E12*F12	=生产预算!G11	=E12*H12	=销售预算!L6	=E12*J12
	电机	=直接材料预算!C9	=直接材料预算!D9	=C13*D13						
	洗衣机外壳	=直接材料预算!C10	=直接材料预算!D10	=C14*D14						
	直接人工	=直接人工预算!C6	=直接人工预算!D6	=C15*D15		=E15*F12		=E15*H12		=E15*J12
	变动制造费用	=制造费用预算!G7	=直接人工预算!D6	=C16*D16		=E16*F12		=E16*H12		=E16*J12
	固定制造费用	=制造费用预算!G12/	=直接人工预算!D6	=C17*D17		=E17*F12		=E17*H12		=E17*J12
	合计			=E12+E15+E16+E17		=G12+G15+G16+G17		=I12+I15+I16+I17		=K12+K15+K16+K17
合计						=G11+G18		=I11+I18		=K11+K18

图 8-24　将公式显示在单元格里的效果

（4）追踪引用单元格和从属单元格。产品成本预算表中的公式很多都要引用其他单元格，甚至其他工作表中的数据。Excel 提供了追踪引用单元格和从属单元格的功能，利用该功能可以很方便地了解每个公式引用了哪些单元格，以及每个单元格被哪些单元格引用了。方法如下。

- 追踪引用单元格：选中一个带有公式的单元格，如 G5，再单击"公式"选项卡里的"追踪引用单元格"命令，即可看到该公式被引用的情况，继续单击"追踪引用单元格"命令，可以看到被引用单元格的引用情况，如图 8-25 所示。在发现有计算错误时，使用这个功能可检查产生错误的源头。

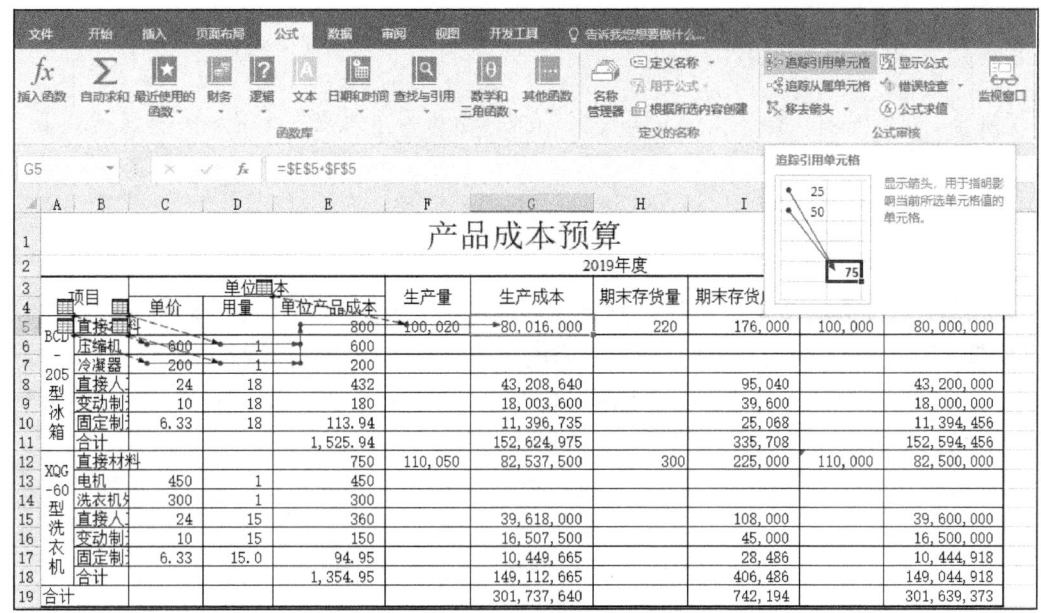

图 8-25　追踪引用单元格

- 追踪从属单元格：选中一个单元格，如 F5，再单击"公式"选项卡里的"追踪从属单元格"命令，即可看到该单元格被其他单元格引用的情况，继续单击"追踪从属单元格"命令，可以看到引用单元格 F5 的单元格被其他单元格引用的情况，如图 8-26 所示。如果源头数据的变化没有引起相关结果的变化，可用此功能检查源头数据被其他单元格引用的情况。

图 8-26　追踪从属单元格

- 单击"公式>移去箭头"命令就会清除被追踪单元格所显示的箭头。

8.2.8 销售费用预算模型

【例 8-7】接上例，公司在预算年度内，预计销售费用各项开支数额及计算方法如下：工资每季度均为 5 000 000 元，业务费、包装费、保管费、运输费每季度均为预计销售额的 0.1%，二季度的广告费为 144 000 元，其余季度未产生广告费。

按照如下步骤编制销售费用预算表。

(1) 构建销售费用预算表的基本框架。可以依据已有的销售费用预算表或模板来构建基本框架。除了标题、附注说明，构建表格的基本框架还应该包括项目、一季度、二季度、三季度、四季度和全年列。实际上可能要求按月进行细化列支，其中项目列需要按照销售费用发生的明细项目列示，效果如图 8-27 所示。

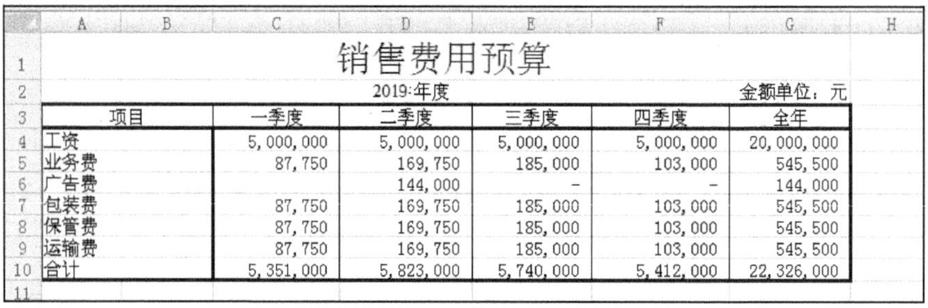

销售费用预算					
2019 年度					金额单位：元
项目	一季度	二季度	三季度	四季度	全年
工资	5,000,000	5,000,000	5,000,000	5,000,000	20,000,000
业务费	87,750	169,750	185,000	103,000	545,500
广告费		144,000	-	-	144,000
包装费	87,750	169,750	185,000	103,000	545,500
保管费	87,750	169,750	185,000	103,000	545,500
运输费	87,750	169,750	185,000	103,000	545,500
合计	5,351,000	5,823,000	5,740,000	5,412,000	22,326,000

图 8-27 销售费用预算表

(2) 输入固定数据。固定不变的数据使用手工输入。在本例中，项目名 (A4:A9)、每个季度的工资 5 000 000 元、二季度的广告费 144 000 元等数据需要手工输入。

(3) 输入引用其他单元格的公式。有些单元格的数据需要通过公式或函数引用其他单元格计算出来。在单元格中输入中公式时要准确使用单元格的相对引用和绝对引用，以便准确地将公式复制到其他的单元格。销售费用预算一季度指标的计算公式如表 8-4 所示，其他季度及全年的计算公式可以参考一季度指标的计算公式。

表 8-4 销售费用预算一季度指标的计算公式

单元格	公式	注释
C5	=销售预算!$E$7*0.1%	业务费
C7	=销售预算!$E$7*0.1%	包装费
C8	=销售预算!$E$7*0.1%	保管费
C9	=销售预算!$E$7*0.1%	运输费
C10	=SUM(C4:C9)	合计

8.2.9 管理费用预算模型

【例 8-8】接上例，公司在预算年度内，预计管理费用各项开支数额如下：工资 8 000 000 元，折旧费 300 000 元，办公费 180 000 元，差旅费 300 000 元，物料消耗费 50 000 元，无形资产摊销 50 000 元，工会经费 120 000 元，印花税 1 000 元，其他 15 000 元。

按照如下步骤编制管理费用预算表。

(1) 构建管理费用预算表的基本框架。可以依据已有的管理费用预算表或模板来构建基本框架。除了标题、附注说明，构建表格的基本框架还应该包括项目和金额列，而实际上应该分一季度、二季度、三季度、四季度和全年或 1—12 月和全年等列进行细化列支，其中项目列需要按照管理费用发生的明细项目列示，效果如图 8-28 所示。

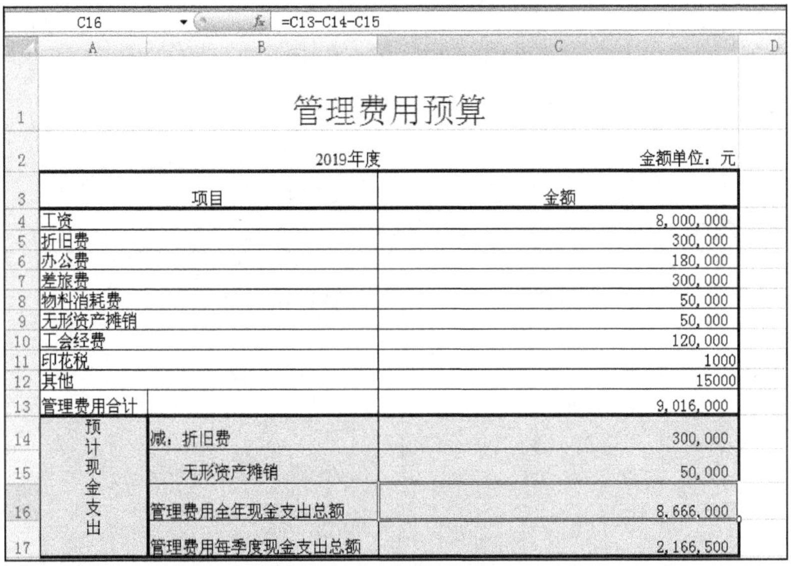

C16 =C13-C14-C15

管理费用预算

2019年度　　金额单位：元

项目		金额
工资		8,000,000
折旧费		300,000
办公费		180,000
差旅费		300,000
物料消耗费		50,000
无形资产摊销		50,000
工会经费		120,000
印花税		1000
其他		15000
管理费用合计		9,016,000
预计现金支出	减：折旧费	300,000
	无形资产摊销	50,000
	管理费用全年现金支出总额	8,666,000
	管理费用每季度现金支出总额	2,166,500

图 8-28　管理费用预算表

(2) 输入固定数据。固定不变的数据可以用手工输入。在本例中，项目名 (A4:A12)、管理费用各项目金额等数据需要手工输入。

(3) 输入引用其他单元格的公式。管理费用预算中的“管理费用合计”项目需要输入计算公式“=SUM(C4:C12)”。

(4) 为了后续编制现金预算方便，在管理费用预算中列示了“预计现金支出”项目来反映管理费用涉及的现金支出情况。

为了及时了解管理费用情况，在管理费用预算中可以对“预计现金支出”部分设置监视窗口。方法如下。

① 选中 A4:C17 单元格区域，单击“公式>监视窗口”命令，如图 8-29 所示。

② 在如图 8-30 所示的“监视窗口”对话框中单击“添加监视”命令，在如图 8-31 所示的“添加监视点”对话框中输入要监视的单元格区域，再单击“添加”按钮。

③ 于是工作表中增加了一个“监视窗口”，如图 8-32 所示。只要本“监视窗口”是打开状态，无论你当前是在哪个工作表，该“监视窗口”都会一直显示。你可以移动或调整该窗口的位置和大小，也可以将该窗口关闭，如图 8-32 所示。

④ 只要设置了“监视窗口”，打开该工作簿后，就可以通过单击“公式>监视窗口”命令，随时打开“监视窗口”。该窗口里的信息也会随着被监视单元格区域内容的变化自动更新。

⑤ 如果需要删除该监视窗口中某条监视信息，可选中该条信息，再单击"监视窗口"对话框中的"删除监视"按钮，即可完成，如图 8-32 所示。

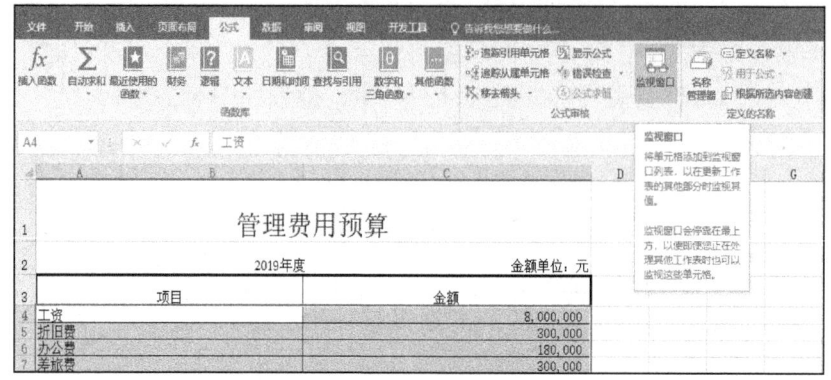

图 8-29 执行"公式>监视窗口"命令

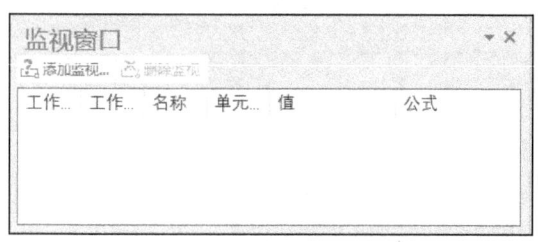

图 8-30 "监视窗口"对话框

图 8-31 "添加监视点"对话框

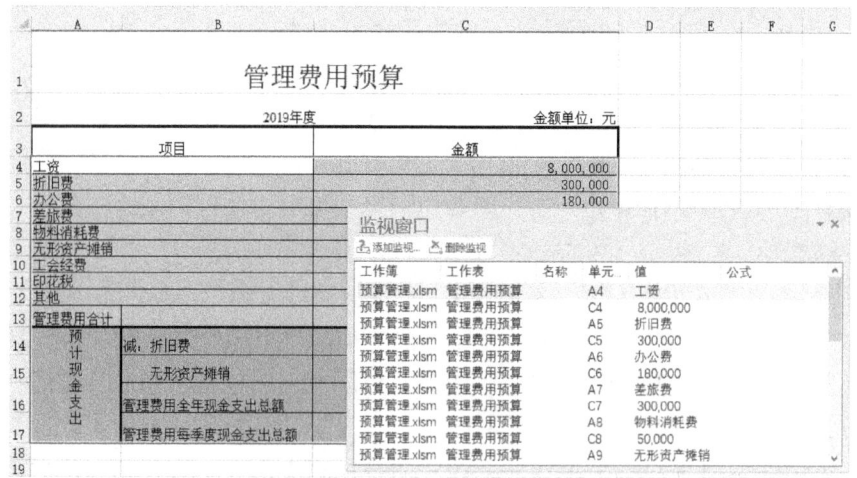

图 8-32 添加完成的"监视窗口"

8.2.10 财务费用预算模型

【例 8-9】接上例，公司在预算年度内，预计财务费用各项开支数额如下：利息支出

3 000 000 元，利息收入 2 800 000 元，汇兑损失 40 000 元，汇兑收益 36 000 元，手续费 4000 元，其他 200 000 元。

按照如下步骤编制财务费用预算表。

(1) 构建财务费用预算表的基本框架。可以依据已有的财务费用预算表或模板来构建基本框架。除了标题、附注说明，构建表格的基本框架还应该包括项目和金额列。而实际上应该分一季度、二季度、三季度、四季度和全年或 1—12 月和全年等列进行细化列支。其中项目列需要按照财务费用发生的明细项目列示，如图 8-33 所示。

(2) 输入固定数据。固定不变的数据使用手工输入。在本例中，利息支出 (C4)、利息收入 (C5)、汇兑损失 (C7)、汇兑收益 (C8)、手续费 (C10)、其他 (C11) 等的数据需要手工输入。利息收入 (C5) 和汇兑收益 (C8) 在财务费用中是需要减少的项目，应以负数输入。

(3) 输入引用其他单元格的公式。有些单元格的数据需要通过公式或函数引用其他单元格计算出来。在单元格中输入公式时要准确使用单元格的相对引用和绝对引用，以便准确地将公式复制到其他的单元格。财务费用预算中的计算公式如表 8-5 所示。

C12 =C6+C9+C10+C11

	A	B	C
1	财务费用预算		
2	2019年度		金额单位：元
3	项目		金额
4	利息支出		3,000,000
5	减：利息收入		(2,800,000)
6	利息净支出		200,000
7	汇兑损失		40,000
8	减：汇兑收益		(36,000)
9	汇兑净损失		4,000
10	手续费		4,000
11	其他		200,000
12	财务费用合计		408,000
13	预计财务费用每季度现金支出总额		102,000

图 8-33 财务费用预算表

表 8-5 财务费用预算表中的计算公式

单元格	公式	注释
C6	=C4+C5	利息净支出
C9	=C7+C8	汇兑净损失
C12	=C6+C9+C10+C11	财务费用合计
C13	=C12/4	预计财务费用每季度财务费用支出总额

8.3 Excel 财务预算编制

8.3.1 财务预算编制内容分析

财务预算是一系列专门反映企业未来一定期限内预计财务状况和经营成果，以及现金收支等价值指标的各种预算。一般，财务预算由反映销售收入的销售预算、现金预算、期间费用预算、预计利润表、预计资产负债表、预计现金流量表等构成。

(1)现金预算是有关预算的汇总，由现金收入、现金支出、现金多余或不足、资金的筹集和运用四个部分组成。现金收入包括期初现金余额和预算期现金收入。现金收入的主要来源是销货收入。现金支出包括预算的各项现金支出，其中直接材料、直接人工、制造费用、财务费用、销售与管理费用等现金支出的数据，分别来自前述有关预算；所得税、购置设备、股利分配等现金支出的数据，分别来自另行编制的专门预算。现金多余或不足是现金收入合计与现金支出合计的差额。差额为正，说明现金有多余，可以归还贷款或对有价证券进行投资，以增加收益；差额为负，说明现金不足，需要提前安排筹资。

(2)预计利润表是综合反映预算期内企业经营活动成果的一种财务预算，它是根据销售、产品成本、费用等预算的有关资料编制的。

(3)预计资产负债表是综合反映预算期内企业财务状况的一种财务预算，它是以期初资产负债表为基础，根据销售、生产、资本等预算的有关数据加以调整编制的。

(4)预计现金流量表是反映企业一定期间现金流入与现金流出情况的一种财务预算，它是从现金的流入和流出两个方面揭示企业一定期间经营活动、投资活动和筹资活动所产生的现金流量。

鉴于预计利润表、预计资产负债表、预计现金流量表与企业的利润表、资产负债表和现金流量表的结构基本一致，因此相关预算表的编制大家可以参阅本套书的《Excel 会计应用》一书中有关报表编制的章节，本节只讲解现金预算。

8.3.2 现金预算模型

【例 8-10】接上例，公司在预算年度内，其他相关资料如下：预计预算期四季度营业外收入为 76 000 元；营业外支出一季度为 7 600 元，二季度为 18 000 元，四季度为 15 600 元。

根据资本预算，该公司计划预算期二季度以分期付款方式购入一套设备，价值 817 000元，该季度付款 550 000 元，三季度付款 167 000 元，余款四季度支付。预计各季度支付所得税 2 175 000 元，销售税金 736 000 元，二、四季度各支付股利 400 000 元。

假设该公司 2018 年年末，资产负债表所示货币资金余额为 100 000 元。

按照如下步骤编制现金预算表。

(1)构建现金预算表的基本框架。可以依据已有的现金预算表或模板来构建基本框架。除了标题、附注说明，构建表格的基本框架还应该包括现金项目、四个季度和全年的现金预算数据等列，其中现金项目列需要列出每季度及全年的期初现金余额、现金收入细目及合计、现金支出细目及合计、现金多余或不足、资金的筹集和运用等，效果如图 8-34 所示。

(2)输入固定数据。固定不变的数据使用手工输入。在本例中，四季度的其他现金收入(F7)、一季度的其他现金支出(C20)、二季度的其他现金支出(D20)、四季度的其他现金支出(F20)、二季度的购买设备费用(D16)、三季度的购买设备费用(E16)、各季度支付的所得税(C17:F17)、各季度销售税金(C18:F18)、二季度和四季度的股利(D19、F19)等数据需要手工输入。

(3)输入引用其他单元格的公式。有些单元格的数据需要通过公式或函数引用其他单元格计算出来。在单元格中输入公式时要准确使用单元格的相对引用和绝对引用，以便准确地将公式复制到其他的单元格。通过单击"公式"选项卡里的"显示公式"按钮，可以将各单元格的公式显示在单元格里而不是显示数据，如图 8-35 所示。

G21　　fx　=SUM(C21:F21)

现金预算

2019年度　　　　金额单位：元

项目	一季度	二季度	三季度	四季度	全年
期初现金余额	100,000	9,174,000	61,706,100	141,431,880	100,000
加：现金收入					0
收回应收账款及销货现金收入	73,200,000	153,350,000	181,950,000	119,400,000	527,900,000
其他现金收入				76,000	76,000
可供使用现金	73,300,000	162,524,000	243,656,100	260,907,880	740,387,980
减：现金支出					
直接材料	24,865,200	46,920,800	48,548,120	33,625,560	153,959,680
直接人工	16,419,600	25,740,000	26,208,000	14,459,040	82,826,640
制造费用	12,303,100	16,186,600	16,381,600	11,486,200	56,357,500
销售费用	5,351,000	5,823,000	5,740,000	5,412,000	22,326,000
管理费用	2,166,500	2,166,500	2,166,500	2,166,500	8,666,000
财务费用	102,000	102,000	102,000	102,000	408,000
购买设备		550,000	167,000	100,000	817,000
所得税	2,175,000	2,175,000	2,175,000	2,175,000	8,700,000
销售税金	736,000	736,000	736,000	736,000	2,944,000
股利		400,000		400,000	800,000
其他现金支出	7,600	18,000		15,600	41,200
现金支出合计	64,126,000	100,817,900	102,224,220	70,677,900	337,846,020
现金多余或不足	9,174,000	61,706,100	141,431,880	190,229,980	402,541,960
资金的筹集和运用：					
向银行借款					0
归还银行借款及利息					0
短期股票投资					0
筹集、运用资金合计	0	0	0	0	0
期末现金余额	9,174,000	61,706,100	141,431,880	190,229,980	190,229,980

图 8-34　显示数据的现金预算表

现金预算

2019年度　　　　金额单位：元

项目	一季度	二季度	三季度	四季度	全年
期初现金余额	100000	=C28	=D28	=E28	=C4
加：现金收入					=SUM(C5:F5)
收回应收账款及销货现金收入	=销售预算!E13	=销售预算!G13	=销售预算!I13	=销售预算!K13	=SUM(C6:F6)
其他现金收入				76000	=SUM(C7:F7)
可供使用现金	=SUM(C4:C7)	=SUM(D4:D7)	=SUM(E4:E7)	=SUM(F4:F7)	=SUM(C8:F8)
减：现金支出					
直接材料	=直接材料预算!L17	=直接材料预算!S17	=直接材料预算!Z17	=直接材料预算!AG17	=SUM(C10:F10)
直接人工	=直接人工预算!G7	=直接人工预算!J7	=直接人工预算!M7	=直接人工预算!P7	=SUM(C11:F11)
制造费用	=制造费用预算!C17	=制造费用预算!D17	=制造费用预算!E17	=制造费用预算!F10	=SUM(C12:F12)
销售费用	=销售费用预算!C10	=销售费用预算!D10	=销售费用预算!E10	=销售费用预算!F10	=SUM(C13:F13)
管理费用	=管理费用预算!$C$17	=管理费用预算!$C$17	=管理费用预算!$C$17	=管理费用预算!$C$17	=SUM(C14:F14)
财务费用	=财务费用预算!$C$13	=财务费用预算!$C$13	=财务费用预算!$C$13	=财务费用预算!$C$13	=SUM(C15:F15)
购买设备		550000	167000	=817000-(D16+E16)	=SUM(C16:F16)
所得税	2175000	2175000	2175000	2175000	=SUM(C17:F17)
销售税金	736000	736000	736000	736000	=SUM(C18:F18)
股利		400000		400000	=SUM(C19:F19)
其他现金支出	7600	18000		15600	=SUM(C20:F20)
现金支出合计	=SUM(C10:C20)	=SUM(D10:D20)	=SUM(E10:E20)	=SUM(F10:F20)	=SUM(C21:F21)
现金多余或不足	=C8-C21	=D8-D21	=E8-E21	=F8-F21	=SUM(C22:F22)
资金的筹集和运用：					
向银行借款					=SUM(C24:F24)
归还银行借款及利息					=SUM(C25:F25)
短期股票投资					=SUM(C26:F26)
筹集、运用资金合计	=C24+C25+C26	=D24+D25+D26	=E24+E25+E26	=F24+F25+F26	=SUM(C27:F27)
期末现金余额	=C22+C27	=D22+D27	=E22+E27	=F22+F27	=F28

图 8-35　显示公式的现金预算表

(4)利用条件格式分析现金预算表。在完成现金预算表中的公式输入后，需要分析一下表格中的数据，如找出在各季度现金支出的数据中数量较多的项，可以使用条件格式，让需要关注的项醒目地展示。具体方法如下。

选中四个季度现金支出数据所在的单元格区域，如 C10:F20，单击"开始"选项卡中的"条件格式"按钮，从显示的菜单中先选"图标集"，再选"三色交通灯(有边框)"，此时，所选单元格区域中的数据前面便用红、黄、绿三种颜色的交通灯分别进行了标记，如图 8-36 所示。从图中可以清楚地看出，D10、E10、F10 单元格里的数据(二、三、四季度直接材料现金支出)是所有现金支出项中最大的三个。

单元格的条件格式是依赖于一定的规则的。例如，默认情况下采用三色交通灯图标集的条件格式时，对单元格的值排序后，累计值小于 1/3 的单元格以红色交通灯标识，累计值大于等于 1/3 而小于 2/3 的单元格以黄色交通灯标识，剩下的最大值的单元格的值占有最高的 1/3 的统计值，这些单元格以绿色交通灯标识。

条件格式的规则也是可以编辑的。例如，我们习惯于将占用现金最大的值以红色标识，以引起管理人员的警觉，或者仅希望关注占用现金最高的 20%的支出项，可以这样修改条件格式的规则：选中单元格区域后，单击"开始"选项卡中的"条件格式"按钮，从显示的菜单中先选"图标集"，再选"条件格式"，显示如图 8-37 所示的对话框，选择规则类型为"基于各自值设置所有单元格的格式"，选择格式样式为"图标集"，选择图标样式为"三色交通灯(有边框)"，选中"反转图标次序"，按图示编辑三个图标的值范围，再单击"确定"按钮。

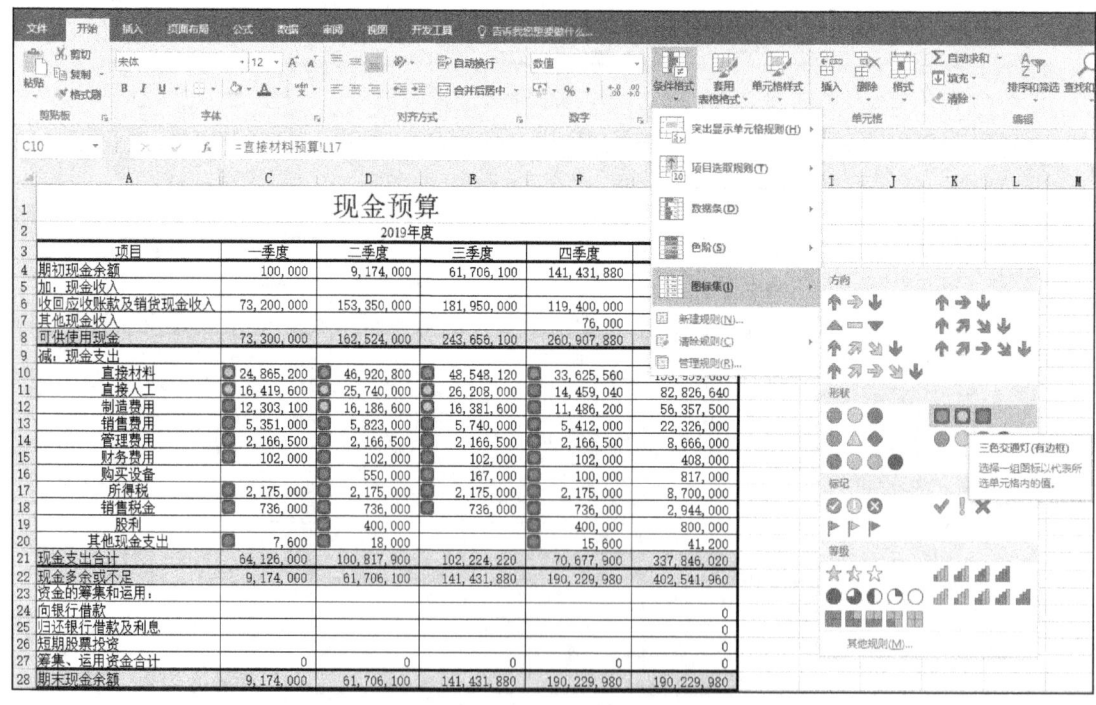

图 8-36　设置现金预算表的条件格式

图 8-37 修改条件格式的规则

修改规则后的条件格式的显示效果如图 8-38 所示，可以发现图标次序的颜色已经反转，原来绿色的标识变成了红色标识，且按照更改的规则，只将最高的现金支出的两个单元格以红色交通灯标识，属于最高的 20% 的现金支出项。

现金预算

2019年度 金额单位：元

项目	一季度	二季度	三季度	四季度	全年
期初现金余额	100,000	9,174,000	61,706,100	141,431,880	100,000
加：现金收入					0
收回应收账款及销货现金收入	73,200,000	153,350,000	181,950,000	119,400,000	527,900,000
其他现金收入				76,000	76,000
可供使用现金	73,300,000	162,524,000	243,656,100	260,907,880	740,387,980
减：现金支出					
直接材料	24,865,200	46,920,800	48,548,120	33,625,560	153,959,680
直接人工	16,419,600	25,740,000	26,208,000	14,459,040	82,826,640
制造费用	12,303,100	16,186,600	16,381,600	11,486,200	56,357,500
销售费用	5,351,000	5,823,000	5,740,000	5,412,000	22,326,000
管理费用	2,166,500	2,166,500	2,166,500	2,166,500	8,666,000
财务费用	102,000	102,000	102,000	102,000	408,000
购买设备		550,000	167,000	100,000	817,000
所得税	2,175,000	2,175,000	2,175,000	2,175,000	8,700,000
销售税金	736,000	736,000	736,000	736,000	2,944,000
股利		400,000		400,000	800,000
其他现金支出	7,600	18,000		15,600	41,200
现金支出合计	64,126,000	100,817,900	102,224,220	70,677,900	337,846,020
现金多余或不足	9,174,000	61,706,100	141,431,880	190,229,980	402,541,960
资金的筹集和运用：					
向银行借款					0
归还银行借款及利息					0
短期股票投资					0
筹集、运用资金合计	0	0	0	0	0
期末现金余额	9,174,000	61,706,100	141,431,880	190,229,980	190,229,980

图 8-38 修改规则后的条件格式的显示效果

实践练习题

M 公司 2019 年的预算资料如下，请编制 M 公司 2019 年全面预算表。

M公司的销售部门根据预算期销售预测指标、销售单价及收款条件，分品种、月份、销售区域编制销售预算并预计现金收入(下面只列示季度销售数据,并假设企业只生产和销售一种产品)。

(1)公司计划2019年销售产品10 000台,其中一季度和四季度的销售量均为2 000台,二季度和三季度的销售量均为3 000台;产品售价为120元/台;每季度销售收到的货款占当季应收货款的80%,其余部分在下季度收到;2018年年末应收账款余额为30 000元。

(2)M公司在预算年度内各季度的期末存货量按下一季度销售量的10%计算,年末存货量预计为220台。2018年年末存货为200台。

(3)M公司在预算年度内,各季度的期末存料量预计为下一季度生产需要量的20%,年末预计存料量为900片;预计预算期内该材料单价为10元/片;单位产品材料消耗定额为2片/台;每季度的购料款在当季付款的占60%,其余在下季度支付;2018年年末直接材料结存量为820片;M公司在预算年度内,定额成本资料为:单位产品工时定额为5小时,单位工时的工资率为6元。

(4)M公司生产产品每小时需要变动制造费用4元(在间接材料、间接人工、其他变动费用三个项目之间按照1:1:2比例分摊);在固定制造费用中,每季度的折旧费为20 000元,管理人员工资为4 000元,保险费为2 566元,其他固定费用为6 500元。

(5)M公司在预算年度内,预计销售费用各项开支数额及计算方法如下:工资每季度均为1 000元,业务费、运输费、保管费、包装费每季度均为预计销售额的0.1%,二季度广告费为1 440元。

(6)M公司在预算年度内,预计管理费用各项开支数额如下:工资20 000元,折旧费5 000元,办公费18 000元,差旅费10 000元,物料消耗5 000元,无形资产摊销5 000,工会经费7 000元,印花税50元,其他950元。M公司在预算年度内,预计财务费用各项开支数额如下:利息支出3 000元,利息收入2 800元,汇兑损失5 000元,汇兑收益3 600元,手续费800元,其他20 000元。

(7)M公司在预算年度内,其他相关资料如下:预计预算期四季度营业外收入为76 000元;营业外支出一季度为7 600元,二季度为1 800元,四季度为15 600元。根据资本预算,该公司计划预算期二季度以分期付款方式购入一套设备,价值81 700元,该季度付款55 000元,三季度付款16 700元,其余四季度支付。

(8)预计各季度支付所得税21 750元,销售税金13 600元,二、四季度各支付股利40 000元。假设该公司需要保留的最低现金余额为30 000元。2018年年末,资产负债表所示货币资金余额为50 000元。假设向银行借款的金额要求为5 000元的整数倍,年利率为12%。

第9章
销售预测与利润规划

本章内容提要:

- 如何使用预测函数: FORECAST()、TREND()、GROWTH()、LINEST()和LOGEST()
- 如何创建、编辑、修饰、标识销售分布数据地图,对企业销售情况进行分析
- 设计和建立销售收入预测模型
- 如何建立销售收入趋势预测模型
- 介绍利用 Excel 进行规划求解的方法
- 如何建立规划求解模型,变更规划求解条件和输出规划求解报表

本章要重点掌握的 Excel 工具:

- 预测函数 FORECAST()
- 预测函数 TREND()
- 预测函数 GROWTH()
- 预测函数 LINEST()
- 预测函数 LOGEST()
- "添加趋势线"命令
- "单变量求解"命令
- "假设分析>数据表"命令
- "数据>数据分析工具"命令
- "数据>规划求解"命令
- "Microsoft Map 对象>地图"命令
- "数据分析工具"安装

本章讲解利用 Excel 进行企业销售情况分析的方法、建立销售收入预测模型，以及利润规划求解模型的方法。在企业收入预测和利润规划过程中，财务管理人员必须掌握收入预测模型和利润规划模型的设计和建立方法，利用这些模型实现对企业中长期经营效果的预估。

9.1　销售预测与利润规划业务场景分析

利用 Excel 进行利润规划主要是对营业收入进行预测、对利润进行规划。销售预测与利润规划业务主要包括销售预测、利润规划和销售情况分析等。

9.1.1　销售预测

营业收入是企业经营业务的收入，它的发生具有经常性和可以合理预计等特点。营业收入是企业补偿生产经营耗费的资金来源。营业收入的实现关系到企业生产活动的正常进行，加强营业收入管理，可以使企业的各种耗费得到合理补偿，有利于再生产活动的顺利进行。营业收入也是企业的主要经营成果，是企业取得利润的重要保障。加强营业收入管理是实现企业财务目标的重要手段之一。

营业收入在不同企业有不同的表现形式。在工业企业，营业收入主要是指产品销售收入，包括销售成品、半成品和提供工业性劳务等取得的收入。营业收入是企业收入的重要来源，组织和加强营业收入的管理是企业财务管理的重要内容，对企业有极其重要的意义。

销售预测的方法很多，按其性质可以分为定量预测法和定性预测法两大类。其中定量预测法又有调查分析法、趋势分析法、因果分析法等。

1. 定性预测法

定性预测法是指由熟悉业务知识、具有丰富经验和综合分析能力的人员与专家，根据已掌握的历史资料和直观材料，运用个人的经验和分析判断能力，对事物的未来发展做出性质和程度上的判断的方法。这种方法主要通过一些具有丰富经验的企业经营管理人员、有销售经验的工作人员或者有关专家对市场未来变化进行分析，以判断企业在一定时期内某种产品的销售趋势。

2. 调查分析法

调查分析法是指通过对某种商品在市场上的供需情况和消费者的消费取向的调查，来预测本企业产品的销售趋势的方法。调查内容包括对产品的调查、对客户的调查、对经济发展趋势的调查、对同行业的调查等。

3. 趋势分析法

趋势分析法是指企业根据销售的历史资料，用一定的计算方法预测出未来销售的变化趋势的方法。这种方法适用于产品销售比较稳定、销售变化有规律的企业。趋势分析法是一种由历史数据推测未来的引申法。趋势分析法主要包括移动平均法、指数平滑法和季节预测法等几种具体的方法。

(1)移动平均法。移动平均法根据近期数据推测对预测值影响较大的事实，把平均数逐期移动。此分析方法基于特定的过去某段时期中变量的均值，对未来值进行预测。移动平均值提供了由所有历史数据的简单的平均值所代表的趋势信息。使用此工具可以预测销售、库存或其他趋势。Excel 提供了移动平均分析工具——移动平均趋势线。

(2)指数平滑法。指数平滑法是一种改进的加权平均法，只是加权的权数只用一个，越近的数据，加权系数越大，以加重近期因素在预测中的作用；越远的数据，加权的系数越小，以减弱前期因素对预测的影响。

(3)季节预测法。季节预测法又称季节周期法、季节指数法、季节变动趋势预测法。它是对包含季节波动的时间序列进行预测的方法。要研究这种预测方法，首先要研究时间序列的变动规律。季节变动是指价格由于自然条件、生产条件和生活习惯等因素的影响，随着季节的转变而呈现的周期性变动。这种周期通常为一年。季节变动的特点是有规律性的，每年重复出现，其表现为逐年同月(或季)有相同的变化方向和大致相同的变化幅度。

4. 因果分析法

在经济活动中各种因素往往相互联系、相互影响，彼此之间构成一定的对应关系。利用各种因素之间的关系进行预测的方法就是因果分析法。例如，由于产品销售量总是受各种因素的影响，我们进行销售量(或销售额)预测时，可以首先确定影响产品销售量(或销售额)的各种因素，并找到这些因素与销售量(或销售额)的函数关系，然后利用这种函数关系进行销售预测。

因果分析法往往要建立预测的数学模型，故又称回归预测法。回归预测法通过对一组经济数据进行分析，建立相应回归模型，利用模型对所研究的经济对象进行预测和分析，进而为经济决策提供依据。回归预测分为线性回归预测和非线性回归预测两大类，每大类又可分为几个小类，详情如下。

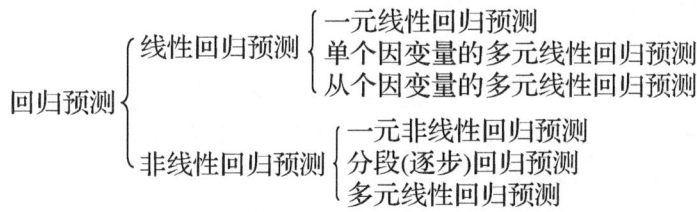

9.1.2　利润规划

企业目标利润规划是指通过对企业未来一段时间内应达到的最优化利润即目标利润进行科学预测，控制、规划、掌握其影响因素及变化规律，为管理者提供决策信息的活动。企业进行目标利润规划的主要方法是本量利分析法。它通过分析业务量、成本、利润之间的关系对企业生产经营活动进行规划和控制，是目标利润管理的基础方法。

目标利润是一种对未来某时期利润的预期。它和预计收入、标准成本之间存在如下关系：目标利润=预计收入–标准成本

目标利润可以根据企业过去的相关数据和同类企业的情况进行估算而得。在利润规划

的本、量、利分析中，存在着一个特殊的产销量点，即保本点或盈亏平衡点。在该点上，由于企业的总成本和总收入相等从而出现不盈不亏的现象。在计算保本点时，必须把企业生产活动和非生产活动的固定成本和变动成本都包括在内。

在本、量、利分析中，主要因素如售价、固定成本、变动成本和业务量等的变动，对保本点均有影响，可见它们是决定目标利润的主要因素。

企业利润规划的目的是在有限的生产资源下获取最大收益，因此常常要讨论在各种因素变动的情况下，本、量、利之间的关系有何变动。

9.1.3 销售情况分析

企业产品销售情况对企业是至关重要的，因此除了了解企业的销售总额外，常常还要对企业产品销售的分布情况进行统计分析，也就是对不同产品在不同地区的销售情况进行分析，从中寻找销售不利的原因和进一步扩大市场份额的途径。

9.2 Excel 企业销售情况分析

Excel 提供的数据地图是进行企业产品销售情况分析的很好的工具。把数据在地图上用图表的形式表示出来，就可以轻松地看出数据的变化趋势和相互关系。因为微软从 Excel 2003 开始已经将该功能从 Excel 中剥离出来，开发了新的软件 MapPoint，实现了与 Office 系列产品的无缝结合，因此现在的 Excel 2016 版本中已经没有微软地图插件了，使用者可以在 Excel 2000 中制作出需要的销售地图并插入 Excel 2016 文件中。另外，国内外也有一些数据地图制作的网站，如地图汇、数据地图网、TargetMap 等，利用 Excel 数据也能通过简单的操作制作各种地图图表。

本节所讲解的制作销售数据地图的方法是基于 Excel 2000。

用于创建地图的数据必须符合下面的要求。

- 在工作表上将数据排列在各列内，必须有一列包含地理数据，如国名或省名。
- 如果工作表中对应的每个地图项都有数据(如每个国家或地区的销售额数据)，必须将相应的数据包括在选定范围内。
- 如果各列的顶部有列标，应该将相应的列标包括在选定范围内。

9.2.1 创建销售分布数据地图

利用 Excel 2000 创建数据地图的步骤如下。

(1)在工作表中选定单元格区域。该单元格区域中的某一列必须包含地理数据(如国家或地区的名称)。

(2)单击"插入"选项卡中的"对象"命令，出现如图 9-1 所示的"对象"对话框，选择"Microsoft 地图"，单击"确定"按钮；或者直接单击常用工具栏里的"地图"按钮，然后拖动鼠标指针指定地图的位置。

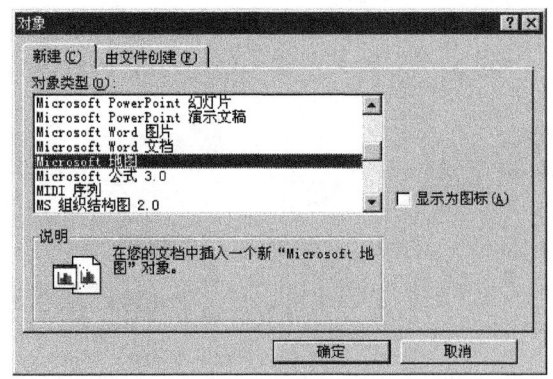

图 9-1 插入"对象"对话框

此时将在鼠标所指定的位置建立一个默认的地图,如图 9-2 所示。此图选定单元格区域 A2:F6 后建立的默认地图的屏幕画面。注意,单元格区域 A2:F6 包含了 A 列的省市名地理数据及 2 行的列标名:一季度、二季度、三季度、四季度和合计。如果地理数据中包含了不正确的信息,如省市名拼错,则可能导致创建地图失败。

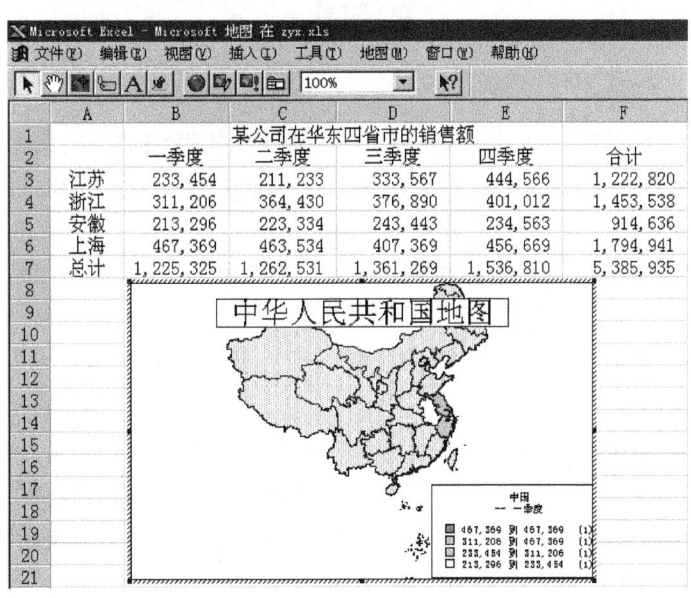

图 9-2 创建默认的数据地图

9.2.2 编辑数据地图

创建了一个默认的数据地图后,对该地图做一些编辑或修饰是很有必要的。双击该地图可以进入地图编辑状态,或者单击该地图,然后再单击"编辑>Microsoft Map 对象>编辑"命令也可以进入地图编辑状态。

1. 地图编辑状态的菜单

在地图编辑状态,应用程序的菜单栏和工具栏会发生一些变化。菜单栏里取消了原来的格式和数据菜单，增加了地图菜单，并且有些菜单的菜单项也发生了变化，如图9-3所示，分别是在地图编辑状态时的"视图"菜单的菜单项和"地图"菜单的菜单项。

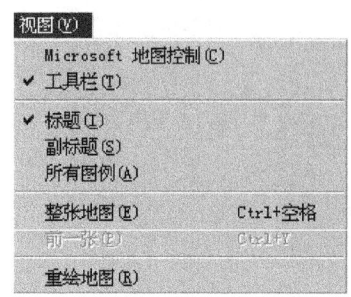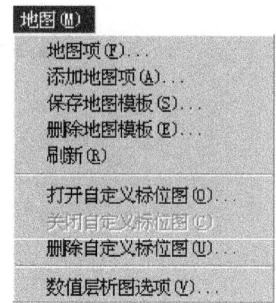

图 9-3　地图编辑状态时的"视图"菜单项和"地图"菜单项

2．地图编辑状态的工具栏

在地图编辑状态，应用程序的工具栏变成了如图9-4所示的形式。

图 9-4　地图编辑状态时的工具栏

- 为选定对象按钮。单击该按钮后，移动鼠标指针到地图的某个对象，如标题、图例、文字等，可以选定该对象，对选定对象可做复制、移动或删除等操作。
- 为移位器按钮。单击该按钮后，在地图窗口内拖动鼠标可以移动地图。
- 为地图居中按钮。单击该按钮后，在地图的任何地点单击鼠标，都可使该点置于地图窗口的中心位置。
- 为地图标志按钮。该按钮的功能相当于工具菜单里的地图标志命令，可在地图中增加地图项。
- 为增加文本按钮。单击该按钮可在地图中写入文字。
- 为自定义标位图按钮。单击该按钮可在地图中增加自定义标位图。
- 为全图居中按钮，相当于视图菜单里的整张地图命令。单击它可以使地图居中，且缩小显示全图。
- 为重画地图按钮，相当于视图菜单里的重绘地图命令。由于地球是一个球体，而地图却是一个平面图，在用移动地图后单击该按钮可以尽量消除平面地图的偏差。
- 为地图刷新按钮，相当于地图菜单里的刷新命令项。创建地图后，如果和地图相对应的单元格的数据发生了改变，单击该按钮可以使改变的数据在地图中得到体现。
- 为显示/隐藏 Microsoft 地图控件按钮。单击该按钮可以显示或者隐藏 Microsoft 地图控件。"Microsoft 地图控件"是编辑地图的一个对话框。

在"地图"工具栏里还有一个下拉式的列表框，单击该列表框右边的▼按钮，将显示一个百分数的列表，百分数是地图要缩放的比例。

对图 9-2 所示的地图选择 550%的放大比例，并用 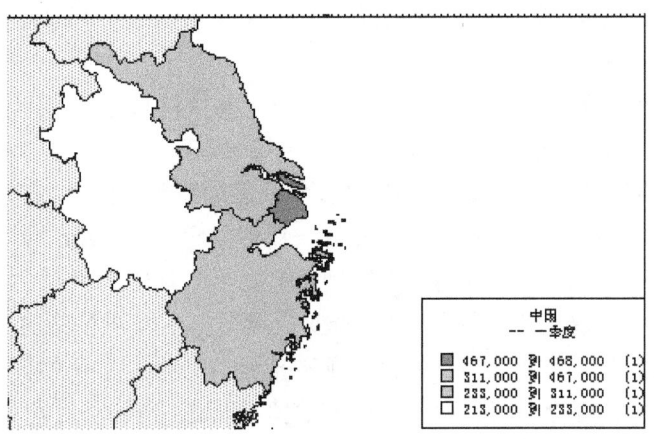 移动地图，删除标题后，可以变成如图 9-5 所示的形式。

图 9-5　放大且移位后的地图

3．地图控件对话框

双击地图，屏幕上就会显示"Microsoft 地图控件"对话框，如图 9-6 所示。利用此对话框可以在地图中增加一些图形，如数值层析图、分类层析图、数据点密度图、分级符号图、柱形图和饼状图。

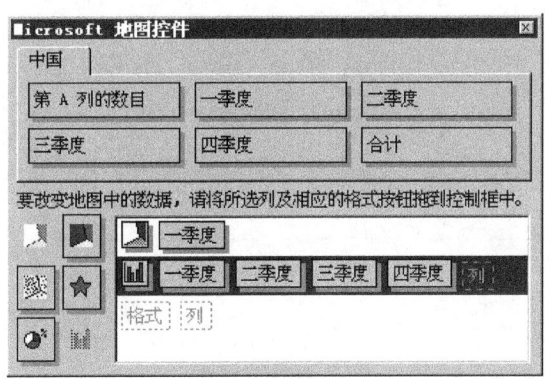

图 9-6　"Microsoft 地图控件"对话框

- 数值层析图(图标为)是一种地图格式，它用不同深度的颜色代表地图区域的不同数据值。例如，数据值较大的地图区域显示为深色，而数据值较小的地图区域显示为浅色。
- 分类层析图(图标为)是一种地图格式，它用不同的颜色代表地图区域所属的不同分类。例如，在销售地区地图上，属于"上海"的地图区域显示为红色，而属于"安徽"的地图区域显示为绿色。
- 数据点密度图(图标为)是一种地图格式，它将数据显示为小点，每个点代表一定的数量。

- 分级符号图(图标为 ⭐)是一种地图格式,它将数据显示为不同大小的符号,较大的符号代表较大的数值。
- 柱形图(图标为 📊)是一种地图格式,地图上每个区域中都显示一个小柱形图,各柱形图表示的是相应区域内的数据。
- 饼状图(图标为 🥧)是一种地图格式,地图上每个区域中都显示一个小饼图,各饼状图表示的是相应区域内的数据。

地图中可以包含饼状图格式或柱形图格式,但不能同时包含两者,它们的增加方法相同。

(1)单击"显示/隐藏"Microsoft 地图控件按钮以显示"Microsoft 地图控件"对话框。

(2)将对话框中左下角的柱形图标 📊 拖到 Microsoft 地图控件对话框右下角的框内的 格式 处。此时对话框中左下角的柱形图标 📊 变成虚图,不能再被移动。

(3)将列标按钮,即"一季度"从对话框顶部拖到对话框右下角的框内的 列 处。注意,在地图控制对话框右下角的框内已存在默认的数值层析图格式图标 📊 和一季度列标按钮。

(4)继续将其他列标按钮即"二季度""三季度"和"四季度"拖到对话框右下角的框内的 列 上,如果要在地图中显示合计数据,也需把列标按钮"合计"拖到对话框右下角的框内的 列。最多可拖入八个列名称。

上述操作完成后,图 9-5 所示的地图将变成如图 9-7 所示的形式。

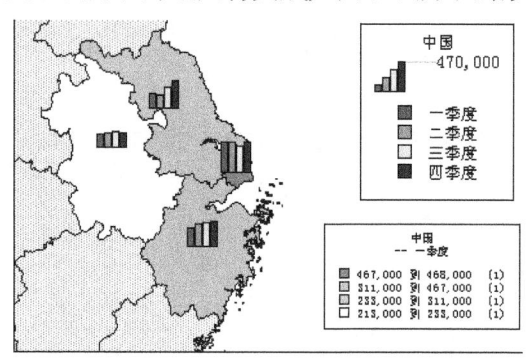

图 9-7　添加了柱形图的地图

9.2.3　修饰地图

对于增加了地图格式(如柱形图)的地图,可以继续对地图格式进行修饰,如修改地图格式中的颜色、符号、功能和尺寸选项、格式的类型、用于地图的数据列等。另外,也可以在地图中增加省市名来标识地图。

1. 修改地图格式中的颜色、符号、功能和尺寸选项

操作步骤如下。

(1)单击"显示/隐藏"Microsoft 地图控件按钮以显示"Microsoft 地图控件"对话框。

(2)在"Microsoft 地图控件"对话框底部的工作区内,双击某一格式按钮,如 📊,则出现"格式属性"对话框,对于柱形图格式,它有两个选项卡:"柱形图选项"和"图例选项",如图 9-8 和图 9-9 所示。

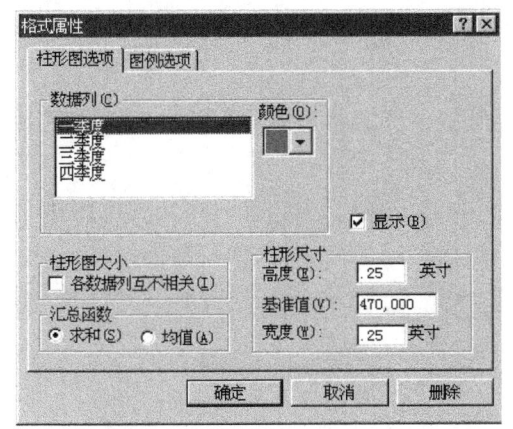
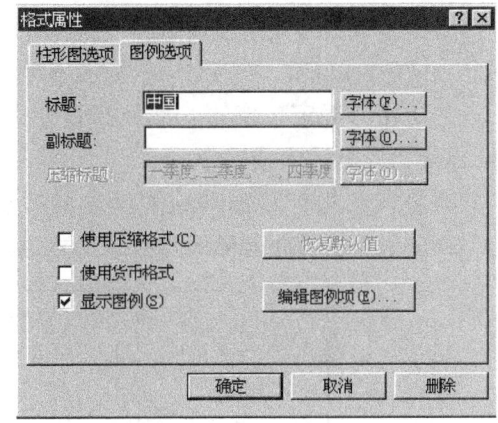

图 9-8 "格式属性"对话框的"柱形图选项"选项卡　图 9-9 "格式属性"对话框的"图例选项"选项卡

(3)设置要修改的显示选项，如选择数据列及其相应的颜色，然后单击"确定"按钮。

2. 修改地图中图表格式的类型

要修改地图中图表格式的类型，可在"Microsoft 地图控件"对话框中，将"格式"按钮从对话框左边拖到对话框右边的工作区内，如果将按钮拖到工作区的空白区域，则表示新添格式；如果将按钮拖到已存在的按钮上，则表示取代现有格式。注意，将一种格式的地图转换为另一种格式时，存在某些限制。例如，可以将饼形图格式转换为柱形图格式，但不能将饼形图格式转换为分级符号图格式。这是因为饼形图格式使用的是若干列的数据，而分级符号图格式使用的仅是单个数据列。要删除地图中的某个图表格式，只需将工作区内的该格式按钮拖到工作区之外即可。

3. 修改用于地图的数据列

要修改用于地图的数据列，可在"Microsoft 地图控件"对话框中将列标按钮拖到"Microsoft 地图控件"对话框底部要修改的格式按钮上。要删除地图中的某个数据列，只需将工作区内的该数据列按钮拖到工作区之外即可。

9.2.4　标识地图

用户可以用省市名或数据值来标识地图，操作步骤如下。

(1)如果地图未被选中，双击它，则显示"地图"工具栏，然后单击"地图标志"按钮，此时弹出"地图标志"对话框，如图 9-10 所示。

图 9-10　"地图标志"对话框

(2)如果要放置地名,则选择"地图项名称";如果要在地图上显示数据,则选择"数据列"并在下拉式菜单中选择一个数据列。

(3)单击"确定"按钮,鼠标指针变成十字形状,然后将鼠标指针移动到地图区域,就会出现相应的地名或数值。

(4)将鼠标指针移到动地图区域的适当位置单击,就把地图标识插入到地图中了。图 9-11 就是增加了地名标识及标题文本的地图。

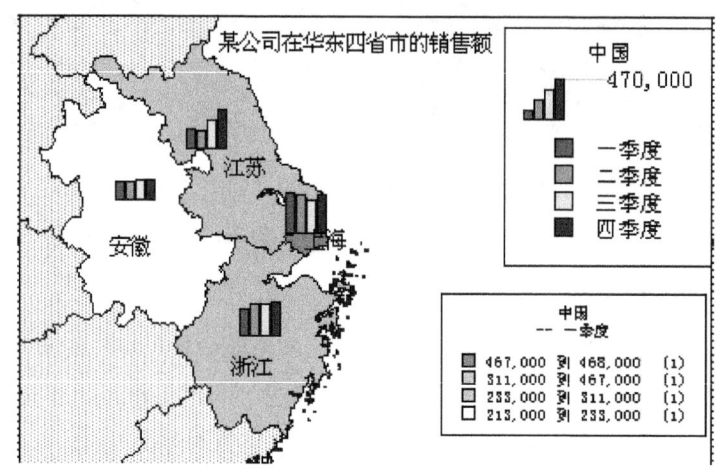

图 9-11 增加了地名标识及标题文本的地图

从图 9-11 的数据地图上,可以很清晰地看到该公司在华东四省市产品销售的分布情况,为公司进行销售决策、发展或改变销售战略提供了直观、形象、立体化的数据依据。

9.3 Excel 销售收入预测

9.3.1 销售收入预测模型

本章以移动平均法为例,介绍如何利用 Excel 进行销售收入预测。

移动平均法是一种简单平滑预测技术,它的基本思路是:根据时间序列资料、逐项推移,依次计算包含一定项数的序时平均值,以反映长期趋势。因此,当时间序列的数值由于受周期变动和随机波动的影响,起伏较大、不易显示出事件的发展趋势时,使用移动平均法可以消除这些因素的影响,显示出事件的发展方向与趋势(即趋势线),然后依趋势线分析预测序列的长期趋势。

当时间序列没有明显的趋势变动时,使用一次移动平均就能够准确地反映实际情况,直接用第 t 周期的一次移动平均数就可预测第 $t+T$ 周期之值。但当时间序列出现线性变动趋势时,用一次移动平均数来预测就会出现滞后偏差,因此需要进行修正。修正的方法是在一次移动平均的基础上再做二次移动平均,利用移动平均滞后偏差的规律找出曲线的发展方向和发展趋势,然后才建立直线趋势的预测模型。

该直线趋势的预测模型是：

$$y_{t+T} = a_t + b_t T$$

式中，t——目前周期；

T——由目前周期需要预测的周期数，即 t 以后模型外推的时间；

y_{t+T}——$t+T$ 周期的预测值。

公式中截距

$$a_t = 2M_t^{(1)} - M_t^{(2)}$$

斜率

$$b_t = \frac{2}{N-1}(M_t^{(1)} - M_t^{(2)})$$

【例 9-1】已知 2009 年到 2018 年公司的销售收入如图 9-12 所示，试预测该公司 2019 年的销售收入。

1. 在 Excel 工作表中输入原始数据

在 Excel 工作表中输入原始数据，如图 9-12 所示。操作步骤如下。

(1)在 A14 单元格输入 "a:"。

(2)选中 B14 单元格，在编辑栏中输入公式 "=C11*2-D11"。

(3)在 A15 单元格输入 "b:"。

(4)选中 B15 单元格，在编辑栏中输入公式 "=(C11-D11)*2/3"。

(5)在 A16 单元格输入 "2019 年预测值"。

(6)选中 B16 单元格，在编辑栏中输入公式 "=B14+B15*1"，其中的系数 1 是指 2018 年与预测年 2019 年之间相距 1 年，如图 9-12 所示。

	A	B	C	D
1				
2	年份	销售收入	一次平均	二次平均
3	2009	21000.00		
4	2010	25000.00		
5	2011	18000.00		
6	2012	30000.00		
7	2013	28000.00		
8	2014	29000.00		
9	2015	35000.00		
10	2016	42000.00		
11	2017	36000.00		
12	2018	38000.00		
13				
14	a:	0.00		
15	b:	0.00		
16	2019年预测值	0.00		
17				

图 9-12 销售收入预测的历史数据

其中，由于一次移动平均和二次移动平均都还未做，2019 年的数值没有计算出来，所以 a、b 的值都为 0，2019 年销售收入的预测值也为 0。

2. 计算移动平均数

操作步骤如下。

(1) 单击"数据"选项卡中的"数据分析"按钮，弹出"数据分析"对话框，如图 9-13 所示。

(2) 单击"移动平均"，再单击"确定"按钮，这时会弹出"移动平均"对话框，如图 9-14 所示。

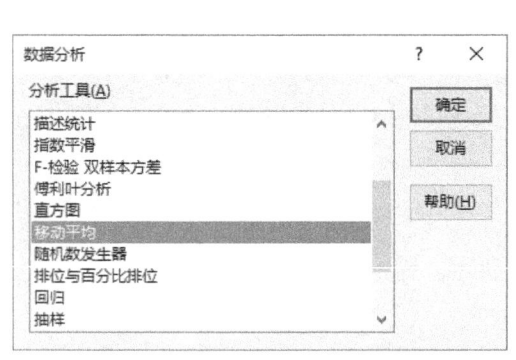

图 9-13 "数据分析"对话框

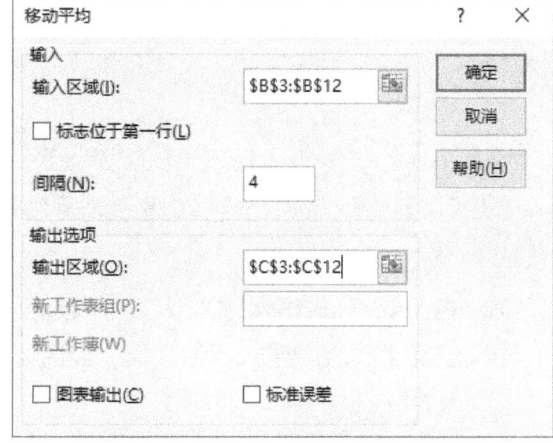

图 9-14 "移动平均"对话框-1

(3) 在"输入区域"指定相应数据所在的单元格区域。单击按钮 🔼 回到工作表中框选 2009—2018 年的销售收入，本例指定$B3:$B12 为输入区域，指定"间隔"为 4。再指定输出区域，可以选择输出到当前工作表的某个单元格区域、新工作表或新工作簿，本例指定输出区域为当前工作表的$C$3:$C$12 单元格区域。

(4) 单击"确定"按钮，得到一次移动平均值，如图 9-15 所示。

从图 9-15 中可以看出，企业销售收入具有明显的增长趋势，因此要进行预测，必须再做二次移动平均。二次移动平均值是在一次移动平均的基础上求得的，可按以上方法再做一次移动平均，求出的二次移动平均值如图 9-16 所示。

	A	B	C	D
1				
2	年份	销售收入	一次平均	二次平均
3	2009	21000.00	#N/A	
4	2010	25000.00	#N/A	
5	2011	18000.00	#N/A	
6	2012	30000.00	23500.00	
7	2013	28000.00	25250.00	
8	2014	29000.00	26250.00	
9	2015	35000.00	30500.00	
10	2016	42000.00	33500.00	
11	2017	36000.00	35500.00	
12	2018	38000.00	37750.00	

图 9-15 一次移动平均值

	A	B	C	D
1				
2	年份	销售收入	一次平均	二次平均
3	2009	21000.00	#N/A	
4	2010	25000.00	#N/A	
5	2011	18000.00	#N/A	
6	2012	30000.00	23500.00	#N/A
7	2013	28000.00	25250.00	#N/A
8	2014	29000.00	26250.00	#N/A
9	2015	35000.00	30500.00	26375.00
10	2016	42000.00	33500.00	28875.00
11	2017	36000.00	35500.00	31437.50
12	2018	38000.00	37750.00	34312.50
13				
14	a:		39562.5	
15	b:		2708.333333	
16	2019年预测值		42270.83	

图 9-16 二次移动平均值

得到一次平均和二次平均的数值后，即可得到 2019 年的预计销售收入为 42 270.83 元，如图 9-16 所示。并且该模型随历史销售收入的改变，所预测的未来销售收入也会改变。也就是说在已发生销售收入变动的情况下，不用重新进行一次平均和二次平均，就可以得到随之改变的预测值。

如果做移动平均时，即在步骤(2)的移动平均对话框中如果选择了图表输出，如图 9-17 所示，则系统在计算移动平均数据的同时，还会给出其图表，如图 9-18 所示。

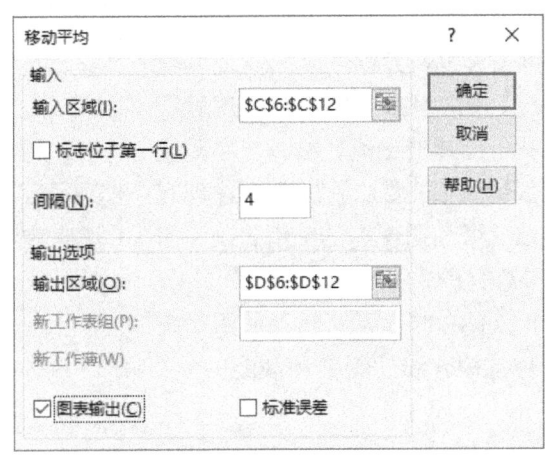

图 9-17　移动平均对话框-2

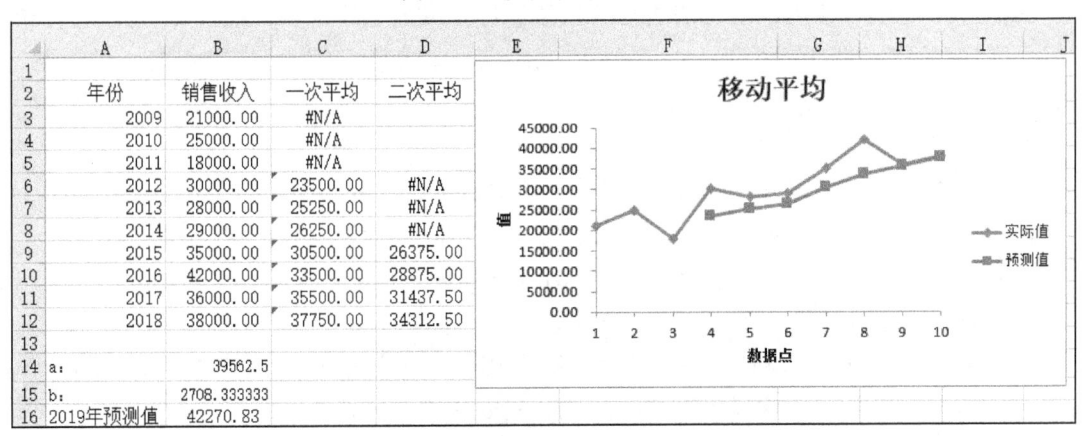

图 9-18　带图表的一次移动平均值

3. "数据分析"工具的安装

如果"数据"选项卡中没有"数据分析"按钮，则需要先加载"分析工具库"。操作步骤如下。

(1) 单击"开发工具"选项卡，再单击"加载项"功能组中的"Excel 加载项"，显示如图 9-19 所示的"加载宏"对话框。

(2) 在"加载宏"对话框中，选择"可用加载宏"列表中的"分析工具库"，然后单击"确定"按钮，数据分析按钮即出现在"数据"选项卡中。

9.3.2 预测函数

对销售收入的预测还可以通过预测函数来进行。Excel 中的预测函数主要有以下几个。

- 函数 FORECAST() 可以对某个区域内的已知值或已知的 X 和 Y 数组进行线性回归分析，预测其未来值。
- 函数 TREND() 和 GROWTH() 可以按线性或指数趋势来扩展 y 值，使之最大限度地符合现有数据。它们还可以基于已知的 x 值，返回与之对应的符合最佳拟合线的 y 值。要绘制用于描述现有数据的直线或曲线，可利用现有的 x 值，以及由函数 TREND() 和 GROWTH() 返回的 y 值。
- 函数 LINEST() 和 LOGEST() 可返回各种回归统计值，其中包括最佳拟合线的斜率和截距。

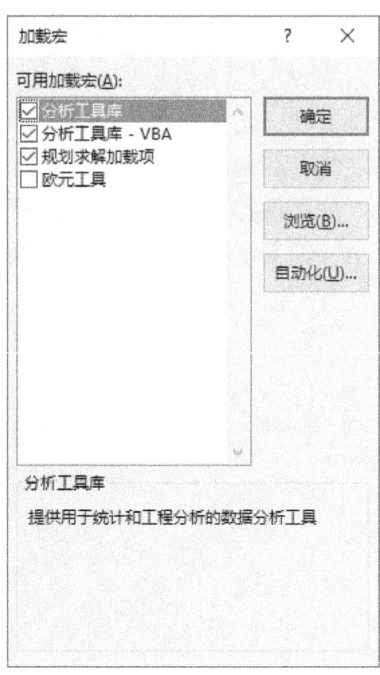

图 9-19 "加载宏" 对话框

1. 函数 TREND()

语法：TREND(known_y's,known_x's,new_x's,const)

功能：TREND() 使用最小二乘法对已知数据进行最佳直线拟和，并返回描述此直线的数组。即找到适合给定的数组 known_y's 和 known_x's 的直线（用最小二乘法），并返回指定数组 new_x's 值在直线上对应的 y 值。

参数说明如下。

(1) known_y's 为已知关系 $y=mx+b$ 中的 y 值集合。对参数的要求如下。

- 如果数组 known_y's 为单列，则 known_x's 的每一列被当作独立变量。
- 如果数组 known_y's 为单行，则 known_x's 的每一行被当作独立变量。

(2) known_x's 为已知关系 $y=mx+b$ 中可选的 x 值的集合。对参数的要求如下。

- 数组 known_x's 可以包含一个或多个数据集合。如果只用到一个变量，则 known_y's 和 known_x's 可以为任何形状的区域，只要它们维数相同就行。
- 如果用到多个变量，则 known_y's 必须为向量（就是说，必须为一行或一列的区域）。
- 如果省略 known_x's，则假设它是与 known_y's 大小相同的数组 {1,2,3,…}。

(3) new_x's 为需要函数 TREND() 返回对应 y 值的新 x 值。对参数的要求如下。

- new_x's 与 known_x's 一样，每个独立变量必须为单独的一行（或一列）。
- 如果省略 new_x's，则假设它和 known_x's 一样。
- 如果 known_x's 和 new_x's 都省略，则假设它们为数组 {1,2,3,…}，大小与 known_y's 相同。

(4) const 为一逻辑值，指明是否强制常数项 b 为 0。

- 如果 const 为 TRUE 或省略，则 b 按正常计算。

- 如果 const 为 FALSE，则 *b* 被设为 0，*m* 被调整以满足 *y=mx*。

【例9-2】已知 2009—2018 年的销售收入，如图 9-20 所示。试用 TREND 函数预测该公司 2019 年的销售收入。

(1) 在工作表中输入所需的原始数据，如图 9-20 所示。

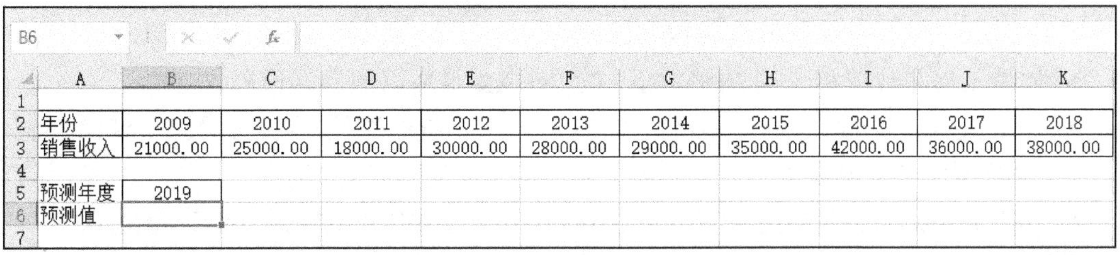

	A	B	C	D	E	F	G	H	I	J	K
1											
2	年份	2009	2010	2011	2012	2013	2014	2015	2016	2017	2018
3	销售收入	21000.00	25000.00	18000.00	30000.00	28000.00	29000.00	35000.00	42000.00	36000.00	38000.00
4											
5	预测年度	2019									
6	预测值										
7											

图 9-20　用 TREND 函数法预测所需的历史数据

(2) 将鼠标移到放置计算结果的单元格，在本例中是 B6 单元格，也可以是别的单元格，但一定是一个空白的单元格。启用"插入函数"功能，选择"统计"类函数里的 TREND，即可启动 TREND 函数参数对话框，如图 9-21 所示。

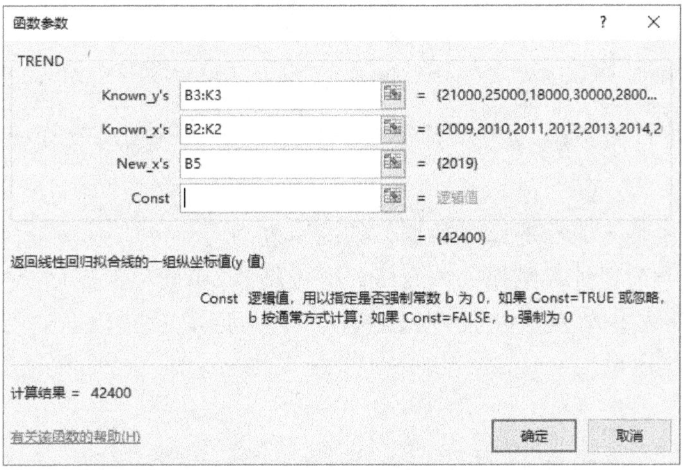

图 9-21　TREND 函数参数对话框

(3) 在参数 known_y's 处输入以前年份的销售收入数据所在的单元格区域 B3:K3，在参数 known_x's 处输入对应销售收入发生的年份所在的单元格区域 B2:K2，在参数 new_x's 处输入对应的预测年度，本例中是 2019 年，即 B5 单元格，参数 const 可以采用默认值，即不输入任何值。然后单击"确定"按钮，即可得到 2019 年的预测收入为 42 400 元。

另外，如果对 TREND 函数非常熟悉，也可以直接在 B6 单元格中输入公式"=TREND(B3:K3,B2:K2,B5)"，同样可以计算出 2019 年的预测收入。

2. 函数 FORECAST.LINEAR()

语法：FORECAST.LINEAR(x,known_y's,known_x's)

功能：已知 x 值和 y 值，利用线性回归对未来值进行预测。可以使用该函数对未来销售额、库存需求或消费趋势进行预测。

参数说明如下。

(1) x 为需要进行预测的数据点。

(2) known_y's 为因变量数组或数据区域。

(3) known_x's 为自变量数组或数据区域。

- 如果 x 为非数值型，则 FORECAST.LINEAR 函数返回错误值#VALUE!。
- 如果 known_y's 和 known_x's 为空或含有不同个数的数据点，则 FORECAST.LINEAR 函数返回错误值#N/A。
- 如果 known_x's 的方差为零，则 FORECAST.LINEAR 函数返回错误值#DIV/0!。

函数 FORECAST.LINEAR()的计算公式为：

$$Y=a+bx$$

式中，

$$a = \overline{Y} - b\overline{X}$$

$$b = \frac{n\sum xy - (\sum x)(\sum y)}{n\sum x^2 - (\sum x)^2}$$

其中，x 和 y 为样本平均数 AVERAGE(known_x's)和 AVERAGE(known_y's)。

【例 9-3】采用【例 9-2】资料，试用 FORECAST.LINEAR 函数预测该公司 2019 年的销售收入。

(1) 在工作表中输入所需的原始数据，如图 9-20 所示。

(2) 将鼠标移到放置计算结果的单元格，例中是 B7 单元格。启用"插入函数"功能，选择"统计"类函数里的 FORECAST.LINEAR，即可启动 FORECAST.LINEAR 函数参数对话框，如图 9-22 所示。

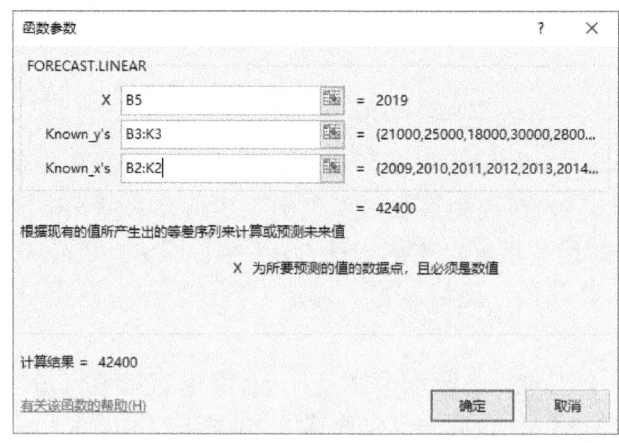

图 9-22 FORECAST.LINEAR 函数参数对话框

(3) 在 FORECAST.LINEAR 函数参数对话框中输入各项参数，如图 9-29 所示。单击"确定"按钮,可以计算出 2019 年的预测收入为 42 400 元。

另外,如果对 FORECAST.LINEAR 函数非常熟悉,也可以直接在 B7 单元格中输入公式"=FORECAST.LINEAR(B5,B3:K3,B2:K2)",同样可以计算出 2019 年的预测收入。

3. 函数 GROWTH()

语法:GROWTH(known_y's,known_x's,new_x's,const)

功能:GROWTH 工作表函数用通过拟合满足现有 x 值和 y 值的指数曲线预测未来值。参数说明如下。

(1)known_y's,满足指数回归拟合曲线 $y=b \cdot m^{\wedge}x$ 的一组已知的 y 值。

- 如果数组 known_y's 在单独一列中,则 known_x's 的每一列被视为一个独立的变量。
- 如果数组 known_y's 在单独一行中,则 known_x's 的每一行被视为一个独立的变量。
- 如果 known_y's 中任何数为零或为负数,则 GROWTH 函数返回错误值#NUM!。

(2)known_x's,满足指数回归拟合曲线 $y=b \cdot m^{\wedge}x$ 的一组已知的 x 值,为可选参数。

- 数组 known_x's 可以包含一组或多组变量。如果仅使用一个变量,那么只要 known_x's 和 known_y's 具有相同的维数,则它们可以是任何形状的区域。如果用到多个变量,则 known_y's 必须为向量(即必须为一行或一列)。
- 如果省略 known_x's,则假设该数组为{1,2,3,…},其大小与 known_y's 相同。

(3)new_x's 为需要通过 GROWTH 函数返回的对应 y 值的一组新 x 值。

- new_x's 与 known_x's 一样,对每个自变量必须包括单独的一列(或一行)。如果 known_y's 是单列的,则 known_x's 和 new_x's 应该有同样的列数。如果 known_y's 是单行的,则 known_x's 和 new_x's 应该有同样的行数。
- 如果省略 new_x's,则假设它和 known_x's 相同。
- 如果 known_x's 与 new_x's 都被省略,则假设它们为数组{1,2,3,…},其大小与 known_y's 相同。

(4)const 为一逻辑值,用于指定是否将常数 b 强制设为 1。

- 如果 const 为 TRUE 或省略,则 b 按正常计算。
- 如果 const 为 FALSE,则 b 被设为 1,m 值被调整以满足 $y=m^{\wedge}x$。

(5)对于返回结果为数组的公式,在选定正确的单元格个数后,必须以数组公式的形式输入。当为参数(如 known_x's)输入数组常量时,应当使用逗号分隔同一行中的数据,用分号分隔不同行中的数据。

【例 9-4】采用【例 9-2】资料,试用 GROWTH 函数预测该公司 2019 年的销售收入。

(1)在工作表中输入所需的原始数据,如图 9-20 所示。

(2)将鼠标移到放置计算结果的单元格,本例中是 B8 单元格。启用"插入函数"功能,选择"统计"类函数里的 GROWTH,即可启动 GROWTH 函数参数对话框,如图 9-23 所示。

(3)在 GROWTH 函数参数对话框中输入各项参数,单击"确定"按钮,可以计算出 2019 年的预测收入为 44 596.82 元。

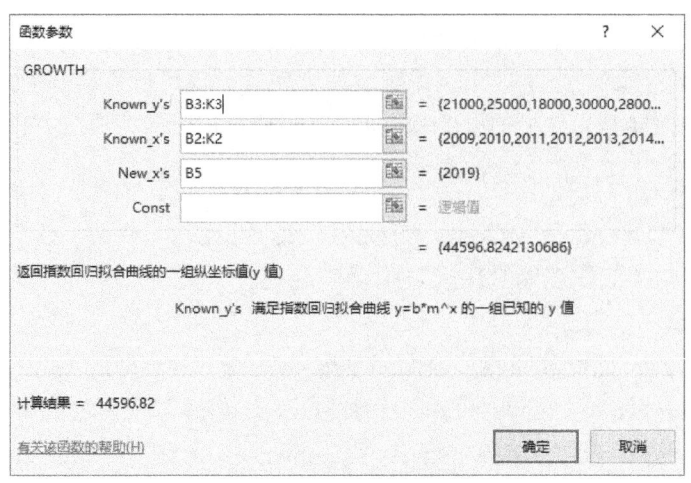

图 9-23　GROWTH 函数参数对话框

4. 函数 LINEST()

语法：LINEST(known_y's,known_x's,const,stats)

功能：使用最小二乘法对已知数据进行最佳直线拟合，并返回描述此直线的数组。因为此函数返回数值数组，所以必须以数组公式的形式输入。

参数说明如下。

(1)known_y's 是关系表达式 $y=mx+b$ 中已知的 y 值集合。

- 如果数组 known_y's 在单独一列中，则 known_x's 的每一列被视为一个独立的变量。
- 如果数组 known_y's 在单独一行中，则 known_x's 的每一行被视为一个独立的变量。

(2)known_x's 是关系表达式 $y=mx+b$ 中已知的可选 x 值集合。

- 数组 known_x's 可以包含一组或多组变量。如果只用到一个变量，只要 known_y's 和 known_x's 维数相同，则它们可以是任何形状的区域。如果用到多个变量，则 known_y's 必须为向量(即必须为一行或一列)。
- 如果省略 known_x's，则假设该数组为 $\{1,2,3,\cdots\}$，其大小与 known_y's 相同。

(3)const 为一逻辑值，用于指定是否将常量 b 强制设为 0。

- 如果 const 为 TRUE 或省略，则 b 按正常计算。
- 如果 const 为 FALSE，则 b 被设为 0，m 被调整以满足 $y=mx$。

(4)stats 为一逻辑值，用于指定是否返回附加回归统计值。

- 如果 stats 为 TRUE，则 LINEST 函数返回附加的回归统计值。
- 如果 stats 为 FALSE 或省略，则 LINEST 函数只返回系数 m 和常量 b。

函数 LINEST()计算公式为：

$$y=mx+b \quad 或 \quad y=m_1x_1+m_2x_2+\cdots+b$$

式中，因变量 y 是自变量 x 的函数值。m 值是与每个 x 值相对应的系数，b 为常量。注意 y、x 和 m 可以是向量。LINEST 函数返回的数组为 $\{m_n,m_{n-1},\cdots,m_1,b\}$。LINEST 函数还可返回附加回归统计值。

5. 函数 LOGEST()

语法：LOGEST(known_y's,known_x's,const,stats)

功能：在回归分析中，计算最符合数据的指数回归拟合曲线，并返回描述该曲线的数值数组。此函数返回数值数组，必须以数组公式的形式输入。

参数说明如下。

(1)known_y's 是满足指数回归拟合曲线 $y=b \cdot m^x$ 的一组已知的 y 值。

- 如果数组 known_y's 在单独一列中，则 known_x's 的每一列被视为一个独立的变量。
- 如果数组 known_y's 在单独一行中，则 known_x's 的每一行被视为一个独立的变量。

(2)known_x's 是满足指数回归拟合曲线 $y=b \cdot m^x$ 的一组已知的 x 值，为可选参数。

- 数组 known_x's 可以包含一组或多组变量。如果仅使用一个变量，那么只要 known_x's 和 known_y's 具有相同的维数，则它们可以是任何形状的区域。如果使用多个变量，则 known_y's 必须是向量。
- 如果省略 known_x's，则假设该数组为 $\{1,2,3,\cdots\}$，其大小与 known_y's 相同。

(3)const 为一逻辑值，用于指定是否将常数 b 强制设为 1。

- 如果 const 为 TRUE 或省略，则 b 按正常计算。
- 如果 const 为 FALSE，则 b 被设为 1，m 被调整以满足 $y=m^x$。

(4)stats 为一逻辑值，指定是否返回附加回归统计值。

- 如果 stats 为 TRUE，则 LOGEST 函数返回附加的回归统计值。
- 如果 stats 为 FALSE 或省略，则 LOGEST 函数只返回系数 m 和常量 b。

函数 LOGEST() 的计算公式为：

$$y=b \cdot m^x \ \text{或} \ y=(b \cdot (m_1^{x_1}) \cdot (m_2^{x_2}) \cdot \cdots) \ (\text{如果有多个} \ x \ \text{值})$$

其中 y、x 和 m 可以是向量，LOGEST 函数返回的数组为 $\{m_n,m_{n-1},\cdots,m_1,b\}$。

9.3.3 销售收入趋势预测模型

趋势分析是将企业本期的财务状况同以前不同时期的财务状况进行对比，从而揭示企业财务状况的变动趋势。

【例 9-5】采用【例 9-2】资料，其数据如表 9-1 所示，公司管理层希望得到一张图表以帮助预测和规划公司未来三年的销售收入状况。

表 9-1　已知数据表

年份	2009	2010	2011	2012	2013	2014	2015	2016	2017	2018
销售收入	21 000.00	25 000.00	18 000.00	30 000.00	28 000.00	29 000.00	35 000.00	42 000.00	36 000.00	3 8000.00

1. 建立销售收入图表

(1)将原始数据输入工作表，选择单元格区域 A3:K3，单击"插入"选项卡，再单击"折线图"或"面积图"按钮，本例中为折线图，然后单击"带数据标记的折线图"命令，即在工作表中出现一个销售收入图表，如图 9-24 所示。

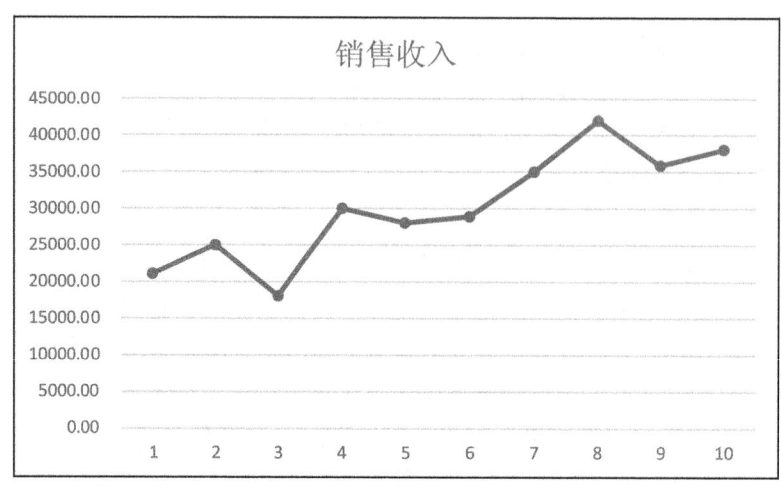

图 9-24　插入销售收入图表

(2)选中创建的销售收入图表，此时出现图表工具的设计和格式选项卡，利用其中的工具可以更改图表布局、图表样式、颜色等，或添加图表元素，或更改数据源等，如图 9-25 所示。

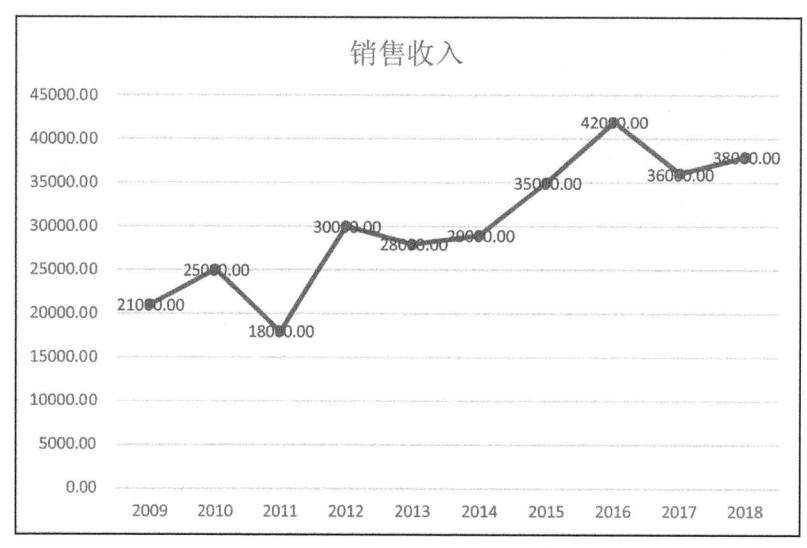

图 9-25　选择图表布局和图表样式

2．添加销售收入趋势线

从图 9-25 可以发现，从 2009 年到 2018 年，销售收入大致呈上扬的趋势。为了得到更线性化的趋势图，并从图上大致了解未来销售收入的增减趋势，我们可以为其添加趋势线。

操作步骤如下。

(1)用鼠标右键单击图 9-25 中的数据线，出现一个快捷菜单，单击"添加趋势线"命令，在销售收入图表中就会出现一条虚的趋势线，并在屏幕右端显示如图 9-26 所示的"设置趋势线格式"对话框。

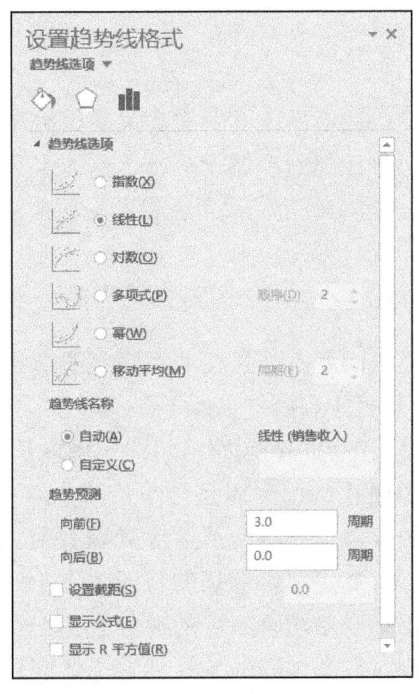

图 9-26　"设置趋势线格式"对话框

(2)在"趋势线选项"中选择"线性",在"趋势预测"的"向前"编辑框内输入 3,即将趋势线延长 3 年的周期,可以得到 2019 年、2020 年、2021 年的销售收入预期走势,如图 9-27 所示。

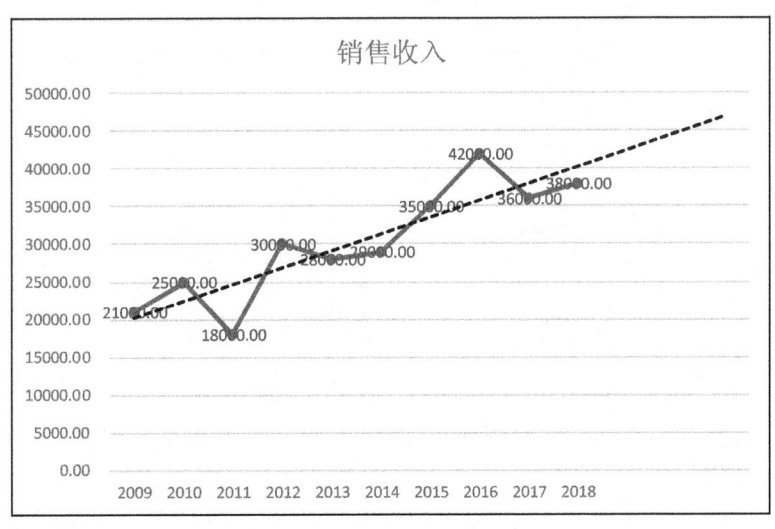

图 9-27　未来三年的销售收入预期走势

可以试验不同类型的趋势线,以最终确定哪种类型的趋势线能够基于已有的数据对未来做出最合乎逻辑的预测。这种趋势线法较前面介绍的移动平均法、函数法显得更为简单,但不太准确,只能得出大致的趋势方向。

9.3.4　因果分析

根据研究任务的不同、评价的标准不同，选择的决策分析方法也不同。在此讨论两类常用的定量化决策分析问题：目标搜索和假设分析。这两者是从不同的角度来分析问题、解决问题的，前者是根据"果"来求"因"，而后者则分析对于不同的"因"可能会有什么样的"果"。

1. 单变量求解

在预测中，常常遇到这样的问题：如果营业利润需要达到某个目标，那么相应的销售额应当增加多少。由于销售额与营业利润的关系不是简单的同量增加的关系(即不是销售额增加 1 元，营业利润也增加 1 元)，也不是简单的同比例增长的关系(即不是销售额增加 1元，营业利润按 70%的比例增加 0.7 元)，而是会涉及其他多方面的因素。例如，销售额增加，可能需要增加销售人员的奖金、差旅费、运输费等费用。

这样的问题如果采用手工计算是非常麻烦的，而 Excel 提供的单变量求解命令正是解决这类问题的有力工具。使用单变量求解命令的关键是在工作表上建立正确的数学模型，即利用公式和函数描述清楚相应数据之间的关系，它是保证分析结果有效和正确的前提。

【例 9-6】现在已知某公司 2018 年利润表，如图 9-28 所示。分析在现有水平下，将利润总额提高到 5 000 000 000 元，相应的营业收入要增加多少。

	A	B
1	**某公司利润表简表**	
2	**项目**	**2018年度**
3	**一、营业收入**	**60588248129.75**
4	减:营业成本	46420009145.90
5	营业税金及附加	160226116.51
6	销售费用	7815461209.67
7	管理费用	3416664435.09
8	财务费用	6658266.14
9	资产减值损失	46350410.47
10	投资收益	263666041.69
11	**二、营业利润**	**2986544587.66**
12	加:营业外收入	737470704.78
13	减:营业外支出	11708789.80
14	其中:非流动资产处置净损失	3892986.26
15	**三、利润总额**	**3712306502.64**

图 9-28　某公司 2018 年利润表

(1)假设营业成本、营业税金及附加、销售费用、管理费用、财务费用都与营业收入成比例关系，计算它们与营业收入的比例。例如，营业成本与营业收入的比例 =B4/\$B\$3=0.766155328，营业税金及附加与营业收入的比例=B5/\$B\$3=0.002644508，销售费用与营业收入的比例=B6/\$B\$3=0.128993022，管理费用与营业收入的比例 =B7/\$B\$3=0.056391537，财务费用与营业收入的比例=B8/\$B\$3= 0.000109894。

(2)将表 9-2 列出的单元格的计算公式输入工作表中，替换原单元格里的数据，其余单元格的数据保持不变。

表 9-2　有关指标的计算公式表

项目	所在单元格	公式	备注
营业收入	B3	=B3	
营业成本	B4	=B3*0.766155328	
营业税金及附加	B5	=B3*0.002644508	
销售费用	B6	=B3*0.128993022	
管理费用	B7	=B3*0.056391537	
财务费用	B8	=B3*0.000109894	
营业利润	B11	=B3-SUM(B4:B9)+B10	营业收入-营业成本-营业税金及附加-销售费用-管理费用-财务费用-资产减值损失+投资收益
总利润	B15	=B11+B12-B13	营业利润+营业外收入-营业外支出

(3)选中目标单元格，本例中为 B15 单元格。单击"数据>模拟分析>单变量求解"命令，弹出"单变量求解"对话框。在"目标单元格"中输入"B15"，在"目标值"中输入"5 000 000 000"，在"可变单元格"中输入"($B$3)"以存放营业收入数据，如图 9-29 所示。

(5)单击"确定"按钮，弹出"单变量求解状态"对话框，显示已求得解答，且当前解与目标值相同。单击"确定"按钮，最后计算结果如图 9-30 所示。从中可以看出，营业收入需要增加到 88 761 827 981.89 元，才能达到利润总额目标。

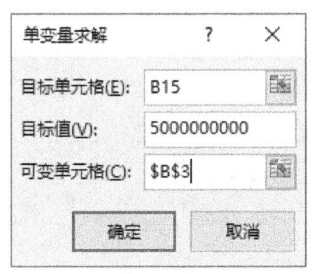

图 9-29　"单变量求解"对话框

图 9-30　单变量求解结果

2. 单变量模拟运算表

以上我们了解了如何通过目标利润求得营业收入的计划值，而公司在决策过程中，通常还希望了解在不同的营业收入下营业利润的变化情况。

【例 9-7】仍然引用【例 9-6】的例子，要求得到不同营业收入下的营业利润。

(1)将要分析的有关数据输入工作表中，并输入不同的营业收入数据，本例为 A14:A21

单元格区域。在模拟运算表的第二列的最上方的单元格，即 B14 单元格输入计算营业利润的计算公式"=A14-SUM(B4:B9)+B10"，如图 9-31 所示。

（2）选中模拟运算单元格区域 A14:B21，单击"数据>模拟分析>模拟运算表"命令，弹出"模拟运算表"对话框。因为本例的模拟数据是按列组织的，所以在"输入引用列的单元格"文本框中输入"$A$14"，如图 9-32 所示。

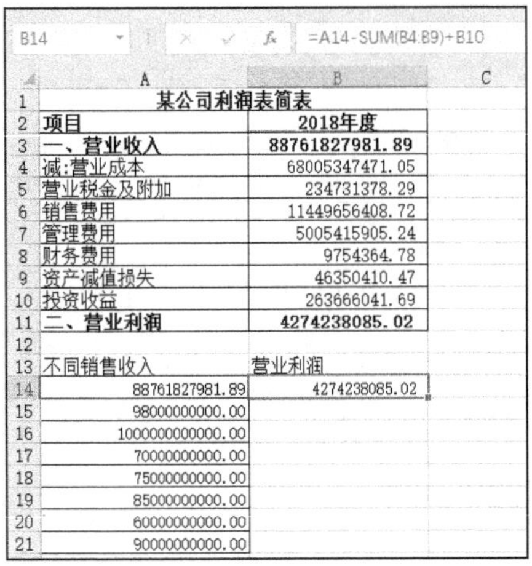

图 9-31　用于创建单变量模拟运算表的数据和公式　　　　图 9-32　模拟运算表

（3）单击"确定"按钮，即可得到模拟运算表计算的结果，本例的结果保存在 B14:B21 单元格区域中，如图 9-33 所示。

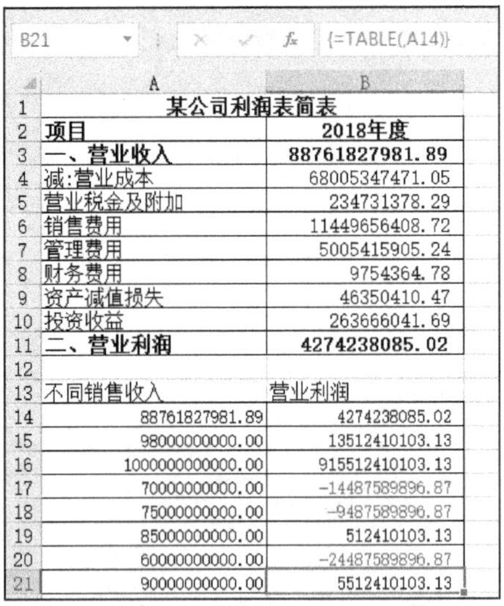

3. 双变量模拟运算表

双变量模拟运算表可以分析两个决策变量对目标值的影响。在上例中，如果需要分析不同营业收入和不同投资收益两个参数对营业利润的影响，即可以采用双变量模拟运算表。

【例 9-8】仍然引用【例 9-6】的例子和【例 9-7】采用的模拟数据，分析不同营业收入和不同投资收益的影响。

（1）将有关数据输入工作表中，不同营业收入的数据存放在 A14:A21 单元格区域中，不同投资收益的数据存放在 B13:H13 单元格区域中。

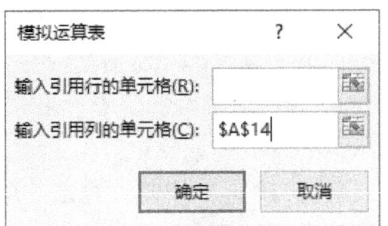

图 9-33　单变量模拟运算表计算的结果

在 A13 单元格中输入计算营业利润的计算公式"=B3-SUM(B4:B9)+B10"，如图 9-34 所示。

（2）选中模拟运算单元格区域 A13:H21，单击"数据>模拟分析>模拟运算表"命令，弹出"模拟运算表"对话框，在"输入引用行的单元格"文本框中输入"$B$10"，在"输入引用列的单元格"文本框中输入"$B$3"，如图 9-35 所示。

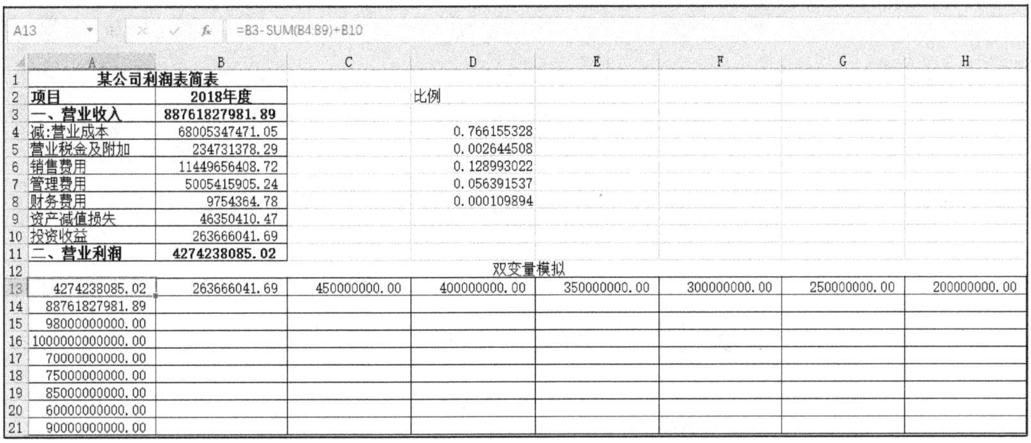

A13 =B3-SUM(B4:B9)+B10

	A	B	C	D	E	F	G	H
1	某公司利润表简表							
2	项目	2018年度		比例				
3	一、营业收入	88761827981.89						
4	减:营业成本	68005347471.05		0.766155328				
5	营业税金及附加	234731378.29		0.002644508				
6	销售费用	11449656408.72		0.128993022				
7	管理费用	5005415905.24		0.056391537				
8	财务费用	9754364.78		0.000109894				
9	资产减值损失	46350410.47						
10	投资收益	263666041.69						
11	二、营业利润	4274238085.02						
12				双变量模拟				
13	4274238085.02	263666041.69	450000000.00	400000000.00	350000000.00	300000000.00	250000000.00	200000000.00
14	88761827981.89							
15	98000000000.00							
16	1000000000000.00							
17	70000000000.00							
18	75000000000.00							
19	85000000000.00							
20	60000000000.00							
21	90000000000.00							

图 9-34　用于创建双变量模拟运算表的数据和公式

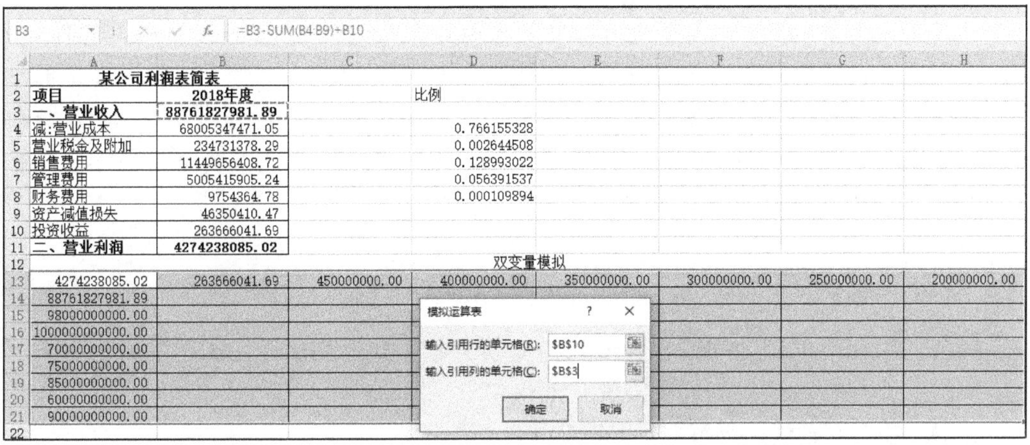

	A	B	C	D	E	F	G	H
1	某公司利润表简表							
2	项目	2018年度		比例				
3	一、营业收入	88761827981.89						
4	减:营业成本	68005347471.05		0.766155328				
5	营业税金及附加	234731378.29		0.002644508				
6	销售费用	11449656408.72		0.128993022				
7	管理费用	5005415905.24		0.056391537				
8	财务费用	9754364.78		0.000109894				
9	资产减值损失	46350410.47						
10	投资收益	263666041.69						
11	二、营业利润	4274238085.02						
12				双变量模拟				
13	4274238085.02	263666041.69	450000000.00	400000000.00	350000000.00	300000000.00	250000000.00	200000000.00
14	88761827981.89							
15	98000000000.00							
16	1000000000000.00							
17	70000000000.00							
18	75000000000.00							
19	85000000000.00							
20	60000000000.00							
21	90000000000.00							
22								

图 9-35　模拟运算表

(3) 单击“确定”按钮，即可得到模拟运算表计算的结果，如图 9-36 中的 A13:H21 单元格区域所示。

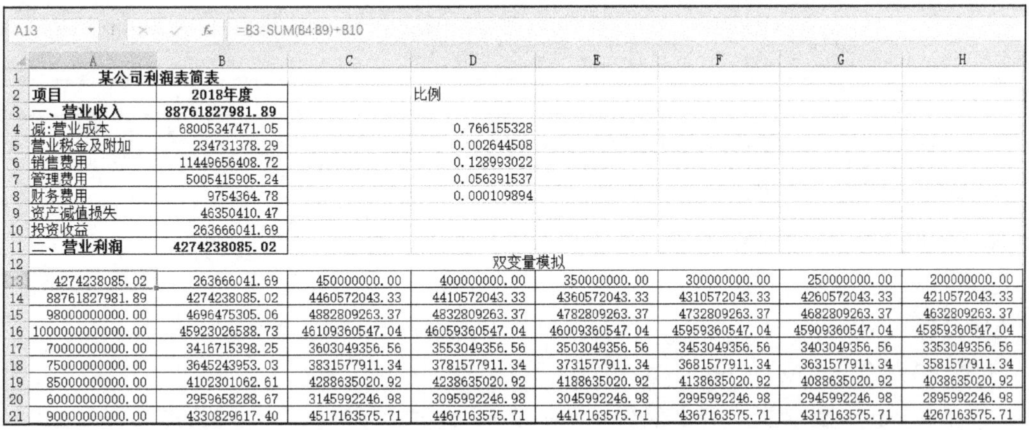

A13 =B3-SUM(B4:B9)+B10

	A	B	C	D	E	F	G	H
1	某公司利润表简表							
2	项目	2018年度		比例				
3	一、营业收入	88761827981.89						
4	减:营业成本	68005347471.05		0.766155328				
5	营业税金及附加	234731378.29		0.002644508				
6	销售费用	11449656408.72		0.128993022				
7	管理费用	5005415905.24		0.056391537				
8	财务费用	9754364.78		0.000109894				
9	资产减值损失	46350410.47						
10	投资收益	263666041.69						
11	二、营业利润	4274238085.02						
12				双变量模拟				
13	4274238085.02	263666041.69	450000000.00	400000000.00	350000000.00	300000000.00	250000000.00	200000000.00
14	88761827981.89	4274238085.02	4460572043.33	4410572043.33	4360572043.33	4310572043.33	4260572043.33	4210572043.33
15	98000000000.00	4696475305.06	4882809263.37	4832809263.37	4782809263.37	4732809263.37	4682809263.37	4632809263.37
16	1000000000000.00	45923026588.73	46109360547.04	46059360547.04	46009360547.04	45959360547.04	45909360547.04	45859360547.04
17	70000000000.00	3416715398.25	3603049356.56	3553049356.56	3503049356.56	3453049356.56	3403049356.56	3353049356.56
18	75000000000.00	3645243953.03	3831577911.34	3781577911.34	3731577911.34	3681577911.34	3631577911.34	3581577911.34
19	85000000000.00	4102301062.61	4288635020.92	4238635020.92	4188635020.92	4138635020.92	4088635020.92	4038635020.92
20	60000000000.00	2959658288.67	3145992246.98	3095992246.98	3045992246.98	2995992246.98	2945992246.98	2895992246.98
21	90000000000.00	4330829617.40	4517163575.71	4467163575.71	4417163575.71	4367163575.71	4317163575.71	4267163575.71

图 9-36　双变量模拟运算表的计算结果

说明：在清除模拟运算表时，如果只清除模拟运算表的结果，可以选定结果单元格区域，单击鼠标右键，执行弹出菜单中的"清除内容"命令即可；如果要清除包括数值、公式、格式和单元格批注的整个模拟运算表，则应选定整个模拟运算表，包括它的输入数值和所有的公式，再单击鼠标右键，执行弹出菜单中的"清除内容"命令。由于模拟运算表的计算结果存放在数组中，所以只能同时清除全部计算结果，而不能只清除单个单元格中的数据。

9.4　Excel 利润规划

利润规划是指企业为实现目标利润而系统、全面地调整经营活动规模和水平的行为。它是企业编制期间预算的基础。下面举例说明利用 Excel 进行规划求解的方法。

【例 9-9】利民公司是一家生产化工产品的公司，该公司生产和销售甲、乙两种产品。在生产研讨会议之后，预计每月可使用的原料总额为 1 200 千克，可占用的人工工时为 800 小时。以制造部门目前的生产效率计算，每生产 1 千克的甲产品，需要消耗人工工时 2 小时，耗用原料 4.5 千克，并能获得 260 元的毛利；而每生产 1 千克的乙产品，需要消耗人工工时 3 小时，耗用原料 3.5 千克，并可获得 300 元的毛利。那么利民公司若要获得最大利润，每个月应各生产多少千克的甲产品和乙产品？

9.4.1　分析规划求解问题

利民公司所面临的这个问题，看似相当复杂，其实如果利用 Excel 中的规划求解的功能来解决，就能很容易地得到利润最大化的解答。

（1）制造部门的生产条件如表 9-3 所示。

表 9-3　生产条件列表

甲产品与乙产品的生产规划			
产品名称	每千克所耗用的原料	每千克所消耗的工时	每千克所产生的毛利
甲产品	4.5 千克	2 小时	260 元
乙产品	3.5 千克	3 小时	300 元
每月原料配额：1 200 千克			
每月人工工时：800 小时			

假设甲产品与乙产品的每月生产量分别为 X 与 Y 千克，总利润为 Z 元。根据表 9-3 的生产条件限制，可以列出下面的数学式。

原料限制式：$4.5X+3.5Y<=1200$

工时限制式：$2X+3Y<=800$

生产数量：$X>=0$；$Y>=0$

求解目标：$MAX(Z)=260X+300Y$（最大利润）

（2）在 Excel 中建立生产规划模型，如图 9-37 所示，其中计算公式及钩稽关系如表 9-4 所示。由于这时的应生产量还是未知，均设置为 0，所以总收益等数据都为 0。

表 9-4　甲、乙产品生产规划模型中涉及的公式

项目	公式	备注
甲产品的毛利	=B6*B7	甲产品的毛利为甲的单位毛利×应生产量
乙产品的毛利	=C6*C7	乙产品的毛利为乙的单位毛利×应生产量
实际原料用量	=B4*B7+C4*C7	甲产品与乙产品总的原料用量为甲产品所需原料×应生产量加上乙产品所需原料×应生产量
实际人工时间	=B5*B7+C5*C7	甲产品与乙产品总的实际生产时间为生产甲产品消耗的单位工时×应生产量加上生产乙产品消耗的单位工时×应生产量
总收益	=B8+C8	甲产品和乙产品的毛利加总

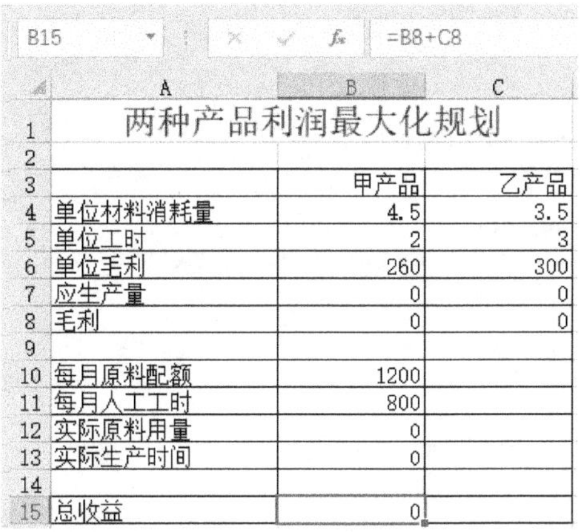

	A	B	C
1	两种产品利润最大化规划		
2			
3		甲产品	乙产品
4	单位材料消耗量	4.5	3.5
5	单位工时	2	3
6	单位毛利	260	300
7	应生产量	0	0
8	毛利	0	0
9			
10	每月原料配额	1200	
11	每月人工工时	800	
12	实际原料用量	0	
13	实际生产时间	0	
14			
15	总收益	0	

图 9-37　利润规划条件

9.4.2　建立规划求解模型

规划求解的目标可以是使目标值越大越好，也可以是使目标值越小越好或者等于某特定的数值。进行规划求解，首先是确定规划求解的目标，设置好变量单元格与条件限制式，再根据所设置的目标，运用规划求解为目标单元格找一个最符合求解目标的值。

下面以【例 9-9】为例说明如何进行规划求解。

(1) 选取工作表单元格 B15，单击“数据>规划求解”命令，打开“规划求解参数”对话框，如图 9-38 所示。在“设置目标”中输入“$B$15”，在“通过更改可变单元格”中输入“$B$7:$C$7”。

说明：如果“数据”选项卡中没有“规划求解”按钮，则需要先在“开发工具”选项卡中单击“Excel 加载项”按钮启动“加载宏”对话框，加载“规划求解加载项”。详细操作步骤参见本章 9.3.1 中“‘数据分析’工具的安装”。

(2) 单击“添加”按钮，打开如图 9-39 所示的“添加约束”对话框设置约束条件，每写完一个约束条件，单击“添加”按钮即可再填写下一个约束条件，写完所有的约束条件后，单击“确定”按钮，可回到“规划求解参数”对话框。

(3) 在“规划求解参数”对话框中选择求解方法。如果是光滑的非线性规划求解问题，则选择“非线性 RGR”（广义简约梯度）；如果是线性规划求解问题，则选择“单纯线性规划";如果是非光滑规划问题,则选择"演进"。本例的规划求解问题是线性的,故选择"单纯线性规划"。

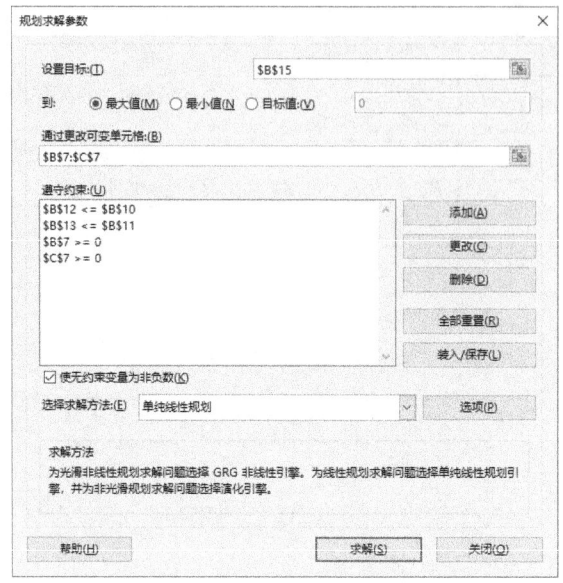

图 9-38 "规划求解参数"对话框

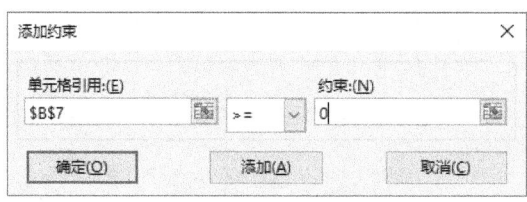

图 9-39 添加约束条件

(4)单击"求解"按钮,即可得到计算结果,如图 9-40 所示。

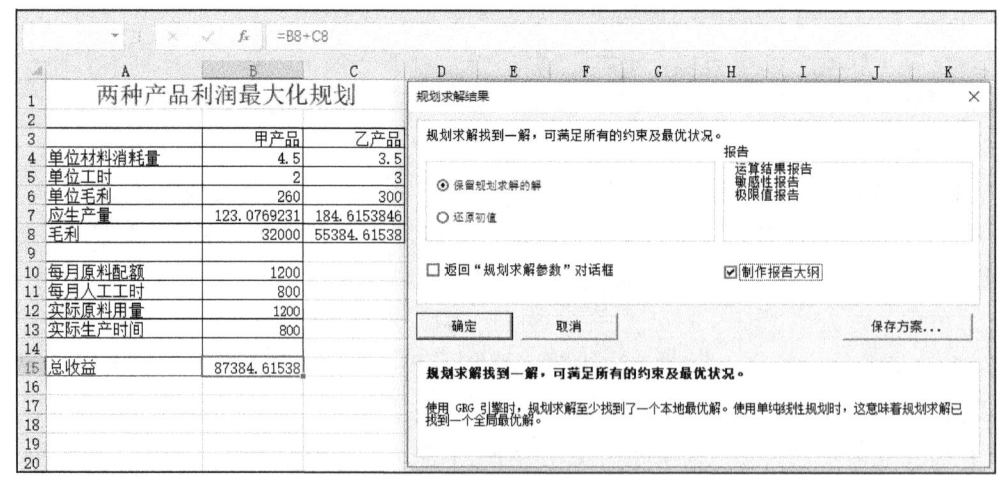

图 9-40 规划求解的结果

从计算结果可知，利民公司如果利用规划的生产资源，每个月生产甲产品 123.077 千克、乙产品 184.615 千克，则可获得最大利润 87 384.615 元。

9.4.3 变更规划求解条件

由于经济环境是随时变化的，所以企业政策也需要随之调整。假设此时利民公司的高层主管修订了部分生产计划，决定投入更多的原料与时间来生产甲产品和乙产品，那么这时就要修改工作表中的数据，重新进行求解。

接【例 9-9】，现拟将投入的原材料由 1 200 千克增加到 1 500 千克，人工工时由 800 小时增加到 1 000 小时，如图 9-41 所示。

B15	fx =B8+C8	

	A	B	C
1	两种产品利润最大化规划		
2			
3		甲产品	乙产品
4	单位材料消耗量	4.5	3.5
5	单位工时	2	3
6	单位毛利	260	300
7	应生产量		
8	毛利	0	0
9			
10	每月原料配额	1500	
11	每月人工工时	1000	
12	实际原料用量	0	
13	实际生产时间	0	
14			
15	总收益	0	

图 9-41　生产条件的更改

由于生产量与总收益是通过规划求解功能计算的，因此当我们更新工作表中的数据后，应重新选定目标单元格 B15，重新执行"数据>规划求解"命令，才能得到新的求解结果。

变更规划求解条件的另一种情况是修改规划求解的限制式。例如，主管希望每月固定生产甲产品 100 千克，然后用剩余的资源生产乙产品，那么这时就必须修改规划求解的约束条件。方法如下。

(1) 选定目标单元格 B15，执行"数据>规划求解"命令。在图 9-38 所示的"规划求解参数"对话框中，选定要修改的约束式，点击"更改"按钮，并设置约束条件，如图 9-42 所示。然后单击"确定"按钮，重新回到"规划求解参数"对话框，可以看到约束条件已修改成功，如图 9-43 所示。

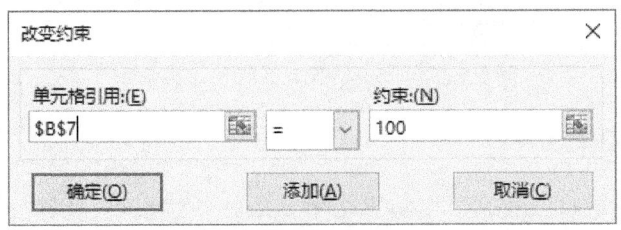

图 9-42　规划求解参数更改

图 9-43 修改后的约束条件

(2)再单击"求解"按钮，便可以得到新条件下的计算结果，如图 9-44 所示。

	A	B	C
	两种产品利润最大化规划		
1			
2			
3		甲产品	乙产品
4	单位材料消耗量	4.5	3.5
5	单位工时	2	3
6	单位毛利	260	300
7	应生产量	100	266.6666667
8	毛利	26000	80000
9			
10	每月原料配额	1500	
11	每月人工工时	1000	
12	实际原料用量	1383.333333	
13	实际生产时间	1000	
14			
15	总收益	106000	

图 9-44 当 B7=100 时的规划求解结果

9.4.4 输出规划求解报表

获知问题的最佳解答以后，可以建立求解结果的各式报表，以协助公司主管做进一步的决策分析与评估。

从前面规划求解过程中我们看到，在执行"求解"后的"规划求解结果"对话框中有

"制作报告大纲"复选框，如图 9-40 所示。分别单击"报告"列表下的"运算结果报告"，"敏感性报告"和"极限值报告"，再勾选"制作报告大纲"复选框，然后单击"确定"按钮即可产生三种报告。这些报告将单独存放到各自新生成的工作表中。

1. 运算结果报告

运算结果报告会列出目标单元格及其变量单元格的初值、终值及参数限制式的公式内容，如图 9-45 所示。

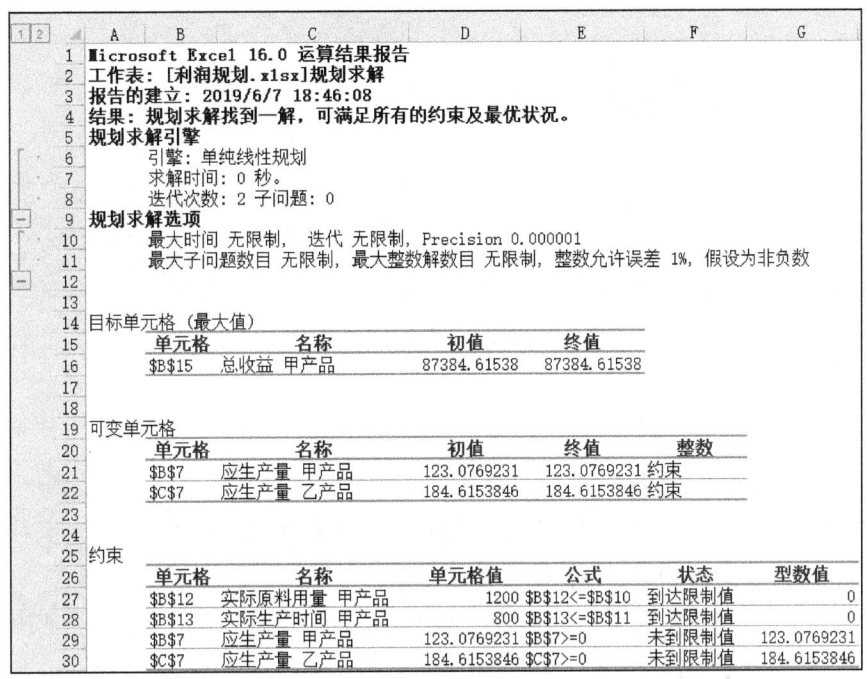

图 9-45 运算结果报告

2. 敏感性报告

敏感性报告提供有关目标单元格的公式或约束中微小变化的敏感信息，如图 9-46 所示。

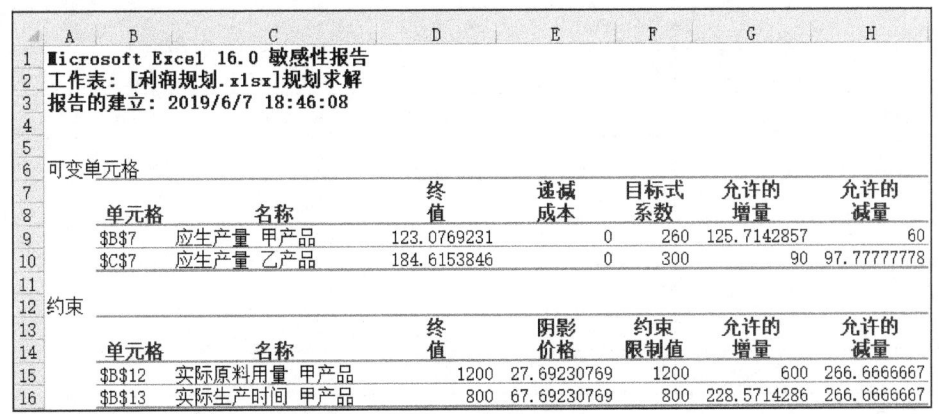

图 9-46 敏感性报告

3. 极限值报告

极限值报告列出目标单元格和变量单元格的数值、上下限，以及对应的目标值，如图 9-47 所示。

图 9-47 极限值报告

实践练习题

1. 已知：某公司只销售一种产品，2018 年单位变动成本为 15 元/件，售价为 24 元，固定成本总额为 63 000 元，共获税前利润 18 000 元，若该公司计划于 2019 年维持销售单价不变，变动成本率仍维持 2018 年的水平。

要求：(1)预测 2019 年的保本销售量；(2)若 2019 年的计划销售量比 2018 年提高 8%，则可获得多少税前利润。

2. 已知 2018 年 1—11 月份的营业收入如下表所示，试预测 2019 年 1 月份的营业收入。

月份	营业收入(元)
1	136 583
2	137 608
3	138 608
4	139 563
5	140 503
6	141 535
7	142 560
8	143 603
9	144 671
10	145 658
11	144 173

3. 某公司生产和销售冰箱和洗衣机两种产品，它们的生产与销售数据如下表所示。

项　目	冰箱	洗衣机
单价(元)	4 200	2 360
单位可变成本(元/件)	1 500	800
固定成本(元)	300 000	210 000
所需单位机器小时/件	80	45
所需单位人工小时/件	85	50

该公司在机器与人工两种资源上的每月生产能力分别为 128 200 机器小时和 85 000 人工小时，假设所有产品只要生产出来都能按照预定价格销售出去。

要求：在限定的生产条件下，当公司利润达到最大时，对两种产品生产量的安排。

参 考 文 献

[1] 王海林，张玉祥.Excel 财务管理建模与应用[M].北京：电子工业出版社，2014.

[2] 王海林，续慧泓.财务管理信息化[M].第 2 版.北京：电子工业出版社，2015.

[3] 闫华红.财务管理学[M].北京：首都经济贸易大学出版社，2012.

[4] 汪平.中级财务管理[M].上海：上海财经大学出版社，2004.

[5] Stephen A. Ross, Randolph W. Westerfield, Jeffrey F. Jaffe. Corporate Finance，9th edition, Copyright 2011 By McGraw-Hill Companies, Inc.